KI im Requirements Engineering

Die **SOPHIST GmbH** ist seit mehr als 25 Jahren ein Beratungs- und Trainingshaus im Bereich Systems- und Requirements Engineering. Der Fokus liegt auf der Methodenentwicklung und -vermittlung im klassischen wie im agilen Projektumfeld. Das Unternehmen unterstützt dabei, technische, nicht-technische und kommerzielle Software/Systeme erfolgreich, vertragserfüllend und wirtschaftlich zu entwickeln. Ein weiteres aktuelles Thema ist der Einsatz von künstlicher Intelligenz. Hierzu forschen und entwickeln die SOPHISTen nicht nur intern, sondern sind auch in Kundenprojekten tätig.

Die SOPHISTen

KI im Requirements Engineering

Werkzeuge und Techniken für den Einsatz in der Praxis

dpunkt.verlag

Wir hoffen, dass Sie Freude an diesem Buch haben und sich Ihre Erwartungen erfüllen. Falls Sie Anregungen, Wünsche und Kommentare haben, lassen Sie es uns wissen: **service@rheinwerk-verlag.de**.

Informationen zu unserem Verlag und Kontaktmöglichkeiten finden Sie auf unserer Verlagswebsite **www.dpunkt.de**. Dort können Sie sich auch umfassend über unser aktuelles Programm informieren und unsere Bücher und E-Books bestellen.

Autoren: Die SOPHISTen
Lektorat: Christa Preisendanz
Buchmanagement: Julia Griebel
Copy-Editing: Ursula Zimpfer, Herrenberg
Satz: inpunkt[w]o, Wilnsdorf, *www.inpunktwo.de*
Herstellung: Stefanie Weidner, Frank Heidt
Covergestaltung: Eva Hepper, Silke Braun
Druck: mediaprint solutions GmbH, 33100 Paderborn

PEFC-zertifiziert
Dieses Buch stammt aus nachhaltig bewirtschafteten Wäldern und kontrollierten Quellen
PEFC
PEFC/04-31-0810
www.pefc.de

Dieses Buch wurde mit mineralölfreien Farben auf PEFC-zertifiziertem Papier aus nachhaltiger Waldwirtschaft gedruckt. Der Umwelt zuliebe verzichten wir zusätzlich auf die Einschweißfolie. Hergestellt in Deutschland.

Bibliografische Information der Deutschen Nationalbibliothek:
Die Deutsche Nationalbibliothek verzeichnet diese Publikation in der Deutschen Nationalbibliografie; detaillierte bibliografische Daten sind im Internet über *http://dnb.dnb.de* abrufbar.

ISBN Print: 978-3-98889-051-1
ISBN PDF: 978-3-98890-280-1
ISBN ePub: 978-3-98890-281-8

1. Auflage 2025

dpunkt.verlag ist eine Marke des Rheinwerk Verlags.

Rheinwerk Verlag GmbH • Rheinwerkallee 4 • 53227 Bonn
service@rheinwerk-verlag.de

Inhaltsübersicht

1	Warum dieses Buch wichtig für Sie ist	13
2	Auf dem Weg zum Smart Home	21
3	Requirements Engineering trifft KI – Los geht's!	29
4	Prompt Engineering – die Wissenschaft der perfekten Eingabe	65
5	Kontext der Entwicklung definieren – Worum geht's eigentlich?	77
6	Anforderungsquellen identifizieren – KI als Scout für eine gute Basis	105
7	Anforderungen ermitteln – Mensch & Maschine im perfekten Duo	129
8	Anforderungen dokumentieren – KI als Ghostwriter	167
9	Anforderungen überprüfen – Was die KI sieht und was ihr verborgen bleibt	213
10	Anforderungen verwalten – KI als Wegweiser durch das Anforderungslabyrinth	239
11	Synergien von KI und RE nutzen – Teambuilding für KI-Systeme und Requirements Engineers	273

Anhang 299

A Anhang 301

Abkürzungsverzeichnis 303

Promptverzeichnis 305

Literatur 309

Index 315

Inhaltsverzeichnis

1 Warum dieses Buch wichtig für Sie ist 13

1.1 Herzlich willkommen an Bord ... 13

1.2 Vom KI-gestützten Assistenten zur echten Unterstützung ... 14

1.3 Das Buch, das mehr ist als ein Buch, um aktuell zu sein ... 15

1.4 Die Menschen hinter diesem Werk ... 17

2 Auf dem Weg zum Smart Home 21

2.1 Die Wünsche der Familie König ... 21

2.2 Die Entwicklung des Smart-Home-Systems ... 25

3 Requirements Engineering trifft KI – Los geht's! 29

3.1 RE auf den Punkt gebracht ... 29

3.1.1 Requirements Engineering und Vorgehensmodelle ... 31

3.1.2 Anforderungen und ihre Klassifikation ... 33

3.1.3 Anforderungen unterschiedlicher Verfeinerungsgrade ... 35

3.1.4 Hauptaufgaben des Requirements Engineering ... 36

3.2 Künstliche Intelligenz, die unbekannte Schönheit?! ... 39

3.2.1 Ausprägungen von KI-Systemen ... 39

3.2.2 Funktionsweise generativer KI-Systeme ... 42

3.2.3 Grundprinzipien der Funktionsweise von KI-Systemen ... 45

3.2.4 Interaktion mit generativen KI-Systemen ... 47

3.3 KI bringt Requirements Engineering auf das nächste Level ... 50

3.3.1 Potenziale von künstlicher Intelligenz für Requirements Engineering nutzen ... 51

3.3.2 Der Nutzen von Requirements Engineering im Zeitalter von KI ... 53

3.3.3 Prinzipien des Requirements Engineering auf KI-Systeme anwenden ... 55
3.3.4 Grenzen von KI-Systemen kennen ... 58
3.3.5 Möglichkeiten zur Optimierung von KI-Systemen ... 61

4 Prompt Engineering – die Wissenschaft der perfekten Eingabe 65
4.1 Prompt Engineering – das neue Gold! ... 65
4.2 Wie funktioniert Prompt Engineering? ... 66
4.3 Die SOPHIST Prompting Guideline ... 67
4.3.1 Regel 1: Prompt klar strukturieren ... 67
4.3.2 Regel 2: Ausgabeformat des Ergebnisses definieren ... 68
4.3.3 Regel 3: Tonalität angeben ... 68
4.3.4 Regel 4: Präzise Begriffe verwenden ... 68
4.3.5 Regel 5: Aufgabe durch präzise Vollverben definieren ... 69
4.3.6 Regel 6: Temperatur des Ergebnisses festlegen ... 69
4.3.7 Regel 7: Quellen für Aufgabe definieren ... 70
4.3.8 Regel 8: Referenzen für die Interaktion definieren ... 70
4.3.9 Regel 9: Involvierte Rollen und Vorgehensweisen berücksichtigen ... 71
4.4 Prompting Templates – Schablonen für Prompts ... 71
4.5 Interaktionsmuster – vom Prompt zum Gespräch ... 73
4.5.1 Einfache Interaktionsmuster ... 73
4.5.2 Chain of Thought (CoT) ... 74
4.5.3 Retrieval-Augmented Generation (RAG) ... 75

5 Kontext der Entwicklung definieren – Worum geht's eigentlich? 77
5.1 Kontext ist nicht gleich Kontext ... 77
5.1.1 Produktkontext ... 79
5.1.2 Technischer Systemkontext ... 84
5.1.3 Domänenkontext ... 87
5.1.4 Kontext der produktbezogenen Prozesse ... 90
5.1.5 Kontext des KI-Ökosystems ... 97
5.2 Kontextinformationen in einer KI-Interaktion verwenden ... 99

6 Anforderungsquellen identifizieren – KI als Scout für eine gute Basis 105

6.1 Vom Bauchgefühl zur Methode ... 105

6.2 Wissen kommt aus allen Richtungen – die Bedeutung der Anforderungsquellen ... 106

6.3 Quellen richtig gewichten – KI berät, der Mensch entscheidet ... 109

6.4 Quellen für Anforderungen? – Frag doch mal die KI! ... 110

6.4.1 Stakeholder identifizieren – mit KI die richtigen Stimmen hören ... 111

6.4.2 Digitale Personas mit KI – Wenn die Maschine den Nutzer mimt ... 116

6.4.3 Prozesse analysieren – Mustererkennung mit KI ... 119

6.4.4 Systemlandschaften scannen – KI als Radar für relevante Anforderungen ... 121

6.4.5 Aus Ereignissen lernen – KI als Mr. Watson nutzen ... 123

6.4.6 Mit KI durch das Dokumentenlabyrinth ... 123

6.4.7 Vom Gesetz, der Norm oder dem Standard zur Anforderung – mit KI durch den Paragrafendschungel ... 125

7 Anforderungen ermitteln – Mensch & Maschine im perfekten Duo 129

7.1 Die Essenz der Anforderungsermittlung ... 129

7.1.1 Bedürfnisse der Stakeholder verstehen ... 129

7.1.2 Wissen ist vielseitig ... 130

7.1.3 Rahmenbedingungen für die Ermittlung kennen ... 131

7.1.4 Anpassungsfähigkeit in der Anforderungsermittlung ... 132

7.2 Auswahl der Ermittlungstechniken im Zeitalter von KI ... 134

7.2.1 Ermittlungstechniken – Updates verfügbar ... 134

7.2.2 Superkräfte durch KI-gestützte Ermittlung ... 135

7.2.3 Ermittlungsstrategie mit KI planen ... 137

7.3 KI-Einsatzszenarien in der Anforderungsermittlung ... 139

7.3.1 Anforderungen im Dokumenten-Dickicht? KI gegen das Informationschaos ... 139

7.3.2 Vom Gesetz zur Anforderung: KI als Schlüssel zur Compliance ... 143

7.3.3 Anforderungen aus Geschäftsprozessen ableiten ... 147

7.3.4 Interviews als Teamarbeit mit einem KI-System 150

7.3.5 KI-Systeme kreativ einsetzen 154

7.4 Wie KI-Systeme das SOPHIST-*RE*gelwerk anwenden 158

7.4.1 Das SOPHIST-*RE*gelwerk 158

7.4.2 Anforderungen vereinzeln und Kommentare separieren – zwei Regeln zum Preis von einer 160

7.4.3 Substantive mit KI präzisieren 163

8 Anforderungen dokumentieren – KI als Ghostwriter 167

8.1 Die Bedeutung von Dokumentation in der Entwicklung 167

8.2 Anforderungen natürlichsprachlich dokumentieren 171

8.2.1 Satzschablonen 171

8.2.2 User Stories mit Akzeptanzkriterien 174

8.3 Anforderungen modellbasiert dokumentieren 178

8.3.1 Allgemeines Vorgehen 178

8.3.2 Zusammenhänge der Sichten auf Anforderungen 180

8.3.3 Informationsmodelle erzeugen 182

8.3.4 Anwendungsfalldiagramme erzeugen 190

8.3.5 Aktivitätsdiagramm erzeugen 197

8.3.6 Zustandsautomat erstellen 201

8.3.7 Ausblick 206

8.4 Traceability sicherstellen 208

9 Anforderungen überprüfen – Was die KI sieht und was ihr verborgen bleibt 213

9.1 Warum muss man überprüfen? 213

9.2 Grundlegendes zur Überprüfung von Anforderungen 216

9.2.1 Liste der Qualitätskriterien für Anforderungen und Anforderungsdokumente 216

9.2.2 Qualität der Anforderungen verbessern – das richtige Maß finden 217

9.2.3 Ablauf der Qualitätsverbesserung 217

9.2.4 Techniken zum Prüfen der Anforderungen 220

9.3 Qualitätsverbesserung mit KI ... 223
9.3.1 Überprüfung der Erfüllung der Qualitätskriterien mit einem KI-System ... 223
9.3.2 Qualitätskriterien für Anforderungsdokumente ... 230
9.3.3 Rapid Prototyping mit KI – schnell, schneller, KI-gestützt ... 235

10 Anforderungen verwalten – KI als Wegweiser durch das Anforderungslabyrinth 239

10.1 Ziel und Zweck beim Verwalten von Anforderungen ... 239
10.1.1 Der Blick über den Tellerrand ... 239
10.1.2 Herausforderungen im Requirements Management ... 241
10.2 Attribute von Anforderungen ... 245
10.2.1 Mit KI-Systemen Attribute identifizieren ... 245
10.2.2 Attribute setzen – KI-Systeme als Experten benutzen ... 248
10.3 Anforderungen strukturieren – Wie hätten Sie es gern? ... 255
10.4 Stabilität versus Flexibilität – Umgang mit Änderungen ... 263
10.5 Anforderungen mit Varianten verwalten ... 267

11 Synergien von KI und RE nutzen – Teambuilding für KI-Systeme und Requirements Engineers 273

11.1 KI-Systeme zielgerichtet einsetzen ... 273
11.2 Teamplayer gesucht – Auswahl passender KI-Systeme ... 278
11.3 Konfiguration von KI-gestützten Assistenten ... 281
11.3.1 Der Aufwand für die Konfiguration lohnt sich! ... 281
11.3.2 Architektur von KI-Assistenten – Konfiguration ohne Feintuning ... 281
11.3.3 Persönlichen KI-Assistenten erstellen ... 284
11.4 Integration von KI in die Engineering-Toolkette ... 290
11.5 Zwischen Regulierung und Realität – der EU AI Act ... 293
11.5.1 Vertrauen ist gut, Klassifizieren ist Pflicht! ... 294
11.5.2 Governance statt Goodwill – Wer trägt die Verantwortung? ... 295
11.5.3 Alte Methoden, neue Probleme? ... 297

Anhang 299

A Anhang 301

A.1 Zugang zu den Online-Inhalten des Buches 301

Abkürzungsverzeichnis 303

Promptverzeichnis 305

Literatur 309

Index 315

1 Warum dieses Buch wichtig für Sie ist

1.1 Herzlich willkommen an Bord

Hallo und herzlich willkommen im SOPHISTischen Universum zum Thema »Künstliche Intelligenz im Requirements Engineering«. Ich erspare es mir, Ihnen zu erläutern, dass künstliche Intelligenz (KI) im Requirements Engineering (RE) wichtig ist. Wenn Ihnen das nicht klar wäre, dann hätten Sie dieses Buch nicht gekauft und würden es nicht lesen. Sie sind hier richtig, egal wo Sie gerade bezüglich Ihrer RE-Vorkenntnisse stehen:

- ob Sie ein Requirements-Engineering-Experte sind und Erfahrung mit RE ohne den Einsatz künstlicher Intelligenz haben und sich für die Optimierungen durch den Einsatz der künstlichen Intelligenz interessieren oder
- ob Sie ein Neuling auf diesem Gebiet sind und sofort mit einem modernen, auf künstlicher Intelligenz basierenden Requirements Engineering einsteigen wollen.

Dieses Buch bietet Ihnen den optimalen Einstieg und Durchblick für Ihre zukünftige Praxis im Requirements Engineering. Falls Sie eher zu der Gruppe der Neulinge gehören oder in speziellen Bereichen noch Defizite bei sich vermuten, halten wir auf unserer Online-Wissensplattform Zusatzmaterialien für Sie bereit oder geben Ihnen Hinweise auf Literatur, die Sie auf den adäquaten Stand im Requirements Engineering bringt.

Da Sie sich für ein Buch über den Einsatz von KI in einem Fachgebiet entschieden haben, gehen wir davon aus, dass Sie bereits KI-Systeme genutzt haben oder über Einsteigerwissen verfügen. Wir fokussieren uns in diesem Buch auf deren Anwendung in der Praxis des Requirements Engineering.

Kurz noch zum Thema Gendern in diesem Buch. Sofern es die Lesbarkeit des Textes nicht beeinträchtigt, haben wir eine geschlechtsneutrale Formulierung gewählt. Allerdings verwenden wir Rollenbezeichnungen, wie der Requirements Engineer, und meinen damit natürlich jeden Menschen, der diese Tätigkeit ausführt, und hoffen auf Ihr Verständnis.

1.2 Vom KI-gestützten Assistenten zur echten Unterstützung

Lassen Sie uns mit einem Prompt starten und den Fokus dieses Buches daran erläutern. Nehmen wir an, Sie fragen sich, warum Requirements Engineering in der Produktentwicklung Sinn macht. Dann könnten Sie mit dem im Folgenden gezeigten Prompt 1.1 ein beliebiges KI-System befragen. Die genaue Definition, was ein Prompt ist, erfahren Sie in Kapitel 3.

Prompt 1.1
Wichtigkeit von RE in der Produktentwicklung

```
Warum ist Requirements Engineering für eine erfolgreiche
Produktentwicklung wichtig?
```

Ergebnis zu Prompt 1.1 [ChatGPT 4o 2025]

Klarheit und Verständnis: Es sorgt dafür, dass alle Beteiligten ein gemeinsames Verständnis der Anforderungen haben, was Missverständnisse und Fehlentwicklungen vermeidet. [...]

Fazit und Bewertung

Das Ergebnis dieses Prompts würde sicherlich einige Seiten füllen und etwas zu Risikominimierung, Kosten- und Zeitersparnis, Qualitätssicherung, Kommunikation und Zusammenarbeit, Stakeholder-Zufriedenheit und vielen weiteren Aspekten liefern.

Die Antwort klingt schlüssig. Doch wie wurde sie generiert? Welche Informationen lagen dem System vor? Wäre die Antwort deutlich besser, wenn Sie die Quellen festlegen oder priorisieren würden? Welche Aspekte fehlen? Welche Prioritäten sind in Ihrem spezifischen Kontext entscheidend? Und stimmt das, was hier geliefert wird, mit der Meinung von RE-Kennern überein?

KI-Systeme haben sich bereits als Alltagswerkzeuge etabliert, sei es zur Informationssuche, als Code-Assistent oder als Ideengeber in verschiedensten Kontexten. Und genau dazu werden sie aktuell auch im Requirements Engineering eingesetzt. Doch ein KI-System kann mehr, als nur bestehende Aufgaben beschleunigen. KI kann das Requirements Engineering verändern, indem sie z. B. Anforderungen aus großen Datenmengen ableitet, Muster erkennt und Stakeholder-Feedback in Echtzeit verarbeitet. Wie genau Sie eine KI professionell für diese Zwecke einsetzen, zeigen wir Ihnen in den folgenden Kapiteln. Uns geht es um ein richtiges Setting des Systems und ein professionelles, zielgerichtetes Prompten in Bereichen, in denen die KI einen großen Nutzen bringen kann. Dies spart dann nicht nur Ihre zeitlichen Ressourcen, sondern auch unsere natürlichen Ressourcen, wie Strom, und natürlich auch Ihre Nerven.

Die KI kann Sie als Mensch und Requirements Engineer nicht ersetzen. Sie ergänzt Ihre Fähigkeiten. Dennoch werden einige Aufgaben durch ein KI-System schneller und kostengünstiger zu erledigen sein als bisher. Meist handelt es sich dabei um Tätigkeiten, die bisher viel

Zeit in Anspruch genommen haben, deren intellektueller oder kreativer Anteil aber eher gering ist. Zudem müssen wir als RE-Experten die Rahmenbedingungen schaffen, um KI-Systeme sinnvoll in das RE zu integrieren, was derzeit eine herausfordernde Aufgabe ist.

Die eigentliche Kompetenz, wie das kritische Hinterfragen, die Entscheidung über relevante Anforderungen und die Interpretation von KI-generierten Ergebnissen, bleibt in der Hand von Menschen, die über eine hohe Kompetenz verfügen müssen.

In diesem Buch untersuchen wir daher:

- Wie KI-Methoden das Requirements Engineering systematisch bereichern können.
- Wo die Grenzen heutiger KI-Systeme liegen.
- Wie das KI-System in den Unternehmenskontext (Ökosystem) eingebettet ist.
- Welche Rolle der Mensch in einer KI-gestützten RE-Umgebung spielt.

Das Ziel ist nicht, KI blind einzusetzen, sondern sie gezielt zu nutzen, um die Qualität und Effizienz von RE zu steigern – mit der richtigen Balance zwischen Automatisierung und menschlicher Expertise.

Doch nun vom Fokus des Buches zur Machart, die Sie hoffentlich begeistern wird.

1.3 Das Buch, das mehr ist als ein Buch, um aktuell zu sein

Künstliche Intelligenz im Requirements Engineering ist ein volatiles Thema. Nicht nur die Systeme, auch wir lernen ständig dazu und daran werden wir Sie teilhaben lassen. In einem gedruckten Buch geht das nur in sehr langen Abständen, was bei diesem Thema nicht zielführend ist. Zudem wollen wir Ihnen reales Prompting zeigen – und dazu sind Videos bei Weitem geeigneter als gedruckter Text. Durch die Weiterentwicklung der künstlichen Intelligenz im Requirements Engineering sind Aussagen, die wir Monate vor dem Erscheinungstermin des Buches noch als prickelnd und topaktuell empfunden haben, zum Zeitpunkt der Drucklegung bereits nicht mehr topaktuell. Somit haben wir uns entschieden, im gedruckten Buch all das zu veröffentlichen, was mit hoher Wahrscheinlichkeit über einen längeren Zeitraum stabil bleibt. Sachverhalte und Beispiele (wie Prompts in spezifischen Werkzeugen), die einer hohen Änderungsrate unterliegen, finden Sie auf unserer Online-Wissensplattform, wo wir auch kurz- und mittelfristig auf Innovationen reagieren können. Im Buch (Print, PDF oder ePub) sehen Sie die Prompts und Prompt-Ergebnisse zur besseren Lesbarkeit teilweise gekürzt. Die ungekürzte Version der meisten Prompts finden Sie jeweils auf der Online-Wissensplattform.

Dementsprechend haben Sie hier nicht nur ein Buch erworben, sondern können bei Interesse auch auf eine ergänzende Online-Wissensplattform zugreifen. Dort werden Sie zusätzlich zu den Inhalten im Buch Videos der Prompts, Erklärvideos einzelner Autoren zu spezifischen Aspekten sowie animierte Inhalte, die durch unsere Avatare präsentiert werden, vorfinden.

Ach ja, das hätten wir fast vergessen zu erwähnen!
Im Buch begegnen Ihnen ein Icon, QR-Codes und Links, die Ihnen die Orientierung erleichtern sollen:

Das durchgängige Szenario: Smart-Home-System

Dieses Icon zeigt Ihnen: Jetzt geht's um unser Smart-Home-System! An dieser Stelle greifen wir auf das durchgängige Szenario zurück, um Methoden und Konzepte greifbar zu machen – praxisnah und anschaulich.

Online-Inhalte

QR-Codes

Wenn Sie diese QR-Codes sehen, lohnt sich ein Blick auf unsere Online-Wissensplattform. Einfach per Link oder QR-Code erreichbar.

Die Online-Wissensplattform zum Buch

Als Online-Wissensplattform nutzen wir die Plattform ablefy[1] für zusätzliche Inhalte des Buches. Zunächst müssen Sie aber einmalig die Hürde der Freischaltung der Online-Inhalte meistern. Eine ausführliche Anleitung finden Sie im Anhang des Buches und auf *www.sophist.de/ki-im-re-buch-online*.

1. *https://ablefy.io*

Nutzen Sie das Passwort:

sophist-goes-ki

Zögern Sie nicht, uns eine E-Mail an *KIRE@sophist.de* zu schreiben, wenn Sie dabei Probleme haben. Wir helfen gerne weiter und freuen uns auf Ihr Feedback und Ihre Fragen.

Sowohl für das Buch als auch für die Online-Wissensplattform gilt der folgende Disclaimer: Alles, was Sie hier im Buch oder auf der Wissensplattform vorfinden, entspricht immer dem Stand der Drucklegung bzw. der Veröffentlichung auf der Wissensplattform. Somit werden Sie keinen der Prompts in Ihrem System wirklich 1:1 nachvollziehen können. Wir freuen uns aber immer über Feedback von Ihnen bezüglich Ihrer Erfahrung mit den jeweiligen Prompts. Wir prompten in den Tools Microsoft Copilot[2], ChatGPT von OpenAI[3] und Google Gemini[4]. Für weitere KI-Systeme können wir keine Aussagen über die Qualität der Ergebnisse treffen. Wir schreiben jeweils bei den Ergebnissen zu den Prompts das verwendete KI-System mit Version dazu.

1.4 Die Menschen hinter diesem Werk

Das Verfassen dieses Buches ist ein Projekt, hinter dem eine Menge Menschen steht, die mit Herzblut viel Zeit und Energie investiert haben.

Auf der Online-Wissensplattform werden Sie diese Menschen näher kennenlernen. Aber ich möchte schon hier einige von ihnen kurz nennen und ihnen für ihr Engagement danken.

Danke an Alexander Rauh, der das Buchprojekt inhaltlich geleitet und zum Erfolg geführt und ganz nebenbei auch noch an einigen Kapiteln mitgeschrieben hat.

2. *https://copilot.microsoft.com/*
3. *https://openai.com/*
4. *https://gemini.google.com/*

Unser Wissen in Worte und Bilder gepackt haben die folgenden Autoren:

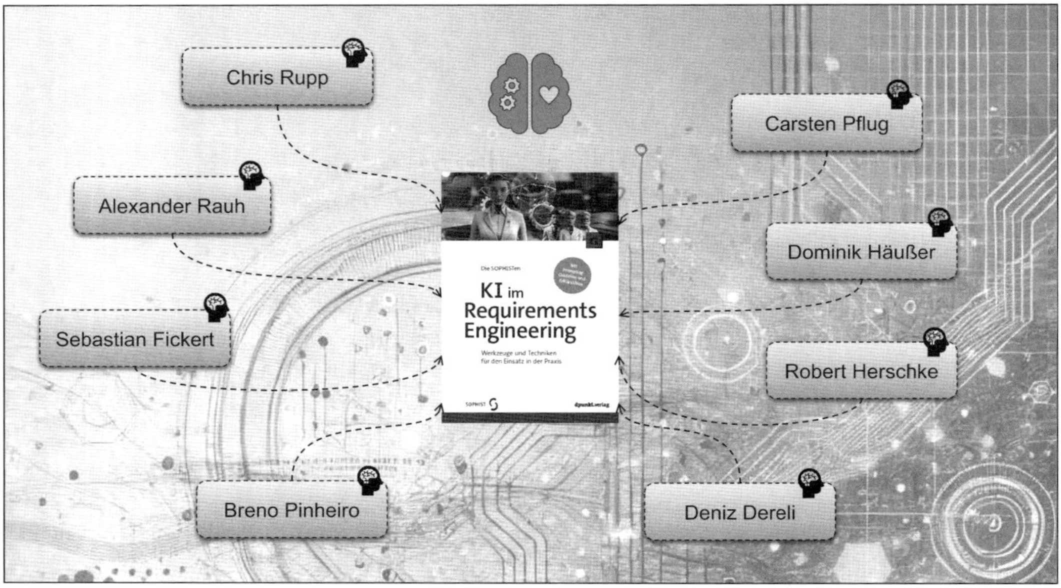

Da bei einer Vielzahl von Einzelautoren das große Ganze konsistent bleiben muss und jedes Kapitel für sich ein kritisches Feedback eines kompetenten Beraters benötigt, danke ich den beiden Reviewern

- Andreas Günther und
- Carsten Pflug.

Ihr habt einen nervenaufreibenden und sehr wertschöpfenden Beitrag zu diesem Buch geleistet, für den nur die Besten infrage kommen. Danke dafür!

Neben den schreibenden und reviewenden Akteuren gibt es ein Team, dessen Fokus darauf liegt, Ihnen die zusätzlichen Inhalte zum Buch auf der Online-Wissensplattform immer aktuell zu präsentieren. Auch hier wurde viel nachgedacht und experimentiert, denn eine Wissensplattform ist keine elektronische Version eines Buches. Es ist ein völlig anderer Ansatz der Vermittlung, der hier umso komplexer ist, als im Hintergrund ein klassisches Buch steht, das eben mit Online-Inhalten ergänzt wird.

Hier möchte ich vor allem Ersin Akkaya, Anastasia Fischer, Alexander Grün und mir (Chris Rupp) anerkennend und dankend auf die Schulter klopfen. Wir haben beharrlich mit ablefy, Descript[5] und

5. *www.descript.com*

den Grafik- und Videotools gekämpft, um Ihnen den Onlinegenuss zu ermöglichen.

Danke an all unsere Kunden, die uns ihr Vertrauen geschenkt und mit uns KI in ihren Projekten erprobt haben. Ihr seid unsere größte Lernchance, denn meistens gehen alle Beteiligten klüger aus einem Projekt heraus, als sie es begonnen haben.

Und mein letzter, aber ganz wichtiger Dank geht an alle SOPHISTen, die nicht am Buchprojekt beteiligt waren. Dadurch, dass ihr Kundenprojekte verwirklicht, ans Telefon geht, die Rechner administriert, Rechnungen schreibt und Kundenprojekte akquiriert oder unsere Themen vermarktet, habt ihr es dem Buchprojektteam überhaupt erst möglich gemacht, Zeit in dieses Projekt zu investieren. Ohne euren Einsatz, das erwirtschaftete Kapital und den Fakt, dass ihr SOPHIST am Laufen haltet, könnten wir uns diesen Luxus nicht leisten.

So und jetzt viel Vergnügen, Einsichten und Erkenntnisse beim Lesen.

Chris Rupp und Ihre SOPHISTen

2 Auf dem Weg zum Smart Home

2.1 Die Wünsche der Familie König

www.sophist.de/kire/k2-1

In diesem Kapitel stellen wir Ihnen unser durchgängiges Beispiel zur Entwicklung eines Smart-Home-Systems vor, das in den Folgekapiteln zur Erläuterung der Theorie immer wieder aufgegriffen wird.

Bei diesem Beispiel handelt es sich um ein technisches Produkt, das sowohl Software als auch Hardware mit einem hohen Anteil an Nutzerinteraktionen beinhaltet und dadurch typische Disziplinen einer Systementwicklung einschließt. Zudem bietet die Firma Schlauhaus nicht nur ein System als Produkt an, sondern stellt weitere Services für seine Kunden bereit. Um den späteren Transfer der von uns vorgestellten Methoden des Requirements Engineering in die Umgebung Ihrer Organisation zu unterstützen, beschreiben wir außerdem den organisatorischen Rahmen, in dem die Systementwicklung durchgeführt wird.

Ein gemütlicher Abend bei den Meyers

Es ist ein kalter Winterabend, und die Familie Meyer hat Besuch von der Familie König. Gemeinsam sitzen sie im Wohnzimmer, wo Robert Meyer, der Gastgeber des Abends, das Feuer im Kamin entzündet hat, und genießen die wohlige Wärme. Die Stimmung ist entspannt, die Eltern unterhalten sich bei einem Glas Wein über aktuelle Themen aus den Nachrichten. Die Kinder Alex, Chris und Johanna spielen freudig in einer Ecke des Wohnzimmers. Dabei bemerkt Markus König, dass das Licht im Raum sich mit der Zeit verändert, ohne dass jemand den Lichtschalter betätigt. Nach einem kurzen Moment der Unsicherheit fragt er bei Robert nach: »Kann es sein, dass sich die Farbe und die Intensität des Lichts verändert haben, seit wir hier sind? Mir ist gar nicht aufgefallen, dass jemand einen Schalter betätigt hat.«

Robert beginnt zu lächeln und erklärt: »Das müssen wir auch nicht. In unserem Smart Home sind verschiedene Stimmungen zur Inszenierung der Beleuchtung vorkonfiguriert. Je nach ausgewählter Stimmung steuert das Haus die Beleuchtung vollkommen automatisch.«

Markus ist erstaunt und möchte mehr über das smarte Zuhause der Meyers erfahren. Spontan schnappen sich die beiden Familienväter ihr Gläschen Wein und starten zu einer Führung durch das Haus. Lina Meyer und Nadine König, die es sich bis eben bei ihren Männern auf der Couch bequem gemacht hatten, schauen sich überrascht an. Lina schmunzelt und sagt: »Das ist nicht das erste Mal, dass Robert eine solche Hausführung unternimmt.« Nadine wird nun ebenfalls neugierig und fragt: »Was gibt es denn in eurem smarten Zuhause alles zu sehen?« Nun sind auch Lina und Nadine vollkommen in der Diskussion versunken.

Das eigene smarte Zuhause

Am nächsten Tag sitzt Familie König gemeinsam am Frühstückstisch und schwärmt von dem intelligenten Zuhause ihrer Gastgeber. Markus erzählt, was er alles auf seiner Führung durch das Haus gesehen hat. Besonders die Funktionen rund um die Sicherheit der Familie haben ihn beeindruckt. Nadine nickt zustimmend und ergänzt: »Aber es gibt auch jede Menge Unterstützung, die den Alltag erleichtert und das persönliche Wohlbefinden verbessert.«

»Was haltet ihr davon, wenn wir unser Zuhause auch zu einem Smart Home umbauen?«, fragt Markus in die Runde. Ihre beiden Kinder Chris und Alex stimmen sofort ein: »Oh ja! Dann bekommen wir auch solche Kinderzimmer wie das von Johanna!« Nadine schaut noch etwas überrascht zu ihrem Mann und fragt: »Was stellst du dir vor?«

Klimasteuerung für optimalen Komfort

Markus erklärt, dass er sich eine intelligente Klimasteuerung wünscht, die die Temperatur in jedem Raum automatisch anpasst. »Stellt euch vor, wir könnten die Heizung und Klimaanlage so steuern, dass es immer angenehm warm oder kühl ist, je nach Jahreszeit und Tageszeit. Und das alles, ohne Energie zu verschwenden.«

Nadine nickt zustimmend und fügt hinzu: »Das wäre sogar umweltschonend, vor allem jetzt im Winter. Und im Sommer könnten wir die Klimaanlage effizienter nutzen und sowohl die Heizung als auch die Klimaanlage auf die geöffneten Fenster in den Räumen abstimmen.« Chris fügt hinzu: »Und wir könnten die Temperatur in meinem Zimmer so einstellen, wie ich es mag, wenn ich Hausaufgaben mache oder spiele.«

»Was ich auch toll finde, ist, dass die Klimasteuerung in einen Energiesparmodus wechselt, sobald wir alle das Haus verlassen haben«, fährt Markus fort. »Das bedeutet, dass im Sommer die Klimaanlage ausgeschaltet und im Winter die Heizung heruntergeregelt wird. Und bevor wir nach Hause kommen, stellt die Steuerung die Temperatur aufgrund unseres Nutzungsverhaltens, vordefinierter Zeitfenster oder Auslöser von unseren Handys wieder auf unsere Wohlfühltemperatur ein.«

Nadine fügt hinzu: »Das klingt wirklich praktisch. So müssen wir uns keine Sorgen mehr machen, ob wir die Heizung oder Klimaanlage abgeschaltet haben, und wir kommen immer in ein angenehm temperiertes Zuhause zurück. Aber was ist, wenn das System nicht so funktioniert, wie wir es uns vorstellen, oder wenn der Strom ausfällt?«

»Eine gute Frage. Vielleicht können wir umgehend einen Alarm bekommen, sobald das Heizsystem einen schwerwiegenden Fehler erkennt – sowohl als Push-Nachricht auf unser Smartphone als auch über ein optisches Signal im Wohnzimmer«, erwidert Markus.

Lichtinszenierung für jede Stimmung

»Und was ist mit der Beleuchtung?«, fragt Nadine. Markus lächelt. »Robert hat mir gestern erzählt, dass man mit einer intelligenten Lichtsteuerung verschiedene Stimmungen im Haus schaffen kann. Zum Beispiel könnten wir das Licht im Wohnzimmer dimmen, wenn wir einen Film schauen, oder es heller machen, wenn wir lesen. Oder wir beleuchten die Bereiche im Wohnzimmer unterschiedlich. Und das Beste ist, dass wir alles über unser Smartphone oder Sprachbefehle steuern können.«

Alex ist begeistert. »Das wäre großartig! Dann könnten wir auch bunte Lichter für meine Geburtstagsfeier einstellen.« Nadine lacht. »Das klingt nach viel Spaß. Und es wäre auch praktisch, wenn wir das Licht automatisch ausschalten könnten, wenn niemand im Raum ist. Das spart Energie.« Markus fügt euphorisch hinzu: »Wir könnten die Energieeinsparung sogar maximieren, indem wir auch die Rollläden und Jalousien automatisch steuern, um im Winter die Wärme drinnen und im Sommer die Hitze draußen zu halten.«

»Ein weiterer Vorteil der intelligenten Lichtsteuerung ist, dass wir durch voreingestellte Zeitfenster und Anwesenheitssimulationen die Sicherheit erhöhen können«, erklärt Markus. »Wenn wir nicht zu Hause sind, kann das System so programmiert werden, dass es zu bestimmten Zeiten das Licht ein- und ausschaltet, als ob jemand zu Hause wäre. Das kann potenzielle Einbrecher abschrecken.« Nadine nickt beeindruckt. »Das gibt mir ein gutes Gefühl der Sicherheit, besonders wenn wir im Urlaub sind.«

Energieeffizienz im Fokus

Markus betont, dass die neuen Funktionen nicht nur den Komfort erhöhen, sondern auch die Energieeffizienz verbessern sollen. »Was haltet ihr von Benachrichtigungen, wenn das Licht in wenig genutzten Räumen lange angeschaltet ist? Oder wenn ein Raum zu sehr auskühlt, und zusätzlich ein Sensor meldet, dass ein Fenster geöffnet ist?« Nadine ist überrascht von den vielen Ideen ihres Mannes: »Mit einer intelligenten Klimasteuerung und Lichtinszenierung können wir den Energieverbrauch optimieren und so unsere Stromrechnung senken. Außerdem leisten wir einen Beitrag zum Umweltschutz.«

Die Basisinstallation

Sie sind so begeistert, dass sie beschließen, ein solches intelligentes System in ihrem Haus installieren zu lassen. Um mehr über die Umsetzung zu erfahren, rufen sie die Meyers an und fragen nach einer Empfehlung für das Unternehmen, das die Installation in ihrem Haus durchgeführt hat. Die Antwort kommt prompt: Firma Schlauhaus.

Am nächsten Tag kontaktieren die Königs die Firma Schlauhaus und besprechen ihre Wünsche.

Die Firma Schlauhaus empfiehlt die Installation eines Basissystems (Minimum Marketable Product – MMP) mit einigen Standardfunktionen für den Zugang und die Sicherheit des Hauses. Dieses Basissystem kann iterativ um die individuellen Wünsche und Bedürfnisse der Familie König erweitert werden. Diese Basisinstallation lässt sich sehr schnell realisieren, da es sich um ein Standardprodukt der Firma Schlauhaus handelt.

User Experience im Fokus

Für die Familie König sind die Benutzungsfreundlichkeit und die innovative Steuerung ihres neuen Smart Homes von zentraler Bedeutung. Eine intuitive Bedienung, sei es über das Smartphone, Sprachassistenten oder automatisierte Abläufe, verspricht nicht nur höheren Komfort, sondern auch eine Erleichterung im täglichen Leben. Dazu zählen die Steuerung der Beleuchtung, die Regelung der Temperatur in den verschiedenen Räumen oder die Bedienung der Sicherheitsfunktionen. Das Smart Home soll sich nahtlos in ihren Alltag integrieren und ihnen die Kontrolle über alle Funktionen erleichtern. Nadine äußert sich: »Wenn wir ein zentrales Display hätten, das uns alle wichtigen Informationen auf einen Blick darstellt, könnten wir unser Haus in Zukunft ruhigen Gewissens verlassen.«

»Vielleicht beginnen unsere Urlaube dann etwas weniger hektisch, wenn wir wüssten, dass der Herd ausgeschaltet und alle Fenster verschlossen sind«, erwidert Markus.

Besonders wichtig ist der Familie König, dass die Bedienung der Funktionen einfach zu erlernen ist, um alle Familienmitglieder, von den Kindern bis zu den Großeltern, gleichermaßen einzubinden. Die neuen Technologien sollen einen Beitrag zur Lebensqualität leisten, Spaß bei der Nutzung machen und gleichzeitig den gängigen Sicherheitsstandards entsprechen.

Der nächste Schritt

Da der Markt für smarte Komponenten inzwischen so umfangreich, vielfältig und teilweise unübersichtlich ist, empfiehlt Schlauhaus ein iteratives Vorgehen. Schlauhaus nimmt die Bedürfnisse der Familie König entgegen, wählt die passenden Komponenten aus und fungiert als Integrator der neuen Komponenten. Dazu gehört auch die Konfiguration der neuen Funktionen im Smart Home. Die Experten von Schlauhaus weisen darauf hin, dass auch die Möglichkeit besteht, smarte Funktionen und die dafür notwendigen Komponenten wieder auszubauen, falls diese der Familie nicht gefallen.

Nach einem Besuch im Musterhaus beschließt Familie König das Projekt zu starten und die Firma Schlauhaus mit dem initialen Umbau ihres Hauses zu beauftragen. Außerdem gehen sie auf den Vorschlag der iterativen Erweiterung um weitere smarte Funktionen ein.

2.2 Die Entwicklung des Smart-Home-Systems

In diesem Abschnitt skizzieren wir Ihnen den organisatorischen Rahmen, in dem die Systementwicklung durchgeführt wird. Abbildung 2.1 zeigt, wie die einzelnen Rollen und Verantwortlichkeiten in unserem Beispielszenario verteilt sind: Die Familie König tritt als Auftraggeber auf und definiert ihre Wünsche und Bedürfnisse an das Smart-Home-System. Die Firma Schlauhaus hingegen übernimmt die Rolle des Auftragnehmers und sorgt dafür, dass die passenden Komponenten ausgewählt und integriert werden. Hierbei fungiert Schlauhaus nicht nur als Integrator, sondern auch als Berater für die Familie König, um sicherzustellen, dass das System genau auf deren Wünsche abgestimmt ist. Zudem übernimmt Schlauhaus die Individualisierung der Software, beispielsweise in Form einer Smartphone-App, sodass die Bedienung genau auf die Funktionen der Königs abgestimmt ist.

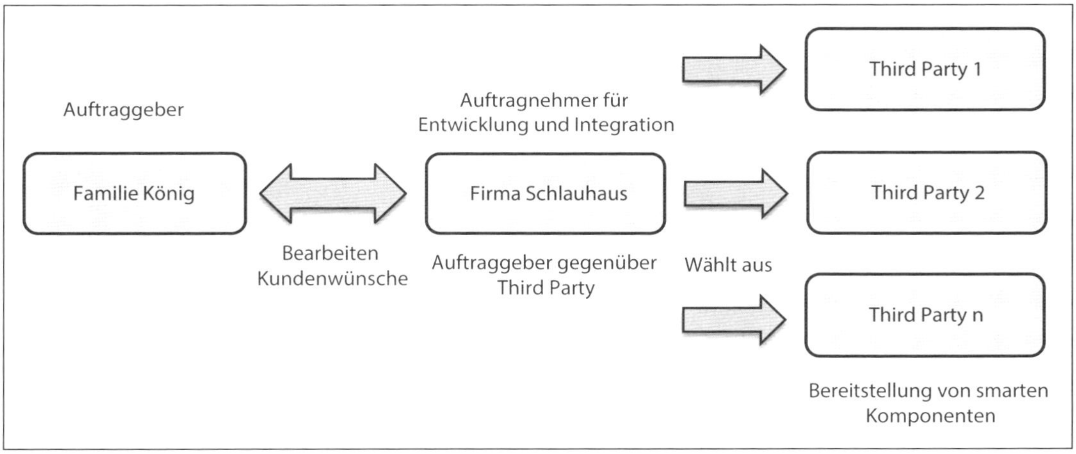

Abb. 2.1 *Rollenverteilung zwischen den Beteiligten*

Ein zentrales Element des Projekts ist die Verwendung von bestehenden Smart-Home-Technologien und -Komponenten, die den Alltag der Familie König komfortabler und effizienter gestalten sollen. Um dies zu erreichen, setzt Schlauhaus auf modulare und anpassbare Lösungen, die jederzeit erweitert oder angepasst werden können. So bleibt das Produkt flexibel und Schlauhaus kann auf zukünftige Entwicklungen und neue Bedürfnisse der Familie reagieren.

Die iterative Erweiterung des Smart Homes ermöglicht es der Familie König, zunächst mit einem Basissystem zu starten und dieses System Schritt für Schritt um weitere Funktionen zu ergänzen. Dies minimiert nicht nur das Risiko von Fehlentscheidungen in allen Phasen der Entwicklung, sondern erlaubt es der Familie auch, das System in der Praxis als täglichen Begleiter zu erleben und daraufhin ggf. neue Wünsche und

Bedürfnisse an Schlauhaus zu übermitteln. Dadurch wird einer der wesentlichen Werte aus dem Manifest für Agile Softwareentwicklung erfüllt: die Zusammenarbeit mit dem Kunden [Beck et al. 2001].

Ein weiterer wesentlicher Aspekt, der im Rahmen der Entwicklung berücksichtigt werden muss, ist das begrenzte Budget der Familie König. Zwar möchte die Familie eine möglichst zu ihren individuellen Bedürfnissen passende Lösung, hat sich aber trotzdem einen finanziellen Rahmen gesetzt. Aufgrund dieser finanziellen Rahmenbedingungen ist es erforderlich, dass Schlauhaus vor jeder Iteration die Wünsche und Bedürfnisse der Familie sorgfältig priorisiert. Mit dieser Priorisierung wird sichergestellt, dass die wichtigsten Bedürfnisse zuerst implementiert werden und die Familie innerhalb ihrer finanziellen Möglichkeiten das bestmögliche Ergebnis erzielt.

Abbildung 2.2 skizziert den Verlauf der Entwicklung und zeigt die inkrementelle Arbeitsweise. Für die Beschreibung der weiteren Kapitel dieses Buches gehen wir davon aus, dass die Basisinstallation im Haus der Familie König bereits abgeschlossen ist und einige Anforderungen z. B. für Zugangs- und Sicherheitsfunktionen bereits in Inkrement 1 enthalten sind. In den weiteren Iterationen wird Schlauhaus diese Installation erweitern, um die Wünsche und Bedürfnisse der Familienmitglieder zu erfüllen. Am Ende einer jeden Iteration steht ein neues Inkrement des Smart-Home-Systems zur Verfügung. Während der Iterationen setzt Schlauhaus unterschiedliche Methoden des Requirements Engineering und Requirements Management mit einer unterschiedlichen Intensität ein. Dabei geht es nicht nur darum, die Anforderungen der Familie zu ermitteln und in ein neues Inkrement zu überführen, sondern auch um Tätigkeiten rund um die Dokumentation, Qualitätssicherung und das Management der Anforderungen an das Smart-Home-System, da Schlauhaus viele weitere Kunden parallel betreut. Für die Durchführung möchte Schlauhaus die Vorteile und Möglichkeiten der künstlichen Intelligenz nutzen und die bisher eher klassischen RE-Methoden modern, effizient und möglichst qualitativ hochwertiger als bisher gestalten. Wie genau Schlauhaus dieser Schritt gelingt, erfahren Sie in den nachfolgenden Kapiteln bei den Beschreibungen zu den modernisierten Methoden des RE. In unseren Online-Inhalten zu diesem Buch auf der Wissensplattform finden Sie eine animierte Version der Grafik.

www.sophist.de/kire/k2-2

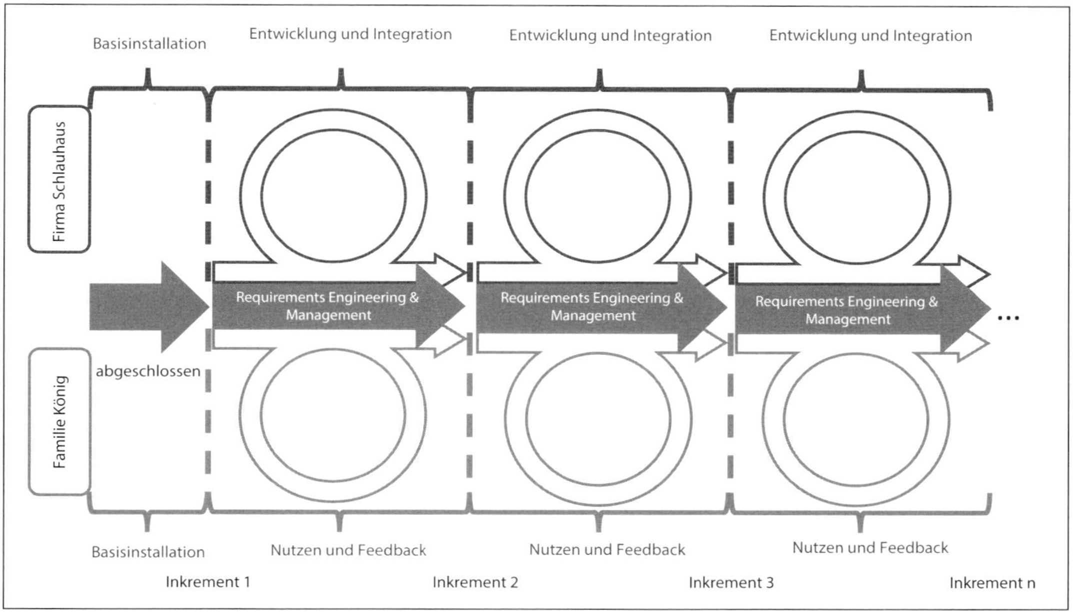

Abb. 2.2 *Requirements Engineering in der inkrementellen Arbeitsweise*

3 Requirements Engineering trifft KI – Los geht's!

Bevor künstliche Intelligenz im Requirements Engineering sinnvoll eingesetzt werden kann, braucht es ein klares Verständnis der Grundlagen. Dieses Kapitel bietet einen praxisnahen Einstieg: Es definiert zentrale Begriffe und zeigt, wie Anforderungen im Kontext klassischer und agiler Vorgehensmodelle entstehen. So schaffen wir die Basis, auf der KI-Systeme später gezielt unterstützen können.

3.1 RE auf den Punkt gebracht

Das International Requirements Engineering Board (IREB e.V.) definiert Requirements Engineering (RE) mit klarem Fokus auf die Bedürfnisse der Stakeholder.

Definition 3.1: *Definition von Requirements Engineering*

Den systematischen und disziplinierten Ansatz zur Spezifikation und Verwaltung von Anforderungen mit dem Ziel,

- die Bedürfnisse der Stakeholder zu verstehen und
- das Risiko zu minimieren, ein System zu liefern, das die Bedürfnisse nicht erfüllt.

nach [IREB CPRE Glossar 2024]

Zusammengefasst bietet Requirements Engineering laut [IREB CPRE FL Lehrplan 2024] einen Mehrwert bei der Entwicklung und Weiterentwicklung eines Systems, indem:

- ein besseres Verständnis des Problems erzeugt wird;
- das Risiko, ein falsches System zu entwickeln, verringert wird;
- die Grundlage für die Schätzung von Entwicklungsaufwand und Kosten gelegt wird;
- die Voraussetzung für das Testen des Systems geschaffen wird.

Requirements Engineering ist ein essenzieller Bestandteil jedes Entwicklungsprozesses – unabhängig davon, ob klassisch oder agil vorgegangen wird. Es legt die Grundlage dafür, komplexe Problemstellungen frühzeitig zu verstehen, vollständig zu erfassen und möglichst präzise zu beschreiben. Dabei ist Requirements Engineering kein einmaliger Schritt, sondern ein kontinuierlicher, iterativer Prozess, der sowohl strukturierte als auch explorative Elemente vereint.

www.sophist.de/kire/k3-1

Der Requirements Engineer

Der Requirements Engineer übernimmt hierbei eine vermittelnde Rolle zwischen den Stakeholdern und dem Entwicklungsteam. Ziel ist es, ein gemeinsames Verständnis darüber zu schaffen, welche Anforderungen für das System relevant sind, und dieses Verständnis stetig weiterzuentwickeln.

Der RE-Prozess

Der Prozess beginnt in der Regel mit einer ersten Kontextabgrenzung: Es wird festgelegt, was zum betrachteten System gehört und was nicht. In agilen Vorgehensmodellen wird diese Abgrenzung jedoch nicht als statisch verstanden, sondern kann sich im Laufe der Entwicklung weiterentwickeln. Neue Erkenntnisse aus Feedback, Tests oder Marktveränderungen können dazu führen, dass Anforderungen angepasst, ergänzt oder verworfen werden. RE unterstützt somit nicht nur die initiale Planung, sondern auch die kontinuierliche Validierung und Verfeinerung von Anforderungen im Verlauf der Entwicklung – und bietet so die notwendige Flexibilität, um auf Veränderungen reagieren zu können, ohne das Ziel aus den Augen zu verlieren. Die verschiedenen Aspekte des Kontextes werden in Kapitel 5 behandelt.

Definition 3.2: *Definition von System*

Ein System ist eine Kombination von interagierenden Elementen, die so organisiert sind, dass sie einen oder mehrere bestimmte Zwecke erfüllen.

nach [ISO/IEC/IEEE 15288 2023]

Ein System und dessen Elemente, auch Systemelemente genannt, erfüllen die Anforderungen der Stakeholder und befriedigen deren Bedürfnisse. Um jedoch alle Bedürfnisse aller Stakeholder zu identifizieren, muss der Systembegriff um die Aspekte seines Lebenszyklus erweitert werden. Wir führen daher zusätzlich den Produktbegriff ein:

Definition 3.3: *Definition Produkt*

Ein Produkt wird aus dem Blickwinkel eines physischen »Systemendprodukts« betrachtet und beinhaltet ein System, bestehend aus Systemelementen, wie z. B. Hardware und Software, das zusätzlich um Infrastruktur und Services erweitert wird.

Die menschlichen und organisatorischen Aspekte des Produktlebenszyklus müssen beim Entwurf berücksichtigt werden, werden aber von einer anderen Organisation bereitgestellt.

nach [SEBoK 2024]

In Abbildung 3.1 ist der Zusammenhang in einer einfachen Grafik zusammengefasst.

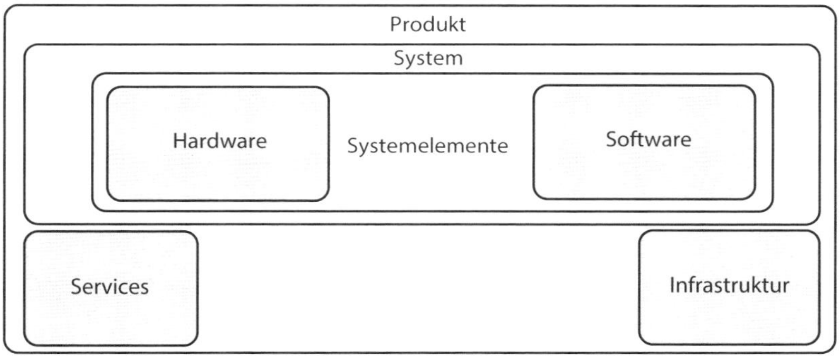

Abb. 3.1
Grafik zur Definition eines Produkts

Ein Produkt umfasst also weitere Lieferbestandteile (Verpackung, Bedienungsanleitung oder Softwareanwendungen) und Dienstleistungen (Installations- und Wartungsverträge, Softwareupdates, Entsorgung), die die Nutzungserfahrung aller Anwender komplettieren.

Damit beziehen wir explizit alle Menschen und Organisationen im gesamten Produktlebenszyklus in das Requirements Engineering ein, also z. B. Auftraggeber, Entwickler, Vertriebsmitarbeiter, Einkäufer, Ausbilder, Wartungsmitarbeiter sowie Entsorger und Gesetzgeber.

3.1.1 Requirements Engineering und Vorgehensmodelle

Aus der Praxis lässt sich ein Entwicklungsprozess selten eindeutig einem bestimmten Entwicklungsmodell zuordnen. Während in der Theorie klare Abgrenzungen zwischen klassischen, sequenziellen Methoden wie dem Wasserfallmodell und agilen Ansätzen existieren, zeigt sich in der Realität oft eine Mischform.

RE in sequenziellen Vorgehensmodellen

Traditionelle Ansätze des Requirements Engineering sind häufig in sequenziellen oder linearen Entwicklungsmodellen wie dem Wasserfallmodell verankert. In diesen Modellen werden die Anforderungen zu Beginn des Projekts umfassend erhoben, dokumentiert und anschließend strikt abgearbeitet. Diese Vorgehensweise setzt voraus, dass zu Beginn der Entwicklung ein vollständiges Verständnis aller Anforderungen besteht und diese sich im Verlauf des Projekts nicht wesentlich ändern. Ein Vorteil dieses Ansatzes ist die klare Strukturierung und Planbarkeit des Entwicklungsprozesses. Allerdings kann die geringe Flexibilität problematisch sein, wenn während der Entwicklung neue Erkenntnisse gewonnen werden oder sich die Bedürfnisse der Stakeholder ändern.

RE in agilen Vorgehensmodellen

Im Gegensatz dazu basieren agile Vorgehensmodelle auf iterativen Entwicklungszyklen, in denen Anforderungen kontinuierlich erhoben, priorisiert und verfeinert werden. Zudem ist eine engere und häufigere Zusammenarbeit zwischen dem Entwicklungsteam und den Stakeholdern essenziell. Dies erlaubt eine hohe Flexibilität und Reaktionsfähigkeit auf Veränderungen, da der Kontext und die wirklichen Bedürfnisse im Laufe der Entwicklung am konkreten Produkt erlernt und reflektiert werden.

Beide Vorgehensmodelle bilden Extreme auf der gleichen Achse und profitieren von einem klar strukturierten Requirements-Engineering-Prozess, der flexibel genug ist, um den spezifischen Anforderungen des jeweiligen Entwicklungsprozesses gerecht zu werden. Ein fundiertes RE bildet die Grundlage für den Entwicklungserfolg, indem es sicherstellt, dass die richtigen Anforderungen zum richtigen Zeitpunkt identifiziert und umgesetzt werden.

Die Natur von RE ist ein agiles Vorgehen.

Das Requirements Engineering für sich gesehen folgt schon immer einem eher zyklischen Prozess. Anforderungen werden aufgrund einer Anforderungsquelle erhoben, zur Freigabe an andere Stakeholder vorgelegt und aufgrund von Erkenntnisgewinnen kontinuierlich angepasst. Egal ob in einer frühen Phase der Anforderungserhebung oder in späteren Validierungsschritten, der Austausch mit Stakeholdern, das Einholen von Feedback und die kontinuierliche Verfeinerung von Anforderungen sind essenzielle Bestandteile jeder Entwicklung. Anforderungen entstehen nicht in einem einzigen Schritt, sondern entwickeln sich über die Zeit, werden iterativ überprüft und angepasst.

3.1.2 Anforderungen und ihre Klassifikation

Unabhängig vom Vorgehensmodell lassen sich verschiedene Arten von Anforderungen unterscheiden, die eine gemeinsame Definition teilen.

> **Definition 3.4:** *Definition einer Anforderung*
>
> Eine Anforderung ist:
>
> (1) Ein notwendiges Bedürfnis eines Stakeholders.
>
> (2) Eine Fähigkeit oder Eigenschaft, die ein System erfüllen muss.
>
> (3) Eine dokumentierte Repräsentation eines Bedürfnisses, einer Fähigkeit oder Eigenschaft.
>
> nach [IREB CPRE Glossar 2024]

Stakeholder-Anforderung vs. Produktanforderung

Stakeholder-Anforderungen (manchmal Geschäftsprozessanforderungen) sind Anforderungen, die aus Sicht der Anspruchsgruppen (z. B. Auftraggeber, Nutzer, Gesetzgeber) beschreiben, was das Produkt in welcher Qualität leisten muss, um ein Problem zu lösen. Gute Stakeholder-Forderungen decken die Bedürfnisse und Wünsche der jeweiligen Stakeholder-Gruppe vollständig ab. Dabei sollten diese Anforderungen den Rahmen für die Entwicklung so eng stecken wie nötig, ohne dabei zu viel von der Lösung vorzugeben. Produktanforderungen sind aus den Stakeholder-Forderungen abgeleitete, konsolidierte und damit konfliktbereinigte Anforderungen. Produktanforderungen sind die Anforderungen, nach denen das Produkt entwickelt, designt und getestet wird. Produktanforderungen sind die Anforderungen, die über die Abnahme des Produkts entscheiden.

Funktionale Anforderung vs. Qualitätsanforderung

Funktionale Anforderungen beschreiben Ergebnisse oder das Verhalten, das von einer Funktion des Produkts bereitgestellt werden soll [IREB CPRE FL Lehrplan 2024]. Sie beschreiben, was ein System für seine Umwelt leisten soll, nicht aber in welcher Qualität das Produkt die Funktionalität erfüllen soll bzw. welche Eigenschaft es aufweisen wird. Ergänzend dazu benötigt jedes Produkt die Qualitätsanforderungen, die sich auf Qualitätsmerkmale beziehen, die nicht durch funktionale Anforderungen abgedeckt werden [IREB CPRE FL Lehrplan 2024]. Exemplarisch für die verschiedenen Kategorien von Qualitätsanforderungen zeigt Abbildung 3.2 Anforderungen an die Produktqualität nach [ISO/IEC 25010 2023].

Diese funktionalen Anforderungen und Qualitätsanforderungen können auch aus Anforderungen aus dem Kontext der Entwicklung abgeleitet sein, die beschreiben, unter welchen Rahmenbedingungen ein System entwickelt werden muss. Auch diese Anforderungen müssen für eine vollständige Anforderungsbasis erhoben werden.

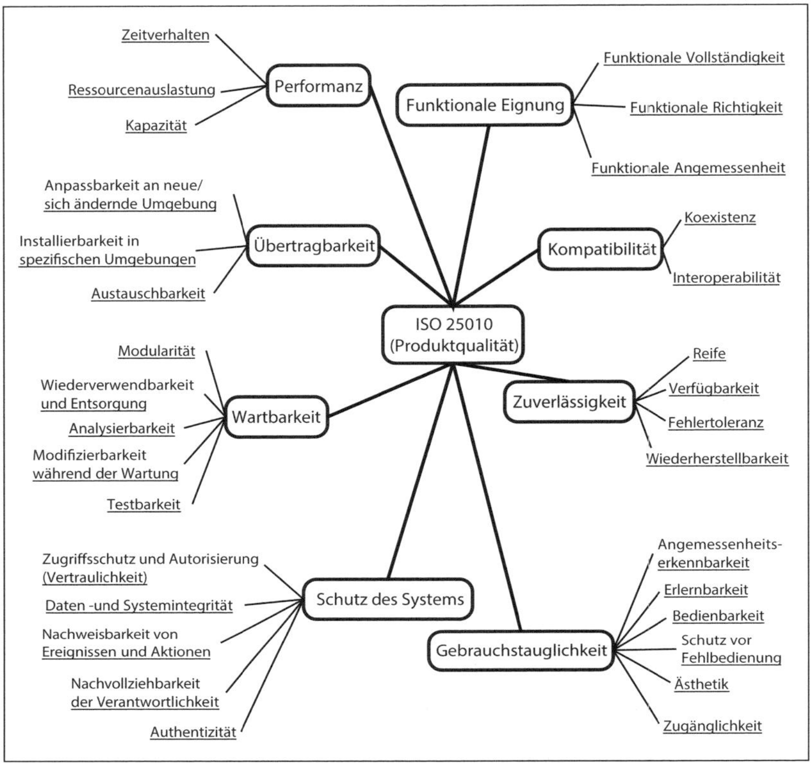

Abb. 3.2 *Anforderungen an die Produktqualität nach [ISO/IEC 25010 2023]*

Ein Beispiel für die Ableitung einer funktionalen Anforderung und einer Qualitätsanforderung aus einer Stakeholder-Anforderung der Familie König:

Kundenwunsch bzw. Stakeholder-Anforderung

»Das System muss von älteren Familienmitgliedern bedienbar sein.«

Abgeleitete funktionale Anforderung

Das System muss den Hausbewohnern die Möglichkeit bieten, die Beleuchtung manuell zu steuern.

Abgeleitete Qualitätsanforderung

»Die Steuerung der Beleuchtung muss manuell über ein zentrales Wanddisplay erfolgen.«

»Die Schriftgröße auf dem Wanddisplay muss mindestens 16 pt betragen.«

Systemanforderung vs. Anforderung an Systemelement

Bei der Formulierung von Systemanforderungen bemüht man sich darum, das System als Blackbox zu betrachten. Verfeinerungen sollten aus den Details der Stakeholder-Anforderungen (Berechnungsformel aus dem Geschäftsprozess) und nur in Ausnahmefällen aus konkreten Systemelementen (Kennzeichnung von Systembestandteilen oder Realisierung einer unveränderlichen Schnittstelle) abgeleitet werden. So viel wie nötig, so wenig wie möglich. Anforderungen an Systembestandteile sollten kritisch auf ihre Notwendigkeit hinterfragt werden, um keine unreflektierten Architekturentscheidungen vorwegzunehmen.

3.1.3 Anforderungen unterschiedlicher Verfeinerungsgrade

Um die Komplexität von Systemen zu beherrschen, werden Systeme in ihre Bestandteile zerlegt. Unter der Berücksichtigung aller Produktanforderungen und des Kontextes der Entwicklung werden im weiteren Verlauf der Entwicklung Architekturentscheidungen getroffen, die zu einer Dekomposition des Systems in seine Systembestandteile, wie Hardwarekomponenten (z. B. Türsensoren und Bewegungsmelder) und Softwarekomponenten (z. B. Lichtsteuerungssoftware und Smartphone-App), führen. Diese Architekturentscheidungen liefern neue Erkenntnisse, die sich in Anforderungen niederschlagen müssen. So ist es unumgänglich, einige bestehende Anforderungen zu ändern und neue Anforderungen für Systembestandteile aufzunehmen. Zudem können weitere Anforderungen durch Architekturentscheidungen ermöglicht oder eingeschränkt werden [Miller et al. 2008].

In der Praxis entwickeln sich Anforderungen und Architekturentscheidungen parallel, dennoch sollte eine anforderungsgetriebene Entwicklung vom Groben ins Feine erfolgen. Abbildung 3.3 zeigt, wie Produktanforderungen über mehrere Architekturschritte verfeinert werden ([Nuseibeh 2001], [Ward und Mellor 1985]).

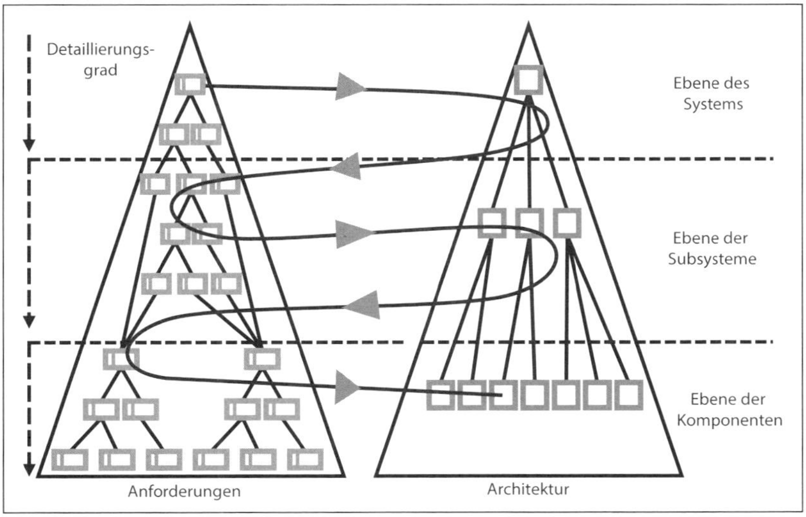

Abb. 3.3
Wechselspiel zwischen Requirements Engineering und Architekturentwurf

Da die Königs sich eine benutzerfreundliche Steuerung ihres Hauses vorstellen, wünschen sie sich ein zentrales Display (Stakeholder-Anforderung). Im Gespräch mit der Firma Schlauhaus stellt sich heraus, dass auch ein bereits vorhandenes Smartphone genutzt werden kann. Die Systemanforderung wird angepasst, da ansonsten ein Display als Systemelement definiert werden müsste (mehr Freiraum). Mit dieser Architekturentscheidung wird nun eine Schnittstelle zu einem Nachbarsystem des Smart-House-Systems (SHS) notwendig (neue Anforderung). Ziel der Firma Schlauhaus ist es, Produkte modular aufzubauen (Geschäftsanforderung) und alle Systembestandteile des SHS über KNX (Kommunikationsprotokoll für Smart Home) zu integrieren (Systemanforderung). Daraus folgt die Anforderung an jeden Systembestandteil, dieses Protokoll zu bedienen. Definiert Schlauhaus Funktionen in Eigenentwicklung, muss der Datentransfer in der Softwarekomponente über dieses Protokoll programmiert werden.

3.1.4 Hauptaufgaben des Requirements Engineering

Wir nehmen an, dass Sie sich mit dem Thema Requirements Engineering bereits auseinandergesetzt haben und Ihnen die Hauptaufgaben des RE nach IREB e. V., nämlich Ermittlung, Dokumentation, Validierung und Verwaltung [IREB CPRE FL Lehrplan 2024], bekannt sind. Zur Orientierung haben wir dieses Buch im Wesentlichen in vorbereitende Tätigkeiten in Zusammenhang mit der Einführung von KI und nach den Hauptaufgaben des RE strukturiert. Auch wenn sich die Möglichkeiten der KI-Systeme ständig weiterentwickeln und wir nicht vorhersehen können, wie sich diese Tätigkeiten im Detail verändern werden, glauben wir, dass die Aufgaben aufgrund ihrer Natur für die Systementwicklung wichtig bleiben.

Vorbereitende Tätigkeiten

Starten Sie ein neues Projektvorhaben oder einen neuen Entwicklungszyklus eines bestehenden Produkts bzw. Systems, bietet es sich an, über die Grundlagen des Requirements Engineering in der Organisation und dessen Umgebung sowie die beteiligten Stakeholder nachzudenken. Eine Innovation wie generative KI als neuen Aspekt in der Entwicklung zu nutzen, könnte eine gute Gelegenheit bieten, bestehende Prozesse zu hinterfragen und anzupassen.

Grundlagen zum Requirements Engineering mit künstlicher Intelligenz

Daher beschreiben wir Ihnen in diesem Kapitel zunächst die Grundlagen des Requirements Engineering und warum es sinnvoll ist, KI im Entwicklungsprozess einzusetzen. Wir gehen auf die Wirkungsweise von generativer KI ein und setzen diese in den Kontext des RE. Unabhängig vom Einsatz im RE erläutern wir, was bei der Interaktion mit Chatbots zu beachten ist. Bezogen auf das RE zeigen wir Potenziale, Nutzen, aber auch Grenzen und Optimierungsmöglichkeiten auf.

Prompt Engineering

In Kapitel 4 »Prompt Engineering – die Wissenschaft der perfekten Eingabe« erläutern wir, wie Sie das »prompten«, was Sie wollen. Wir gehen sowohl auf Interaktionsmuster zwischen Menschen und KI-Systemen als auch auf Prompting Templates, die vergleichbar mit den Satzschablonen für Anforderungen sind, und die SOPHIST Prompting Guideline für gute Prompts ein.

Als Vorbereitung für die neuen Arbeitsweisen sollten erste konkrete Einsatzszenarien von KI im RE, wie z. B. das Erstellen von Anforderungen aus Anforderungsquellen oder das Prüfen von Anforderungen hinsichtlich ihrer Qualitätskriterien, bereits eingeübt werden.

Anforderungen ermitteln

Sobald die beteiligten Stakeholder über die Grundlagen verfügen, geht es in Ihrem Projekt darum, das Umfeld der Entwicklung zu verstehen (siehe Kap. 5 »Kontext der Entwicklung definieren – Worum geht's eigentlich?«). Wir greifen hier bekannte Aspekte des Kontextes auf und fügen eine neue Dimension, die des KI-Ökosystems, hinzu. Machen Sie sich bewusst, welche Möglichkeiten Ihnen zur Nutzung von KI zur Verfügung stehen. Informationen über den Einsatz von KI in Ihrer Organisation erhalten Sie möglicherweise vom IT-Dienstleister Ihrer Organisation. Über diesen Weg finden Sie auch Ansprechpartner, die Ihnen genaue Informationen darüber geben können, wie Sie mit Ihren KI-Systemen in Bezug auf Art, Verfügbarkeit und Vertraulichkeit arbeiten können (siehe dazu auch Kap. 11).

Ist der Kontext für das System bzw. das Produkt für den anstehenden Innovationszyklus abgegrenzt, werden die Anforderungsquellen aus dem Kontext ermittelt, übersichtlich dokumentiert und nach der Wichtigkeit für die Analyse priorisiert (siehe Kap. 6 »Anforderungsquellen identifizieren – KI als Scout für eine gute Basis«). In Bezug auf KI beleuchten wir die spezielle Bedeutung des Kontextes in der Interaktion des Requirements Engineer mit den verwendetet KI-Systemen.

Nachdem die Übersicht über die wichtigsten Anforderungsquellen dokumentiert ist, erfolgt die Auswahl der für den Produktkontext und die gegebenen Rahmenbedingungen geeigneten Ermittlungstechniken in Kapitel 7 »Anforderungen ermitteln – Mensch & Maschine im perfekten Duo«. Wir erläutern sowohl die neuen Möglichkeiten bei der Durchführung bekannter Techniken, die einige der Schwächen bestehender Ermittlungstechniken kompensieren können, als auch neue Ermittlungstechniken mit KI-Systemen. Um eine möglichst vollständige Anforderungsbasis innerhalb der verfügbaren Ressourcen abzubilden, beleuchten wir das Zusammenspiel der Ermittlungstechniken und die Interaktionen zwischen Mensch und KI-System. Dort werden außerdem die Tätigkeiten der Anforderungsanalyse wie z. B. Vereinzelung und Abstraktion, also die sprachliche Analyse von Anforderungen, mit dem SOPHIST *RE*gelwerk beschrieben.

Anforderungen dokumentieren

Ist das Wissen der Anforderungsquellen erhoben, müssen die Anforderungen geeignet dokumentiert werden. Dabei sind die gegebenen Rahmenbedingungen in der Systementwicklung maßgebend für die Entscheidung, welches Format für die Dokumentation des Wissens gewählt werden muss. Mit KI können sowohl natürlichsprachliche (in Prosa) als auch modellbasierte Ansätze unterstützt werden.

Neben den gängigen Formaten für die Dokumentation von Anforderungen werden in Kapitel 8 »Anforderungen dokumentieren – KI als Ghostwriter« die Bedeutung von Dokumentation in der Systementwicklung und die Zusammenhänge der verschiedenen Sichten und Artefakte dargestellt. Gerade im Zusammenspiel der KI-Systeme mit der bestehenden Toollandschaft müssen hier unterschiedliche menschenverständliche bzw. maschinenlesbare Formate betrachtet werden. Wir beleuchten außerdem bewährte und neue Praktiken zur Erzeugung von strukturierten Anforderungssammlungen mit durchgängiger Traceability von Anforderungen über Systemanforderungen bis hin zu Anforderungen an Software- bzw. Hardwarekomponenten.

Anforderungen validieren

Das Prüfen der Anforderungen anhand der Bedürfnisse und Wünsche der Stakeholder und bewährter Qualitätskriterien für Anforderungen und Anforderungssammlungen steht im Fokus von Kapitel 9 »Anforderungen überprüfen – Was die KI sieht und was ihr verborgen bleibt«. Dort wird die Validierung der Anforderungen mit verschiedenen Techniken beschrieben, u. a. mit dem SOPHIST *RE*gelwerk aus Abschnitt 7.4.

Anforderungen verwalten

Sobald die ersten Anforderungen ermittelt wurden, folgt deren Dokumentation in verschiedenen Artefakten bzw. Sichten und Ablagestrukturen wie Dokumenten oder Datenbanken. Die Herausforderung besteht darin, neben dem Inhalt der Anforderung auch den Lebens- bzw. Innovationszyklus im Blick zu behalten. Dazu müssen geeignete Metadaten zu einer Anforderung und Ablagestrukturen definiert werden. Diese sollen helfen, die Besonderheiten der organisationsübergreifenden Zusammenarbeit sowie den Umgang mit Änderungen und Produktvarianten zu meistern (siehe dazu Kap. 10 »Anforderungen verwalten – KI als Wegweiser durch das Anforderungslabyrinth«).

Ergänzend zu den Hauptaufgaben des RE müssen die Potenziale von KI im Entwicklungsprozess durch die geschickte Auswahl bzw. Konfiguration und Integration der KI-Systeme erst bewertet und nutzbar gemacht werden (siehe Kap. 11 »Synergien von KI und RE nutzen – Teambuilding für KI-Systeme und Requirements Engineers«).

3.2 Künstliche Intelligenz, die unbekannte Schönheit?!

Der Begriff »Künstliche Intelligenz« wird umgangssprachlich genauso oft wie unterschiedlich verwendet. Technikverliebte sehen in KI gerne das Allheilmittel und Skeptiker sprechen gerne von einer abstrakten Gefahr. In diesem Abschnitt möchten wir »Künstliche Intelligenz« als Technologie genauer fassen und auf verschiedene Eigenschaften und Funktionsweisen im Entwicklungsprozess eingehen. Mit dieser Unterscheidung fällt es uns später leichter, konkrete Eigenschaften von KI in Bezug auf die Unterstützungsmöglichkeiten im RE zu bewerten.

www.sophist.de/kire/k3-2

3.2.1 Ausprägungen von KI-Systemen

Vor der Zeit von ChatGPT und Co. verstand man unter »KI« die sogenannte »schwache KI« oder »enge KI«, die auf bestimmte Anwendungsgebiete wie Schachcomputer oder Bilderkennung in der Medizin ausgelegt ist.

Definition 3.5: *Definition von schwacher KI*

(engl.: Narrow Artificial Intelligence)

Schwache bzw. enge KI ist auf spezifische Aufgaben zur Lösung eines spezifischen Problems beschränkt.

nach [ISO/IEC 22989 2022], [Gruettner 2024]

Diese Art von KI ist in spezifischen Bereichen sehr effizient, hat jedoch eingeschränkte Anwendungsbereiche.

Dem gegenüber steht die sogenannte »starke KI« oder »allgemeine KI«, die menschliche Intelligenz im Allgemeinen nachbildet und nicht auf spezielle Aufgaben spezialisiert ist.

Definition 3.6: *Definition von starker KI*

(engl.: General Artificial Intelligence)

Starke oder allgemeine KI zielt darauf ab, menschliche Intelligenz nachzubilden und breitere kognitive Leistungen zu erzielen.

nach [ISO/IEC 22989 2022], [Gruettner 2024]

Da die Zusammenarbeit zwischen Mensch und Maschine immer innerhalb einer spezifischen Anwendung erfolgt, sprechen wir in diesem Buch bewusst von einem »KI-System«. Damit verdeutlichen wir, dass es sich nicht einfach nur um eine allgemeine künstliche Intelligenz handelt, sondern um ein System, das entwickelt wurde, um im Rahmen eines bestimmten Anwendungsbereichs gezielt Inhalte zu generieren.

Definition 3.7: *Definition von KI-System*

(engl.: AI System)

Ein künstliches Intelligenz-System (KI-System) ist ein entwickeltes System, das Ausgaben wie Inhalte, Vorhersagen, Empfehlungen oder Entscheidungen für eine gegebene Menge von menschlich definierten Zielen generiert.

nach [ISO/IEC 22989 2022]

Unter einem KI-System verstehen wir die Systeme, mit denen der Requirements Engineer über eine Oberfläche kommuniziert, um Artefakte für die Arbeit im RE zu erzeugen. Das schließt verschiedene Chatbots, KI-Assistenten und integrierte Systembestandteile anderer Werkzeuge im Entwicklungsprozess ein.

Definition 3.8: *Definition von Chatbot*

Ein Computerprogramm, das entwickelt wurde, um menschenähnliche Konversationen mit Benutzern über Text oder Sprache zu führen. Mithilfe von Machine-Learning-Methoden werden die Bots so trainiert, dass sie in der Lage sind, adäquat auf die Anforderungen der zukünftigen Bedienenden einzugehen.

nach [Gruettner 2024]

KI-Assistent

Während ein Chatbot eher auf einfache Aufgaben und menschenähnliche Konversationen ausgerichtet ist, können KI-Assistenten den Anwender bei spezifischen Aufgaben unterstützen, z. B. im Bereich RE. KI-Assistenten sind jedoch stets reaktiv und benötigen den Input eines Menschen, um aktiv zu werden.

KI-Agent

Ein KI-Agent ist im Gegensatz zum KI-Assistent kein reaktives System, sondern ein autonomes und somit selbstständiges System, das eigene Entscheidungen trifft und dementsprechend planen, lernen und handeln kann [EU 2024/1689 2024].

KI-Ökosystem

Um bewerten zu können, ob und wie gut ein KI-System für die Unterstützung einer Tätigkeit im Requirements Engineering geeignet ist, muss auch dessen Umgebung, das gesamte KI-Ökosystem, betrachtet werden.

Definition 3.9: *Definition von KI-Ökosystem*
(engl.: AI Ecosystem)
Das KI-Ökosystem umfasst die Abhängigkeit zu seinem Kontext, d. h. dessen Entwicklungsprozess, die Zugangs- und Nutzungsmöglichkeiten und den Anbieter des jeweiligen KI-Systems.

nach [BSI 2024]

Da in einer Organisation meist mehrere KI-Systeme eingesetzt werden, erweitern wir den Begriff des KI-Ökosystems zusätzlich um weitere KI-Systeme einer Organisation (siehe dazu Kap. 5).

Künstliche Intelligenz hat sich in den letzten Jahren rasant entwickelt und kann in verschiedenen Ausprägungen eingesetzt werden. Im Folgenden werden die verschiedenen Ausprägungen von KI mit ihren wichtigsten Eigenschaften sowie Vor- und Nachteilen erläutert. Dabei wird nach Funktionsweise, Datensicherheit und Datenschutz sowie Integrationsgrad unterschieden.

Unterscheidung nach Funktionsweise

Analytische KI-Systeme für z. B. Business Intelligence (BI) analysieren Daten und ziehen daraus Schlussfolgerungen, was sie besonders nützlich für die Datenanalyse und Entscheidungsunterstützung macht. Analytische KI-Systeme unterstützen z. B. die Informationsgewinnung für deskriptive, diagnostische, vorausschauende und präskriptive Analysen [Stryker 2025]. Ein großer Vorteil dieser KI-Systeme ist ihre hohe Genauigkeit bei der Analyse großer Datensätze, die jedoch stark von der Qualität der Daten abhängt.

Generative KI-Systeme [Gruettner 2024] hingegen können neue Inhalte wie Texte, Bilder oder Musik generieren. Beispiele hierfür sind ChatGPT und Bildgeneratoren wie DALL·E[1]. Diese KI-Systeme zeichnen sich durch ihre vermeintliche Kreativität und Vielseitigkeit aus, können jedoch auch unvorhersehbare oder unangemessene Inhalte erzeugen.

Autonome KI-Systeme [Gruettner 2024] schließlich sind in der Lage, eigenständig Entscheidungen zu treffen und Aktionen auszuführen, wie z. B. selbstfahrende Autos. Diese Art von KI-Systemen bietet ein hohes Maß an Effizienz und Unabhängigkeit, bringt jedoch auch Komplexität und ethische Bedenken mit sich.

Unterscheidung nach Datensicherheit und Datenschutz

Zentrale KI-Systeme verarbeiten Daten auf zentralen Servern, wie es bei Cloud-KI-Systemen wie Google Assistant[2] und ChatGPT[3] der Fall ist. Diese Systeme bieten eine hohe Rechenleistung und kontinuierliche

1. *https://openai.com/index/dall-e/*
2. *https://assistant.google.com/intl/de_de/*
3. *https://openai.com/index/chatgpt/*

Updates, bergen jedoch Datenschutzrisiken durch zentrale Speicherung und mögliche Datenlecks.

Dezentrale KI-Systeme, auch bekannt als Edge AI, verarbeiten Daten lokal auf Geräten, wie etwa KI-Chips in Smartphones und IoT-Geräten. Diese Systeme bieten ein höheres Maß an Privatsphäre und sind weniger abhängig von Internetverbindungen, haben jedoch eine begrenzte Rechenleistung.

Open-Source-KI-Systeme, deren Quellcode öffentlich zugänglich ist, wie DeepSeek[4] und Stable Diffusion[5], bieten Transparenz und ermöglichen Sicherheitsprüfungen durch die Community, sie bergen jedoch aufgrund der offenen Verfügbarkeit die Gefahr des Missbrauchs.

Geschlossene KI-Systeme, bei denen Unternehmen die Kontrolle über Code und Daten behalten, wie ChatGPT und Google Gemini, bieten einen besseren Schutz vor Manipulation und gezielter Entwicklung, sind jedoch weniger transparent und geben den Nutzern wenig Kontrolle über die Datenverarbeitung.

On-Premises-KI-Systeme, die auf firmeneigenen Servern laufen, wie z. B. Unternehmens-KI für sensible Daten, bieten vollständige Datenkontrolle und keine externen Risiken, sie erfordern jedoch einen hohen Wartungsaufwand und Kosten.

Die verschiedenen Ausprägungen spielen eine wichtige Rolle bei der Umsetzung und Optimierung der Ergebnisse verschiedener Szenarien in einem KI-Ökosystem. Welche Kriterien ein KI-System für den Einsatz bezüglich eines Szenarios im Entwicklungsprozess erfüllen muss und welche Ausprägungen bzw. Architekturen beim Aufbau eines KI-Systems infrage kommen, wird in Kapitel 11 behandelt.

Unterscheidung nach Integrationsgrad

Die in der Praxis eingesetzten KI-Systeme können vielseitige Kombinationen der genannten Ausprägungen aufweisen. Dabei sind einige KI-Systeme direkt in die Engineering-Toolkette eingebunden und greifen damit direkt auf Entwicklungsdaten zu bzw. können diese verändern. Andere KI-Systeme werden von Requirements Engineers parallel zu den bisherigen Tools verwendet, wobei ein Datenaustausch manuell oder teilautomatisiert erfolgt.

3.2.2 Funktionsweise generativer KI-Systeme

Die Interaktion zwischen einem Menschen und einem KI-System, im Folgenden als KI-Interaktion bezeichnet, erfolgt meistens über Text- oder

4. *https://www.deepseek.com/*
5. *https://stability.ai/*

Sprachdialoge mit einem Chatbot wie z. B. ChatGPT, LeChat[6], Gemini oder Copilot. Eine KI-Interaktion umfasst mehrere Schritte und Technologien, die zusammenarbeiten, um eine sinnvolle Antwort zu generieren. Abbildung 3.4 zeigt die verschiedenen Schritte in vereinfachter Form.

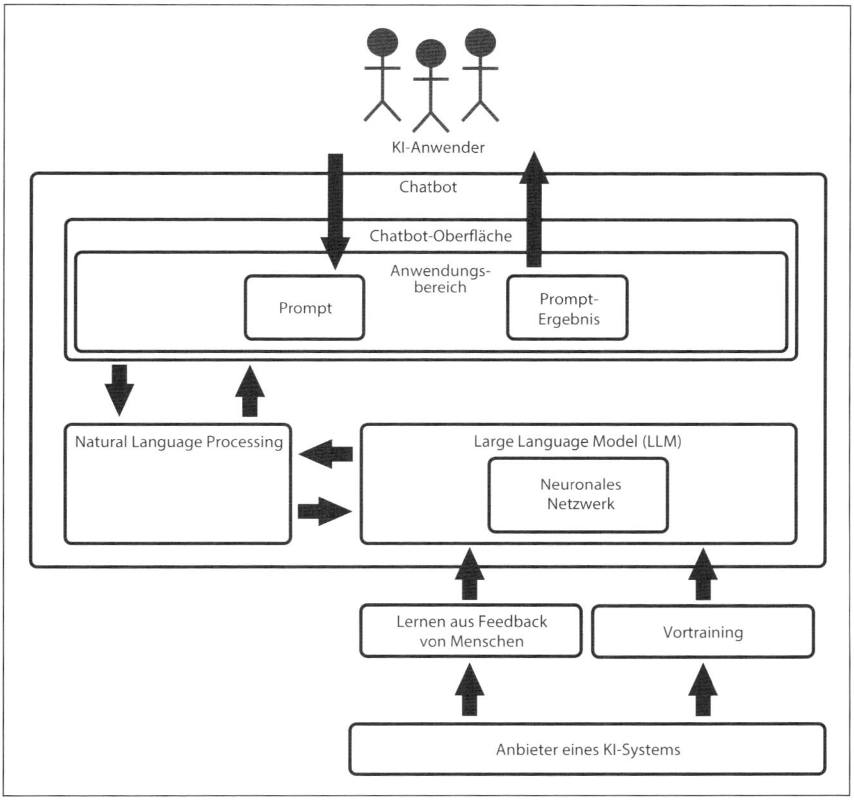

Abb. 3.4 *Vereinfachte Funktionsweise generativer KI-Systeme*

Hat der Anwender eine Tätigkeit im Entwicklungsprozess, wie z. B. Anforderungen aus einer Produktbeschreibung zu ermitteln, ausgewählt, bei der ein KI-System unterstützen soll, formuliert er eine Anfrage in Form eines sogenannten Prompts.

Prompt

Ein Prompt ist ein Text oder eine Anweisung, die in einen Chatbot eingegeben wird, um eine spezifische Aufgabe zu erfüllen oder eine Antwort zu generieren. Ein Prompt kann eine Frage, eine Beschreibung, ein Satz, aber auch eine Datei sein.

Natural Language Processing (NLP)

Um den Text bzw. die Ausgabe zu generieren, wird die Anfrage durch Natural Language Processing (NLP) verarbeitet. NLP ist ein Teilgebiet der Informatik, das sich mit der Interaktion zwischen Compu-

6. *https://chat.mistral.ai/chat*

tern und menschlicher Sprache befasst. Es ermöglicht Maschinen, Text und Sprache zu verstehen, zu interpretieren und zu generieren. NLP-Techniken zerlegen den Prompt in Bestandteile, sogenannte Tokens, die einzelne Wörter, Wortbestandteile oder Symbole sein können. Anschließend werden die Syntax (Struktur) und Semantik (Inhalt und Bedeutung) analysiert und die für die Antwort relevanten Kontextinformationen extrahiert [ISO/IEC 22989 2022]. Die Syntax beschreibt die Struktur einer Sprache und legt fest, wie Wörter und Satzteile korrekt angeordnet werden. Die Semantik hingegen beschäftigt sich mit der inhaltlichen Bedeutung von Wörtern und Sätzen und stellt sicher, dass eine Aussage nicht nur formal korrekt, sondern auch verständlich und eindeutig interpretierbar ist [IREB CPRE FL Lehrplan 2024]. Ein einfaches Beispiel für korrekte Syntax, aber unlogische Semantik wäre: »Der Schaukelstuhl liest ein Buch.« Grammatikalisch ist der Satz korrekt aufgebaut, dennoch ergibt er inhaltlich keinen Sinn. Im Requirements Engineering helfen syntaktische Regeln (z. B. Satzschablonen), während eine präzise Semantik (z. B. Definitionen in einem Glossar) Missverständnisse vermeidet.

Large Language Model (LLM)

Diese Kontextinformationen werden an das Large Language Model (LLM) weitergeleitet. LLMs sind Sprachmodelle, die vom Anbieter eines KI-Systems [EU 2024/1689 2024] mittels riesiger Textmengen trainiert wurden, um menschliche Sprache zu verstehen und zu generieren.

Generative Pre-trained Transformers (GPTs)

Generative Pre-trained Transformers (GPTs) sind eine spezielle Art von LLMs, die auf großen Textkorpora vortrainiert und anschließend für spezifische Aufgaben feinabgestimmt werden [Gruettner 2024]. Transformer ermöglichen es GPTs, Kontextinformationen über lange Textsequenzen hinweg zu berücksichtigen. Dies macht sie besonders effektiv bei der Generierung kohärenter und kontextuell relevanter Texte. LLMs nutzen neuronale Netze, um Muster und Zusammenhänge in der Sprache zu erkennen.

Definition 3.10: *Definition Neuronales Netz*

(engl.: Neural Network)

Ein neuronales Netzwerk ist ein Netzwerk aus einer oder mehreren Schichten von Neuronen, die durch gewichtete Verbindungen mit anpassbaren Gewichten verbunden sind. Das Netzwerk verarbeitet Eingangsdaten und erzeugt eine Ausgabe.

nach [ISO/IEC 22989 2022]

Damit sind neuronale Netze die Grundlage von LLMs. Während des Trainingsprozesses (in Abb. 3.4 unten) werden die Verbindungen zwischen den Neuronen angepasst, um die Genauigkeit des Modells für den geplanten Zweck zu verbessern. Neuronale Netze ermöglichen es dem LLM, komplexe Sprachmuster zu erkennen und zu lernen. Bei der Generierung einer Antwort werden die auf den erlernten Mustern basierenden Wahrscheinlichkeiten ausgewertet, um Wort für Wort eine Antwort zu konstruieren. Das Modell wird angewiesen, auf Basis des Prompts jeweils die Worte auszuwählen, die am besten zum Prompt passen, so werden nach und nach weitere Worte zu Texten vervollständigt [Gruettner 2024]. Die Verwendung von Wahrscheinlichkeiten und die Mustererkennung in den Trainingsdaten sind entscheidend für die Genauigkeit und Relevanz der generierten Texte. Prompt 3.1 beschreibt am Beispiel einer einfachen Frage, welche Schritte ein KI-System bei der Verarbeitung eines Prompts bis zur Erzeugung eines Ergebnisses abarbeitet.

Prompt 3.1
Verarbeitung eines Prompts zu einer Antwort

```
Wer hat das Regelwerk für gute Anforderungen erfunden?
```

Ergebnis zu Prompt 3.1 – Verarbeitung eines Prompts zu einer Antwort [ChatGPT 4o 2025]

```
Schritte der NLP-Verarbeitung:
Tokenisierung: ["Wer", "hat", "das", "Regelwerk", "für", "gute",
"Anforderungen", "erfunden", "?"]
Syntaxanalyse: Bestimmen der Struktur des Satzes, z.B. Subjekt
("Wer"), Prädikat ("hat erfunden"), Objekt ("das Regelwerk für gute
Anforderungen").
Semantikanalyse: Erfassen der Bedeutung der Wörter im Kontext der
Anfrage.
Kontextverarbeitung: Erkennen, dass die Anfrage nach der
Urheberschaft eines Regelwerks fragt.
Wahrscheinlichkeitsberechnung: Berechnen der Wahrscheinlichkeit,
dass "SOPHISTen" die richtige Antwort ist.
Antwortgenerierung: Zusammensetzen der Tokens zu einer kohärenten
Antwort: "Das Regelwerk für gute Anforderungen wurde von den
SOPHISTen erfunden."
```

Der hier beschriebene Ablauf stellt eine starke Vereinfachung dar, dient aber dem Verständnis der Funktionsweise von KI-Systemen.

3.2.3 Grundprinzipien der Funktionsweise von KI-Systemen

Künstliche Intelligenz verändert die Art und Weise, wie wir Informationen verarbeiten und mit Maschinen interagieren. Jedoch wie funktioniert sie eigentlich? Die folgenden Grundprinzipien geben einen Einblick in die Funktionsweise moderner KI-Systeme und ihre vielfältigen Anwendungsmöglichkeiten.

Natural Language Processing (NLP)

Natural Language Processing ermöglicht es KI-Systemen, menschliche Sprache zu verstehen und zu generieren. NLP wird in Anwendungen wie Chatbots, Übersetzungsdiensten und Sprachassistenten verwendet.

Durch die Analyse und Verarbeitung natürlicher Sprache können KI-Systeme menschenähnliche Interaktionen ermöglichen, die auf sprachlicher Kommunikation basieren. Es lassen sich also direkt Fragen stellen und Inhalte in dialogischer Zusammenarbeit erzeugen. Daraus ergeben sich für das RE völlig neue Anwendungs- und Interaktionsmöglichkeiten.

Mustererkennung

KI-Systeme sind darauf ausgelegt, Muster in Daten zu identifizieren und zu analysieren. Dies geschieht durch Algorithmen, die Daten analysieren und wiederkehrende Strukturen erkennen. Mustererkennung ist entscheidend für Anwendungen wie Bild- und Spracherkennung, wo es darum geht, spezifische Merkmale in komplexen Datensätzen zu identifizieren. Ein KI-System verwendet keine Bildungsvorschrift für die Lösung eines Problems, sondern findet eigenständig Muster und sucht dann aufgrund der erlernten Muster wahrscheinliche Lösungen.

Verarbeitung großer Datenmengen

KI-Systeme können enorme Mengen an Daten gleichzeitig analysieren und daraus wertvolle Erkenntnisse gewinnen. Dies ist besonders wichtig für maschinelles Lernen, bei dem Modelle durch das Training mit umfangreichen Datensätzen verbessert werden. Die Fähigkeit, große Datenmengen effizient zu verarbeiten, ermöglicht es KI-Systemen, Muster und Trends zu erkennen, die für Menschen oft unsichtbar bleiben.

Maschinelles Lernen

Maschinelles Lernen ist ein Teilbereich der KI, bei dem Systeme aus Daten lernen und ihre Leistung im Laufe der Zeit verbessern. Es gibt verschiedene Ansätze des maschinellen Lernens: überwachtes Lernen, bei dem Systeme anhand gekennzeichneter Daten trainiert werden; unüberwachtes Lernen, das Muster in unmarkierten Daten erkennt; und bestärkendes Lernen, bei dem Systeme durch Versuch und Irrtum in einer Umgebung lernen. Alle diese Ansätze ermöglichen es KI-Systemen, aus Daten zu lernen und ihre Leistung kontinuierlich zu verbessern, ohne explizit programmiert zu werden.

Anpassungsfähigkeit

KI-Systeme können sich an neue Daten und veränderte Bedingungen anpassen, ohne dass eine erneute Programmierung erforderlich ist. Dies ermöglicht es ihnen, in dynamischen Umgebungen effektiv zu arbeiten und kontinuierlich zu lernen und sich zu verbessern. Diese Fähigkeit zur Anpassung ist besonders wertvoll, wenn Systeme flexibel auf unvorhergesehene Situationen reagieren müssen.

Komplexität beherrschen

KI-Systeme sind in der Lage, komplexe Probleme zu lösen. Dies geschieht durch die Analyse verschiedener Szenarien und deren möglicher Ergebnisse. KI kann verwendet werden, um komplexe physische Systeme zu optimieren und zu simulieren. Die Fähigkeit, Komplexität zu beherrschen, macht KI zu einem wertvollen Werkzeug für die Entwicklung und Optimierung komplexer Systeme.

Vielseitigkeit

Aufgrund der oben genannten Eigenschaften sind die Unterstützungsmöglichkeiten durch KI-Systeme sehr unterschiedlich. Auch in der Produktentwicklung, speziell im RE, können diese Eigenschaften für verschiedene Tätigkeiten genutzt werden. Wie groß der Nutzen in der

Praxis sein kann, hängt von den Fähigkeiten der Menschen ab, diese Technologie an die individuellen Bedürfnisse anzupassen, und davon, welche Ausprägungen von KI-Systemen die Organisation aufbauen kann.

3.2.4 Interaktion mit generativen KI-Systemen

Stellen wir eine Anfrage an ein KI-System, geben wir typischerweise Text in eine Oberfläche eines Chatbots ein. Um gute Ergebnisse zu erzielen, sollten dabei verschiedene Schritte (mithilfe von menschlicher Intelligenz) durchgeführt werden und abhängig vom Ergebnis mehrere Prompts an das KI-System formuliert werden. Dieses Frage-Antwort-Spiel haben wir »Interaktion mit dem KI-System« genannt. Wir empfehlen, die Interaktion als eine Art Gespräch anzulegen, das iterativ angepasst werden kann und so zum gewünschten Ergebnis führt. Abbildung 3.5 zeigt die einzelnen Schritte exemplarisch, die in diesem Abschnitt beschrieben werden.

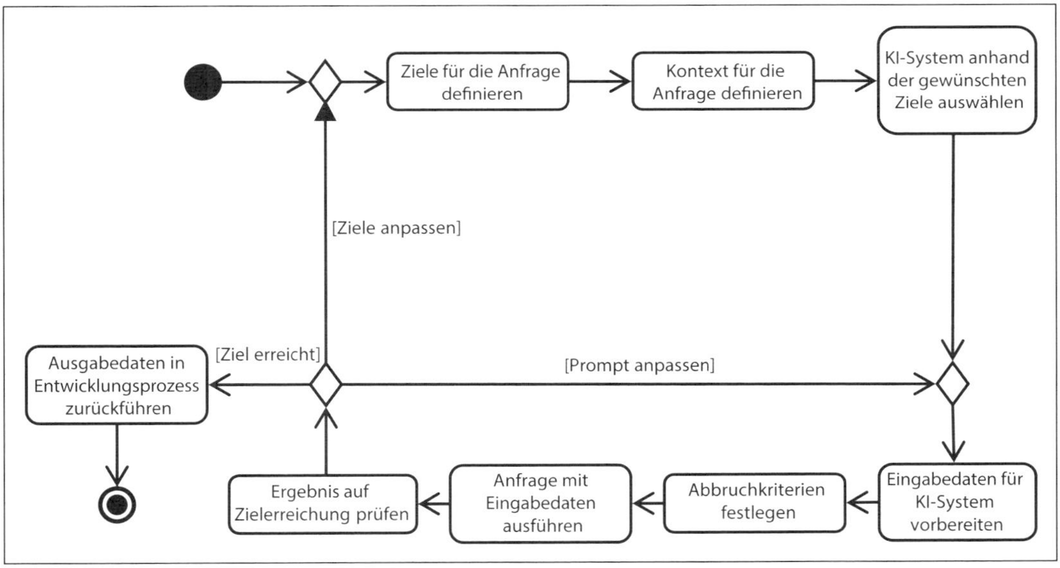

Abb. 3.5 *Vereinfachter Ablauf einer Interaktion mit einem KI-System*

Ziele für die Interaktion definieren

Um werteorientiert vorzugehen, sollten die ersten Fragen lauten:

- »Welches Problem soll mit dem Einsatz von KI gelöst werden?«
- »Welchen Nutzen erwarte ich von der KI?«
- »Welche Nacharbeit ist für den Arbeitsschritt sinnvoll bzw. akzeptabel?«

Diese Zieldefinition ist der entscheidende erste Schritt, denn hierbei werden die Anforderungen an das KI-System und die erwarteten Ergebnisse formuliert – vorerst noch ohne KI-System. Dies könnte beispielsweise die Analyse bestehender Anforderungen oder die Generierung neuer Vorschläge für Funktionen sein. Sollten Sie sich nicht sicher sein, wie das KI-System eine Tätigkeit unterstützen kann oder welche Informationen benötigt werden, nutzen Sie die Dialogfähigkeit dieser Technologie und fragen Sie einfach nach (siehe Prompt 3.2).

Prompt 3.2
Ziele für eine Interaktion mit dem KI-System festlegen

```
Ich möchte die Qualität meiner Anforderungen verbessern.
Wie kannst du mich dabei unterstützen?
```

Kontext für die Anfrage definieren

Ist das Problem identifiziert und ist das Ziel klar abgesteckt, sollte über den erforderlichen Kontext nachgedacht werden. Fragen, die beantwortet werden, sind:

- »Was würde ich einem neuen Mitarbeiter zur Aufgabe erklären?«
- »Welche Informationen benötigt ein KI-System mindestens, um die Anfrage zu bearbeiten?«

Da das KI-System möglicherweise über weit weniger Kontext als die Stakeholder verfügt, sind neue Aspekte zu betrachten, die über die klassische Kontextabgrenzung hinausgehen. Die ausführlichen Aspekte wie System-, Produkt-, Engineering-, Projekt- und Domänenkontext sowie der Kontext des jeweiligen KI-Systems werden in Kapitel 5 beschrieben. In jedem Fall lohnt es sich, das KI-System, wie im Prompt 3.3, dazu zu befragen.

Prompt 3.3
Den Kontext einer Interaktion mit dem KI-System abstimmen

```
Ich möchte, dass du mich dabei unterstützt, die Qualität meiner
Anforderungen zu verbessern.

Welche Kontextinformationen benötigst du?
```

KI-System anhand der gewünschten Ziele auswählen

Zur Kontextbetrachtung gehört auch die Bewertung, welches KI-System bzw. welcher KI-Assistent mit welchen Parametern für die Bearbeitung geeignet ist. Welche Rahmenbedingungen sind mit dem identifizierten Problem verbunden? Welche KI-Systeme sind verfügbar und über welchen Funktionsumfang verfügen diese? Sind die einzugebenden Daten vertraulich, muss ein On-Premises-KI-System verwendet werden.

Eingabedaten für das KI-System vorbereiten

Hier beginnt die eigentliche Interaktion, bei der das KI-System die Eingaben analysiert und mit den verfügbaren Kontextinformationen verarbeitet. Die definierten Informationen werden in das ausgewählte KI-System eingefügt. Die Eingabe erfolgt über den eigentlichen Prompt, inklusive möglicher Hinweise auf eine Informationsquelle im Netz, oder über das Hochladen von Dokumenten. Es ist wichtig, dass die Informationen wie z. B. Arbeitsprodukte in maschinenlesbarer Form vorliegen. Dabei profitieren wir von speziellen Eigenschaften der KI-Systeme im

Bereich Natural Language Processing und Bildverarbeitung. Möglicherweise müssen Sie für die Vorbereitung der Daten andere (KI-)Systeme verwenden. In jedem Fall ist es sinnvoll, das Verständnis der Informationen in der Interaktion sicherzustellen. Erkundigen Sie sich in der Interaktion, ob das KI-System vom gewünschten Kontext ausgeht, und schärfen Sie ggf. nach.

Gerne bezeichnen wir diesen Teil der Interaktion als »Aufwärmen«. In einem Szenario, in dem eigentlich Use Cases verfeinert werden sollen, erfolgt nach dem Prinzip der Vermeidung von Missverständnissen eine Abfrage zum eingefügten Kontext (siehe Prompt 3.4).

```
Ich gebe dir ein Dokument, das Funktionen für ein Smart-Home-System
enthält. Fasse das Dokument zusammen und erstelle eine Liste der Use
Cases im Dokument.
```

Prompt 3.4
Prompt zum »Aufwärmen« vor der eigentlichen Tätigkeit

Überlegen Sie für sich, was das gewählte KI-System aufgrund seiner Funktionsweise und der Rahmenbedingungen leisten kann. Nutzen Sie die Potenziale, aber gehen Sie eher von einer Nacharbeit aus. Fragen Sie sich, ob ein weiterer Prompt oder Ihre Expertise das Ergebnis verbessert. Wir haben festgestellt, dass unsere Ansprüche an die Qualität von Use Cases nur sehr aufwendig einem KI-System zu vermitteln sind. Es kann daher einfacher sein, das Verb in einem Use Case anzupassen, als einen neuen Prompt dafür zu schreiben. Natürlich können Sie zu Beginn des Einsatzes von KI-Systemen im RE mal über das Ziel hinausschießen. Sobald Sie ausreichend Lehrgeld gezahlt haben, sollte der Nutzen für die eigentliche Arbeit aber immer im Vordergrund stehen.

Anfrage mit Eingabedaten ausführen

Der Schritt umfasst die Abarbeitung der Aufgabe durch das KI-System. Dabei sollten Sie die Hilfestellungen aus Kapitel 4 beachten. Sowohl die verwendete Prompting-Technik als auch die Formulierung des eigentlichen Prompts mit der SOPHIST Prompting Guideline (siehe Abschnitt 4.3) helfen, das jeweilige KI-System zu lenken. Schon kleine Änderungen in der Formulierung des Prompts können entscheidende Veränderungen im Ergebnis zur Folge haben.

Ergebnis auf Zielerreichung prüfen

Nachdem das Ergebnis vom jeweiligen KI-System angezeigt wird, muss das Ergebnis anhand der Abbruchkriterien geprüft werden. Nun liegt es nahe, dies dem jeweiligen KI-System oder einem anderen KI-System zu überlassen. Dieses Vorgehen kann sinnvoll sein, solange die Ergebnisse nicht ohne die Prüfung durch den Requirements Engineer in den Entwicklungsprozess zurückfließen (siehe Prompt 3.5).

```
Prüfe das Ergebnis kritisch in Bezug auf fehlende Anforderungen.
Welche Verbesserungsmöglichkeiten schlägst du vor?
```

Prompt 3.5
Prompt zur Prüfung von Ergebnissen des KI-Systems

Das KI-System kann durch einen Prompt, wie beispielsweise Prompt 3.6, der die Ergebnisse übersichtlich darstellt, die Überprüfung durch den Menschen erleichtern.

Prompt 3.6
Prompt zur Darstellung des Ergebnisses als Tabelle

```
Erstelle eine Tabelle mit den Spalten "ID der Anforderung"
"Ursprüngliche Anforderung", "Verbesserte Anforderung".
```

Sollte das Ergebnis nicht den Erwartungen entsprechen, kann es iterativ durch die Anpassung der Ziele, der Parameter, der Kontextinformationen oder des Prompts verbessert werden. Dabei fließen die Ergebnisse der Interaktion in das neue Ergebnis ein. Sollte dies nicht gewünscht sein, weil das KI-System möglicherweise falsche Informationen verarbeitet, starten Sie eine neue Interaktion mit neuen Kontextinformationen.

Ausgabedaten in den Entwicklungsprozess zurückführen

Im letzten Schritt muss das bewertete Ergebnis wieder in den Entwicklungsprozess zurückgeführt werden. Das kann je nach Schnittstelle vom KI-System zur Entwicklungsumgebung entweder über »Copy & Paste«, eine definierte Schnittstelle oder über einen anderen Freigabemechanismus geschehen (siehe Kap. 11). Hier kann das KI-System zuvor über einen Prompt das gewünschte Austauschformat erzeugen (siehe Kap. 8). Wichtig bei diesem letzten Schritt ist das Bewusstsein des Requirements Engineer, dass die Verantwortung für die Arbeitsergebnisse von Menschen getragen werden.

Der iterative Charakter dieses Prozesses ermöglicht es, Ergebnisse nicht nur effizient zu erheben, sondern auch kontinuierlich zu verbessern. Darüber werden die Nachvollziehbarkeit und Anpassbarkeit der Interaktion verbessert, was Vertrauen in die Ergebnisse schafft. Setzt der Requirements Engineer die Möglichkeiten von KI-Systemen flexibel ein, können die Potenziale dieser Technologie sinnvoll genutzt werden.

3.3 KI bringt Requirements Engineering auf das nächste Level

Künstliche Intelligenz ist in der Entwicklung von Systemen keine neue Technologie. Einzig der Zugang für Menschen mit wenig technischem Verständnis hat sich mit der Verfügbarkeit von Chatbots, die mithilfe von Natural Language Processing (NLP) auf Large Language Models (LLM) zurückgreifen, stark vereinfacht. Mit diesen leistungsfähigen Modellen und einem Zugang ohne zusätzliche Sprach- oder Programmierkenntnisse erhöht sich das Potenzial von KI in der Entwicklung allgemein und ganz besonders im Bereich Requirements Engineering.

www.sophist.de/kire/k3-3

3.3.1 Potenziale von künstlicher Intelligenz für Requirements Engineering nutzen

Auf der einen Seite verstehen wir KI als ein starkes Instrument, um die Disziplin Requirements Engineering weiterzuentwickeln, auf der anderen Seite sehen wir im RE aber auch das Potenzial, effizienter mit einem Chatbot zu kommunizieren. Abbildung 3.6 zeigt die Potenziale von KI im RE.

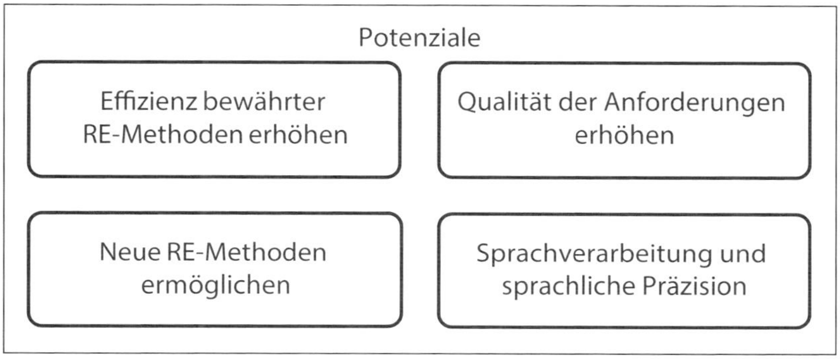

Abb. 3.6 *Potenziale von KI im Requirements Engineering*

Effizienz bewährter RE-Methoden erhöhen

Künstliche Intelligenz als Informationsquelle einzusetzen, ermöglicht es dem Requirements Engineer, Informationen zur Domäne effizienter zu ermitteln und sich besser auf den Kontext der Stakeholder und deren Bedürfnisse einzustellen.

Beispielsweise könnte die Firma Schlauhaus das firmeninterne KI-System namens »Schlaubi« dazu verwenden, die Funktionsweise neuer Komponenten zu verstehen oder die Beschreibung von Funktionen einfacher aus Sicht der Firma zu formulieren. Die Firma Schlauhaus setzt ihr firmeninternes KI-System z. B. für die Analyse von Kundendokumenten, zur Vorbereitung von Workshops und zur Auswertung von Fragebögen ein. Waren Ermittlungstechniken bisher für ein Einsatzszenario zu aufwendig, kann das KI-System nun den Aufwand stark reduzieren und den Nutzen in weniger Zeit erbringen.

Qualität der Anforderungen erhöhen

Mit den entsprechenden Informationen versorgt, kann das KI-System schnell Änderungen in den Anforderungen erkennen, automatisch aufbereiten, aus der Sicht einer vorgegebenen Rolle prüfen und Verbesserungsvorschläge anbieten. Mit verschiedenen KI-Systemen als Ergänzung des Entwicklungsteams können mehr Perspektiven in kürzerer Zeit einbezogen werden, was die Basis, auf der Anforderungen geprüft werden, verbreitert. Auch eine automatisierte Prüfung großer Datenmengen oder deren Strukturierung trägt dazu bei, dass der Requirements Engineer sich darauf konzentrieren kann, die Aspekte zu prüfen, die das KI-System schwer beurteilen kann.

Neue RE-Methoden ermöglichen

Mithilfe von KI können nicht nur große Datenmengen verarbeitet werden, sondern auch andere Methoden lassen sich verstärkt anwenden. Wurden Personas bisher aufwendig durch Datenanalyse erzeugt, kann das KI-System diese nicht nur in kurzer Zeit erstellen, sondern sogar deren Rolle einnehmen und direkt befragt werden. In Kapitel 7 erfahren Sie, wie Sie Personas erzeugen, auf die Sie sich im Prompt beziehen können. Auch wenn die Aussagen des KI-Systems noch hinterfragt und verarbeitet werden müssen, bietet es dem Requirements Engineer die Möglichkeit, die Erzeugung von Anforderungen neu zu denken. KI-Systeme sind in der Lage, Stakeholder-Aussagen, Gesetzestexte, Geschäftsprozesse, aber auch Videos, Fotos, Oberflächen und sogar Codefragmente schnell zu analysieren und in alternative Sichten, wie natürlichsprachliche oder modellbasierte Anforderungen, zu überführen. Die Erstellung von Prototypen kann mit KI-Systemen noch zielgerichteter und schneller erfolgen, sodass die Stakeholder direkt ihr Verständnis der soeben ermittelten Anforderungen schärfen können.

Sprachverarbeitung und sprachliche Präzision

Im Gegensatz zu herkömmlichen Technologien im Entwicklungsprozess bieten generative KI-Systeme neue Potenziale beim Verarbeiten von Sprache:

- Generative KI-Systeme können wie Menschen über Sprache kommunizieren – so wie Menschen ihre Wünsche ausdrücken. In völlig neuer Weise können sie Sprache und Kommunikation positiv beeinflussen. KI-Systeme können so dabei helfen, diese Anforderungen klarer und präziser zu formulieren, was Missverständnisse reduziert und die Zusammenarbeit zwischen Stakeholdern und Entwicklern verbessert.
- Der Einsatz von KI-Systemen ermöglicht eine effiziente Analyse großer Mengen an textuellen Anforderungen, wodurch Inkonsistenzen oder Unklarheiten frühzeitig erkannt und behoben werden können.
- KI-Systeme tragen zur sprachlichen Verbesserung bei, indem sie Vorschläge zur Optimierung der Formulierungen unterbreiten, und fordern dazu auf, die Anforderungen klar und verständlich zu beschreiben.
- KI-Systeme bieten durch kontinuierliche Interaktion einen »Sparringpartner«, der Requirements Engineers hilft, ihre Arbeitsergebnisse ständig zu überprüfen und zu verbessern.

Einerseits helfen aus dem RE bekannte sprachliche Analysemethoden, wie das SOPHIST *RE*gelwerk für gute Anforderungen (siehe Abschnitt 7.4), bei der Formulierung von Anfragen an das KI-System, andererseits können KI-Systeme nun direkt natürliche Sprache verarbeiten und den Requirements Engineer so unterstützen.

3.3.2 Der Nutzen von Requirements Engineering im Zeitalter von KI

Requirements Engineering ist tot,
es lebe das Requirements Engineering!

Die Ergebnisse, die KI-Systeme heute im Rahmen der Systementwicklung erzeugen, sind beeindruckend. Schon mit wenigen Klicks und Prompts können einfache KI-Tools Oberflächen erstellen oder menschliche Dialoge nachahmen. Warum also nicht Systeme mit KI erschaffen, statt aufwendiges RE zu betreiben?

Markus König [begeistert]: »Oh ja, dann machen wir die Lichtsteuerung wie bei Star Trek: ›Computer, erzeuge romantische Stimmung!‹«

Alex König: »Da kommt doch als Antwort: ›Parameter für romantische Stimmung unbekannt, bitte näher spezifizieren!‹«

Chris König: »Warum müssen wir eigentlich noch Anforderungen an unser Smart Home schreiben, setzt Schlauhaus nicht KI ein?«

Nadine König: »Naja, ich möchte nicht, dass eine KI entscheidet, was für uns gemütlich ist. Außerdem verstehen Menschen die Bedürfnisse von Menschen am besten!«

Auch in einem modernen Entwicklungsprozess, der durch KI unterstützt wird und viele automatisierte Systeme nutzt, bleibt Requirements Engineering (RE) aus mehreren Gründen unverzichtbar:

Klare Zielsetzung

Wie bereits im vorherigen Abschnitt erläutert, liegen die Stärken von generativen KI-Systemen im schnellen Erzeugen von Inhalten, die auf Wahrscheinlichkeiten basieren. Fragen wir KI-Systeme nach Anforderungen für ein bestimmtes System, erhalten wir ein Set von wahrscheinlichen Anforderungen basierend auf den Prompts bzw. den Trainingsdaten.

Ob diese Anforderungen im gegebenen Kontext aber zielführend sind, um die Probleme und Ziele der Stakeholder wirklich zu lösen, können, sollten und müssen die Stakeholder entscheiden. Egal ob Anforderungen mit oder ohne KI-System entstanden sind, am Ende muss der Stakeholder entscheiden, was er mit der Anforderung erreichen möchte – schließlich sind die Anforderungen die Basis für die gesamte Produktentwicklung.

Im Übrigen sollte jede Interaktion mit dem KI-System ebenso einer klaren Zielsetzung folgen.

Stakeholder-Management und Empathie

Menschen können die Bedürfnisse und Erwartungen der Stakeholder besser verstehen und empathisch darauf eingehen. Diese menschliche Interaktion ist entscheidend, um Vertrauen aufzubauen und Missverständnisse zu vermeiden. Menschen arbeiten in Teams zusammen und bringen unterschiedliche Perspektiven und Fähigkeiten ein. Diese Zusammenarbeit fördert eine ganzheitliche und umfassende Betrachtung der Anforderungen. RE beginnt bei den Stakeholdern, ihren Problemen und Wünschen. Da diese aufgrund verschiedener Rollen und Erfahrungen unterschiedlich sind, müssen sie konsolidiert und priorisiert werden. Andernfalls gibt es kein widerspruchsfreies Bild des zukünftigen Systems. Auch wenn KI-Systeme die Informationen beschaffen und aufbereiten können, muss der Kreislauf beim Menschen starten, über die Methoden und Tools in der Entwicklung verlaufen und beim Menschen geschlossen werden.

Kreativität und Innovation

Wenn wir ein KI-System nach innovativen Lösungen befragen, wird dieses aus der Vielzahl von Daten, mit denen es trainiert wurde, eine Antwort generieren. Aufgrund der Geschwindigkeit und der vielen Aspekte, die ein Mensch allein nicht ohne Weiteres überblicken kann, kommt uns diese Antwort kreativ vor. Aber ein KI-System bringt an sich keine neuen Ideen für ein System hervor. Der Mensch setzt das Ergebnis einer KI-Interaktion in den Kontext des Systems und entscheidet, welche Ideen letztlich sinnvoll sind. Darüber hinaus bringen Menschen andere kreative Ideen und innovative Lösungen ein, die über rein datenbasierte Ansätze hinausgehen. Diese Kreativität ist oft entscheidend für die Entwicklung einzigartiger und wettbewerbsfähiger Produkte.

Komplexitätsbewältigung

Moderne Systeme sind oft sehr komplex. RE hilft, diese Komplexität zu strukturieren und zu managen. KI kann bei der Analyse und Verwaltung helfen, aber die grundlegende Strukturierung und Planung erfordert menschliche Expertise. Menschen können flexibel auf Änderungen und neue Informationen reagieren und den Entwicklungsprozess entsprechend anpassen. Diese Anpassungsfähigkeit ist wichtig in dynamischen und sich schnell ändernden Umgebungen.

Der Mensch kann zwar durch die Übergabe von Kontextinformationen oder sogar durch Feintuning der Sprachmodelle mit geeigneten Trainingsdaten versuchen, diese Expertise zu vermitteln, dies wäre aber für die meisten Problemstellungen mit zu großem Aufwand verbunden. Im schlechtesten Fall ist der Entscheidungsprozess mit KI sogar weniger nachvollziehbar und wir schaffen durch deren Einbeziehung eine weitere Quelle für Missverständnisse und falsche Interpretationen.

Nachvollziehbarkeit und Dokumentation

Unter den steigenden Zeitanforderungen an die Markteinführung eines Produkts klingt es im Zeitalter von KI zu verlockend, die KI-generierten Ergebnisse schnell in die Dokumentation zu übernehmen und lästige Reviews abzukürzen. In solchen Fällen hilft RE, die Anforderungen an die Güte des Entwicklungsprozesses genau zu ermitteln und z. B. die Regelungen zum Umgang mit KI festzulegen. Regulatorische Anforderungen an einen strukturierten und nachvollziehbaren Entwicklungsprozess wie z. B. aus dem Medizinproduktegesetz (MPG) oder die DIN EN 61508 für Funktionale Sicherheit bleiben weiterhin relevant oder werden ergänzt durch neue Richtlinien wie den EU AI Act

[EU 2024/1689 2024]. Menschen können dabei langfristige Ziele und Visionen berücksichtigen und sicherstellen, dass die Anforderungen nicht nur kurzfristige Bedürfnisse erfüllen, sondern auch zukünftigen Entwicklungen und Trends entsprechen. Menschen und ggf. auch KI-Systeme müssen noch Jahre später nachvollziehen können, was die Anforderungen an das System waren, auf welche Weise sie festgelegt wurden und unter welchen Rahmenbedingungen die Entscheidungen in der Entwicklung getroffen wurden.

Ethik und Verantwortung

Entscheidungen im Entwicklungsprozess haben oft ethische, soziale und wirtschaftliche Aspekte, die den Stakeholdern bekannt gemacht werden müssen. Liegt beispielsweise eine statistische Schieflage in den Trainingsdaten der KI-Modelle vor, durch die eine ungewollte Diskriminierung, also ein Bias [Holdsworth 2023], entstehen könnte, muss dies im RE bewertet und ggf. ausgeräumt werden (siehe Abschnitt 3.3.4).

RE hilft, all diese Aspekte zu berücksichtigen und sicherzustellen, dass das Endprodukt verantwortungsvoll entwickelt wird. Die Beurteilung der unterschiedlichen, oft widersprüchlichen Aspekte setzt oft eine besondere Kompromiss- und Konfliktlösungsfähigkeit voraus. Dieses Urteilsvermögen ist häufig schwer zu automatisieren.

3.3.3 Prinzipien des Requirements Engineering auf KI-Systeme anwenden

Auch wenn sich der Charakter der Tätigkeiten des RE im Zeitalter von KI verändern wird, braucht es weiterhin, oder gerade deswegen, ein gutes RE. Beim Umgang mit verschiedenen KI-Systemen haben wir ausgiebig über die neuen Arbeitsweisen des Requirements Engineer reflektiert und glauben, dass uns die Prinzipien des Requirements Engineering [IREB CPRE FL Lehrplan 2024] geholfen haben, gut mit KI-Systemen umzugehen.

Werteorientierung – RE ist kein Selbstzweck.

So wie die Anforderungen kein Selbstzweck, sondern Ausgangspunkt für gute Produkte sein sollen, darf auch die Nutzung von KI im RE kein Selbstzweck sein. Werteorientiertes Denken hilft uns, den Einsatz von KI-Systemen in Bezug auf deren Nutzen im RE kritisch zu hinterfragen. Welche Tätigkeiten können durch KI-Systeme unterstützt und welche sollten besser manuell durchgeführt werden? Welchen Mehrwert kann der Einsatz eines KI-Systems in der aktuellen Situation bieten? Weil der Requirements Engineer sowohl die Methoden des RE, die Bedürfnisse der Stakeholder als auch die Möglichkeiten der verfügbaren KI-Systeme kennt, kann er sinnvolle Szenarien auswählen (siehe Kap. 11), die tatsächlich aktuelle Probleme im RE lösen. Der Einsatz von KI-Systemen im RE schont entweder Ressourcen oder verbessert die Qualität der Arbeitsergebnisse oder sogar beides.

Stakeholder-Orientierung – Wünsche und Bedürfnisse der Stakeholder verstehen

Eine der wichtigsten Fähigkeiten des Requirements Engineer ist es, die Stakeholder und ihre Bedürfnisse zu kennen. Dazu nimmt der Requirements Engineer oft die Sichtweise von Stakeholdern ein oder passt sein Vorgehen an die Anforderungen ihres Umfelds an. Diese Flexibilität ist auch im Umgang mit verschiedenen KI-Systemen hilfreich, denn für ein sinnvolles Zusammenspiel von Mensch und Maschine muss der Requirements Engineer die Informationen für verschiedene Zwecke aufbereiten. Informationen, die für Menschen verständlich sind, können für KI-Systeme unbrauchbar sein und umgekehrt. Der Requirements Engineer ist in der Lage, sich auf die Stärken und Schwächen von Stakeholdern und KI-Systemen einzustellen, um den Bedürfnissen aller Parteien gerecht zu werden.

Gemeinsames Verständnis – Anforderungen als Basis für die Systementwicklung

Verschiedene Stakeholder haben aufgrund ihrer persönlichen Erfahrungen oder ihrer Rolle im System unterschiedliche Sichten auf das zukünftige System. Die Aufgabe des Requirements Engineer ist es, diese Sichten zu erfassen und zu einem gemeinsamen Bild zu formen. Die Anforderungen sind ein Abbild (oder Modell) des spezifizierten Systems und die erste Möglichkeit, dieses gemeinsame Verständnis zu manifestieren. Der Requirements Engineer verfügt über Methoden, wie z. B. reflektierende Kommunikation und präzise Verwendung von Sprache, die auch in der Interaktion mit KI und im Prompt Engineering wichtig sind (siehe Kap. 4).

Kontext – Systeme können nicht isoliert betrachtet werden.

Eine Ausprägung des gemeinsamen Verständnisses zeigt sich in der Dokumentation des Kontextes, in dem das System entwickelt wird. Der Kontext des Systems ist zu Beginn der Entwicklung wenig bekannt bzw. nicht allen Stakeholdern in gleichem Maße bewusst. Dieses Kontextbewusstsein benötigt der Requirements Engineer auch im Umgang mit dem jeweiligen KI-System. Denn das Ergebnis des KI-Systems hängt stark vom Kontext ab, der zur Verfügung gestellt wird. Durch ein gutes Gespür für Kontextinformationen ist der Requirements Engineer in der Lage, bei jeder Interaktion mit dem KI-System zu beurteilen, wie das jeweilige KI-System funktioniert (allgemeine Wirkungsweise), mit welchen Daten es trainiert wurde und welche Kontextinformationen für die aktuelle Anfrage außerdem benötigt werden. Wenn die Trainingsdaten des KI-Systems auf dem Stand des Vorjahres sind, können neue Technologien nicht berücksichtigt werden, sondern müssen beispielsweise über zusätzliche Eingaben im Prompt erläutert werden.

Problem – Anforderung – Lösung voneinander trennen und als Tripel verstehen

Eine Anforderung spiegelt oft ein zugrunde liegendes Problem wider. Der Requirements Engineer sollte daher das Problem hinterfragen, bevor Anforderungen präzisiert und Lösungen entwickelt werden.

Auch im Zusammenspiel mit KI-Systemen ist diese Trennung entscheidend. Um eine Herausforderung mithilfe von KI zu lösen, müssen die Anforderungen an das Einsatzszenario klar definiert sein. Dabei kann der Prompt als Anforderung und das generierte Ergebnis als Lösung betrachtet werden. Die Anforderung bestimmt den Lösungsraum und beeinflusst die Qualität des Ergebnisses.

Viele Stakeholder formulieren Anforderungen direkt als Lösung oder adressieren das Problem nicht vollständig. Daher ist es wichtig, zunächst das Problem klar zu definieren, die Anforderungen offen für verschiedene Lösungen zu halten und schließlich zu prüfen, ob das Ergebnis das Problem tatsächlich löst. Besonders bei KI-Systemen gilt: Ein Ergebnis gibt es immer, aber nicht jedes ist eine passende Lösung. Deshalb ist neben der Trennung auch die Validierung unverzichtbar.

Validierung – nicht validierte Anforderungen sind nutzlos.

Anforderungen dienen als wichtigste Ausgangsbasis für die Entwicklung. Deren Gültigkeit und Qualität muss im Laufe der Entwicklung und vor allem zum Zwecke der Abnahme eines Produkts geprüft werden. Der Requirements Engineer beeinflusst den Umfang und die Qualität der Anforderungen durch seine Arbeit, wobei er sich um die Neutralität gegenüber der Umsetzung und die Repräsentation aller Stakeholder-Gruppen bemüht. Die Entscheidung, ob und in welcher Form Anforderungen aufgenommen werden, liegt bei den Stakeholdern. Bei der Integration von KI-Systemen in die Entwicklung kommt dem Requirements Engineer eine besondere Verantwortung zu, die Stakeholder für die Notwendigkeit einer Validierung zu sensibilisieren. KI-generierte Anforderungen müssen kritisch hinterfragt, dürfen nicht unreflektiert übernommen und müssen durch Stakeholder legitimiert werden.

Evolution – sich ändernde Anforderungen sind der Normalfall.

Anforderungen ändern sich, weil sich die Welt rund um das Produkt ändert. Änderungen aus der Produktumwelt können z. B. Änderungen in den Erwartungen der Nutzer oder in den Geschäftsprozessen der Organisation, neue Gesetze, Technologien oder Konkurrenzprodukte sein. Diese äußeren Einflüsse führen zu Änderungen in Anforderungen. Neben den äußeren Einflüssen existieren auch innere Einflüsse, nämlich durch die Auseinandersetzung mit dem Wissen, das in den Anforderungen steckt. Wir verstehen auftretende Änderungen an den Anforderungen also nicht als Ärgernis, sondern als Resultat guter Analysearbeit. So wie sich die Anforderungsbasis für ein Produkt weiterentwickelt, verändern sich auch die Methoden des RE durch den Einsatz von KI-Systemen. Als Requirements Engineers sind wir in der Lage, neue Methoden zu erlernen und anzuwenden. Wir können den beteiligten Stakeholdern vermitteln, wann es sinnvoll ist, auf die Unterstützung von KI-Systemen zurückzugreifen, und wann wir darauf verzichten möchten.

Innovation – höher, schneller, weiter, … besser, einfacher, neuer

Befragt man Stakeholder, was das neue System leisten muss, liefern diese Wünsche und Bedürfnisse, die ihnen bewusst sind. Implizit setzen sie aber vermeintlich Selbstverständliches voraus und erwarten sogar weitere Innovationen. »Wenn es schon ein neues System sein muss, dann doch gleich nach dem neuesten Stand der Technik!« Durch eine gezielte Anwendung von Ermittlungstechniken (siehe Kap. 7) können auch überraschende Features von den Stakeholdern und anderen Anforderungsquellen ermittelt werden. Als Requirements Engineers sind wir es gewohnt, Botschafter für Innovationen zu sein – wir sind der Meinung, dass dies auch für neue Technologien und Vorgehensweisen im RE gilt. Der Requirements Engineer ist dafür bekannt, traditionelle Herangehensweisen infrage zu stellen und neue Vorgehensweisen sinnvoll einzusetzen. Implizit erwarten Stakeholder, dass neue Möglichkeiten im Entwicklungsprozess auch für noch bessere Produkte genutzt werden.

Systematische und disziplinierte Arbeit

Potenziell kann ein KI-System bei jeder dieser Tätigkeiten ein sinnvolles Werkzeug im Entwicklungsprozess darstellen. Das strukturierte Vorgehen des Requirements Engineer hilft dabei, KI sinnvoll und zielgerichtet einzusetzen.

Auch wenn die Versuchung groß ist, die wohlstrukturierten und beeindruckenden Ergebnisse von KI-Systemen unreflektiert zu übernehmen, kennt der Requirements Engineer ihre Potenziale und Grenzen. Gutes Requirements Engineering ist die Voraussetzung für gute Interaktionen und Ergebnisse mit den KI-Systemen, es bleibt aber Teil seiner Verantwortung, diese Ergebnisse kritisch zu hinterfragen und ggf. selbst anzupassen.

3.3.4 Grenzen von KI-Systemen kennen

> *Das KI-System kann einen Text erzeugen, der beschreibt, wie der Wein schmeckt, es kann aber nicht beschreiben, wie der Wein tatsächlich schmeckt.*
>
> Ein Weinkenner

Künstliche Intelligenz hat das Potenzial, unser Leben auf vielfältige Weise zu verändern – von automatisierten Smart-Home-Systemen, die unseren Alltag erleichtern, bis hin zu fortschrittlichen Anwendungen in der Medizin oder Logistik. Doch trotz aller Fortschritte stoßen KI-Systeme in vielen Bereichen an ihre Grenzen. Diese Limitierung ist nicht nur technischer Natur, sondern betrifft vor allem die Fähigkeit der KI-Systeme, den menschlichen Kontext (sofern vorhanden 😉), Emotionen und ethische Überlegungen zu erfassen.

Im fiktiven Szenario der Familien Meyer und König zeigt sich exemplarisch, wie KI durch Automatisierung und intelligente Systeme den Alltag komfortabler und effizienter gestalten kann. Doch Nadine König stellt am Frühstückstisch eine entscheidende Frage: »Was passiert, wenn das System nicht wie geplant funktioniert oder ausfällt?« Diese Bedenken verdeutlichen eine Grenze der KI: ihre Abhängigkeit von stabilen technischen Rahmenbedingungen und die Unfähigkeit, flexibel auf unerwartete Situationen zu reagieren oder gar zu entscheiden.

Emotionale Intelligenz

Emotionale Intelligenz und ethische Fragen stellen Grenzen der KI dar. Während das Smart-Home-System den Meyers eine Vielzahl von Automatisierungen bietet, kann es keine echten zwischenmenschlichen Bedürfnisse wie Empathie berücksichtigen. Die Familie König ist zwar begeistert von den technischen Möglichkeiten, aber wie sehr können solche Systeme tatsächlich auf die individuellen Werte und die Priorität der Nutzer eingehen?

Situativen Kontext verstehen

KI-Systeme können nur begrenzt den Kontext einer Situation in seiner ganzen Komplexität erfassen. Systeme wie das Smart Home der Meyers bieten beeindruckende technische Lösungen, allerdings sind sie nur so gut wie die Menschen, die sie konzipieren und programmieren. Um diese Technologie einzusetzen, bedarf es nicht nur technischer Expertise, sondern auch einer interdisziplinären Zusammenarbeit, die ethische und soziale Dimensionen berücksichtigt, also den kompletten Kontext und die Umgebung.

Die Herausforderungen und Grenzen der KI im Alltag finden auch im Bereich des RE ein konkretes Echo. Während KI-Systeme in der Lage sind, Anforderungen effizient zu analysieren, zu kategorisieren und teilweise sogar zu priorisieren, zeigen sich in diesem speziellen Kontext aktuell einige Limitationen, die weit über die technische Ebene hinausgehen.

Genauigkeit

Meist werden bei der (Weiter-)Entwicklung eines Produkts neue Anforderungen realisiert. Das verwendete KI-System kann für das gewählte Szenario möglicherweise nicht ausreichend spezialisiert oder noch nicht mit passenden Daten trainiert worden sein. Dies kann der Fall sein, wenn spezielle oder Echtzeitdaten benötigt werden, um gute Ergebnisse zu erzielen. Mit anderen Worten, das KI-System verfügt nicht über ausreichende Kontextinformationen (siehe Kap. 5).

Halluzination

Halluzinationen treten auf, wenn ein generatives KI-Modell Ausgaben erzeugt, die nicht im Einklang mit den Trainingsdaten oder der Eingabe stehen. Dies kann dazu führen, dass das Modell falsche, unsinnige oder sogar frei erfundene Informationen ausgibt [BSI 2025]. Dieser Umstand steht insbesondere im Widerspruch zu wichtigen Eigenschaften von Anforderungen, wie (rechtliche) Verbindlichkeit, Notwendigkeit aufgrund von Anforderungsquellen und Korrektheit. Gute Möglichkeiten, diese Effekte durch die Optimierung von KI-Systemen zu reduzieren, finden Sie im folgenden Abschnitt und mit dem Prompt Engineering in Kapitel 4.

Transparenz, Erklärbarkeit und Reproduzierbarkeit

KI-Systeme arbeiten mit Mustern, die aus den Trainingsdaten erlernt wurden. Welche Daten vorlagen und welche Muster genau erlernt wurden, kurz wie das Ergebnis genau entstanden ist, kann nicht abschließend erklärt werden [BSI 2025]. Das Ergebnis kann zudem stark von der Qualität des Prompts beeinflusst werden. Aspekte wie einbezogene Informationen aus der Wissensbasis oder aus Erinnerungsfunktionen sind nicht genau nachvollziehbar. Zur mangelnden Transparenz und Erklärbarkeit kommt zusätzlich noch die fehlende Reproduzierbarkeit, denn bei gleichem Prompt können die Wege durch das neuronale Netz bei jeder Anfrage unterschiedlich sein und die Ergebnisse leicht oder stark voneinander abweichen. Gerade in Bezug auf die internen oder externen Dokumentationspflichten zur Güte des Engineering-Prozesses sind diese Eigenschaften von KI-Systemen problematisch.

KI-Bias und Datenqualität

Ein KI-System ist immer nur so gut wie die Daten, die ihm zur Verfügung stehen. KI-Bias, auch Maschinelles-Lernen-Bias oder Algorithmus-Bias genannt, bezieht sich auf das Auftreten voreingenommener Ergebnisse aufgrund menschlicher Vorurteile, die die ursprünglichen Trainingsdaten oder den KI-Algorithmus verzerren – was zu verzerrten Ergebnissen und potenziell schädlichen Ergebnissen führt ([Gruettner 2024], [Holdsworth 2023]). So funktioniert die Gesichtserkennung für Smartphones bei hellhäutigen Männern oft besser als bei dunkelhäutigen Frauen.

Haben wir keine Transparenz über die Trainingsdaten, können wir nicht überprüfen, welche Diskriminierungen, Vorurteile oder sogar Falschinformationen in den Ergebnissen stecken. Mit dem KI-System haben wir aus Sicht des RE noch eine weitere Quelle für potenzielle Missverständnisse, die wir über die Betrachtung des Kontextes des KI-Systems beurteilen müssen (siehe Kap. 5).

Das KI-System wird immer eine Antwort für uns parat haben, aber welcher Aussage wir in welchem Maße vertrauen können, ist kritisch zu hinterfragen. Verschiedene Beispiele für Bias und Möglichkeiten, mit den Folgen umzugehen, finden Sie in [Holdsworth 2023].

Tool-Integration

Das jeweilige KI-System stellt ein weiteres Werkzeug in der täglichen Arbeit dar, das mehr oder weniger eng in die bestehende Engineering-Toolkette eingebunden ist. Chatbots wie ChatGPT sind z. B. über ein Chatfenster im Browser erreichbar, während andere Engineering-Werkzeuge über ein eigenes Fenster auf ein LLM zugreifen. Der Grad der Integration eines KI-Systems in einen Entwicklungsprozess bestimmt häufig auch den Funktionsumfang, der für eine spezielle Aufgabe verwendet werden kann, z. B. in Bezug auf Datenverfügbarkeit und Datensicherheit. In der Praxis bedeutet dies für den Requirements Engineer, dass der Kontext für das KI-System ggf. aufwendig in den Prompt oder über Systemschnittstellen eingefügt werden muss. Das Gleiche gilt für den Rückweg der erzeugten Ergebnisse in die Engineering-Artefakte. Die Fehleranfälligkeit sowohl beim manuellen als auch beim automatisierten Datenaustausch zwischen KI-System und Engineering-Tool ist aus Sicht der Revisionssicherheit problematisch. Wie hoch der Nutzen von KI im Engineering-Prozess ist, hängt also davon ab, wie das KI-Ökosystem konzipiert ist (siehe dazu auch Kap. 11).

Die Zukunft gehört nicht der KI allein. Sie gehört der Synergie aus menschlicher Kreativität und maschineller Rechenleistung. Als Requirements Engineers müssen wir sowohl die Stärken und Schwächen der KI-Ökosysteme als auch die menschlichen Stärken und Schwächen kennen, um eine gute Arbeitsteilung für ein besseres Requirements Engineering zu finden.

Das Dreamteam der Zukunft besteht aus Mensch und Maschine.

3.3.5 Möglichkeiten zur Optimierung von KI-Systemen

Die derzeit leistungsfähigsten LLMs sind z. T. für sehr verschiedene Anwendungen wie Text-, Bild-, Audio- oder Videogenerierung trainiert, ohne dabei auf einen bestimmten Bereich oder eine Domäne spezialisiert zu sein. Das kann zu ungenauen Ergebnissen und Halluzinationen führen. Wundern Sie sich also nicht, dass die Erstellung von Bildern zum Thema »Ballett tanzender Einstein« und der »Dreitägige Städtetrip durch die Toskana« scheinbar zu besseren Ergebnissen führt als die Ableitung einer Handvoll konsistenter Anforderungen aus Ihrem Fachgebiet. Große LLMs werden mit allgemeinen und den jeweils zu dieser Zeit verfügbaren Daten trainiert. Domänenspezifische Informationen, auf die sich Ihre Anfrage gerade bezieht, wurden möglicherweise beim Trainieren der LLMs nicht einbezogen oder sind zumindest unzureichend repräsentiert (siehe den Aspekt »Bias« in Abschnitt 3.3.4).

Wollen wir das Potenzial von allgemeinen KI-Systemen trotz dieser Eigenschaften für spezielle Anwendungen, z. B. im Requirements Engineering, ausschöpfen, stehen uns die in Abbildung 3.7 gezeigten Möglichkeiten zur Verfügung.

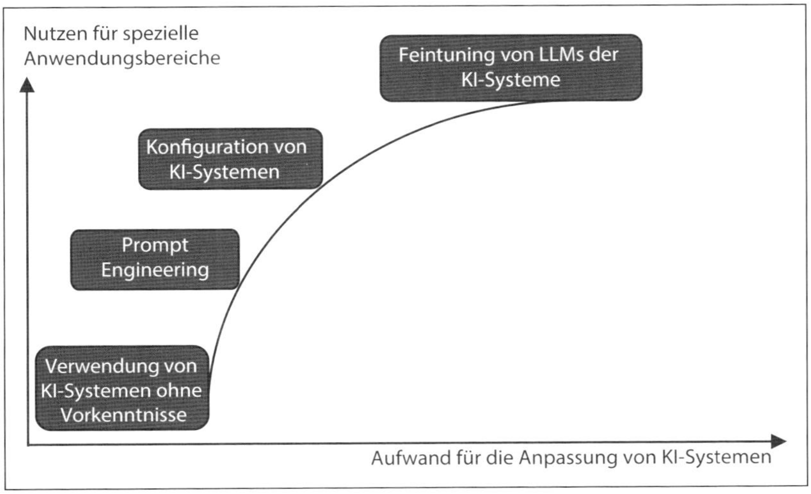

Abb. 3.7 *Möglichkeiten zur Optimierung von KI-Systemen*

Abhängig vom investierten Aufwand steigt der Nutzen für spezielle Anwendungsbereiche, wobei der Nutzenzuwachs beim Prompt Engineering und der Konfiguration von KI-Systemen in einem Chatbot oder Assistenten im Verhältnis stärker zunimmt als beim Feintuning von LLMs.

Prompt Engineering

Bei allgemeineren Aufgaben, die gut durch die Trainingsdaten des KI-Systems und dessen Architektur abgedeckt sind, für die also weder externes noch domänenspezifisches Wissen benötigt werden, bietet das Prompt Engineering in Kapitel 4 eine gute Hilfestellung. Diese Technik ist gut für allgemein bekannte Konzepte und Fakten geeignet.

Konfiguration von KI-Systemen

Sind für verschiedene Szenarien externes Wissen und umfangreiche Anweisungen bzw. Einstellungen notwendig, können diese auf unterschiedlichste Weise in das KI-System eingefügt werden. Häufig wird diese Spezialisierung des KI-Systems über Prompting-Techniken wie Retrieval-Augmented Generation (RAG) realisiert (siehe Kap. 4). Wie die Kontextinformationen konkret in einer Interaktion mit dem KI-System genutzt werden können, beschreiben wir in Kapitel 5.

Dabei gibt es sehr unterschiedliche Wege, das Wissen temporär oder dauerhaft für Anfragen zur Verfügung zu stellen, z. B. in KI-Assistenten. Letztlich hängt die Umsetzung dieser Optimierungen stark von den Eigenschaften der verfügbaren KI-Systeme selbst und von der Gestaltung des KI-Ökosystems im Zusammenspiel ab. Wie die Konfiguration und Integration von KI-Systemen in die Engineering-Toolkette erfolgen kann, zeigen wir in Kapitel 11.

Feintuning

Ist für die Bearbeitung eines Szenarios ein hoher Anteil von domänenspezifischem Wissen, aber kein externes Wissen notwendig, kann das sogenannte Feintuning zur Erweiterung von allgemeinen LLMs zu domänen-, organisations- oder sogar projektspezifischen Sprachmodellen angewendet werden.

Definition 3.11: *Definition Feintuning*

Feintuning ist Teil des Pre-Trainings von LLMs und zielt darauf ab, die Spezialisierung eines Modells zu verstärken, das auf eine breitere Datenverteilung trainiert wurde.

nach [Craig 2024]

Das Feintuning von Sprachmodellen kann sehr ressourcenintensiv sein und erfordert spezielles Know-how im Machine Learning [ISO/IEC 22989 2022] und der Messung der Leistungsfähigkeit von KI-Systemen. Diese Kompetenzen liegen außerhalb des Requirements Engineering und werden in diesem Buch nicht näher behandelt. Sollten Sie sich jedoch in Zusammenarbeit mit Ihrem IT-Dienstleister für ein Feintuning des LLM entscheiden, überlegen Sie, welche Trainingsdaten Sie als gute Beispiele verwenden können oder ob diese ggf. erst durch RE-Profis wie die Autoren dieses Buches erzeugt werden müssen.

Wenn für ein Szenario externes und domänenspezifisches Wissen benötigt wird, können die Konfiguration von KI-Systemen und Feintuning, aber auch Prompt-Engineering-Techniken im jeweiligen KI-Ökosystem kombiniert werden. Hier werden sich in Zukunft wohl durch die rasante Entwicklung der KI-Systeme mit KI-Assistenten und verschiedene NLP-Pipelines weitere Möglichkeiten ergeben.

4 Prompt Engineering – die Wissenschaft der perfekten Eingabe

4.1 Prompt Engineering – das neue Gold!

Wer nicht genau weiß, wie der Prompt aussehen soll,
darf sich nicht wundern, was das Ergebnis ist.

Frei nach Mark Twain

Generative KI-Systeme sind darauf ausgelegt, auf Basis der Prompts, die sie erhalten, sinnvolle und relevante Ergebnisse zu erzeugen. Je klarer und präziser diese Prompts formuliert sind, desto passender und zuverlässiger fällt die Antwort der KI aus [Gruettner 2024]. Die Herausforderung besteht jedoch darin, dass solche Systeme in der Lage sein müssen, eine enorme Bandbreite an Anfragen zu verstehen und darauf zu reagieren – von einfachen Fragen bis hin zu hochkomplexen technischen Problemstellungen. Prompt Engineering befasst sich genau mit dieser Problematik. Dabei handelt es sich weder um eine exakte Wissenschaft, noch gibt es den perfekten Prompt!

Definition 4.1: *Definition Prompt Engineering*

Prompt Engineering umfasst verschiedene Techniken und Methoden zur Optimierung von Eingaben für generative KI-Werkzeuge, mit dem Ziel, das gewünschte Ergebnis zu erreichen.

nach [AWS 2024]

Das Ziel dieser Disziplin ist es, Anfragen so zu formulieren, dass sie die besten Ergebnisse aus der KI herausholen. Dazu werden verschiedene Techniken zur Verfeinerung und Optimierung angewendet, um Verzerrungen zu minimieren, Missverständnisse zu vermeiden und möglichst treffsichere Antworten zu generieren. Dabei sind sowohl Techniken zur Formulierung (siehe Abschnitt 4.3) und Strukturierung des Prompts (siehe Abschnitt 4.4) als auch zum Ablauf einer Interaktion (siehe Abschnitt 4.5) hilfreich. Im Wesentlichen fungiert Prompt Engineering als

Brücke zwischen einer unstrukturierten Eingabe und einem verwertbaren Ergebnis und ist somit das Requirements Engineering für gute Prompt-Ergebnisse.

Warum ist Prompt Engineering wichtig?

Generative KI-Modelle liefern zwar oft beeindruckende Ergebnisse, doch die Qualität für den Anwendungszweck kann aufgrund ihrer Funktionsweise (siehe Abschnitt 3.2.2) und ihrer Grenzen (siehe Abschnitt 3.3.4) stark schwanken. Der größte Vorteil eines durchdachten Prompt Engineering ist die Qualitätssteigerung des generierten Outputs. Da generative KI-Systeme auf Wahrscheinlichkeit beruhen, kann das Prompt Engineering das LLM in Richtung unseres gewünschten Ergebnisses lenken. Häufig sind manuelle Korrekturen oder Nachbearbeitungen im Rahmen einer Interaktion erforderlich. Durch gezielte Anpassung der Prompts kann dieser Aufwand minimiert werden. Um einen passenden Prompt zu finden, ist es essenziell, die unterschiedlichen Konfigurationsmöglichkeiten der verschiedenen KI-Systeme zu kennen.

4.2 Wie funktioniert Prompt Engineering?

Die Basis generativer KI-Systeme sind Transformermodelle (das »T« in GPT), die mittels neuronaler Netze riesige Datenmengen verarbeiten und die Struktur und Nuancen natürlicher Sprache erfassen.

Damit das LLM des KI-Systems eine präzise Antwort generieren kann, kommt es nicht nur auf die formulierte Frage an, sondern auch darauf, wie gut der Prompt an die Funktionsweise des Modells angepasst ist [IBM 2024].

Formulierung des Prompts

Damit ein KI-System eine Anfrage korrekt interpretiert, muss der Prompt klar strukturiert sein. Hierbei sind zwei Aspekte entscheidend:

- **Präzision und Klarheit:** Unklare oder mehrdeutige Formulierungen erschweren dem KI-System die Interpretation der Anfrage.
- **Optimierte Struktur:** Bestimmte Formulierungen oder explizite Anweisungen, die für Menschen überflüssig erscheinen, helfen einem KI-System oft dabei, Prompts besser zu verarbeiten und entsprechend präzisere Ergebnisse zu liefern (siehe auch Abschnitt 4.4).

Optimierung des Prompts durch Modellparameter

Bei der Optimierung der Anfrage spielen verschiedene Techniken und Modellparameter eine Rolle [IBM 2023]:

- **Tokenisierung:** Die Art und Weise, wie Text in kleinere Einheiten zerlegt wird, beeinflusst, wie gut ein KI-System den Prompt verarbeitet.
- **Top-K-Sampling & Temperatursteuerung:** Diese Methoden helfen dabei, das Maß an Kreativität oder Determinismus in den KI-Antworten anzupassen.

- **Modellparameter-Tuning:** Je nach Modell können spezifische Parameter feinjustiert werden, um die Genauigkeit und Kohärenz der Antworten zu verbessern.

Näheres zum Konfigurieren von Chatbots finden Sie in Kapitel 11.

Struktur der Interaktion

Neben der sprachlichen Präzision haben sich im Prompt Engineering auch Interaktionsmuster etabliert, bei denen verschiedene aufeinander aufbauende Prompts verwendet werden. So entsteht eine gesprächsähnliche Interaktion, die die Qualität des Ergebnisses iterativ verbessert (siehe dazu Abschnitt 4.5).

4.3 Die SOPHIST Prompting Guideline

Die SOPHIST Prompting Guideline definiert neun essenzielle Regeln, die dabei helfen, effektive und präzise Prompts zu formulieren. Diese Regeln orientieren sich an bewährten Prinzipien des Requirements Engineering und stellen sicher, dass die Ergebnisse konsistent, verständlich und nachvollziehbar sind – nicht nur für das KI-System. Warum das wichtig ist? Unklare oder schlecht formulierte Prompts führen zu ungenauen, fehlerhaften oder widersprüchlichen Ergebnissen. Das heißt, das KI-System halluziniert. Je genauer wir die KI anhand von konkreten Kontextinformationen steuern (siehe Kap. 5), desto brauchbarer werden die generierten Inhalte. Egal ob es sich um Text, Code oder Datenanalysen handelt.

www.sophist.de/kire/k4-3

4.3.1 Regel 1: Prompt klar strukturieren

Eine der wichtigsten Anforderungen im Requirements Engineering ist die nach Struktur. Das Gleiche gilt für KI-Prompts. Ein gut strukturierter Prompt hilft der KI, die Anfrage korrekt zu interpretieren und eine adäquate Antwort zu liefern.

Ursprünglicher Prompt

```
Erkläre mir funktionale Anforderungen und warum sie wichtig sind.
```

Prompt 4.1
Prompt mit klarer Struktur

```
Aufgabe: Erkläre, was funktionale Anforderungen sind.
Details: Gehe dabei auf folgende Punkte ein:
(1) Definition mit Quellenangaben,
(2) Beispiele,
(3) Bedeutung im Requirements Engineering.
```

Nutzen Sie zur Strukturierung für sich und das KI-System Absätze und Sonderzeichen wie »###«, um z. B. Kontextinformationen von Anweisungen zu trennen (siehe Prompt 4.2). Mehr Informationen dazu finden Sie in Abschnitt 4.4.

4.3.2 Regel 2: Ausgabeformat des Ergebnisses definieren

KI-Modelle können Texte, Tabellen, Bilder, Listen oder sogar Code generieren. Ohne eine genaue Formatvorgabe liefert das Modell möglicherweise eine beliebige Antwort.

Prompt 4.2
Prompt mit Prompting-Template

```
Erstelle eine Tabelle der gegebenen Anforderungen mit drei Spalten:
- "ID der Anforderungen" Format: REQ-<ID>
- "Text der Anforderung" Format: Text
- "Kategorie der Anforderung":
Format: boolean (funktional, nicht funktional).
### Hier die ursprünglichen Anforderungen ###
Anforderungen: 1. Das SHS muss dem Bewohner […]
```

Das ist besonders nützlich, wenn Ergebnisse direkt weiterverarbeitet werden müssen, etwa in Spezifikationsdokumenten oder Tabellenformaten. Die Möglichkeiten der KI-Systeme, verschiedene Ausgabeformate zu erstellen, sind bei allgemeinen KI-Systemen erstaunlich hoch. Weitere Hinweise zu Ausgabeformaten wie PlantUML-Code beschreiben wir in Kapitel 8 sowie ReqIF in Kapitel 11.

4.3.3 Regel 3: Tonalität angeben

Je nach Anwendung muss eine Antwort formell, technisch oder kreativ sein. Die Tonalität oder der Schreibstil hat einen großen Einfluss auf die Verständlichkeit der Ergebnisse für die gewünschte Zielgruppe.

Prompt 4.3
Prompt mit definierter Tonalität als Stilvorgabe

```
Erkläre die Grundlagen der Anforderungsanalyse in einem technischen
und professionellen Stil, geeignet für eine unternehmensinterne
Schulung bei der Firma Schlauhaus.
```

Sollten Sie unsicher sein, wie Sie den gewünschten Stil benennen sollen, fordern Sie das KI-System auf, den Stil anhand Ihres Beispieltexts zu benennen, oder lassen Sie eine Beschreibung verschiedener Stile erstellen.

4.3.4 Regel 4: Präzise Begriffe verwenden

Mehrdeutigkeit führt oft zu falschen oder ungenauen Antworten. Die Wahl der richtigen Begriffe ist essenziell – sowohl im RE als auch im KI-Prompting.

Ursprünglicher Prompt

```
Erstelle eine Liste mit wichtigen Dingen für Softwareprojekte, die
die Firma Schlauhaus bei Smart-Home-System-Projekten
berücksichtigen muss.
```

Diese Anfrage ist zu vage formuliert, denn was sind »wichtige Dinge«? Die generative KI braucht hier mehr Kontextinformationen, um ein zielgerichtetes Ergebnis auszugeben. Stattdessen empfehlen wir:

Prompt 4.4
Prompt mit präzisen Begriffen

```
Erstelle eine Liste mit den fünf wichtigsten Qualitätsanforderungen
für ein Softwareprojekt gemäß ISO/IEC 25010, die die Firma
Schlauhaus bei Smart-Home-System-Projekten berücksichtigen muss.
```

Durch den Bezug auf eine anerkannte Norm, hier im Beispiel eine Norm mit dem Schwerpunkt Qualitätskriterien und Bewertung von System und Softwareprodukten, ist die KI-Antwort zielgerichteter.

4.3.5 Regel 5: Aufgabe durch präzise Vollverben definieren

Im Requirements Engineering ist die korrekte Definition von Anforderungen entscheidend. Starke, handlungsorientierte Verben helfen, eine klare und ausführbare Anfrage zu stellen.

Ursprünglicher Prompt

```
Analysiere die folgenden Anforderungen und kategorisiere diese.
Anforderungen: […]
```

Im Prompt bleibt unklar, was mit »analysieren« und »kategorisieren« genau gemeint ist. Hier müssen wir auch unterscheiden, was wir als Requirements Engineers mit der Aufgabe erreichen wollen (Analyse) und was dabei der Beitrag des KI-Systems sein soll (Liste von Widersprüchen erstellen). Kleiner Disclaimer: Zum Zeitpunkt als dieses Buch in den Druck ging, waren nicht alle KI-Systeme mit sogenannten Reasoning-Mechanismen ausgestattet, die solche sprachlichen Ungenauigkeiten bereits kompensieren können.

Prompt 4.5
Prompt mit Vollverben

```
Erstelle eine Liste mit Widersprüchen, die du in den folgenden
Anforderungen finden kannst.
Bewerte jede Anforderung auf deren Kritikalität in Bezug auf
mögliche Auswirkungen auf Leib und Leben der Bewohner eines Smart-
Home-Systems.
Erstelle eine Tabelle mit den Spalten "ID", "Anforderung" und
"Kritikalität".
Anforderungen: […]
```

Im verbesserten Prompt haben wir das Prozesswort »Erstellen« verwendet, das sich auf das Generieren von Texten bezieht. Die Verben analysieren und kategorisieren haben wir so umschrieben, dass sie vom KI-System bearbeitet werden können.

4.3.6 Regel 6: Temperatur des Ergebnisses festlegen

In der Welt der KI-Modelle ist die Temperatur nicht nur eine Frage von Celsius und Fahrenheit. Sie bestimmt, inwieweit eher unwahrscheinliche Worte bei der Generierung von Texten beachtet werden sollen, also wie kreativ das KI-System antwortet:

- Niedrige Modellparameter »Temperatur« (z. B. 0.2–0.4): Das KI-System liefert eher faktenbasierte und konsistente Antworten. Ideal für technische Anfragen oder RE-Dokumentationen.
- Höhere Modellparameter »Temperatur« (z. B. 0.7–1.0): Das KI-System antwortet kreativer und experimenteller. Gut für Brainstorming oder alternative Lösungsansätze.

Prompt 4.6
Prompt mit Temperaturangabe für faktenbasierte Ergebnisse

```
Fasse die wichtigsten Prinzipien des CPRE Foundation Level
Handbuchs sachlich und faktenbasiert zusammen.
Modellparameter "Temperatur" = 0.2.
```

Prompt 4.7
Prompts mit Temperaturangabe für kreative Ergebnisse

```
Erstelle eine kreative Vision für eine KI-gestützte RE-Plattform.
Modellparameter "Temperatur" = 0.8.
```

Je nachdem welches KI-System Sie mit welchen Konfigurationsmöglichkeiten verwenden, können Modellparameter entweder im Text oder auch über die Oberfläche des Chatbots eingegeben werden.

4.3.7 Regel 7: Quellen für Aufgabe definieren

KI-Modelle basieren auf vorgefertigten Trainingsdaten und können manchmal veraltete oder falsche Informationen liefern (Halluzinieren). Durch Quellenangaben kann der Anwender den Kontext für die Aufgabe präziser beschreiben und die Antwort besser überprüfen. Dies erhöht auf der einen Seite die Wahrscheinlichkeit, dass die Anfrage zum Problem passt, und auf der anderen Seite die Nachvollziehbarkeit der Informationen und ermöglicht es dem Anwender, die Herkunft der Aussagen zu überprüfen.

Prompt 4.8
Prompt mit Quellenangaben für Kontext und Nachvollziehbarkeit

```
Erkläre den Unterschied zwischen funktionalen und nicht
funktionalen Anforderungen basierend auf dem CPRE Foundation Level
Handbuch von IREB.
Füge bei den Erklärungen jeweils eine Referenz zur Textstelle ein,
an der der Begriff definiert ist.
```

4.3.8 Regel 8: Referenzen für die Interaktion definieren

Wenn eine umfangreichere Interaktion mit dem KI-System stattfindet, muss man in den Prompts manchmal auf vorherige Antworten referenzieren, um Widersprüche und Ungenauigkeiten zu vermeiden. Dazu sollten Sie sich überlegen, auf welche Inhalte Sie sich in der Folge der Interaktion erneut beziehen wollen.

```
Basierend auf den zuvor genannten funktionalen Anforderungen 1-10:
Erstelle eine Checkliste zur Validierung dieser Anforderungen.
```

Prompt 4.9
Prompt mit wiederverwendbaren Referenzen

Integrieren Sie dazu Formatierungen der gewünschten Referenzen in den Teil des Prompts, der das Ausgabeformat beschreibt (siehe Regel 2) – am besten mit eindeutigen IDs. Damit wird das Ergebnis im weiteren Verlauf der Interaktion leicht referenzierbar.

4.3.9 Regel 9: Involvierte Rollen und Vorgehensweisen berücksichtigen

Verschiedene Perspektiven und Fachrichtungen erfordern unterschiedliche Herangehensweisen. Eine klare Rollenzuweisung hilft dem KI-System, Anfragen aus der Perspektive heraus bzw. für eine Perspektive zu beantworten. Dies entspricht dem Konzept der perspektivenbasierten Validierung im Requirements Engineering (siehe Kap. 9), bei dem Anforderungen aus verschiedenen Blickwinkeln geprüft werden, um sicherzustellen, dass sie den Bedürfnissen aller relevanten Stakeholder gerecht werden.

```
Agiere als Requirements Engineering Trainer.
Erkläre mir auf dem Niveau eines Berufsanfängers das Konzept der
Stakeholder-Analyse aus der Sicht eines Business-Analysten.
```

Prompt 4.10
Prompt mit involvierter Rolle und Vorgehensweisen

Der Bezug auf bekannte (oder bekannt gemachte) Rollen ist besonders nützlich, wenn Inhalte für unterschiedliche Zielgruppen erstellt werden sollen. Sowohl für die Rolle, die das KI-System einnehmen soll, als auch für die Zielgruppe, die das Ergebnis bewerten soll. Analog dazu können Sie dem KI-System auch bekannte Methoden aus dem Kontext der Entwicklung vorgeben.

Auch wenn nicht jeder Prompt gleich alle Regeln erfüllen muss, können wir das Potenzial der KI-Systeme mit den genannten Regeln besser nutzen – unabhängig von der Aufgabe, bei der das KI-System unterstützen soll.

4.4 Prompting Templates – Schablonen für Prompts

Um die Halluzinationen von KI-Systemen zu minimieren und die Qualität der generierten Inhalte zu erhöhen, empfiehlt es sich insbesondere für unerfahrene Anwender von KI-Systemen, auf bewährte Vorlagen für Prompts, sogenannte Prompting Templates, zurückzugreifen. Diese sind leicht zu erlernen und können dafür sorgen, dass wichtige Informationen für die Interaktion eingefügt werden. Einige KI-Systeme ermöglichen es, Prompts in der Organisation zu teilen und damit wiederzuverwenden. Verwenden Sie als Start in eine Interaktion zum Beispiel den Prompt 4.11 und passen Sie diesen auf Ihre Bedürfnisse an, indem Sie Teile ändern oder streichen.

www.sophist.de/kire/k4-4

Prompt 4.11
Prompting Template für einen initialen Prompt

`Agiere als [`**`Rolle`**`] und unterstütze mich bei [`**`Ziel`**`].`
`Beachte dabei [`**`Überblick zu Kontext`**`].`
`[`**`Aufgabe`**`] und wende das [`**`Verfahren oder Methode`**`] an.`
`Beachte [`**`Restriktionen`**`].`
`Verwende [`**`Kontextinformationen im Detail`**`].`
`Erstelle das Ergebnis [`**`Ausgabeformat`**`].`

Beim Aufwärmen mit dem KI-System, also bei der Vorarbeit zu einer Aufgabe, können Sie sich vom KI-System für jeden der genannten Platzhalter Vorschläge machen lassen und diese für Ihren Prompt übernehmen.

Prompt 4.12
Prompting Template für einen initialen Prompt am Beispiel

`Agiere als erfahrener Requirements Engineer [`**`Rolle`**`] und unterstütze mich bei der Erstellung von Anforderungen [`**`Ziel`**`]. Beachte dabei, dass du in einem agilen Projekt zur Entwicklung eines Smart-Home-Systems mit Fokus auf Benutzerfreundlichkeit arbeitest [`**`Überblick zu Kontext`**`].`
`Erstelle 5 funktionale Anforderungen für die Funktion "Lichtsteuerung konfigurieren" [`**`Aufgabe`**`] und wende das Template zur Spezifikation von Use Cases [`**`Verfahren oder Methode`**`] an.`
`Beachte, dass das System nur die Ansteuerung der Beleuchtung übernimmt [`**`Restriktionen`**`].`
`Verwende das folgende Dokument "Szenario_Lichtsteuerung.docx" [`**`Kontextinformationen im Detail`**`].`
`Erstelle das Ergebnis als Tabelle [`**`Ausgabeformat`**`].`

Sollte ein bestimmtes Template nicht zum gewünschten Ergebnis führen, prüfen Sie den Prompt mit der SOPHIST Prompting Guideline (siehe Abschnitt 4.3) oder verwenden Sie einfach ein anderes. Um erfolgreiche Prompts wiederzuverwenden, können Sie das KI-System am Ende der Interaktion auffordern, ein Prompting Template aus eben dieser Konversation zu erstellen.

Prompt 4.13
Prompt zur Erstellung eines Prompting Templates (Meta-Prompting)

```
Erstelle einen initialen Prompt, der zu dem soeben erarbeiteten
Ergebnis führen würde.
```

So verbessern Sie kontinuierlich Ihre Fähigkeiten im Prompt Engineering.

4.5 Interaktionsmuster – vom Prompt zum Gespräch

Um die Ergebnisse in einer Interaktion (siehe Abschnitt 3.2.4) zu beeinflussen, kann neben einzelnen Prompts auch eine geschickt gewählte Abfolge der Prompts für gute Ergebnisse sorgen. Durch die besondere Eigenschaft, eine menschliche Konversation nachzuahmen, sind aufeinander aufbauende Dialoge und speziell strukturierte Prompts ein starkes Instrument. Weitere Beispiele finden Sie in den Online-Inhalten zu diesem Buch auf der Wissensplattform.

www.sophist.de/kire/k4-5

4.5.1 Einfache Interaktionsmuster

Ein zentraler Punkt im Prompt Engineering ist die Frage, wie viel Kontext das KI-System benötigt, um eine sinnvolle Antwort zu generieren. Wir stellen zunächst drei einfache Techniken vor:

- **Zero-Shot:** Das KI-System generiert eine Antwort, ohne Beispiel.

Prompt 4.14
Beispiel für Zero-Shot-Prompting

```
Welche Interaktionsmuster gibt es im Prompt Engineering?
```

- **One-Shot:** Das KI-System erhält ein einziges Beispiel, um daraus Muster abzuleiten.

Prompt 4.15
Beispiel für One-Shot-Prompting

```
Hier ist ein Beispiel für ein Interaktionsmuster im Prompt
Engineering:
"Zero-Shot: Das KI-System generiert eine Antwort, ohne Beispiel."
Welche anderen Interaktionsmuster gibt es noch im Prompt
Engineering?
```

- **Few-Shot:** Das Modell bekommt mehrere Beispiele, um die Aufgabe besser zu verstehen und konsistentere Ergebnisse zu liefern.

Prompt 4.16
Beispiel für Few-Shot-Prompting

```
Hier sind einige Beispiele für Interaktionsmuster im Prompt
Engineering:
"Zero-Shot: Das KI-System generiert eine Antwort, ohne Beispiel.
One-Shot: Das KI-System erhält ein einziges Beispiel, um daraus
Muster abzuleiten."
Welche weiteren Interaktionsmuster gibt es im Prompt Engineering?
```

Ergebnis zu Prompt 4.16 – Beispiel für Few-Shot-Prompting [ChatGPT 4o 2025]

Chain-of-Thought (CoT) Prompting: Das KI-System wird angewiesen, seine Denkschritte offenzulegen, um komplexe Probleme schrittweise zu lösen.
Prompt Chaining: Mehrere Prompts werden sequenziell verwendet, wobei die Ausgabe eines Prompts als Eingabe für den nächsten dient.

```
Persona Prompting: Das KI-System wird angewiesen, aus der
Perspektive einer bestimmten Rolle oder Persönlichkeit zu
antworten.
Reflexion Prompting: Die KI wird gebeten, ihre eigene Antwort zu
bewerten und zu verbessern.
Meta-Prompting: Die KI wird angewiesen, ihren eigenen Prompt zu
optimieren oder eine bessere Formulierung vorzuschlagen. [...]
```

Da die KI-Systeme sich stetig weiterentwickeln und neue Mechanismen eingesetzt werden, die für den Anwender nicht ersichtlich sind, lässt sich oft über Versuch und Irrtum herausfinden, welche Prompting-Technik am besten zu Ihrem Einsatzszenario passt – probieren Sie es einfach aus. Im folgenden Abschnitt sind einige dieser Techniken genauer beschrieben. Ein Beispiel für »Meta-Prompting« finden Sie in Prompt 4.13, für »Persona Prompting« in Prompt 4.10 sowie weitere Interaktionsmuster in [White et al. 2023].

4.5.2 Chain of Thought (CoT)

Kompliziertere Fragestellungen lassen sich nicht in einem einzigen Schritt beantworten – vor allem, wenn eine mehrstufige Analyse oder eine strukturierte Argumentation erforderlich ist. Mit der Prompting-Technik »Chain of Thought (CoT)« wird das KI-System aufgefordert, die Aufgabe in kleinere Zwischenschritte zu unterteilen, diese zu beantworten und dann die endgültige Antwort zu generieren. Durch Formulierungen wie »Lass uns Schritt für Schritt vorgehen« zwingen wir das KI-System dazu, seinen Denkprozess explizit offenzulegen, anstatt sofort eine finale Antwort zu geben. So werden Halluzinationen vermieden, die durch das »Erraten einer Antwort« entstehen können.

Prompt 4.17
Beispiel für Prompting-Technik Chain of Thought (CoT)

```
Erkläre Schritt für Schritt, warum die Anforderung
"Das System muss schnell reagieren" unzureichend ist und wie sie
verbessert werden kann.
```

Ergebnis zu Prompt 4.17 – Beispiele für die Prompting-Technik Chain of Thought (CoT) [ChatGPT 4o 2025]

```
1. Die Anforderung ist zu vage formuliert.
2. "Schnell" ist subjektiv und ohne Messkriterien nicht
überprüfbar.
3. Eine bessere Formulierung wäre: "Das System muss 95% der
Benutzeranfragen innerhalb von 1 Sekunde beantworten."
```

In der Interaktion können Sie die einzelnen Schritte auch über eine bekannte Methode vorgeben (siehe Regel 9) oder zuerst mit dem KI-System erarbeiten. Einige LLMs mit sogenannten Reasoning-Mechanismen verwenden CoT bereits eigenständig bei bestimmten Anfragen. Im Sinne der Nachvollziehbarkeit der Ergebnisse kann es aber gerade im RE nicht schaden, die Zwischenschritte zu explizieren.

4.5.3 Retrieval-Augmented Generation (RAG)

Eine große Einschränkung von Sprachmodellen besteht darin, dass sie nur über die Daten verfügen, mit denen sie trainiert wurden. Ist es für den Mehrwert eines Einsatzszenarios wichtig, dass das Modell externes Wissen aus einer aktuellen (z. B. das Internet) oder spezifischen Quelle (z. B. das vorliegende Dokument) verarbeitet, kann die Technik Retrieval-Augmented Generation (RAG) angewendet werden.

> **Definition 4.2:** *Definition von Retrieval-Augmented Generation (RAG)*
>
> Bei Retrieval-Augmented Generation (RAG) wird die Ausgabe eines Sprachmodells optimiert, sodass es auf eine maßgebliche Wissensbasis außerhalb seiner Trainingsdatenquellen verweist, bevor eine Antwort generiert wird.
>
> nach [Martineau 2023]

Das LLM ermöglicht so einen engen Dialog über das zur Verfügung gestellte Wissen. Dabei wählt das KI-System die relevantesten Dokumente zur Beantwortung einer Benutzeranfrage aus (**Retrieval**), verwendet die abgerufenen Informationen, um die Benutzeranfrage zu erweitern bzw. zu verbessern (**Augmented**), und erzeugt ein Ergebnis (**Generation**) unter der Berücksichtigung der erweiterten Benutzeranfrage und der abgerufenen Informationen. Wie Sie Kontextinformationen in einer Interaktion verwenden, erläutern wir in Kapitel 5.

5 Kontext der Entwicklung definieren – Worum geht's eigentlich?

5.1 Kontext ist nicht gleich Kontext

Mit der Verwendung von KI-Systemen im Rahmen des Requirements Engineering bekommt der Begriff Kontext eine neue und erweiterte Bedeutung im Vergleich zu einer herkömmlichen Produktentwicklung. Lag der Fokus bisher noch auf der Erfassung sämtlicher Aspekte, die die Anforderungen an das zu entwickelnde Produkt beeinflussen, gilt es heute, den KI-Systemen diesen Kontext möglichst präzise zu vermitteln. Die Auswirkungen einer unzureichenden Angabe der Kontextinformationen finden Sie in den Online-Inhalten zu diesem Buch auf der Wissensplattform.

www.sophist.de/kire/k5-1

Im Gegensatz zu den Menschen in der Produktentwicklung haben KI-Systeme (zumindest zum Zeitpunkt des Schreibens dieses Buches) kein Bewusstsein über die Umgebung, in der sie von den Menschen eingesetzt werden. All das, was Menschen in ihrer Umgebung wahrnehmen oder für die Durchführung der Tätigkeiten in der Produktentwicklung nutzen, muss potenziell der KI zur Verfügung gestellt werden, damit die KI überhaupt vergleichbare Ergebnisse liefern kann. Dies verändert bzw. erweitert den Kontextbegriff des klassischen RE um weitere Aspekte. Um diese Erweiterung besser nachvollziehbar zu machen, haben wir die in Abbildung 5.1 dargestellten Perspektiven des Kontextes definiert.

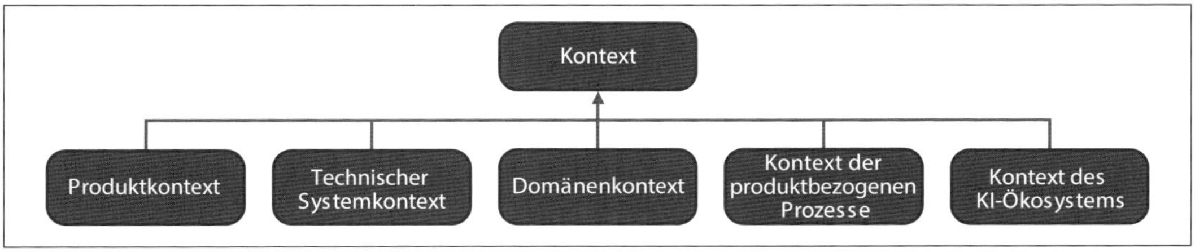

Abb. 5.1 *Perspektiven des Kontextes*

Die Unterscheidung der in Abbildung 5.1 dargestellten Perspektiven sollte in einer Produktentwicklung nicht als Dogma verstanden werden, sondern dient in erster Linie dazu, ein Bewusstsein bei den an der Entwicklung beteiligten Personen zu schaffen. Das gilt besonders für diejenigen, die regelmäßig mit KI-Systemen interagieren, diese in ihre tägliche Arbeit integrieren und möglichst hochwertige Ergebnisse erzielen möchten.

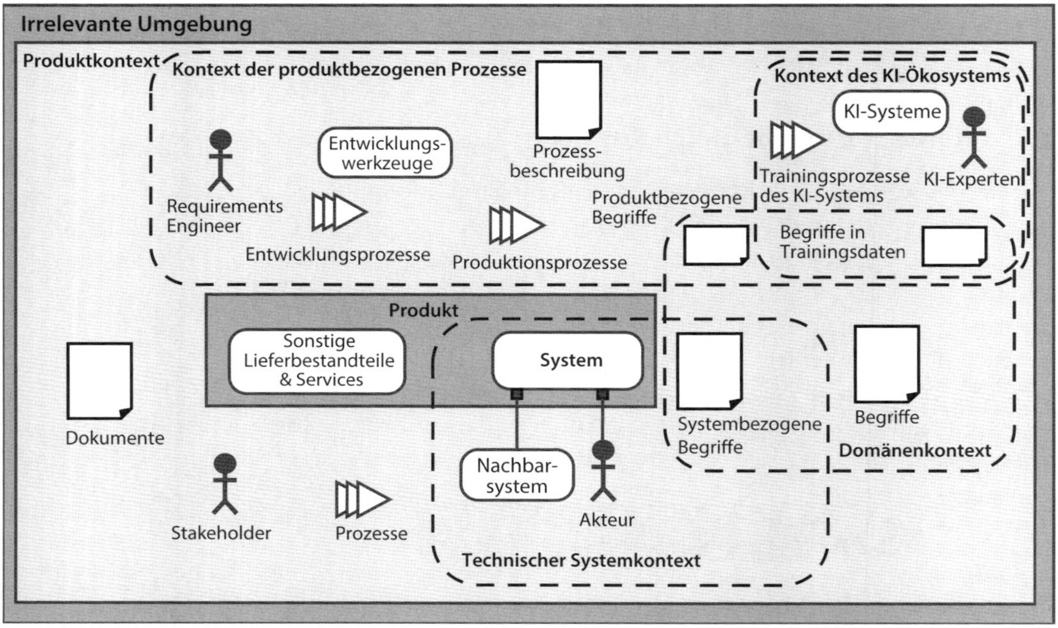

Abb. 5.2 *Zusammenhänge der Perspektiven des Kontextes*

Abbildung 5.2 liefert eine Übersicht der unterschiedlichen Perspektiven auf den Kontext der Entwicklung. Dabei stellt der Produktkontext die Obermenge der Kontextinformationen dar, die für die Entwicklung des Produkts relevant sind. Ein Teil des Produktkontextes umfasst die produktbezogenen Prozesse, aus denen sich Anforderungen ergeben. Dazu zählen z. B. Entwicklungs-, Produktions- und Wartungsprozesse des Produkts und alle damit verbundenen Rollen, Prozess- und Methodenbeschreibungen und Fachbegriffe. Mit dem Einsatz von KI-Systemen im Rahmen der Entwicklungsprozesse enthält der Kontext der produktbezogenen Prozesse den Kontext des KI-Ökosystems, der u. a. Prozesse zur Nutzung und Bereitstellung der KI-Systeme, KI-spezifische Rollen des Unternehmens und ebenfalls spezifische Fachbegriffe beinhaltet. Der technische Systemkontext fokussiert die Schnittstellen des Systems zu dessen Nachbarsystemen und Akteuren. Zusätzlich können systembezogene Fachbegriffe Teil des technischen Systemkontextes sein. Der Domänenkontext umfasst alle relevanten Fachbegriffe der jeweiligen Domäne des Produkts. Zu beachten ist, dass die genannten Kontextperspektiven nicht überlappungsfrei sind oder sein müssen. Viel wichtiger ist das Bewusstsein über die Vielfalt der Kontextinformationen für eine Produktentwicklung. In den nachfolgenden Abschnitten sind die verschiedenen Perspektiven erläutert und mit weiteren Beispielen ausgeführt.

5.1.1 Produktkontext

In Anlehnung an den Begriff Systemkontext aus dem Requirements Engineering nach IREB [IREB CPRE Glossar 2024] verwenden wir den Begriff Produktkontext zur Festlegung des Betrachtungsgegenstands der Anforderungen. Im Kontext des Requirements Engineering wird System häufig als Synonym für ein Produkt verwendet, allerdings kann ein Produkt bei genauer Betrachtung mehr umfassen als das zu entwickelnde System, wenn z. B. weitere Lieferbestandteile oder zusätzliche Dienstleistungen zum Produkt gehören. Der Produktkontext umfasst den Betrachtungsgegenstand der Anforderungen und stellt die Quellen von Anforderungen an das Produkt dar.

In unserem Szenario des Smart-Home-Systems aus Kapitel 2 könnte Familie König z. B. den Wunsch haben, dass die Firma Schlauhaus eine Einweisung inklusive Support für die Familienmitglieder anbieten soll, in der der Umgang und die Bedienung des Smart-Home-Systems erklärt und geübt werden kann. Ein weiteres Beispiel für eine zusätzliche Dienstleistung sind Wartungs- und Serviceleistungen, falls Komponenten aufgrund eines Defekts ausgetauscht werden müssen. Anhand dieser Beispiele wird sicher deutlich, dass es nicht ausreicht, sich auf die Betrachtung des Systems zu beschränken.

Abgrenzung des Produktkontextes

Bei der Abgrenzung des Produktkontextes geht es darum, die Grenze des Produkts, das bedeutet die äußeren Einflüsse auf das Produkt, zu ermitteln, den Gestaltungsspielraum des Unternehmens festzulegen und alle relevanten Quellen für Anforderungen zu identifizieren. Diese Abgrenzung stellt typischerweise einen der ersten Schritte in der Produktentwicklung dar, da dadurch die Grundlage für die Erstellung der Anforderungen geschaffen wird. Besonders bei iterativen Arbeitsweisen sollte der Anspruch auf Vollständigkeit in den frühen Phasen der Entwicklung heruntergeschraubt werden, um sich nicht in Details zu verlieren, die vielleicht nur einen geringen Einfluss auf die Anforderungen haben. Stattdessen sollten durch eine strukturierte Arbeitsweise und aufgrund der begrenzten Ressourcen nur so viele Informationen bekannt sein, wie für den aktuellen Zeitpunkt oder das aktuelle Inkrement unbedingt erforderlich sind. Die Vollständigkeit wird durch das iterative Vorgehen und die damit verbundene kontinuierliche Ergänzung der fehlenden Aspekte im Produktkontext erzielt. In agilen Entwicklungsansätzen wird der Produktkontext zu Beginn bewusst unvollständig belassen, da er sich im Laufe der Zeit durch Feedback, neue Erkenntnisse und die fortschreitende Entwicklung der Inkremente erst vollständig erschließt. Für ein strukturiertes Vorgehen zur Identifikation und Dokumentation der typischen Anforderungsquellen aus dem Produktkontext können Sie einen Blick in Kapitel 6 werfen.

Begriffe des Produktkontextes

Um zu verstehen, welches Ziel mit der Abgrenzung des Produktkontextes verfolgt wird und wie man bei der Festlegung vorgehen kann, ist ein Verständnis für die in Abbildung 5.3 visualisierten Begriffe notwendig.

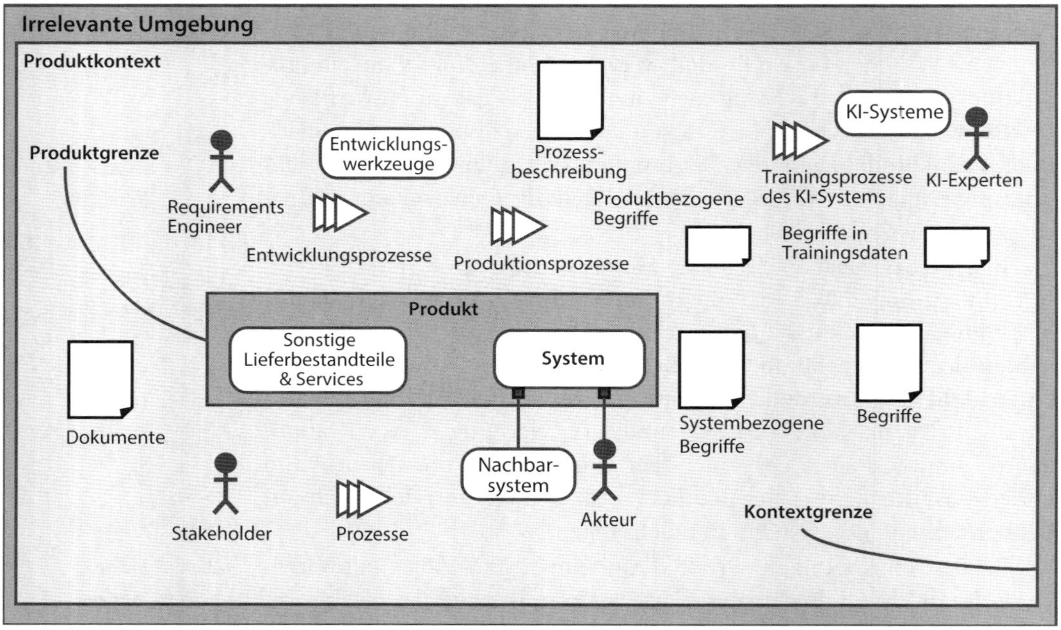

Abb. 5.3 *Begriffe des Produktkontextes*

Das Produkt

Das Produkt definiert den Betrachtungsgegenstand der Produktentwicklung, den eine Organisation am Markt oder gegenüber einem Auftraggeber anbietet. Die zentrale Aufgabe bei der Kontextabgrenzung besteht darin, den Betrachtungsgegenstand festzulegen und von dessen Umgebung abzugrenzen. Ziel ist es, den Bereich, der neu geschaffen oder geändert werden kann und soll, von dem Bereich abzugrenzen, der nicht verändert werden kann und soll, um dadurch die Verantwortlichkeiten und den Gestaltungsspielraum des Unternehmens zu definieren.

In unserem Szenario stellt das SHS und alle dazugehörigen Dienstleistungen und Lieferbestandteile den Betrachtungsgegenstand der Anforderungen und damit den Verantwortungsbereich der Firma Schlauhaus dar.

Die Produktgrenze

Die Produktgrenze definiert die Trennlinie zwischen dem betrachteten Produkt und seiner Umgebung. Sie legt fest, welche Bestandteile zum Produkt gehören und welche außerhalb liegen. Die Produktgrenze ist entscheidend, um den Umfang des Produkts und den Gestaltungsspielraum während der Entwicklung klar abzugrenzen. Je präziser Sie die Produktgrenze festlegen, desto eher vermeiden Sie Missverständnisse zwischen den an der Entwicklung beteiligten Personen oder bei der Interaktion mit einem KI-System. Die Grenze des Produkts spielt nicht nur bei der Ermittlung der Anforderungen (siehe Kap. 7) eine wichtige Rolle, sondern wird ebenfalls bei der Validierung der Anforderungen in Kapitel 9 aufgegriffen.

Der Produktkontext

Der Produktkontext umfasst alle relevanten Anforderungsquellen, die das Produkt und seine Entwicklung beeinflussen. Im Requirements Engineering sind diese Quellen von zentraler Bedeutung, da sie die Grundlage für die Ermittlung der Anforderungen darstellen und dadurch die Gestaltung des Produkts maßgeblich vorgeben. Eine detaillierte Beschreibung der Anforderungsquellen finden Sie in Kapitel 6 Beispiele für den Produktkontext unseres SHS könnten sein:

- Gesetzliche Vorgaben zur Gewährleistung
- Einschränkungen der Supportzeiten (z. B. an Feiertagen)
- Vorgaben zu verwendeten Materialien oder zur Recyclingfähigkeit
- Regulierung zu Cybersicherheit und Datenschutz

Die Kontextgrenze

Die Kontextgrenze trennt die für die Entwicklung relevanten Anforderungsquellen von der irrelevanten Umgebung. Diese Grenze legt fest, welche Anforderungsquellen im Rahmen der Entwicklung betrachtet werden müssen und welche explizit von der Betrachtung ausgeschlossen werden. Die Kontextgrenze hilft dabei, den Fokus auf die relevanten Quellen zu richten, die für die Produktentwicklung von Bedeutung sind. Dazu gehören beispielsweise die Zielmärkte und die damit verbundenen Normen der Zielländer für das Produkt.

Die irrelevante Umgebung

Die irrelevante Umgebung umfasst alle Anforderungsquellen, die explizit von der Betrachtung ausgeschlossen werden und daher für die Produktentwicklung nicht von Bedeutung sind. Obwohl diese Quellen für die Entwicklung keine Rolle spielen, kann es dennoch hilfreich sein, die von der Betrachtung ausgeschlossenen Quellen zu kennen und zu dokumentieren. Dies stellt nicht nur die Nachvollziehbarkeit der Grundlagen der ermittelten Anforderungen sicher, sondern reduziert wiederholte Diskussionen zur Vollständigkeit der betrachteten Anforderungsquellen.

Die Grauzonen

Sowohl bei der Festlegung der Produktgrenze als auch bei der Festlegung der Kontextgrenze kommt es zu sogenannten Grauzonen. Dabei handelt es sich um Themen, für die (noch) nicht geklärt wurde, ob sie Teil der Entwicklung sein sollen oder nicht. Eine Aufgabe des Requirements Engineer ist es, die Grauzonen aufzulösen und die getroffenen Festlegungen an alle an der Entwicklung beteiligten Personen zu kommunizieren.

Dokumentation der Kontextabgrenzung

Die Dokumentation des Ergebnisses der Kontextabgrenzung ergibt sich aus der Dokumentation der Anforderungsquellen und wird in diesem Kapitel nicht näher erläutert. Auch wenn die in Abbildung 5.3 dargestellte Visualisierung um die unterschiedlichen Anforderungsquellen erweitert werden könnte, ist dies aufgrund der großen Anzahl eher unüblich und wird durch tabellarische Darstellungen ersetzt. Sollen dennoch visuelle Darstellungen die Kommunikation verbessern, empfehlen wir eine Kombination aus einer modellbasierten Dokumentation, z. B. mithilfe von UML, und Tabellen, die in dieses Modell integriert werden.

Prompt 5.1
Unterstützungsmöglichkeiten von KI-Systemen bei der Kontextabgrenzung

```
Rolle:
Du bist ein erfahrener Requirements Engineer und Produktmanager mit
umfassendem Wissen in der Kontextabgrenzung und Dokumentation vom
Produktkontext. Dein Ziel ist es, eine klare und strukturierte
Definition der relevanten und irrelevanten Elemente der
Produktumgebung für das Smart-Home-System zu erarbeiten.
Kontext:
Es geht um die Entwicklung eines Smart-Home-Systems, das in
bestehenden Gebäuden und Wohnungen integriert wird. Das Smart-Home-
System wird als marktfähiges Produkt entwickelt, das sich in
bestehende Wohn- und Gebäudestrukturen integrieren lässt. Dabei
müssen verschiedene Rahmenbedingungen und Einflussfaktoren beachtet
werden:
Markt- und Wettbewerbsumfeld:
Das Produkt muss klar im Markt positioniert werden. Wichtige
Differenzierungsmerkmale wie Datenschutz, Nachhaltigkeit und
Interoperabilität müssen berücksichtigt werden.
Regulatorische Anforderungen:
Gesetzliche Rahmenbedingungen und Normen beeinflussen das Produkt.
Datenschutzrichtlinien, Sicherheitsanforderungen,
Energieeffizienzstandards und Vorschriften zur Barrierefreiheit
müssen eingehalten werden.
Beispiel: In der EU gelten Datenschutzvorgaben (DSGVO).
Technologische Infrastruktur:
Das System interagiert mit bestehenden Gebäudetechnologien und muss
mit gängigen Schnittstellen (z.B. Smart Meter, Heizungs- und
Lichtsteuerung, Sprachassistenten) kompatibel sein.
Beispiel: Falls der nächste Kunde bereits ein Konnex-(KNX-)
basiertes Lichtsteuerungssystem besitzt, sollte das Smart-Home-
System eine direkte Schnittstelle dazu bieten.
Dienstleistungsumfang:
Die Einbindung von Wartung, Software-Updates, Support- oder
Schulungsleistungen muss klar definiert sein. Es ist zu klären, ob
diese Leistungen Teil des Produkts sind oder separat angeboten
werden.
```

Stakeholder und Nutzergruppen:
Endnutzer wie die Familie König, Installationsfirmen, Facility Manager und Drittanbieter von Soft- oder Hardware haben unterschiedliche Anforderungen an das System. Die jeweiligen Erwartungen müssen berücksichtigt werden.

Beispiel: Während die Familie König eine einfache Bedienbarkeit über eine mobile App wünscht, benötigen Wartungsmitarbeiter eine zentrale Steuerung mit erweiterten Diagnosefunktionen.
Wirtschaftliche Rahmenbedingungen:
Die Kostenstruktur, Lizenzmodelle und Vertriebsstrategien müssen definiert werden.
Ziel:
Erstellung einer präzisen und verständlichen Kontextabgrenzung für das Smart-Home-System, um ein gemeinsames Verständnis über dessen Grenzen und Einflussfaktoren zu schaffen. Dabei soll insbesondere unterschieden werden zwischen:

- Produkt (das zu entwickelnde Smart-Home-System)
- Produktgrenze (klare Abgrenzung zwischen Produkt und Umgebung)
- Produktkontext (alle relevanten Elemente, die mit dem Produkt interagieren)
- Irrelevante Umgebung (Elemente, die nicht vom Produkt beeinflusst oder genutzt werden)
- Grauzonen (unsichere oder potenziell relevante Bereiche, die noch zu klären sind)

Tasks:
Wie kannst du mich dabei unterstützen?

Ergebnis zu Prompt 5.1 – Unterstützungsmöglichkeiten von KI-Systemen bei der Kontextabgrenzung [ChatGPT 4o 2025]

Ich kann dich bei der Kontextabgrenzung für das Smart-Home-System auf verschiedene Weise unterstützen:
Erstellung einer klaren und strukturierten Kontextabgrenzung
Identifikation der Systemgrenzen
Definition der relevanten und irrelevanten Elemente
Erstellung eines Kontextdiagramms zur Visualisierung der Abgrenzung
Analyse und Kategorisierung der Umgebungselemente
Unterscheidung zwischen Produkt, Produktgrenze, Produktkontext, irrelevanter Umgebung und Grauzonen
Detaillierte Beschreibung der Interaktionen des Smart-Home-Systems mit seiner Umgebung
Identifikation offener Punkte (Grauzonen)
Aufzeigen von Bereichen, die noch analysiert oder entschieden werden müssen
Formulierung gezielter Fragen zur Klärung der Grauzonen
Dokumentation in einer strukturierten Form
Erstellung einer schriftlichen Beschreibung der Kontextabgrenzung
Unterstützung bei der Erstellung von Diagrammen (z. B. UML oder einfache visuelle Darstellungen)
Review und Verbesserung
Feedback und Iteration der Kontextabgrenzung basierend auf Rückmeldungen

```
Ich kann direkt mit einer ersten Version der Kontextabgrenzung
beginnen und ein initiales Dokument für dich erstellen. Soll ich das
für dich aufsetzen?
```

Fazit und Bewertung

Um eine klare Struktur im Prompt zu erzielen und sicherzustellen, dass alle relevanten Informationen zur Aufgabenstellung durch das KI-System berücksichtigt werden, haben wir uns an dem Prompting Template aus Abschnitt 4.4 orientiert. Die bisherigen Ergebnisse zeigen eine vielversprechende Grundlage für die Kontextabgrenzung, jedoch sind noch einige wesentliche Aspekte zu berücksichtigen, um die Unterstützung durch ein KI-System effizient zu gestalten.

Aus unserem Szenario der Familie König wissen wir, wer die primären Stakeholder sind – etwa Endnutzer wie die Familie König, Installateure aus der Firma Schlauhaus, Facility Manager oder der Wettbewerb. In Kapitel 4 und insbesondere bei Regel 9 »Involvierte Rollen und Vorgehensweisen berücksichtigen« der SOPHIST Prompting Guideline haben wir gezeigt, wie wichtig die Klärung der Werteorientierung [Pohl und Rupp 2021] und des Zielgruppenbezugs ist. Die bekannten Stakeholder zu erwähnen, sorgt für gezielte Ergebnisse, da deren Anforderungen potenziell einen direkten oder indirekten Einfluss auf unser Produkt haben.

5.1.2 Technischer Systemkontext

Der technische Systemkontext beinhaltet die Umgebung des Systems, also Akteure und Nachbarsysteme (vgl. Akteure der UML [Rupp et al. 2012]), die mit dem System über direkte Schnittstellen in Verbindung stehen, oder Objekte, die von dem System verarbeitet werden. Der Begriff technischer Systemkontext wurde bewusst in Abgrenzung zum Kontextbegriff nach IREB [IREB CPRE Glossar 2024] gewählt, da der Fokus auf der Festlegung der Schnittstellen des Systems zu seiner Umgebung liegt. Weitere Anforderungsquellen wie Dokumente oder Stakeholder sind Teil des Produktkontextes. Speziell die Festlegung dieser Schnittstellen stellt eine wesentliche Herausforderung dar, die typischerweise begleitend während der kompletten Systementwicklung durchgeführt wird.

Diese Schnittstellen lassen sich in verschiedene Kategorien unterteilen:

- **Physikalische Schnittstellen:** Diese umfassen mechanische Verbindungen wie Befestigungspunkte und Verschraubungen sowie elektrische Verbindungen wie Steckverbindungen von Kabeln. Diese Schnittstellen sind entscheidend für die physische Integration des Systems in seine Umgebung und müssen präzise spezifiziert werden, um eine reibungslose Installation und darauf basierende Datenübertragung zu gewährleisten.

- **Informationsschnittstellen:** Diese betreffen die Übertragung von Daten und Informationen zwischen dem System und anderen Systemen oder Benutzern. Dazu gehören Netzwerkverbindungen, sogenannte APIs (Application Programming Interfaces) und Protokolle, die den Datenaustausch regeln. Eine klare Definition dieser Schnittstellen ist notwendig, um sicherzustellen, dass das System korrekt mit anderen Systemen kommunizieren kann.
- **Benutzungsschnittstellen:** Diese Schnittstellen betreffen die Interaktionen von Personen mit dem System. Dazu gehören grafische Benutzeroberflächen (GUIs) und andere technische und physikalische Bedienelemente zur Ein- und Ausgabe. Eine benutzerfreundliche Gestaltung dieser Schnittstellen ist entscheidend für die Akzeptanz und Effizienz des Systems.

Eine präzise Abgrenzung dieser technischen Aspekte ist notwendig, um die richtigen Anforderungen an das zu entwickelnde System stellen zu können. Damit KI-Systeme beim Requirements Engineering, beispielsweise bei der Erzeugung von Anforderungen, helfen können, benötigen diese Systeme den technischen Systemkontext als Grundlage. KI kann dabei unterstützen, mögliche technische Schnittstellen zu identifizieren und festzulegen. Beispielsweise kann ein KI-System analysieren, welche Systeme in der Systemumgebung existieren sollten und welche Schnittstellen notwendig sind, um eine nahtlose Integration zu gewährleisten.

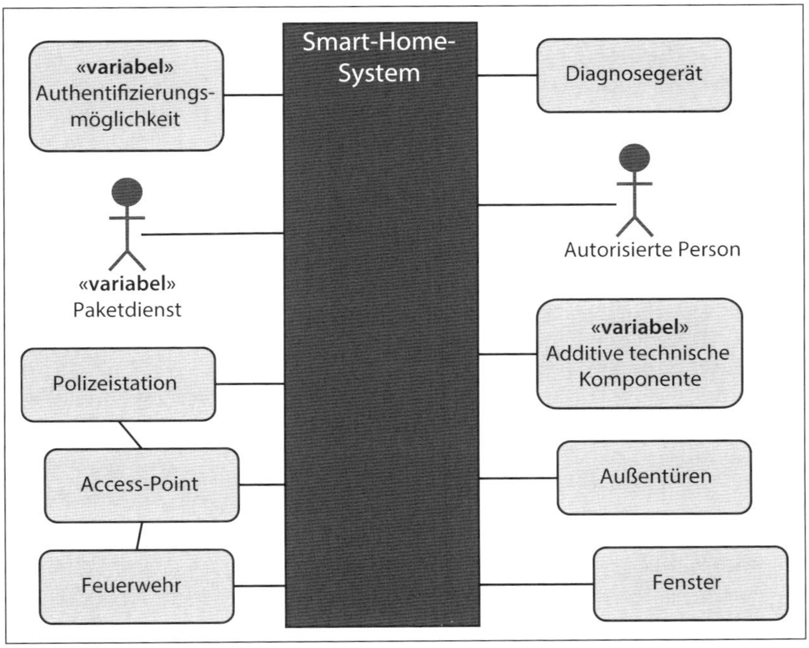

Abb. 5.4 *Technischer Systemkontext (Auszug) der Basisinstallation des SHS*

In Abbildung 5.4 sind die bestehenden Schnittstellen der Basisinstallation des Smart-Home-Systems der Familie König modelliert. Anstelle einer solchen informellen Darstellung können Sie Klassen- oder Komponentendiagramme der UML oder Blockdefinitionsdiagramme der SysML verwenden. Für die Erweiterung des SHS für die Familie König werden noch weitere Nachbarsysteme sowie Informationsschnittstellen gebraucht, um deren Bedürfnisse abzudecken. Der folgende Prompt zeigt eine Möglichkeit, wie ein KI-System uns dabei helfen kann, fehlende Aspekte im technischen Systemkontext zu identifizieren.

Prompt 5.2
Nachbarsysteme des SHS im technischen Systemkontext identifizieren

Rolle: Handle als Requirements Engineer.
Kontext: Wir entwickeln ein technisches System bzw. ein Smart-Home-System, das in bereits fertig gebauten Gebäuden installiert wird.
Task: Generiere mir eine stichpunkartige Liste aus der
Frage: "Welche Nachbarsysteme könnten für den technischen Kontext relevant sein?"

Ergebnis zu Prompt 5.2 – Nachbarsysteme des SHS im technischen Systemkontext identifizieren [ChatGPT 4o 2025]

Hier ist eine stichpunktartige Liste relevanter Nachbarsysteme für ein Smart-Home-System in einem bereits fertig gebauten Gebäude:
Energieversorgungssysteme:
Stromnetz des Gebäudes
Photovoltaikanlagen / Batteriespeicher
Smart Meter / intelligente Zähler
Heizungs-, Lüftungs- und Klimaanlagen (HLK):
Heizkessel / Wärmepumpe
Klimaanlagen
Lüftungssysteme mit Wärmerückgewinnung
Beleuchtungssysteme:
Konventionelle elektrische Beleuchtung
Smarte Beleuchtungssysteme (z.B. Philips Hue)
Sicherheits- und Überwachungssysteme:
Alarmanlagen
Kamerasysteme
Zutrittskontrollsysteme (z.B. smarte Türschlösser, Gegensprechanlagen)
Netzwerk- und Kommunikationssysteme:
WLAN-Router / Mesh-Netzwerke
Verkabelte Netzwerkinfrastruktur (LAN)
Mobilfunknetze (5G, LTE) für Remote-Zugriff
Haushaltsgeräte (weiße und braune Ware):
Smarte Haushaltsgeräte (z.B. Waschmaschine, Kühlschrank, Backofen)
Unterhaltungselektronik (TV, Lautsprecher, Smart Assistants wie Amazon Alexa/Google Home)
Wasser- und Sanitärsysteme:
Smarte Wasserzähler
Leckagesensoren
Bewässerungssysteme für den Garten

```
Gebäudeautomationssysteme (falls vorhanden):
Bestehende Smart-Home-Systeme (z.B. KNX, Loxone, Homematic)
Bus-Systeme (z.B. DALI für Lichtsteuerung, Modbus für
Heizungsregelung)
Externe Cloud- und IoT-Dienste:
Cloud-Plattformen für Smart-Home-Systeme (z.B. Apple HomeKit,
Google Home, Amazon Alexa)
API-Schnittstellen von Drittanbietern
```

Fazit und Bewertung

Ein Problem bei der Erzeugung des technischen Kontextes mithilfe von KI besteht darin, dass KI-Systeme im Gegensatz zu Menschen keine Wahrnehmung besitzen und dadurch bereits bestehende Systemgrenzen nicht selbst identifizieren können. Der Mensch dient weiterhin als Übersetzer bzw. als eine Art Sinnesorgan des KI-Systems. Unsere Aufgabe als Requirements Engineers ist es, diese Übersetzung zu leisten und dem KI-System die notwendigen Informationen für die Durchführung der Aufgaben bereitzustellen.

5.1.3 Domänenkontext

Der Domänenkontext umfasst spezifische Begriffe, die für das Verständnis der Anforderungen in einem bestimmten Bereich relevant sind. Diese Begriffsdefinitionen sind entscheidend, um eine gemeinsame sprachliche Grundlage für alle an der Entwicklung beteiligten Personen zu schaffen und dadurch potenzielle Missverständnisse in der Kommunikation zu reduzieren und um qualitativ hochwertige Ergebnisse durch KI-Systeme erzeugen zu lassen. Typischerweise werden Glossare verwendet, um diese sprachliche Grundlage zu etablieren. Beispiele für solche Fachbegriffe im Kontext des Smart Homes sind z. B. Vernetzungsstandards wie KNX oder ZigBee. Beachten Sie, dass es in Ihrer Domäne auch Begriffe geben kann, die für die Produktentwicklung irrelevant sind. Diese Begriffe sind Teil der irrelevanten Umgebung (siehe Abb. 5.2).

Glossar

Glossare sind strukturierte Sammlungen von Begriffen und deren Definitionen, die in einer bestimmten Umgebung verwendet werden oder Gültigkeit haben. Ein Glossar wird meist tabellarisch dokumentiert und enthält u. a. die folgenden Elemente:

- **Begriff:** Das Wort oder die Phrase, die definiert wird.
- **Definition:** Eine klare und präzise Erklärung des Begriffs.
- **Akronym:** Eine gültige Abkürzung des Begriffs.
- **Synonyme:** Andere Begriffe, die dieselbe oder eine ähnliche Bedeutung haben.

- **Beispiele:** Konkrete Anwendungsfälle oder Szenarien, die die Verwendung des Begriffs veranschaulichen.
- **Quellenangaben:** Hinweise auf die Herkunft der Definition oder weiterführende Literatur.

Informationsmodelle als Erweiterung des Glossars

Zwar sind Glossare gut geeignet, um die oben aufgelisteten Elemente übersichtlich darzustellen, aber bei der Darstellung von Beziehungen zwischen den Fachbegriffen einer Fachdomäne stößt die textuelle und tabellarische Darstellung an ihre Grenzen. Um diesen Nachteil abzuschwächen, kann ein klassisches Glossar durch ein Klassendiagramm der UML als Informationsmodell erweitert werden. Klassendiagramme bieten die Möglichkeit, wichtige Fachbegriffe und deren Beziehungen grafisch darzustellen. Außerdem können die Eigenschaften dieser Fachbegriffe durch Attribute erfasst und weiter präzisiert werden. In Kapitel 8 erfahren Sie, wie Sie Klassendiagramme als Informationsmodell erzeugen und im Rahmen Ihrer Systementwicklung verwenden können.

Arbeit mit Glossaren und KI

Eine wesentliche Herausforderung bei der Nutzung von KI im Requirements Engineering besteht darin, nachzuvollziehen, welche Begriffe die KI mit welcher Definition verwendet. Für uns als Requirements Engineers ist es wichtig, dass die Ergebnisse der KI-Systeme nachvollziehbar sind, damit wir verstehen, wie die KI zu ihren Schlussfolgerungen kommt. In Abschnitt 3.3.4 haben wir Ihnen bereits das Phänomen der Halluzinationen von generativen KI-Systemen erläutert. Eine Ursache für solche Halluzinationen kann in den Begriffen liegen, die wir in den Prompts an die KI-Systeme verwenden. Assoziiert das verwendete LLM mit einem in unserer Anfrage verwendeten Begriff eine völlig andere Fachdomäne, resultiert dies meist in einer solchen Halluzination, zumindest wirkt es auf uns wie eine solche. Gewähren wir dem generativen KI-System Zugriff auf unsere Begriffswelt in Form unseres Glossars, reduzieren wir nicht nur die Wahrscheinlichkeit der Halluzination, sondern verbessern potenziell noch die Qualität der generierten Ergebnisse.

Glossare erzeugen

Im Requirements Engineering erhalten wir durch generative KI-Systeme ein Werkzeug, um ein solches Glossar zu erzeugen. Dabei sind unterschiedliche Vorgehensweisen denkbar:

1. Wir nutzen vorhandene Wikis zu unserem System oder aus unserer Organisation und lassen das KI-System daraus ein Glossar erzeugen.
2. Wir verwenden keine vorhandene Dokumentation und lassen das KI-System selbst ein Glossar erzeugen.

Beide Vorgehensweisen haben Vor- und Nachteile und können je nach Umgebung sinnvoll sein. Der wesentliche Vorteil der ersten Vorgehensweise besteht darin, dass die Begriffe im Glossar zum täglichen Sprachgebrauch in der Organisation passen, da diese direkt aus Ergebnissen in dieser Sprache abgeleitet wurden. Der Nachteil liegt in der Beschränkung des KI-Systems auf die vorhandene Dokumentation. In unserem Alltag stellen wir häufig fest, dass die vorhandene Dokumentation nur sehr lückenhaft und zum Teil veraltet vorliegt. Dementsprechend würde die Qualität des daraus erzeugten Glossars ebenfalls leiden.

Die zweite Vorgehensweise umgeht diesen beschriebenen Nachteil und kann Begriffe und Definitionen ohne das Bias (siehe Abschnitt 3.3.4) der unvollständigen oder veralteten Dokumentation vorschlagen. Dahinter verbirgt sich allerdings zugleich der wesentliche Nachteil, da Sie kaum nachvollziehen können, mit welchen Daten das LLM trainiert wurde und ob die Daten zum Kontext Ihrer Organisation passen. Für beide Vorgehensweisen empfehlen wir Ihnen, die Quelle der Begriffe und deren Definition von dem KI-System mit ausgeben zu lassen. Dadurch haben Sie die Möglichkeit, die Einträge des Glossars und deren Quelle für Ihre Organisation zu überprüfen. Nachfolgend zeigen wir ein Beispiel zur Erzeugung eines Glossars mithilfe der zweiten Vorgehensweise.

Prompt 5.3
Erstellen eines Glossars

Rolle: Handle als Requirements Engineer.
Kontext: Für die Entwicklung eines technischen Systems bzw. eines Smart-Home-Systems, wobei das System in bereits fertig gebauten Gebäuden eingesetzt wird.
Task: Generiere mir anhand des Kontextes ein Glossar mit mindestens 10 Einträgen als Tabelle mit den folgenden Attributen: ID, Begriff, Beschreibung bzw. Erläuterung.

Ergebnis zu Prompt 5.3 – Von einem KI-System erzeugtes Glossar [Gemini 2024]

Hier ist ein Glossar für das Smart-Home-System in bereits fertig gebauten Gebäuden:

ID	Begriff	Beschreibung bzw. Erläuterung
1	Smart-Home-System	Ein vernetztes System zur Steuerung von Haushaltsgeräten, Beleuchtung, Heizung, Sicherheitssystemen und anderen Komponenten in einem Gebäude.
2	Retrofit	Nachrüstung eines bestehenden Gebäudes mit Smart-Home-Technologien, ohne größere bauliche Veränderungen.
3	IoT (Internet of Things)	Vernetzung von Geräten und Sensoren zur automatisierten Steuerung und Fernüberwachung.
4	Sensor	Ein Gerät, das physikalische Parameter wie Temperatur, Luftfeuchtigkeit oder Bewegung misst und an das Smart-Home-System weiterleitet.
5	Aktor	Ein Gerät, das auf Steuerbefehle des Systems reagiert, z. B. ein smartes Thermostat oder ein elektrischer Türöffner.
6	Gateway	Eine zentrale Schnittstelle, die verschiedene Smart-Home-Geräte und Kommunikationsprotokolle miteinander verbindet.
7	Szenario	Eine vordefinierte Abfolge von Aktionen im Smart Home, z. B. »Guten Morgen«-Szenario: Heizung hochfahren, Rollläden öffnen, Licht einschalten.

→

ID	Begriff	Beschreibung bzw. Erläuterung
8	Benutzerprofil	Einstellungen und Berechtigungen eines Nutzers für das Smart-Home-System, individuell anpassbar.
9	Interopera-bilität	Die Fähigkeit verschiedener Geräte und Systeme, nahtlos zusammenzuarbeiten, unabhängig vom Hersteller oder Protokoll.
10	Sicherheits-mechanismen	Maßnahmen wie Verschlüsselung, Authentifizierung und Zugriffskontrollen, um das Smart-Home-System vor unbefugtem Zugriff zu schützen.

```
Falls du weitere Begriffe benötigst oder Anpassungen wünschst, lass
es mich wissen!
```

Fazit und Bewertung

Das von der KI generierte Glossar für das Smart-Home-System zeigt eine strukturierte Begriffsdefinition. Die tabellarische Darstellung erleichtert die Lesbarkeit. Auffällig ist jedoch, dass die KI exakt zehn Begriffe liefert, obwohl »mindestens 10« gefordert waren. Dieses Verhalten lässt sich darauf zurückführen, dass der eingegebene Prompt nicht präzise genug war. Die Formulierung könnte zudem so interpretiert worden sein, dass zehn Begriffe ausreichen, ohne dass eine Obergrenze spezifiziert wurde. Auch die Tokenisierung (siehe Abschnitt 3.2.2) spielt eine Rolle, da das Modell seine Ausgabe auf eine optimale Länge optimiert. Um dieses Verhalten zu steuern, könnte eine präzisere Formulierung des Prompts helfen, etwa durch die Angabe einer wünschenswerten Spanne oder die Aufforderung, möglichst viele relevante Begriffe zu generieren. Dieses Beispiel verdeutlicht, wie wichtig eine gezielte Prompt-Gestaltung im Requirements Engineering ist, um KI-Systeme zu steuern und optimale Ergebnisse zu erhalten. Hinweise dazu wurden bereits in Abschnitt 4.3 gegeben.

Glossare überprüfen

KI-Systeme können dabei helfen, potenzielle Widersprüche in den verwendeten Begriffen und Begriffsdefinitionen zu erkennen und Lücken mit Vorschlägen zu füllen. Beispielsweise können KI-Systeme überprüfen, ob ein Begriff in verschiedenen Dokumenten oder z. B. in einer Anforderungsspezifikation unterschiedlich verwendet wird. Diese Unterstützungsmöglichkeit greifen wir in Kapitel 9 zur Validierung der Anforderungen auf und zeigen Ihnen, wie Sie Inkonsistenzen in Ihren Anforderungen mithilfe von KI-Systemen identifizieren können.

5.1.4 Kontext der produktbezogenen Prozesse

Wollen wir die Hilfe von KI-Systemen im Rahmen der Systementwicklung in Anspruch nehmen, kann es sinnvoll sein, weitere Informationen zu den Entwicklungsprozessen bereitzustellen. Der Kontext der Entwicklung umfasst eine Vielzahl von Aspekten, die in vielen Organisationen mit den Begriffen »Prozesse, Methoden und Tools (PMT)« zusammengefasst werden, wobei Prozesse die beteiligten Rollen und erzeugten Arbeitsergebnisse einschließen.

Prozesse

Betrachten wir zunächst die unterschiedlichen Prozesse und Prozessschritte, die notwendig sind, um ein Produkt von der Konzeption bis zur Auslieferung zu bringen. Diese Prozesse sind meist über deren Arbeitsergebnisse miteinander verknüpft, d. h., ein Prozess erzeugt ein Arbeitsergebnis, das als Eingabe für die Ausführung eines anderen Prozesses dient. Auch in einer agilen Vorgehens- und Arbeitsweise existieren logische Abhängigkeiten zwischen Tätigkeiten in einer Entwicklung. Ohne dass die Anforderungen an das Produkt bekannt sind, können Architekten keine zu den Kundenbedürfnissen passenden Lösungskonzepte erarbeiten, Programmierer können keinen Quellcode erzeugen und Tester können keine Testfälle schreiben. In einer agilen Entwicklung liegt der Fokus stärker auf der Anpassung der Lösung an die Kundenbedürfnisse und weniger auf der formalen Beschreibung der dafür notwendigen Prozesse [Beck et al. 2001].

Wenn wir KI-Systemen die konkreten Prozesse oder Arbeitsergebnisse aus unserer Organisation bereitstellen, erhöhen wir wiederum die Trefferwahrscheinlichkeit in den KI-Ergebnissen. Beispielsweise können sich aus den bekannten Produktions- oder Wartungsprozessen neue Anforderungen ergeben.

Denken Sie z. B. an den Austausch oder die Reparatur einzelner Komponenten des Smart-Home-Systems der Familie König. Vielleicht möchte die Firma Schlauhaus den Austausch der smarten Lichtschalter so gestalten, dass technisch versierte Nutzer diesen Tausch selbst vornehmen können. Dies erfordert womöglich eine andere Gestaltung der Schalter, die in Form von Anforderungen berücksichtigt werden muss. Welche Geschäftsprozesse als Anforderungsquellen genutzt werden können, erfahren Sie in Abschnitt 6.4.3. Die Erzeugung von konkreten Systemanforderungen auf Basis einer Prozessbeschreibung können Sie in Abschnitt 7.3.3 nachlesen.

Rollen

Ein weiterer wichtiger Bestandteil des Entwicklungskontextes sind die Personen, die in bestimmten Rollen die Tätigkeiten oder Prozessschritte durchführen. Zu diesen Rollen gehören Projektmanager, Produktionsleitung, Systemarchitekten, Entwickler, Product Owner, Business-Analysten, Tester, Produktions- und Servicemitarbeiter und je nach Charakteristik des Produkts weitere Domänenexperten. Projektmanager koordinieren die Aktivitäten und Ressourcen des Projekts, stellen sicher, dass die Zeitpläne eingehalten werden, und kommunizieren mit den Stakeholdern. Systemarchitekten entwerfen die grundlegende Struktur des Systems und stellen sicher, dass die technischen Anforderungen erfüllt werden. Entwickler schreiben den Code und integrieren die verschiedenen Komponenten. Product Owner verantworten die fachliche

Steuerung des Produkts, priorisieren Anforderungen und sorgen dafür, dass die entwickelte Lösung den Geschäftszielen und Kundenbedürfnissen entspricht. Business-Analysten analysieren und dokumentieren Geschäftsanforderungen und fungieren als Schnittstelle zwischen Fachbereich und Entwicklungsteam. Tester überprüfen die Funktionalität und Qualität des Systems, während Qualitätssicherungsingenieure Prozesse und Standards implementieren, um die Qualität des Endprodukts sicherzustellen.

In unserer SOPHIST Prompting Guideline in Abschnitt 4.3 haben wir Ihnen erläutert, dass Sie KI-Systeme in bestimmte Rollen versetzen können. Diese Rollen können nicht nur für die Rollen der Stakeholder in Ihrer Systementwicklung von Interesse sein, sondern auch für die Rollen in Ihrem Entwicklungsprozess. Durch das Versetzen eines KI-Systems in eine bestimmte Prozessrolle wie z. B. den Requirements Engineer oder den Systemarchitekten beeinflussen Sie die Terminologie in den KI-Ergebnissen. Außerdem erhöhen Sie die Wahrscheinlichkeit, dass das KI-System eine mit der Rolle assoziierte Methode richtig anwendet. Sie werden beispielsweise Unterschiede feststellen, ob ein KI-System die Qualität von Anforderungen in der Rolle eines Testers oder eines Systemarchitekten beurteilt. Details zur Validierung der Anforderungen mithilfe von KI-Systemen finden Sie in Abschnitt 9.3. Für die Definition von Rollen empfehlen wir Ihnen, Personas aus der Anforderungsermittlung zu verwenden und das KI-System in diese Persona zu versetzen. Details zur Beschreibung und Verwendung von Personas finden sich in Abschnitt 7.3.4.

Arbeitsergebnisse

Die Arbeitsergebnisse, die während der Prozessschritte erzeugt werden, sind vielfältig und reichen von Anforderungsdokumenten, Backlog Items und Designspezifikationen über Quellcode und Testberichte bis hin zu Benutzerhandbüchern und Wartungsdokumentationen. Meist sind Prozesse oder Prozessschritte über die erzeugten und verwendeten Arbeitsergebnisse in eine logische Reihenfolge gebracht. Die Arbeitsergebnisse der Prozesse sind besonders im regulierten Umfeld zum Führen von Nachweisen zu Compliance erforderlich, können aber auch für zukünftige Weiterentwicklungen als Grundlage dienen.

Auch hier bestehen unterschiedliche Verwendungsmöglichkeiten bei der Arbeit mit KI-Systemen. Einerseits kann die Beschreibung der Arbeitsergebnisse, die im Rahmen der Systementwicklung erzeugt werden sollen, gegenüber dem KI-System helfen, die Qualität des generierten Ergebnisses zu verbessern. Wir teilen dem KI-System explizit mit, wie das erzeugte Ergebnis aufgebaut sein soll, z. B. welche Inhalte im Ergebnis enthalten sein sollen.

Andererseits unterstützt die Beschreibung der Arbeitsergebnisse das KI-System beim Interpretieren der eingegebenen Daten, d. h., wir reduzieren die Wahrscheinlichkeit von Halluzinationen. Ein Beispiel für eine solche Beschreibung stellt die Erläuterung der Attribute einer Anforderungsspezifikation dar, die für die Verwaltung der Anforderungen benötigt werden. Vor allem für eine RAG-basierte Interaktion, bei der wir die Anforderungen in Form einer Tabelle bereitstellen, ist die Erläuterung der Bedeutung der Attribute in den Spalten der Tabelle sinnvoll, damit das KI-System die Daten korrekt verwenden kann. Diese beiden Aspekte haben wir in unserer SOPHIST Prompting Guideline in Abschnitt 4.3 mit den Regeln zur Definition des Eingabeformats und des Ausgabeformats adressiert.

Methoden

Methoden stellen eine detaillierte Beschreibung zur Durchführung bestimmter Tätigkeiten eines Prozesses dar. Im Rahmen von Entwicklungsprozessen erklären Methoden, wie bestimmte Prozessschritte durchzuführen sind, um das gewünschte Ergebnis des jeweiligen Schritts zu erzeugen. Beispiele für solche Methoden sind die Erläuterung der Satzschablone, die Durchführung eines Anforderungsreviews, Refinement oder die Notationselemente zur Erzeugung einer Sicht auf Anforderungen in einem Modell.

Diesen Teil des Kontextes der Entwicklung können Sie nicht nur durch ein KI-System erzeugen lassen, wenn Sie beispielsweise für die Prozesse in Ihrer Organisation verantwortlich sind, sondern Sie können die Methoden dem KI-System beibringen, um bestimmte Prozessschritte zu unterstützen.

Das Beibringen der Methoden können Sie unterschiedlich gestalten. Entweder stellen Sie dem KI-System die anzuwendende Methode mithilfe der Prompt-Technik RAG direkt in einem Prompt zur Verfügung oder Sie konfigurieren einen eigenen Chatbot oder Agent, der die Methodenbeschreibung enthält. Die erste Option ist für schnelle Ergebnisse sinnvoll, ist aber für wiederkehrende Aufgaben eher ungeeignet, da Sie die Methode mit jeder Interaktion immer wieder neu eingeben müssen. Die Konfiguration eines Chatbots oder Agents ist zwar aufwendiger, erspart Ihnen aber bei repetitiven Aufgaben mit verschiedenen Interaktionen die ständige Bereitstellung der anzuwendenden Methode. Zudem haben Sie die Möglichkeit, diese Bots oder Agents innerhalb Ihrer Organisation gemeinsam zu nutzen. Wie Sie einen Chatbot oder Agent mit einer bestimmten Methode konfigurieren, erfahren Sie in Kapitel 11. Im nachfolgenden Beispielprompt deuten wir anhand der Use-Case-Modellierung an, wie Sie einem KI-System eine Methode erklären können. Beachten Sie dabei, dass eine Methodenbeschreibung meist ausführlicher ist, als wir das in unserem Prompt dargestellt haben. Ein weiteres Beispiel finden Sie in den Online-Inhalten zu diesem Buch auf der Wissensplattform.

www.sophist.de/kire/k5-1

Prompt 5.4
Vermitteln der Methode zur Erzeugung von Use-Case-Diagrammen

```
Rolle:
Du bist ein erfahrener UML-Experte mit tiefem Verständnis für Use-
Case-Diagramme und PlantUML-Syntax. Dein Ziel ist es, basierend auf
textuellen Anforderungen ein vollständiges PlantUML-Diagramm zu
erstellen, das die wichtigsten Akteure, Use Cases und deren
Beziehungen darstellt.
Ziel:
Erzeuge einen validen PlantUML-Code für ein Use-Case-Diagramm bzw.
Anwendungsfalldiagramm, das folgende Elemente enthält:
System (als rechteckige Begrenzung)
Use Cases (als ovale Elemente)
Akteure (als Interaktionspartner)
Assoziationen (Verbindungen zwischen Akteuren und Use Cases)
Kontext:
Das UML-Diagramm wird zur Visualisierung von Systemanforderungen
verwendet. Es muss in PlantUML-Syntax korrekt dargestellt werden,
sodass es direkt interpretiert und gerendert werden kann. Beachte
dabei folgende Regeln:
Nutze rectangle "Systemname" für das System.
Verwende actor Akteur für menschliche oder externe Systeme.
Stelle Anwendungsfälle mit usecase "Beschreibung" as UCX dar.
Verbinde Akteure und Use Cases mit -->.
Halte dich strikt an die textuelle Beschreibung und leite daraus die
relevanten Akteure und Use Cases ab.
Keine Assoziationen zwischen Use Cases (z.B. keine Include- oder
Extend-Beziehungen) verwenden.
Task:
Generiere einen vollständigen PlantUML-Code basierend auf den
folgenden Anforderungen oder der Beschreibung, die ich dir zur
Verfügung stellen würde. Frag mich bitte, wie mein System heißt und
nach den Anforderungen oder nach der Beschreibung. Anhand der
Anforderungen oder der Beschreibung erzeuge mir den gewünschten
PlantUML-Code wie beim Beispiel von unten.
Beispieltext als Eingabe:
"Ein Kunde kann in einem Onlineshop Produkte suchen, Produkte in den
Warenkorb legen und eine Bestellung aufgeben. Der Administrator
kann die Produktliste verwalten."
Erwartete Ausgabe von dir als PlantUML-Code:
@startuml
left to right direction
actor Kunde
actor Administrator
rectangle "Onlineshop" {
    usecase "Produkte suchen" as UC1
    usecase "Produkte in den Warenkorb legen" as UC2
    usecase "Bestellung aufgeben" as UC3
    usecase "Produktliste verwalten" as UC4
}
```

```
Kunde --> UC1
Kunde --> UC2
Kunde --> UC3
Administrator --> UC4
@enduml
```

Mit diesem strukturierten Prompt wird das KI-System gezielt in die Rolle eines UML-Experten versetzt, um valide Use-Case-Diagramme in PlantUML zu generieren. Die klare Definition von Ziel, Kontext und Regeln stellt sicher, dass die Ausgabe präzise, fehlerfrei und direkt ausführbar ist. Durch das One-Shot-Beispiel (siehe Abschnitt 4.5.1) wird das KI-System optimal darauf justiert, sofort die richtige Syntax und Struktur zu verwenden, ohne unnötige Anpassungen und mit der absichtlichen Einschränkung. Dadurch entsteht dieser wiederverwendbare Prozess zur automatisierten Erstellung von UML-Diagrammen.

RE-Methoden nachhaltig in KI-Systemen nutzen

In der Praxis ist es jedoch sinnvoller, Requirements-Engineering-Methoden, beispielsweise die Erklärung der Satzschablone, nicht direkt in einzelnen Prompts zu formulieren, sondern als eigene Wissensquelle in ein KI-System über Retrieval-Augmented Generation (RAG) einzubinden. Wie in Abschnitt 4.5.3 bereits erwähnt, ermöglicht es RAG, RE-Methoden als strukturiertes Wissen aus einem separaten Dokument oder einer Datenbank abzurufen, wodurch sie konsistent, erweiterbar und wiederverwendbar bleiben. Dies verhindert, dass dieselben Informationen immer wieder neu formuliert werden müssen, und erleichtert die Pflege sowie die Nutzung über verschiedene Anwendungsfälle hinweg.

Nach der Eingabe dieses Prompts in das KI-System kommt als erster Output eine Aufforderung des KI-Systems an uns:

Ergebnis zu Prompt 5.4 – Rückfrage des KI-Systems zu Systemname und Beschreibungen [ChatGPT 4o 2025]

```
"Wie soll dein System heißen? Und welche Anforderungen oder
Beschreibung möchtest du mir geben, damit ich das Use-Case-Diagramm
erstelle?"
```

Prompt 5.5
Antwort mit Systemname und Beschreibung

```
System: Smart-Home-System
Beschreibung: "Ein Bewohner kann die Raumtemperatur manuell
einstellen und die Klimasteuerung aktivieren oder deaktivieren. Ein
Wartungsmitarbeiter kann das System in den Service-Modus stellen,
um Reparaturen vorzunehmen."
```

Mit der Beantwortung dieser Aufforderung erzeugt das KI-System das gewünschte Use-Case-Diagramm in PlantUML-Code. Den erzeugten Code finden Sie in den Online-Inhalten zu diesem Buch auf der Wissensplattform. Die Übersetzung als visuelles Diagramm sieht wie folgt aus:

www.sophist.de/kire/k5-1

Ergebnis zu Prompt 5.5 – Use-Case-Diagramm in PlantUML [ChatGPT 4o 2025]

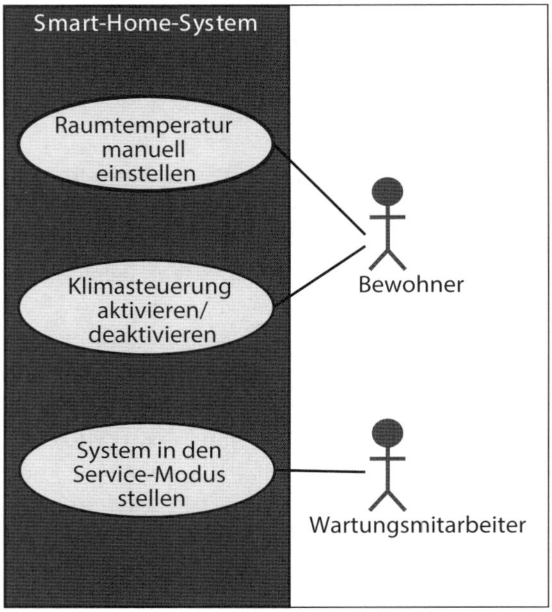

Tools

Ein letzter wesentlicher Aspekt des Engineering-Kontextes sind die Tools, die im Rahmen der unterschiedlichen Prozesse und Prozessschritte verwendet werden. Dazu zählen z. B. Tools für das Requirements Management, für die Modellierung von Anforderungen oder Systemarchitekturen und Ticketsysteme zur Steuerung der Entwicklungsaktivitäten. Für uns Requirements Engineers sind diese Werkzeuge selbstverständlich, da wir täglich mit ihnen arbeiten. Für KI-Systeme ist diese Arbeit nicht selbstverständlich und es liegt an uns, den KI-Systemen die Verwendung dieser Tools beizubringen.

Vision: KI-gestützte Engineering-Toolkette bei Schlauhaus

In der Entwicklung des Smart-Home-Systems für die Familie König arbeitet die Firma Schlauhaus mit drei spezialisierten Lieferanten zusammen, die jeweils unterschiedliche Komponenten liefern. Eine Zukunftsvision ist die Integration von KI-Systemen in die Engineering-Toolkette, die Prozesse vernetzt und die Zusammenarbeit zwischen den Partnern optimieren kann. Folgende Toolketten sind dafür geeignet:

- Issue-Tracking-Tool und Requirements-Management-(RM-)Tool (z. B. JIRA[1], Polarion[2]):
  - Erfassung, Verwaltung und Nachverfolgung von Anforderungen aus Geschäftsprozessen und Kundenfeedback

1. *https://www.atlassian.com/de/software/jira*
2. *https://polarion.plm.automation.siemens.com/*

  - Mögliche KI-Integration: Automatische Ableitung neuer Anforderungen aus bestehenden Systembeschreibungen
- Modellierungstool (z. B. Enterprise Architect[3], Cameo Systems Modeler[4]):
  - Strukturierte Visualisierung von Systemarchitekturen, Datenflüssen und Use-Case-Diagrammen
  - Mögliche KI-Integration: Unterstützung bei der Modellierung durch Analyse bestehender Systemstrukturen
- Testing-Tools (z. B. TestRail[5], Selenium[6]):
  - Automatisierte Tests zur Sicherstellung von Funktionalität und Stabilität
  - Mögliche KI-Integration: Dynamische Testfallgenerierung basierend auf Änderungen in Anforderungen oder Architekturmodellen

Ausblick

Die Idee einer KI-gestützten Engineering-Toolkette könnte die Entwicklung grundlegend verändern, indem Tools nicht nur Daten verwalten, sondern aktiv aus ihnen lernen und Prozesse unterstützen. Zum Zeitpunkt des Schreibens dieses Buches ist unklar, wann und wie eine solche Integration möglich sein wird. Doch die Vision zeigt Potenzial für effizientere und potenziell automatisierte Entwicklungsprozesse.

5.1.5 Kontext des KI-Ökosystems

Die bisher aufgelisteten Perspektiven des Kontextes sind auch in einer klassischen, nicht-KI-gestützten Systementwicklung relevant. Mit der Nutzung von KI kommt allerdings eine weitere Perspektive hinzu – der Kontext des KI-Ökosystems. In Abschnitt 3.2.1 haben wir Ihnen eine Definition und eine kurze Erläuterung dieses Begriffs gegeben, die wir hier noch etwas detaillierter ausführen wollen. Um KI im Rahmen der Systementwicklung zielgerichtet und zweckmäßig einsetzen zu können, müssen wir uns darüber im Klaren sein, welche KI-Systeme zur Verfügung stehen, wie diese in unsere Engineering-Toolkette integriert sind, für welche Aufgaben die KI-Systeme geeignet sind (und für welche nicht) und was wir als Requirements Engineers tun können, um das jeweilige KI-System optimal zu nutzen.

Im Gegensatz zu den anderen Kontextperspektiven geht es hier weniger darum, den Kontext des KI-Ökosystems dem konkreten KI-System

---

3. *https://www.sparxsystems.de/*
4. *https://www.3ds.com/products/catia/no-magic/cameo-systems-modeler*
5. *https://www.testrail.com/*
6. *https://www.selenium.dev/*

zu erklären oder KI zu nutzen, um diesen Kontext zu dokumentieren, sondern darum, die Auswirkungen der KI-Nutzung in der Produktentwicklung zu verstehen. Da wir nicht wissen, wie der Kontext Ihres KI-Ökosystems gestaltet ist, können wir Ihnen nur einige Fragen mitgeben, die zum Verständnis des Ökosystems beitragen:

- Welche Daten wurden für das Training des LLM verwendet? Mit welchem Stand?
- Für welche Art/Sensibilität von Daten darf das KI-System verwendet werden?
- Auf welche (Live-)Daten aus welchen Tools aus der Organisation kann das KI-System zugreifen?
- Müssen Ergebnisse als KI-generiert gekennzeichnet werden? Für welche Tätigkeiten muss die Nutzung des KI-Systems transparent gemacht werden?
- Welche Techniken helfen mir als Requirements Engineer, die Qualität der generierten Ergebnisse zu verbessern?

In unserem Szenario hat die Firma Schlauhaus zwei unterschiedliche KI-Systeme im Einsatz, die für unterschiedliche Einsatzzwecke geeignet und freigegeben sind. Um Anwender von KI-Systemen zu sensibilisieren, bietet es sich an, die verfügbaren KI-Systeme in einer Art Steckbrief, wie in Tabelle 5.1 dargestellt, zu charakterisieren.

Tab. 5.1
Steckbrief der KI-Systeme von Schlauhaus

KI-System	**Copilot in privater Cloud**	**OpenAI (offen)**
Einsatzzweck und Funktionalität	Generierung von Text	Generierung von Text
Art der Trainingsdaten/Domänenwissen	- Allgemeines LLM ohne spezifisches Training auf Domäne - Gedächtnisfunktion für wiederkehrendes Nutzungsverhalten und -kontext	- Allgemeines LLM ohne spezifisches Training auf Domäne - Gedächtnisfunktion für wiederkehrendes Nutzungsverhalten und -kontext
Datenschutz und Compliance	Geeignet für die Verarbeitung von Engineering-Daten	Nur für öffentliche oder anonymisierte Daten
Integration in Engineering-Toolkette	- Zugriff auf RM-Tool per Export und Import (Roundtrip) - Zugriff auf Modellierungswerkzeug per Copy & Paste - API-Zugriff auf Gesetzesdatenbank - Zugriff auf sonstige Entwicklungsdaten über Microsoft Sharepoint-Ordner	Kein Zugriff auf Engineering-Toolkette (Integration aufgrund von Compliance untersagt)

→

Unterstützungsmöglichkeiten zur Nutzung des KI-Systems	- Prompt-Datenbank mit Prompting Templates - Bots für RE-spezifische Aufgaben - SOPHIST Prompting Guideline	- SOPHIST Prompting Guideline

Weitere Tipps und Tricks zur Beantwortung unserer Fragen und zur Auswahl des geeigneten KI-Systems für Ihre Umgebung finden Sie in Kapitel 10. Zum Beispiel beleuchten wir dort die Themen Datenschutz und Integration von KI-Systemen in die Engineering-Toolkette ausführlicher.

5.2 Kontextinformationen in einer KI-Interaktion verwenden

Aufwärmen des KI-Systems

Eine wesentliche Herausforderung bei der Arbeit mit KI-Systemen in der Entwicklung stellt sicherlich die Bereitstellung der Informationen dar, die jeweils für die durchzuführende Aufgabe erforderlich sind. Wie so oft gibt es auch hier keine allgemeingültige Empfehlung, sondern der Requirements Engineer muss sich aufgrund seiner Erfahrungen fragen, welche Informationen das KI-System benötigen könnte, um möglichst hochwertige Ergebnisse zu generieren. Bei der zwischenmenschlichen Interaktion existiert diese Fragestellung zwar auch, diese wird aber etwas abgeschwächt, da Menschen, wenn sie eine Aufgabe nicht verstehen, in eine Rückkopplung gehen können. Problematisch wird es, wenn Menschen eine Aufgabe interpretieren und ein Ergebnis erzeugen, das dieser Interpretation entspricht. Ähnlich verhält es sich mit KI-Systemen. Generative KI-Systeme sagen uns nicht, wenn sie eine Aufgabe nicht verstehen, da sie darauf ausgelegt sind, Ergebnisse zu erzeugen. Um dieses Problem abzuschwächen, bietet es sich daher an, das KI-System zunächst zu fragen, welche Informationen wir bereitstellen müssen, damit die Aufgabe bearbeitet werden kann. Wir bezeichnen diesen Schritt auch als »Aufwärmen des KI-Systems«. Hierfür kann die Prompting-Technik »Chain of Thought« verwendet werden, die wir Ihnen in Abschnitt 4.5.2 erläutert haben. Übrigens hilft diese Vorgehensweise nicht nur bei der Interaktion mit einem KI-System, sondern kann auch die Zusammenarbeit in Ihrem Team verbessern, indem Sie Ihrem Gegenüber die Entscheidung überlassen, welche Informationen zur Umsetzung einer Aufgabe notwendig sind. Schauen wir uns diese Art der Interaktion mit einem KI-System am besten anhand eines Beispiels an:

Prompt 5.6
Anweisung mit Rückfragen durch KI-System

Rolle: Handle als erfahrener Requirements Engineer.
Ziel: Erstellung eines einheitlichen Glossars für die Systementwicklung, um Probleme zu vermeiden, die aus uneinheitlichen Begriffsverständnissen resultieren.
Kontext: Für die Entwicklung eines technischen Systems bzw. eines Smart-Home-Systems, wobei das System in bereits fertig gebauten Gebäuden eingesetzt wird.
Task: Verwende als Ermittlungstechnik eine "Fragetechnik", um die wichtigsten Informationen für die Erstellung des Glossars von mir zu ermitteln.

Ergebnis zu Prompt 5.6 – Rückfragen des KI-Systems [ChatGPT 4o 2025]

Hier sind einige gezielte Fragen, um die wichtigsten Begriffe und deren Definitionen für das Glossar der Systementwicklung zu identifizieren:
1. Allgemeine Begriffsklärung
Welche Begriffe werden in der Entwicklung des Smart-Home-Systems häufig verwendet?
Gibt es Begriffe, die unterschiedlich interpretiert werden oder in der Vergangenheit zu Missverständnissen geführt haben?
Gibt es bereits eine bestehende Dokumentation mit definierten Begriffen, die als Grundlage dienen könnte?
2. Technische Begriffe und Systemkomponenten
Welche Kernkomponenten gehören zum Smart-Home-System (z. B. Sensoren, Aktoren, Gateways, Steuerungseinheiten)?
Gibt es Begriffe, die technische Prozesse oder Abläufe im System beschreiben und standardisiert werden sollten?
Welche Kommunikationsprotokolle oder Schnittstellen spielen eine Rolle, und wie sollten diese im Glossar definiert werden?
3. Nutzer- und Bedienkonzepte
Welche Begriffe beschreiben die Interaktion zwischen Nutzern und dem System (z. B. Benutzerprofile, Szenarien, Automatisierungen)?
Gibt es Unterschiede in der Begrifflichkeit zwischen Entwicklern, Endnutzern und Installateuren?
Wie sollten Begriffe zu Steuerungsmethoden (z. B. App, Sprachsteuerung, manuelle Bedienung) definiert werden?
4. Installations- und Integrationsaspekte
Welche Begriffe beschreiben den Installationsprozess des Smart-Home-Systems in bereits bestehenden Gebäuden?
Welche Herausforderungen treten typischerweise bei der Nachrüstung auf und welche Begriffe sollten klar definiert werden?
Gibt es Begriffe für verschiedene Gebäudetypen oder Installationsumgebungen, die berücksichtigt werden sollten?
5. Sicherheits- und Datenschutzaspekte
Welche Begriffe werden im Zusammenhang mit Datensicherheit und Datenschutz verwendet (z. B. Verschlüsselung, Zugriffskontrolle, Datenschutzrichtlinien)?
Gibt es regulatorische oder normative Vorgaben, die bestimmte Begriffsdefinitionen beeinflussen?

```
6. Abgrenzung und Versionsmanagement
Gibt es Begriffe, die sich in verschiedenen Kontexten unterscheiden
und daher klar abgegrenzt werden müssen?
Wie wird sichergestellt, dass das Glossar aktuell bleibt und neue
Begriffe aufgenommen werden?
Basierend auf deinen Antworten erstelle ich eine erste Version des
Glossars. Welche Fragen möchtest du zuerst beantworten?
```

Nachdem wir ein Gefühl dafür entwickelt haben, welche Informationen das KI-System von uns benötigt, müssen wir uns fragen, wie wir diese Informationen dem KI-System zur Verfügung stellen wollen. Bei der Bereitstellung der Kontextinformationen unterscheiden wir die in Abbildung 5.5 dargestellten Möglichkeiten.

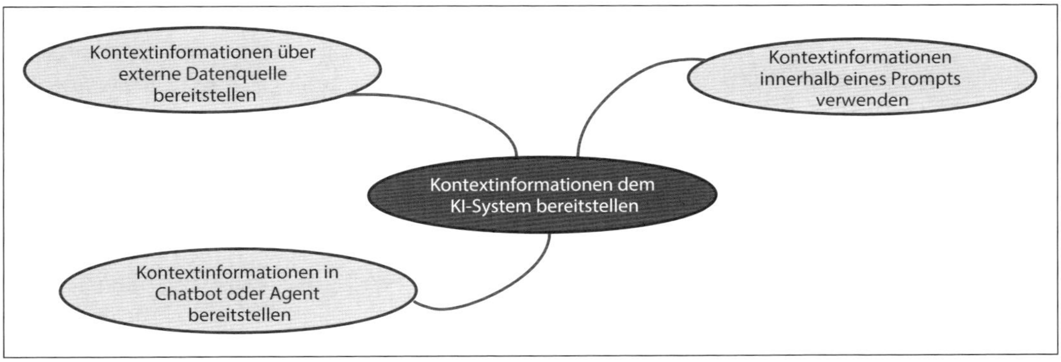

Abb. 5.5
Bereitstellen von Kontextinformationen

Bei allen drei Möglichkeiten handelt es sich im weiteren Sinne um Ausprägungen der Prompting-Technik RAG, die wir Ihnen in Abschnitt 4.5.3 vorgestellt haben.

Kontextinformationen innerhalb eines Prompts verwenden

In der ersten Möglichkeit werden die notwendigen Kontextinformationen direkt im Prompt als Text, Bild oder in einem anderen Format eingefügt oder als Dokument hochgeladen. Die unterstützten Formate richten sich dabei nach dem verwendeten KI-System und der Nutzungslizenz. Bei dieser Variante von RAG können nur wenige Informationen oder Dokumente verwendet werden, da oft die Limitierung der Token, die von dem KI-System innerhalb einer Anfrage verarbeitet werden können, schnell erreicht ist oder die Bearbeitungszeit zu lang wird. Ein wesentlicher Vorteil besteht darin, dass die Übersicht über die verwendeten Informationen beim Requirements Engineer bleibt und dass keine spezielle Konfiguration eines spezifischen Chatbots oder Agents erforderlich ist. Dadurch ist die Einstiegshürde für diese Art von RAG sehr niedrig. Um die Übersichtlichkeit weiter zu verbessern, empfehlen wir die Verwendung eines Prompt-Templates (siehe Abschnitt 4.4), um die Kontextinformationen innerhalb des Prompts klar hervorzuheben und potenziell in weiteren Anfragen an das KI-System innerhalb derselben Interaktion erneut nutzen zu können.

Kontextinformationen über eine externe Datenquelle bereitstellen

Für die Bereitstellung größerer Datenmengen empfehlen wir Ihnen, das generative KI-System mit einer externen Datenquelle zu verbinden. Je nach Ausgestaltung des KI-Ökosystems bestehen unterschiedliche Möglichkeiten von einer technisch eher einfachen Realisierung in Form eines Ordners, auf den das KI-System zugreifen kann, bis zur aufwendigen Implementierung von APIs zu bestehenden Engineering-Werkzeugen. Die Anbindung einer externen Datenquelle ist insbesondere dann sinnvoll, wenn Sie Aufgaben auf Basis gleicher Kontextinformationen ausführen lassen wollen oder wenn Sie sicherstellen wollen, dass alle an der Systementwicklung beteiligten Personen denselben Kontext verwenden. Beispiele für solche Informationen haben wir Ihnen in diesem Kapitel bereits in Form des Glossars, des technischen Systemkontextes oder der Methodenbeschreibungen des Entwicklungskontextes vorgestellt, aber sicher finden Sie in Ihrer Organisation viele weitere Kandidaten.

Kontextinformationen über definierten Container bereitstellen

Diese erste Ausbaustufe zur Bereitstellung gleicher Kontextinformationen über unterschiedliche Interaktionen hinweg ist zwar abhängig vom konkreten KI-System, lässt sich aber am einfachsten realisieren.

Microsoft Copilot kann ab einem bestimmten Lizenzmodell auf die organisationsinternen Ordner in Microsoft Sharepoint zugreifen. Die Berechtigungen für die Ordnerzugriffe richten sich dabei nach den persönlichen Zugriffsrechten des jeweiligen Nutzers. In einer solchen Umgebung können Sie zentral die relevanten Kontextinformationen wie beispielsweise das Glossar Ihrer Organisation, spezifische Methoden aus dem Entwicklungsprozess oder den technischen Systemkontext sammeln und bereitstellen. Sie müssen lediglich dafür sorgen, dass die zentrale Ablage aktualisiert wird.

OpenAI bietet eine ähnliche Möglichkeit in Form sogenannter »Projekte«. Projekte sind Container, in denen zentral z. B. für Ihre Organisation relevante Dokumente für die Anfragen an OpenAI bereitgestellt werden können. Zugriffsrechte lassen sich dabei über die Zugriffe auf die Projekte in OpenAI selbst konfigurieren. Nachteilig dabei ist, dass das Rechte- und Rollenkonzept potenziell von der »normalen« Ablage in Sharepoint entkoppelt ist.

Die beiden von uns skizzierten Ausprägungen zur Bereitstellung von Kontextinformationen über einen Container haben einen wesentlichen Nachteil: Sie bergen das Risiko einer redundanten Datenhaltung. Dies ergibt sich daraus, dass wir im Rahmen der Systementwicklung meist spezialisierte Werkzeuge einsetzen, in denen die Kontextinformationen als Master vorliegen. Glossare und Methodenbeschreibungen sind häufig in Wikis erfasst. Der technische Systemkontext liegt entweder in RM-Tools oder in Modellierungswerkzeugen. Für die Bereitstellung über einen Container müssen wir diese Daten exportieren, was speziell bei häufigen Aktualisierungen erhebliche Zusatzaufwände generieren kann. Mehr zur

Verwendung von Containern finden Sie in den Online-Inhalten zu diesem Buch auf der Wissensplattform.

www.sophist.de/kire/k5-2

Kontextinformationen in KI-Assistenten bereitstellen

Die nächste Ausbaustufe zur Bereitstellung von Kontextinformationen über eine externe Datenquelle besteht in der Konfiguration eines KI-Assistenten. Generative KI-Systeme wie OpenAI und Copilot erlauben es, externe Datenquellen in einer Konfiguration zu hinterlegen. Dieser Ansatz ist vergleichbar mit der zuvor genannten Nutzung von Ordnern als Ablage, bietet aber zusätzlich die Möglichkeit, den Einstieg und den Verlauf der Interaktion vorzudefinieren. Besonders für wiederkehrende Aufgaben, die von vielen verschiedenen Nutzern in Anspruch genommen werden, empfiehlt sich die Erstellung eines solchen KI-Assistenten, da er sowohl Einsteigern als auch Fortgeschrittenen die Leitplanken für die Interaktion vorgibt. Ein Beispiel hierfür wäre die Erstellung eines FAQ-Bot, der Antworten auf häufige Fragen zu Kontextinformationen liefert. Ein wesentlich Nachteil dieser Lösung besteht darin, dass auch hier eine redundante Datenhaltung aufgebaut wird. Das bedeutet, dass Sie die Konfiguration der KI-Assistenten regelmäßig mit aktualisierten Daten versorgen müssen. In Abschnitt 11.3 erfahren Sie, wie Sie einen solchen KI-Assistenten für Ihre Bedürfnisse konfigurieren können.

Kontextinformationen über Tool-Integration bereitstellen

Die letzte Ausbaustufe löst das Problem der redundanten Datenhaltung, indem Sie dem KI-System einen direkten Zugriff auf die Daten in Ihren Engineering-Tools gewähren. Je nach Tool können diese Zugriffe über Standard-APIs (z. B. REST) realisiert werden und ermöglichen die Nutzung von Livedaten in den Anfragen an das KI-System. Da die Integration des KI-Systems sehr stark von der in Ihrer Organisation vorliegenden Toollandschaft abhängt, gehen wir an dieser Stelle nicht weiter auf konkrete Umsetzungen ein, sondern liefern lediglich Denkanstöße, über die Sie sich im Klaren sein sollten. Bedenken Sie bei dieser Lösung allerdings das Rechte- und Rollenkonzept in Ihrer Toollandschaft. In Abschnitt 11.4 diskutieren wir weitere Fragestellungen, die sich aus einer nahtlosen KI-Integration ergeben bzw. für diese geklärt werden müssen.

6 Anforderungsquellen identifizieren – KI als Scout für eine gute Basis

6.1 Vom Bauchgefühl zur Methode

In frühen Entwicklungsphasen dominieren oft pragmatische Entscheidungen, die sich an kurzfristigen Zielen, verfügbaren Ressourcen oder bereits bestehenden Lösungen orientieren. Dieser pragmatische Projektkontext ist häufig geprägt von unstrukturierten Anforderungen, informellen Absprachen und einem eher reaktiven Umgang mit neuen Erkenntnissen.

Um von diesem pragmatischen Ansatz zu einer systematischen Ermittlung qualitativ hochwertiger Anforderungen zu gelangen, bedarf es einer methodischen Herangehensweise, die verschiedene Perspektiven des Requirements Engineering miteinander verknüpft. Dazu gehören:

- die klare Abgrenzung des System- bzw. Produktkontextes (siehe Kap. 5),
- die strukturierte Identifikation und Kategorisierung relevanter Anforderungsquellen (dieses Kapitel),
- die zielgerichtete Ermittlung konkreter Anforderungen auf Basis dieser Quellen (siehe Kap. 7) sowie
- die nachvollziehbare Dokumentation (siehe Kap. 8) und
- die anschließende Validierung von Anforderungen (siehe Kap. 9).

Diese systematische Betrachtung bildet die Grundlage für ein qualitativ hochwertiges und nachvollziehbares Anforderungsmanagement. In diesem Kapitel widmen wir uns dem nächsten Schritt – der Identifikation und Kategorisierung von Anforderungsquellen – und zeigen, wie dieser Prozess durch den gezielten Einsatz von KI-Systemen unterstützt werden kann.

6.2 Wissen kommt aus allen Richtungen – die Bedeutung der Anforderungsquellen

Fast jedes Entwicklungsvorhaben beginnt mit der zentralen Frage: Was soll das System bzw. ein Produkt leisten und welche Bedingungen muss es erfüllen? Anders formuliert: Welche Anforderungen an das System bzw. Produkt existieren? Die Antwort darauf ergibt sich aus einer Vielzahl von Informationen, die aus unterschiedlichen Quellen stammen. Diese Anforderungsquellen bilden die Basis für die Definition qualitativ hochwertiger Anforderungen – seien es funktionale Anforderungen wie spezifische Systemfunktionen oder nicht funktionale Anforderungen wie Sicherheits- oder Performanceziele oder auch dokumentationsbezogene Anforderungen, etwa die Pflicht zur Bereitstellung einer vollständigen Benutzer- oder Entwicklerdokumentation. Damit Anforderungsquellen ihren Beitrag zur Entwicklung eines erfolgreichen Produkts leisten können, müssen sie systematisch erhoben, analysiert und verwaltet werden. Wird eine relevante Quelle übersehen, kann dies gravierende Auswirkungen auf die Vollständigkeit und Qualität der Anforderungen haben und damit den Erfolg der Entwicklung gefährden.

Die Identifikation von Anforderungsquellen erfordert eine klare Abgrenzung von System und Kontext (siehe Kap. 5). Es lassen sich grundsätzlich folgende Anforderungsquellen unterscheiden (siehe Abb. 6.1):

Abb. 6.1 *Überblick über die Anforderungsquellen*

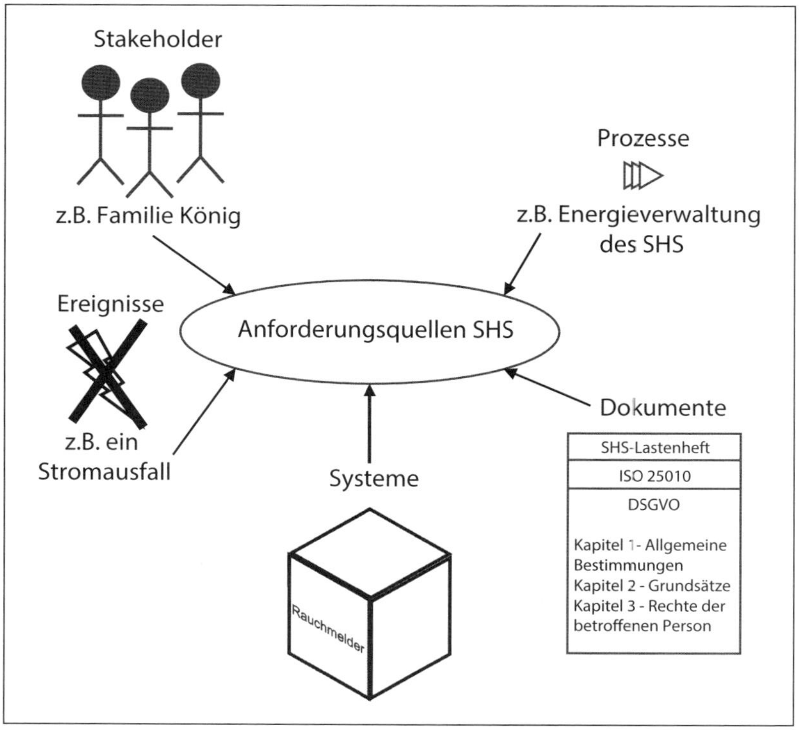

Stakeholder

Eine der zentralen Kategorien von Anforderungsquellen sind die **Stakeholder**. Sie umfassen alle Personen oder Gruppen, die direkt oder indirekt Einfluss auf die Anforderungen haben oder von diesen betroffen sind [IREB CPRE Glossar 2024]. Dies schließt u. a. Benutzer oder Betreiber des Systems, Sponsoren, Entwickler, Architekten, Auftraggeber und Behörden ein.

Dokumente

Dokumente sind eine essenzielle Anforderungsquelle, da sie oft bereits strukturiert vorliegende Informationen enthalten. Sie können technische, rechtliche, fachliche oder organisatorische Vorgaben dokumentieren und bieten somit eine Grundlage für die Anforderungsermittlung.

Zu den wichtigsten Dokumenten zählen:

- **Technische Handbücher und Bedienungsanleitungen** – Sie geben Aufschluss über bestehende Funktionen und Einschränkungen eines Systems.
- **Normen, Richtlinien und gesetzliche Vorgaben** – Diese enthalten verbindliche Anforderungen, etwa zu Datenschutz, Sicherheit oder Qualitätsstandards.
- **Verträge und Vereinbarungen** – Sie legen formale Rahmenbedingungen fest, wie Service Level Agreements oder Lieferbedingungen.
- **Unternehmensrichtlinien und -standards** – Diese dokumentieren interne Vorgaben, beispielsweise Nachhaltigkeitsziele, Geschäftsprozesse oder IT-Sicherheitsrichtlinien.
- **Marktanalysen und Studien** – Sie können Trends und Kundenpräferenzen aufzeigen, die bei der Entwicklung berücksichtigt werden sollten.
- **Anforderungsdokumente wie Lastenhefte** – Sie enthalten systematisch aufbereitete Anforderungen aus Kundensicht und bilden eine zentrale Grundlage für die Entwicklung.
- **Produktvisionen** – Diese skizzieren die übergeordneten Ziele und den Nutzen eines Produkts und helfen dabei, Anforderungen im Kontext der strategischen Ausrichtung zu verstehen.
- **Fachkonzepte und fachliche Spezifikationen** – Sie beschreiben die inhaltlichen Anforderungen und Abläufe aus Sicht der Nutzer oder Domäne, etwa Geschäftsregeln oder branchenspezifische Standards.

Im Kontext eines Smart-Home-Systems könnte beispielsweise die Datenschutz-Grundverordnung (DSGVO) Anforderungen an die Speicherung und Verarbeitung personenbezogener Daten stellen. Ebenso könnten technische Standards für die Interoperabilität mit anderen Systemen relevante Anforderungen liefern.

Durch eine systematische Analyse dieser Dokumente lassen sich essenzielle Anforderungen ableiten, die sowohl die Funktionalität als auch die Compliance des Systems sicherstellen (siehe Abschnitt 7.3.1).

Systeme

Systeme, mit denen das zu entwickelnde System interagiert, bieten eine wertvolle Quelle für Anforderungen. Dies umfasst Nachbarsysteme, die im operativen Betrieb Schnittstellen erfordern, aber auch Vorgängersysteme, deren Funktionalitäten und Schwächen Hinweise auf notwendige Verbesserungen liefern. Ebenso können Konkurrenzprodukte wertvolle Erkenntnisse liefern, indem sie etablierte Standards und Nutzererwartungen widerspiegeln.

Im Kontext eines Smart-Home-Systems können etwa bestehende Gebäudeautomationssysteme Anforderungen zur Interoperabilität oder zur Integration technischer Komponenten, wie z. B. von Rauchwarnmeldern, aufzeigen.

Ein früheres Projekt der Firma Schlauhaus verdeutlicht dies: Ein eingesetztes halbautomatisches Türsystem reagierte bei langsamen Bewegungen unzuverlässig – daraus ergeben sich klare Anforderungen an die Zuverlässigkeit und Anpassungsfähigkeit künftiger Türsteuerungen.

Ereignisse

Beobachtbare **Ereignisse** und Situationen im Betrieb eines Systems oder seiner Umgebung sind ebenfalls eine ergiebige Quelle für Anforderungen. Dabei können sowohl alltägliche Nutzungsszenarien als auch außergewöhnliche Vorfälle wertvolle Erkenntnisse liefern. Beispielsweise kann ein Brand oder ein Stromausfall auf notwendige Sicherheitsmechanismen hinweisen, die in das System integriert werden sollten.

Ein Beispiel für ein Smart-Home-System wäre die Identifikation eines erhöhten Bedarfs an Notbeleuchtung oder redundanten Kommunikationswegen im Falle eines Stromausfalls.

Prozesse

Prozesse beschreiben wiederkehrende Abläufe, die durch das System unterstützt oder automatisiert werden sollen. Sie bieten eine wertvolle Anforderungsquelle, da sie strukturiert dokumentiert sind und konkrete Optimierungspotenziale aufzeigen. Bestehende Arbeitsabläufe, von Geschäftsprozessen bis hin zu Wartungsroutinen, geben Aufschluss darüber, welche Anforderungen an ein System gestellt werden müssen. In Abschnitt 7.3.3 wird gezeigt, wie mithilfe von KI-Systemen Anforderungen speziell aus Prozessen abgeleitet werden können.

So könnte beispielsweise die Analyse von Energieverwaltungsprozessen im Smart-Home-Kontext Aufschluss darüber geben, welche Anforderungen an die intelligente Steuerung von Verbrauchern und Speicherlösungen bestehen. Durch diese Vielfalt wird deutlich, wie wichtig ein strukturierter Ansatz zur Identifikation und Analyse von Anforderungsquellen ist. Nur so kann sichergestellt werden, dass alle relevanten Perspektiven und Rahmenbedingungen in den Entwicklungsprozess einfließen.

Bedeutung der Anforderungsquellen für die Entwicklung

Die Qualität der Anforderungen ist maßgeblich für den Erfolg eines Entwicklungsprojekts. Anforderungsquellen liefern die Grundlage, um Anforderungen präzise und vollständig zu erfassen. Eine unzureichende Berücksichtigung relevanter Quellen kann dazu führen, dass essenzielle Anforderungen fehlen oder erst spät im Entwicklungsprozess erkannt werden. Dies kann kostspielige Anpassungen nach sich ziehen oder die Markteinführung verzögern. Durch die strukturierte Erhebung und Analyse der Anforderungsquellen lassen sich Risiken minimieren und eine fundierte Basis für die Systementwicklung schaffen. Nur so kann sichergestellt werden, dass das entwickelte System den tatsächlichen Bedürfnissen entspricht und langfristig tragfähig ist.

6.3 Quellen richtig gewichten – KI berät, der Mensch entscheidet

Nicht alle Anforderungsquellen sind gleichwertig, und ihre Relevanz kann je nach Projekt variieren. Daher ist es notwendig, sie zu priorisieren und ihre Legitimation im jeweiligen Kontext des Systems selbst und des KI-Ökosystems zu bewerten.

Die Priorisierung nimmt der Mensch vor.

Die Bewertung und Gewichtung der Anforderungsquellen obliegen immer dem Menschen. Requirements Engineers, Projektverantwortliche und Stakeholder müssen gemeinsam entscheiden, welche Quellen als besonders kritisch gelten und welche weniger relevant sind. Diese Priorisierung hängt von verschiedenen Faktoren ab, u. a. von den Geschäftszielen, den regulatorischen Vorgaben, der technischen Machbarkeit und den wirtschaftlichen Rahmenbedingungen.

Eine sorgfältige Abwägung stellt sicher, dass keine essenziellen Anforderungen übersehen werden und dass das System bestmöglich auf die tatsächlichen Bedürfnisse zugeschnitten ist. Auch Zielkonflikte zwischen verschiedenen Stakeholdern müssen im Rahmen der Priorisierung berücksichtigt und transparent gemacht werden. Unterstützend können hierbei auch KI-generierte Personas eingesetzt werden, wie sie in Abschnitt 6.4.2 beschrieben sind. Sie bieten eine fundierte, datenbasierte Sicht auf typische Nutzergruppen und helfen dabei, Anforderungen besser zu verstehen und einzuordnen. Allerdings dienen sie ausschließlich als Informationsquelle – die Priorisierung und Entscheidung über die Relevanz und Gewichtung der Anforderungen bleibt weiterhin in menschlicher Verantwortung.

KI kann, soll und darf im Requirements Engineering nicht priorisieren.

Während KI eine wertvolle Unterstützung bei der Analyse großer Datenmengen und der Identifikation potenzieller Anforderungen leisten kann, darf sie nicht die Priorisierung übernehmen. Dafür gibt es zwei zentrale Gründe:

- **Die KI muss nicht den Kopf hinhalten, wenn etwas schiefgeht.** Die Verantwortung für Entscheidungen im Requirements Engineering liegt beim Menschen. Wenn Anforderungen falsch priorisiert oder übersehen werden, sind es die Projektbeteiligten, die die Konsequenzen tragen – sei es finanziell, rechtlich oder organisatorisch. Eine KI kann keine Verantwortung übernehmen und sollte daher ausschließlich als unterstützendes Werkzeug dienen. Besonders im Kontext regulatorischer Anforderungen, etwa bei der Einhaltung von Normen oder Sicherheitsstandards, trägt ausschließlich das Unternehmen die Verantwortung. Kommt es hier zu Versäumnissen, etwa bei der Umsetzung sicherheitsrelevanter Anforderungen, haftet das Unternehmen – nicht das KI-System, das Vorschläge gemacht hat.
- **Viele Anforderungen sind das Ergebnis subjektiver Interessen, Erwartungen und strategischer Überlegungen von Stakeholdern.** Diese lassen sich nicht rein datenbasiert bewerten. Eine KI kann zwar Muster erkennen und Vorschläge ableiten, doch die Abwägung konkurrierender Interessen erfordert menschliches Urteilsvermögen – gerade bei Zielkonflikten, technischen Abhängigkeiten oder sozialen Aspekten.

Die Priorisierung von Anforderungsquellen bleibt daher eine zentrale Aufgabe des Requirements Engineer. Nur ein strukturierter, vom Menschen verantworteter Bewertungsprozess kann die Grundlage dafür schaffen, dass ein System möglichst vollständig die tatsächlichen Bedürfnisse erfüllt – auch wenn dabei nie alle Risiken ausgeschlossen werden können.

6.4 Quellen für Anforderungen? – Frag doch mal die KI!

Hinweis zu den Beispielprompts

In den folgenden Abschnitten zeigen wir, wie Sie mithilfe eines KI-Systems Anforderungsquellen identifizieren können. Für die gezeigten Prompts wurden im KI-System bereits basierend auf dem Konzept der Retrieval-Augmented Generation (RAG) relevante Informationen hinterlegt, auf die es bei der Generierung der Ergebnisse automatisch zurückgreift. Dadurch müssen bestimmte Angaben in den Prompts nicht mehr explizit formuliert werden. Ein Beispiel hierfür ist die Rollenangabe, die in unserem Prompting Guide empfohlen wird (siehe Regel 9 in Abschnitt 4.3.9). Da diese Information bereits im KI-System hinterlegt wurde, ist es nicht erforderlich, sie in jedem Prompt erneut anzugeben. Durch diese Vorarbeiten wird die Effizienz der Prompts erhöht und der manuelle Aufwand reduziert. Weitere Informationen zu RAG finden Sie in Abschnitt 4.5.3.

www.sophist.de/kire/k6-4

6.4.1 Stakeholder identifizieren – mit KI die richtigen Stimmen hören

Die Identifikation und Priorisierung von Stakeholdern ist essenziell im Requirements Engineering, um relevante Akteure frühzeitig einzubeziehen. KI-Systeme können diesen Prozess optimieren, indem sie große Datenmengen analysieren, Stakeholder identifizieren und z. B. Informationen zu ihrem potenziellen Einfluss auf die Produktentwicklung bereitstellen. Eine unzureichende Berücksichtigung kann zu Fehlentwicklungen und hohen Anpassungskosten führen.

Typische Stakeholder sind u. a.:

- **Auftraggeber:** Definieren die geschäftlichen und strategischen Anforderungen, die die Entwicklung leiten.
- **Kunden und Nutzer:** Geben die funktionalen und nicht funktionalen Anforderungen vor.
- **Entwickler und Integratoren:** Setzen die Anforderungen technisch um.
- **Externe Partner und Zulieferer:** Tragen spezifische technische oder regulatorische Anforderungen bei.
- **Behörden und Regulierungsstellen:** Definieren gesetzliche Rahmenbedingungen.

Beispiel: Stakeholder im SHS-Szenario

Abbildung 6.2 zeigt exemplarisch, wie sich diese Stakeholder-Gruppen im Kontext des Smart-Home-Systems (SHS) der Familie König konkret zuordnen lassen – vom Auftraggeber über Entwickler bis hin zu externen Partnern und Regulierungsstellen.

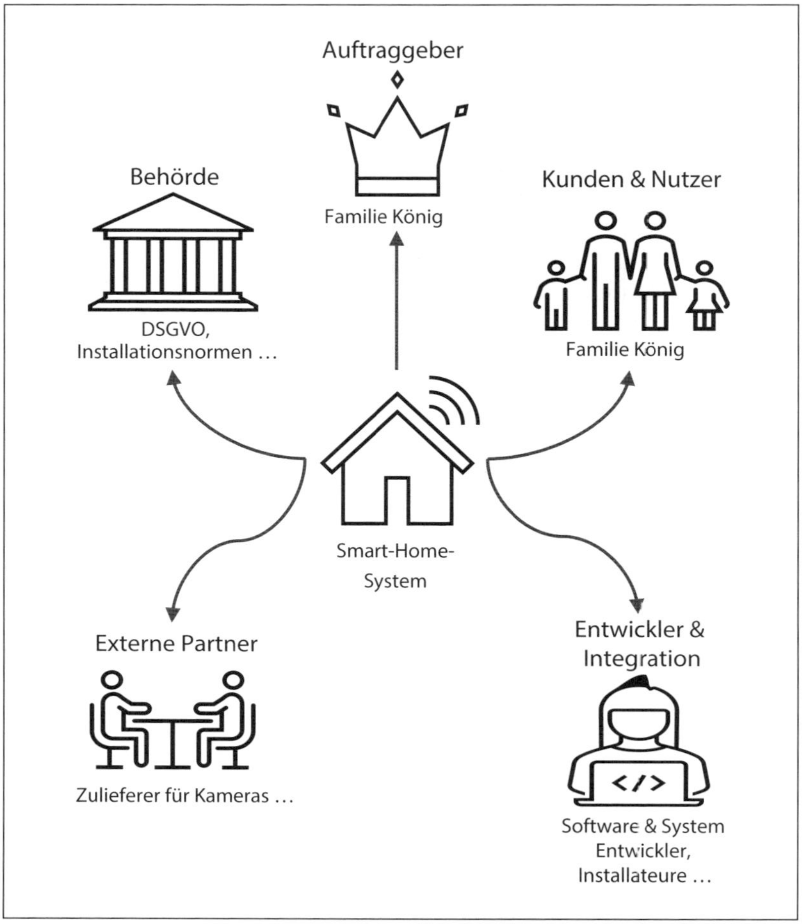

Abb. 6.2 *Stakeholder des SHS*

Identifikation von Stakeholdern

Die Identifikation der relevanten Stakeholder ist ein kritischer Schritt im Requirements Engineering. Es gibt zwei wesentliche Ansätze:

- **Pragmatischer Ansatz:** Eine erste grobe Orientierung erfolgt durch Rücksprache mit dem Auftraggeber oder durch eine Bestandsaufnahme vorhandener Interessen. Dieser Ansatz ist schnell umsetzbar, aber oft unvollständig, da er auf die Sichtweise des Auftraggebers beschränkt bleibt.
- **Systematischer Ansatz:** Durch gezielte Analysen werden alle relevanten Stakeholder erfasst. KI-Systeme unterstützen diesen Prozess, indem sie bestehende Dokumentationen wie Geschäfts- oder Prozessbeschreibungen oder selbstständig durchgeführte Webrecherchen auswerten, um potenzielle Stakeholder strukturiert zu identifizieren.

Kategorisierung und Priorisierung von Stakeholdern

Um Stakeholder gezielt in den Entwicklungsprozess einzubeziehen, müssen sie nicht nur identifiziert, sondern auch nach ihrem Einfluss und ihrer Betroffenheit kategorisiert werden. Dies ermöglicht eine strukturierte Priorisierung der wichtigsten Akteure für die Entwicklung des Produkts.

- **Textbasierte Klassifikation:** Durch die Analyse von Stakeholder-Beschreibungen kann das KI-System eine erste Kategorisierung (z. B. Primär, Sekundär, Tertiär) vorschlagen.
- **Strukturierung von Stakeholder-Listen:** KI-Systeme können vorhandene Stakeholder-Informationen aus Textquellen zusammenfassen und formatieren, um eine systematische Priorisierung zu ermöglichen.
- **Unterstützung bei der Validierung:** Chatbots können helfen, Stakeholder-Informationen iterativ zu verfeinern, indem sie gezielte Rückfragen ermöglichen.

Ein bewährtes Verfahren ist die Kategorisierung von Stakeholdern nach ihrer Rolle im System (siehe Abb. 6.3).

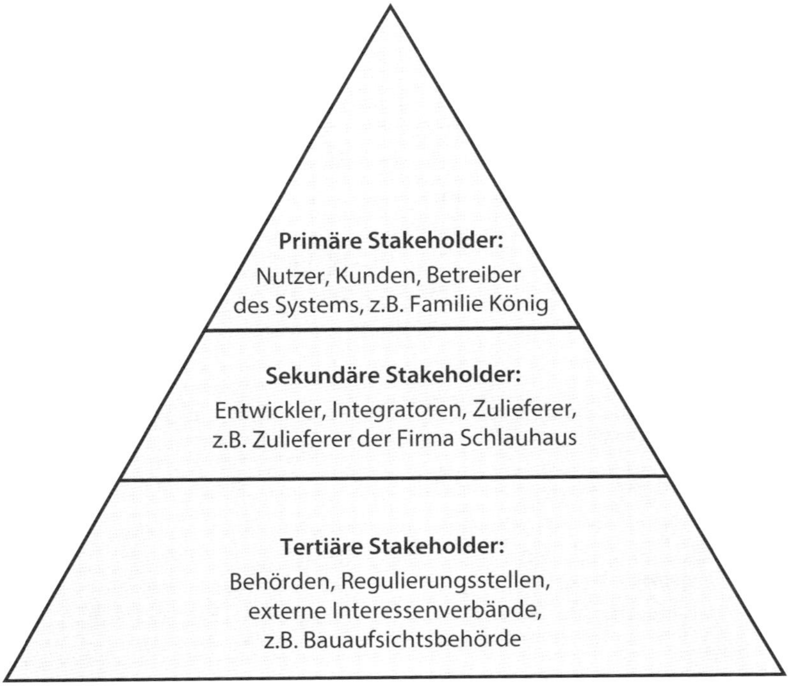

Abb. 6.3 *Kategorisierung von Stakeholdern*

Zusätzlich kann eine zweidimensionale Analyse für eine gezielte Priorisierung genutzt werden (siehe Abb. 6.4).

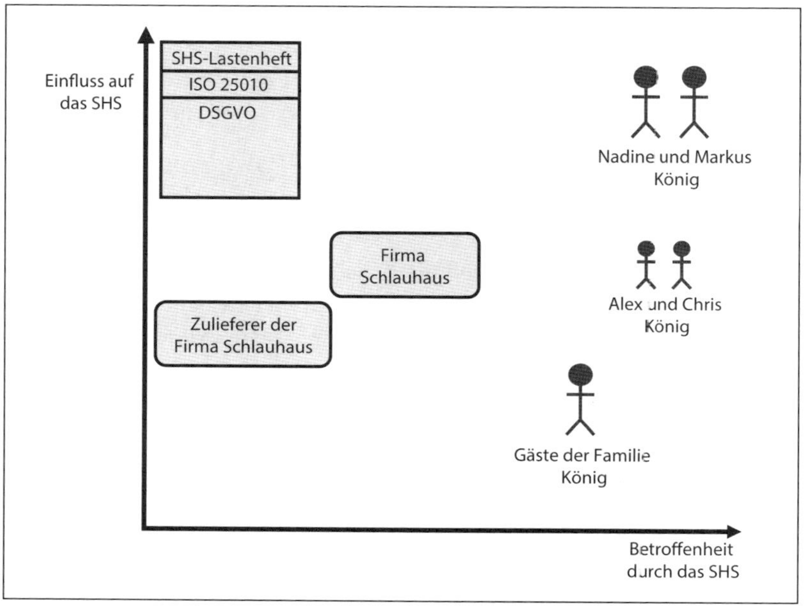

Abb. 6.4
Einfluss der Stakeholder auf das SHS

Auf Grundlage dieser Kriterien kann ein KI-System eine erste strukturierte Stakeholder-Liste generieren.

Praktische Nutzung von KI zur Identifikation von Stakeholdern

KI-Systeme unterstützen die datenbasierte Identifikation von Stakeholdern, indem sie z. B. Projektdokumente und Nutzungsszenarien analysieren. Die generierten Stakeholder-Listen dienen als erste Grundlage und müssen durch den Requirements Engineer geprüft, ergänzt und nachvollziehbar dokumentiert werden.

Im Prompt 6.1 fordern wir das KI-System auf, eine strukturierte Liste relevanter Stakeholder zu erstellen. Für die Nachvollziehbarkeit der Ergebnisse ist es wichtig, dass auch eine Begründung und eine Quellenangabe gefordert wird.

Prompt 6.1
Stakeholder-Liste für Smart-Home-System

```
Generiere eine strukturierte Liste relevanter Stakeholder für das
Smart-Home-System basierend auf den folgenden Kriterien:
· Stakeholder (Akteure, die betroffen sind)
· Kategorie (Primär, Sekundär, Tertiär)
· Einfluss auf das Produkt (hoch/mittel/niedrig)
· Betroffenheit durch das Projekt (hoch/mittel/niedrig)
· Begründung (Warum ist dieser Stakeholder relevant?)
· Quelle (Welche Datei oder externe Quelle belegt die Relevanz?)
Extrahiere Stakeholder-Informationen aus folgenden Dateien:
[…]
Falls Stakeholder fehlen, ergänze diese durch eine Webrecherche
über Marktanalysen.
```

Die vom KI-System erstellte Stakeholder-Liste bildet einen ersten strukturierten Überblick über potenziell relevante Akteure. Der Requirements Engineer muss diese Liste validieren, etwa indem er die Begründungen und Quellen für jeden Stakeholder prüft (siehe Ergebnis zu Prompt 6.1) und sie mit eigenen Kontextkenntnissen ergänzt oder korrigiert.

Durch gezielte Rückfragen und eine iterative Verfeinerung des Prompts kann die Qualität der Stakeholder-Liste weiter verbessert werden. So entsteht eine umfassende und belastbare Übersicht, die als fundierte Grundlage für die weitere Anforderungsermittlung dient.

Zur Erstellung der Liste wurden zentrale Regeln aus der SOPHIST Prompting Guideline angewendet (siehe Abschnitt 4.3), insbesondere:

- Regel 1: Prompt klar strukturieren – z. B. durch explizite Aufzählung der gewünschten Stakeholder-Attribute (Kategorie, Einfluss, Betroffenheit, Begründung, Quelle),
- Regel 2: Ausgabeformat des Ergebnisses definieren – z. B. als tabellarische Liste für bessere Nachvollziehbarkeit,
- Regel 7: Quellen für Aufgabe definieren – um Transparenz und Nachvollziehbarkeit der Stakeholder-Auswahl zu gewährleisten.

Ergebnis zu Prompt 6.1 – Stakeholder-Liste für Smart-Home-System [ChatGPT 4o 2025]

```
Hier sind die Stakeholder mit den genauen Quellenangaben aus den
Marktanalysen:
Stakeholder-Liste (Ergänzt mit Quellen)
1. Familie König
·  Kategorie: Primär
·  Einfluss auf das Projekt: Hoch
·  Betroffenheit durch das Projekt: Hoch
·  Begründung: Die Familie König ist der Hauptnutzer des Smart-Home-
   Systems und hat spezifische Anforderungen und Wünsche, die das
   System erfüllen muss.
·  Quelle: [...]
2. Firma Schlauhaus
·  Kategorie: Primär
·  Einfluss auf das Projekt: Hoch [...]
3. Kinder der Familie König (Chris und Alex)
·  Kategorie: Sekundär
·  Einfluss auf das Projekt: Mittel
·  Betroffenheit durch das Projekt: Hoch
·  Begründung: Die Kinder haben spezifische Anforderungen an ihre
   Zimmer und die Nutzung des Systems.[...]
6. Smart-Home-Technologieanbieter (z.B. Hersteller von
   Thermostaten, Beleuchtungssystemen)
·  Kategorie: Sekundär
·  Einfluss auf das Projekt: Mittel
·  Betroffenheit durch das Projekt: Mittel
·  Begründung: Diese Anbieter liefern die notwendigen Komponenten
   und Technologien für das Smart-Home-System.
·  Quelle: StartUs Insights Smart Home Industry Report 2024 [...][1]
```

1. Verwendete und dem KI-System genannte Quellenangabe: *https://www.startus-insights.com/innovators-guide/smart-home-industry-report/.*

Fazit und Bewertung

Die generierte Stakeholder-Liste bietet eine solide Grundlage für die Analyse, da sie eine strukturierte Kategorisierung der Akteure nach Einfluss und Betroffenheit enthält. Besonders positiv hervorzuheben sind die transparente Zuordnung der Stakeholder sowie die Angabe der Quellen, die die Nachvollziehbarkeit der Analyse unterstützen.

Um die Qualität der Stakeholder-Identifikation gezielt zu erhöhen, sollte das KI-System um projektspezifische Kontextinformationen ergänzt werden – etwa durch interne Organigramme oder Rollenbeschreibungen.

Im SHS-Beispiel können dadurch z. B. nicht nur die Familie König als Hauptnutzer, sondern auch Hausverwalter, Handwerksdienstleister oder Anbieter von Smart-Home-Technologie präziser eingeordnet werden. Auch eine detaillierte Analyse der Unternehmensstrukturen, wie etwa die Fachbereiche bei der Firma Schlauhaus (z. B. Entwicklung, Vertrieb, Support), erlaubt eine differenziertere Bewertung besonders einflussreicher Stakeholder.

Zudem ist es sinnvoll, zukünftige relevante Akteure frühzeitig zu berücksichtigen, um langfristige Entwicklungen in der Stakeholder-Landschaft zu antizipieren. Die abschließende Verifizierung durch Branchenexperten bleibt essenziell, um sicherzustellen, dass alle relevanten Stakeholder erfasst wurden und die erstellte Liste eine belastbare Grundlage für die weitere Anforderungsermittlung bildet (siehe Kap. 7).

6.4.2 Digitale Personas mit KI – Wenn die Maschine den Nutzer mimt

Eine Persona ist ein fiktiver Charakter einer Gruppe von Nutzern mit ähnlichen Bedürfnissen, Werten oder Gewohnheiten, bei denen erwartet wird, dass sie ein System/Produkt in ähnlicher Weise nutzen [IREB CPRE Glossar 2024].

Personas sind eine bewährte Methode im Requirements Engineering, um verschiedene Nutzergruppen realitätsnah darzustellen und deren spezifische Bedürfnisse systematisch zu erfassen. Ursprünglich stammen Personas aus dem Bereich der User Experience (UX), wo sie vor allem zur Entwicklung nutzerzentrierter Interaktionskonzepte eingesetzt werden [Friis Dam und Yu Siang 2025]. Mittlerweile sind sie auch im Requirements Engineering etabliert, da sie helfen, Anforderungen gezielt aus der Perspektive der Stakeholder zu formulieren und nutzerzentrierte Entscheidungen im Entwicklungsprozess zu ermöglichen.

Traditionell werden Personas durch Umfragen, Interviews und Marktforschung erstellt. Dieser Prozess ist jedoch ressourcenintensiv und erfordert oft einen hohen manuellen Aufwand. Ein KI-System kann diesen Prozess erheblich beschleunigen und verbessern, indem große Mengen an Nutzerdaten analysiert, Muster in Verhalten und Präferenzen erkannt und realitätsnahe Personas generiert werden.

Die so erstellten Personas lassen sich dynamisch anpassen und mit neuen Erkenntnissen kontinuierlich verfeinern, sodass sie stets aktuelle Nutzungsgewohnheiten widerspiegeln. Sie erleichtern die Kommunikation im Team, indem sie typische Stakeholder in einer verständlichen, greifbaren Form darstellen.

Ausgangslage

Die Firma Schlauhaus entwickelt und implementiert Smart-Home-Systeme für Privathaushalte. Um die Anforderungsermittlung effizienter zu gestalten, soll eine KI-gestützte Persona für einen Requirements Engineer erstellt werden. Diese Persona dient dazu, die Rolle detailliert zu beschreiben und die Anforderungsanalyse sowie die Abstimmung zwischen Stakeholdern, Entwicklern und Kunden zu verbessern.

Erwarteter Nutzen der KI-Unterstützung zur Persona-Erstellung

Die KI-gestützte Persona-Erstellung bietet zahlreiche Vorteile:

- **Datenaggregation:** KI-Systeme extrahieren und strukturieren relevante Informationen aus verschiedenen Quellen – perfekt, um eine fundierte Persona zu erstellen (z. B. aus dem Nutzerfeedback der Familie König, der Technikdokumentation von Schlauhaus und Webrezensionen zu Smart-Home-Systemen).
- **Schnelle und dynamische Anpassungsfähigkeit:** KI-generierte Personas können schnell und kontinuierlich mit neuen Daten und Erkenntnissen aktualisiert werden, um Trends und Veränderungen in den Nutzerbedürfnissen zu berücksichtigen (z. B. wenn die Familie König nachträglich ein E-Auto integriert und dadurch neue Anforderungen an die Ladelogik entstehen).
- **Skalierbarkeit:** Während manuell erstellte Personas oft auf eine begrenzte Anzahl von Stakeholder-Gruppen fokussiert sind, kann ein KI-System in kürzester Zeit eine größere Anzahl an Personas für unterschiedliche Szenarien generieren (z. B. für Familien, Alleinlebende oder Wohngemeinschaften mit unterschiedlichen Komfortbedürfnissen).
- **Erkennung versteckter Muster:** KI-Systeme identifizieren Korrelationen und Verhaltensmuster, die bei einer rein manuellen Analyse möglicherweise übersehen würden (z. B. dass Bewohner an Wochenenden häufiger die manuelle Lichtsteuerung nutzen als werktags – ein Hinweis auf adaptive Automatisierung).

Schritt 1: Datenquellen definieren und bereitstellen

Um eine fundierte Persona zu erstellen, können verschiedene Datenquellen herangezogen werden:

- **Interne Quellen** (Stellenbeschreibungen, Rollenprofile, Anforderungsdokumente, …)

- **Externe Quellen** (Marktanalysen, Branchentrends, Fachartikel, ...)
- **Vorherige KI-gestützte Analysen** (Stakeholder-Feedback, Sentiment-Analysen, Webrecherchen, ...)

Eine Analyse von aktuellen Stellenangeboten für Requirements Engineers könnte z. B. zeigen, dass agile Methoden zunehmend gefragt sind, während traditionelle Lastenhefte seltener erwähnt werden.

Schritt 2: Ad-hoc-Persona erstellen

Mit dem Prompt 6.2 und den dafür ausgewählten Daten generiert die KI eine erste Version der Persona.

Prompt 6.2
Ad-hoc-Persona erstellen

```
Erstelle aus den angegebenen Quellen eine ausführliche Persona
namens Kai-Lynn Stein, die als Requirements Engineer bei der Firma
Schlauhaus arbeitet. Die Persona soll folgende Kategorien
enthalten: Allgemeine Informationen, Beruflicher Hintergrund und
Ausbildung, Zertifikate und Vorgehensweisen, Berufliche
Schwerpunkte, Persönlichkeitsmerkmale und Zitate [...]
Quellen:[...]
```

Das KI-System erstellt automatisch eine konsistente erste Persona-Version auf Basis der analysierten Daten. Dadurch wird eine erste fundierte Grundlage geschaffen, die weiter verfeinert werden kann.

Schritt 3: Iterative Verfeinerung hin zur detaillierten Persona

Nach der ersten KI-Generierung wird die Persona von Fachexperten überprüft.

Im Fall des SHS-Szenarios der Firma Schlauhaus zählen hierzu z. B. die verantwortlichen Requirements Engineers, UX-Designer und ggf. auch Technikverantwortliche oder Produktmanager, die den Systemkontext und die Nutzerbedürfnisse der Familie König genau kennen. Hier bietet sich folgendes (iteratives) Vorgehen an:

- **Expertenanalyse:** Unrealistische oder unvollständige Aspekte werden identifiziert und ggf. entfernt.
- **Ergänzung von Kontextwissen:** Fachexperten bringen weitere Details ein.
- **Feinabstimmung:** Mehrere Feedbackrunden optimieren die Persona.

Eine erste KI-Generierung könnte den Fokus zu stark auf technische Fähigkeiten legen. Durch Feedback wird z. B. ergänzt, dass Requirements Engineers oft als Vermittler zwischen Kunden und Entwicklern agieren und daher hohe Kommunikationsfähigkeiten benötigen.

Ergebnis zu Prompt 6.2 – Ad-hoc-Persona erstellen [ChatGPT 4o 2025]

```
Persona: Kai-Lynn Stein
Allgemeine Informationen
· Name: Kai-Lynn Stein
· Alter: 34 Jahre
· Position: Requirements Engineer
· Berufserfahrung: 9 Jahre in den Bereichen Requirements
  Engineering und Systems Engineering [...]
```

Berufliche Schwerpunkte:

- Anforderungsanalyse und -management für smarte Gebäudetechnologien
- Agile Entwicklungsmethoden, insbesondere in interdisziplinären Teams
- Model-Based Systems Engineering (MBSE)
- Dokumentation und Kommunikation von Anforderungen an verschiedene Stakeholder

Arbeitsweise und Methodik:

- Kai-Lynn arbeitet strukturiert, analytisch und methodisch fundiert.[…]

Überzeugungen und Werte:

- Kai-Lynn glaubt fest daran, dass gutes Requirements Engineering die Basis für erfolgreiche Systeme ist.[…]

Moderne KI-Systeme ermöglichen zudem die Integration von Personas in interaktive Chatbots. Ein nächster Schritt wäre, Kai-Lynn Stein als digitale Assistentin zu implementieren, die in der Anforderungsermittlung als interaktive Austauschquelle dient. Weitere Informationen zur Konfiguration eines solchen Chatbots finden Sie in Abschnitt 11.3. Die vollständige Interaktion finden Sie in den Online-Inhalten zu diesem Buch auf der Wissensplattform.

www.sophist.de/kire/k6-4

6.4.3 Prozesse analysieren – Mustererkennung mit KI

Prozesse zeigen systematisch wiederkehrende Abläufe auf, die durch das System oder ein Produkt unterstützt werden müssen und die entsprechend eine wichtige Quelle für Anforderungen sind. Zum Beispiel sollte bei der Lichtsteuerung durch das Smart-Home-System (SHS) während des Schlafens das Licht nicht angehen, falls man aber mal früher aufstehen muss, dann schon. Deswegen ist es für den Requirements Engineer unerlässlich, die betroffenen Prozesse zu identifizieren.

Um die Prozesse zu identifizieren, empfiehlt es sich, im ersten Schritt ein Brainstorming mit den beteiligten Personen durchzuführen. Dadurch lassen sich vor allem die offensichtlichen Prozesse aufdecken. Für die Beleuchtung kommt man so schnell auf Prozesse wie »Raum betreten«, »Raum verlassen«, »Schlafen«. Schwieriger ist es, die weniger offensichtlichen Prozesse zu identifizieren.

Dazu müssen wir Analysearbeit leisten, indem wir z. B. die Familie König an bestimmten Tagen begleiten und deren Tagesablauf dokumentieren. Auch hier können wir ein KI-System verwenden, um Ideen für betroffene Prozesse zu sammeln.

Prompt 6.3
Liste möglicher Prozesse

```
Erstelle eine Liste mit Nutzungsszenarien für ein Smart-Home-System
mit den Schwerpunkten Klimatisierung und Lichtsteuerung. Die
Szenarien sollen aus der Perspektive der Bewohner beschrieben
werden und konkrete Alltagssituationen abbilden. Berücksichtige
dabei Komfort, Energieeffizienz und Sicherheit. Jede Situation
sollte in zwei Punkten dargestellt werden: 1) Beschreibung des
Szenarios, 2) Nutzen für die Bewohner.
```

Mit sehr einfachen Mitteln bekommen wir reichlich Input für mögliche Prozesse – auch solche, an die man nicht sofort denkt.

Ergebnis zu Prompt 6.3 – Liste möglicher Prozesse [ChatGPT 4o 2025]

```
1. Automatische Temperaturregelung je nach Tageszeit

Szenario: Morgens wird das Badezimmer vorgeheizt, während das
Schlafzimmer in der Nacht kühl bleibt. Tagsüber werden ungenutzte
Räume nur minimal beheizt.

Nutzen: Mehr Komfort durch stets angenehme Temperaturen,
Energieeinsparung durch gezielte Steuerung.

2. Intelligenter Energiesparmodus bei Abwesenheit

Szenario: Beim Verlassen des Hauses wird die Heizung
heruntergeregelt, unnötige Lichter schalten sich aus und Stand-by-
Geräte werden deaktiviert.

Nutzen: Reduzierung des Energieverbrauchs und höhere
Nachhaltigkeit, ohne manuelle Eingriffe.

3. Dynamische Lichtsteuerung für Wohlbefinden

Szenario: Morgens beginnt das Licht sanft zu leuchten und simuliert
einen Sonnenaufgang. Abends wird es automatisch gedimmt, um eine
entspannte Atmosphäre zu schaffen.

Nutzen: Besserer Schlafrhythmus, Förderung von Konzentration am
Morgen und Entspannung am Abend.[...]

9. Notfallbeleuchtung bei Rauchentwicklung oder Einbruch

Szenario: Erkennt das System Rauch oder eine unerwartete Tür-/
Fensteröffnung, werden alle Lichter auf volle Helligkeit geschaltet
und die Rollläden geöffnet.

Nutzen: Erhöhte Sicherheit, schnellere Orientierung in
Gefahrensituationen, Abschreckung von Einbrechern.[...]

12. Adaptive Klimatisierung basierend auf Wetterprognosen

Szenario: Wenn hohe Temperaturen vorhergesagt sind, kühlt das
System die Räume am Morgen vor, um den Energieverbrauch der
Klimaanlage später zu minimieren.

Nutzen: Weniger Energieverbrauch durch vorausschauende
Klimasteuerung, angenehmes Wohnklima.[...]
```

Auf dieses Weise lassen sich sehr schnell viele Prozesse oder mögliche Nutzungsszenarien finden, die natürlich noch hinsichtlich ihrer Relevanz bewertet werden müssen. Nicht jede Idee, die das KI-System liefert, sollte unreflektiert übernommen werden. Die gefundenen Prozesse müssen hinsichtlich ihrer Relevanz bewertet werden. Das bedeutet in unserem Beispiel, ob die jeweiligen Prozesse für die Familie König relevant sind.

Fazit und Bewertung

Wie wir an diesem Beispiel sehen, können wir die Ergebnisse des KI-Systems als Ausgangsbasis verwenden, um eine Liste an relevanten Prozessen zu erstellen, aus denen dann Anforderungen an das SHS für die Familie König abgeleitet werden können.

Zusätzlich kann das Ergebnis noch verbessert werden, wenn andere Quellen mit in die Betrachtung einbezogen werden. Zum Beispiel können wir Personas der Datenbasis hinzufügen, um dem KI-System Informationen über die Nutzer des SHS zu geben und dadurch das Ergebnis noch besser auf die tatsächliche Situation abzustimmen.

6.4.4 Systemlandschaften scannen – KI als Radar für relevante Anforderungen

Wir haben oben bereits erläutert, warum Systeme eine wichtige Quelle für Anforderungen darstellen. Im Requirements Engineering ohne KI-System würden wir Listen erstellen, in denen wir die relevanten Anforderungsquellen sammeln.

Mit einem KI-System können wir jedoch einen Schritt weiter gehen und den Vorteil der schnellen Auswertung großer Datenmengen nutzen. Wir werden also nicht nur die Quellen auflisten, sondern auch die Informationen aus den Quellen zusammentragen und strukturieren.

Wir haben die Systeme wie folgt eingeteilt (siehe Abb. 6.5):

Abb. 6.5 *Systeme als Quellen*

Quelle »Vorgängersysteme«

Üblicherweise werden die Informationen zu einem **Vorgängersystem** bereits vorliegen. Dementsprechend können Vorgängersysteme auch ohne Unterstützung durch ein KI-System in die Liste der Quellen übernommen werden.

Quelle »Nachbarsysteme«

Nachbarsysteme können mit einem KI-System identifiziert werden (siehe zur Herangehensweise und Bewertung Abschnitt 5.1.2).

Quelle »Konkurrenzsysteme«

Konkurrenzsysteme kann es viele geben. Um nicht Stunden mit Internetrecherchen zu verbringen, nutzen wir auch hier wieder das Potenzial der KI. Dafür benötigen wir allerdings ein KI-System, das auf das Internet zugreifen kann.

Prompt 6.4
Liste der häufigsten Funktionen bei Konkurrenzsystemen

```
Aufgabe: Erstelle eine Liste der Funktionen, die Smart-Home-Systeme
anbieten, anhand der auf dem Markt erhältlichen Smart-Home-Systeme.
Fokussiere dich dabei auf die Themen Licht und Klimatisierung.
Sortiere die Liste nach der Häufigkeit, in der die Funktionen von
den Smart-Home-Systemen erfüllt werden.
```

Ergebnis zu Prompt 6.4 – Liste der häufigsten Funktionen bei Konkurrenzsystemen [ChatGPT 4o 2025]

```
Hier ist eine Liste der Funktionen von Smart-Home-Systemen im
Bereich Licht und Klimatisierung, basierend auf den gängigen
Systemen auf dem Markt und den Informationen aus den
bereitgestellten Szenariodokumenten. Die Funktionen sind nach
Häufigkeit der Implementierung sortiert:
```

Häufig implementierte Funktionen:

Bewegungsgesteuertes Licht – Licht schaltet sich automatisch ein, wenn Bewegung erkannt wird, und aus, wenn der Raum leer ist.

Tageszeitabhängige Lichtsteuerung – Anpassung der Lichtintensität und Farbtemperatur je nach Tageszeit zur Unterstützung des natürlichen Biorhythmus.

[...]

Mittelhäufig implementierte Funktionen:

Fenster- und Türsensoren für Heizungsoptimierung – Automatische Reduzierung der Heizleistung, wenn ein Fenster geöffnet ist.

[...]

Seltener implementierte Funktionen:
Taupunktbasiertes Lüften – Automatische Fensterlüftung, wenn die Außenluft trockener als die Innenluft ist, um Schimmelbildung zu verhindern.

In der Realität würden wir den Prompt erweitern, da wir auch die Konkurrenzprodukte, Anbieter und am besten auch gleich Referenzen auf die Beschreibung der Produkte in der Liste haben möchten. Da wir aber nicht die Firma Schlauhaus sind und es sich beim SHS nur um ein Beispiel handelt, haben wir uns bewusst dazu entschieden, diese Informationen wegzulassen – zumindest solange die Werbeverträge noch nicht unterschrieben sind 😉.

Wie Sie in unserem Prompt sehen können, haben wir schon eine Auswertung nach Häufigkeit der implementierten Funktionen vorgenommen. Sie können sich auch zunächst eine Liste der für Sie relevanten Konkurrenzsysteme (Produkte und Anbieter) erstellen lassen. Wichtig dabei ist, dass Sie im Hinterkopf behalten, dass das KI-System die Liste anhand des Prompts erstellt und die Relevanz der Ergebnisse daher stark von dem Input abhängt. Falls Sie z. B. einen bekannten Konkurrenten auf der Liste vermissen, sollten Sie das KI-System fragen, warum dieser nicht auftaucht. Die Antwort des KI-Systems kann

Ihnen Hinweise zur Konkretisierung des Prompts liefern. Vielleicht müssen Sie in Ihrem Prompt die Konkurrenten weiter einschränken, z. B. in Bezug auf Marktzulassung, Preisklasse etc.

6.4.5 Aus Ereignissen lernen – KI als Mr. Watson nutzen

Es gibt viele Ereignisse, die die Anforderungen beeinflussen. In unserem Beispiel könnten dies die Zeitumstellung, Stromausfälle, plötzliche Temperaturstürze bei Gewittern oder Ereignisse sein, die das Nutzerverhalten ändern. Da sie einen potenziellen Einfluss auf die Anforderungen haben können, sollten wir diese natürlich kennen. Daher sollte frühzeitig mit der Sammlung solcher Ereignisse begonnen werden. Sie werden im Laufe der Entwicklung immer wieder auf Ereignisse stoßen, an die Sie gar nicht gedacht haben. Das ist ganz normal. Wir können nicht immer alles im Voraus wissen.

Ein KI-System kann uns bis zu einem gewissen Grad helfen, eine solche erste Sammlung von Ereignissen zu erstellen. Mit einem KI-System könnte man z. B. Störereignisse aufspüren, indem man eine Fehlerbaumanalyse (Fault Tree Analysis, FTA) [IEC 61025 2006] erstellen lässt.

```
Erstelle eine Fehlerbaumanalyse für das Smart-Home-System.
Fokussiere dich dabei auf die Themen Klimatisierung und
Beleuchtung.
```

Prompt 6.5
Fehlerbaumanalyse mit KI-System

Auf diese Weise können wir schon einige Ereignisse sammeln und uns bereits Vorschläge für Gegenmaßnahmen unterbreiten lassen. Diese können dann wiederum in Anforderungen münden. Das Ergebnis zu Prompt 6.5 finden Sie in den Online-Inhalten zu diesem Buch auf der Wissensplattform.

www.sophist.de/kire/k6-4

Wie bei anderen Kategorien von Quellen können wir auch Ereignisse von einem KI-System sammeln lassen. Da die Herangehensweise sehr ähnlich ist, haben wir das hier nicht noch einmal aufgeführt.

6.4.6 Mit KI durch das Dokumentenlabyrinth

Dokumente sind eine essenzielle Anforderungsquelle, da sie strukturierte und standardisierte Informationen enthalten. KI-Systeme optimieren die Dokumentenanalyse, indem sie relevante Inhalte identifizieren, strukturieren und Änderungen nachverfolgen – und zeigen dabei gerade bei großen Dokumentenumfängen ihre besondere Effizienz.

KI-gestützte Analyse und Verwaltung von Dokumenten

Die Ermittlung relevanter Dokumente ist ein zentraler Schritt, um eine vollständige Anforderungsanalyse sicherzustellen. Insbesondere helfen KI-Systeme dabei, Basisanforderungen und Rahmenbedingungen aufzudecken, die in umfangreichen Dokumenten leicht übersehen werden könnten. Sie bieten hierbei folgende Unterstützung:

- **Gezielte Dokumentensuche:** KI-Systeme können relevante Dokumente in internen Datenbanken, Normensammlungen oder regulatorischen Repositorien auffinden – vorausgesetzt, sie verfügen über den entsprechenden Zugriff. Diese Dokumente können auch gezielt bereitgestellt werden.
- **Automatisierte Textanalyse:** Mithilfe von Natural Language Processing (NLP) lassen sich Schlagworte, Themencluster und semantische Muster erkennen. Dies ermöglicht die Extraktion relevanter Passagen und deren Priorisierung anhand von Kriterien wie Aktualität, Quelle oder Projektbezug.
- **Überwachung von Dokumentenänderungen:** KI-Systeme bieten die Möglichkeit, Dokumentenversionen zu vergleichen, Abweichungen zu markieren und Änderungen zu dokumentieren.

Diese Funktionen erleichtern eine gezielte und effiziente Verarbeitung von Dokumenten, insbesondere in Projekten mit umfangreichen regulatorischen oder technischen Anforderungen.

Zusammenhang zwischen Anforderungsquellen

Dokumente sind oft eng mit anderen Anforderungsquellen verknüpft:

- **Stakeholder als Informationsquelle:** Wichtige Anforderungsdokumente werden häufig durch Stakeholder referenziert (z. B. verweist die Familie König auf ein Datenschutz-Infoblatt der Wohnungsverwaltung, das Anforderungen an die Speicherung von Bewegungsdaten im SHS stellt).
- **Vertragliche und organisatorische Rahmenbedingungen:** Verträge und Richtlinien legen Rollen und Verantwortlichkeiten fest, die Anforderungen definieren (z. B. ist im Wartungsvertrag mit einem externen Anbieter festgelegt, dass System-Updates im Hintergrund erfolgen müssen – was Auswirkungen auf die Architektur hat).
- **Regulatorische Vorgaben:** Gesetzliche und normative Anforderungen beeinflussen Systemprozesse und technische Standards (z. B. müssen die von Schlauhaus verbauten Rauchmelder den DIN-Normen entsprechen und regelmäßig geprüft werden – was sich auf die Anbindungslogik im SHS auswirkt).

Neben allgemeinen Dokumenten wie Unternehmensrichtlinien, technischen Spezifikationen oder Verträgen spielen auch gesetzliche Vorgaben, Normen und Standards eine entscheidende Rolle bei der Anforderungsanalyse. Diese regulatorischen Dokumente enthalten verbindliche Vorschriften, die nicht nur die Produktentwicklung beeinflussen, sondern auch zur Sicherstellung der Compliance essenziell sind. Wie KI-Systeme dabei unterstützen können – insbesondere bei der Identifikation und Verwaltung regulatorischer Anforderungen –, wird im Anschluss am Beispiel der DSGVO im SHS-Kontext gezeigt.

Regulatorische Dokumente als Anforderungsquelle

6.4.7 Vom Gesetz, der Norm oder dem Standard zur Anforderung – mit KI durch den Paragrafendschungel

Regulatorische Anforderungen definieren verbindliche Rahmenbedingungen für die Produktentwicklung. Während Unternehmensrichtlinien häufig flexibel interpretiert werden können, müssen Gesetze, Normen und Standards strikt eingehalten werden, um Compliance-Risiken zu vermeiden.

Die Verwaltung von Gesetzen und Normen stellt eine Herausforderung dar, insbesondere da sich Vorschriften regelmäßig ändern. KI-Systeme können bereits bei der Identifikation relevanter Gesetze, Normen und Regelwerke unterstützen: Sie durchsuchen große Datenbestände oder externe Quellen, klassifizieren die gefundenen Dokumente nach Relevanz für das Projekt und analysieren deren Inhalte. Weiterführende Informationen zur Ableitung und Verknüpfung regulatorischer Anforderungen finden sich in Abschnitt 7.3.2.

Identifikation und Nachverfolgung regulatorischer Vorgaben

Auch bei der Entwicklung des Smart-Home-Systems der Familie König spielen regulatorische Vorgaben eine entscheidende Rolle. Der Requirements Engineer der Firma Schlauhaus möchte ermitteln, welche gesetzlichen Vorschriften, Normen oder Standards insbesondere für die neuen Funktionen zur Licht- und Klimasteuerung relevant sind.

Praxisbeispiel: Gesetzliche Anforderungen im Smart-Home-Bereich

Um diese Informationen systematisch zu erfassen, nutzt er einen KI-Chatbot und entwickelt eine gezielte Anfrage, welche regulatorischen Vorgaben als Anforderungsquelle dienen könnten. Damit er die Ergebnisse des KI-Systems nachvollziehen und die identifizierten Regularien selbst überprüfen kann, fordert er zusätzlich eine Begründung, warum die jeweilige Vorschrift für die Entwicklung relevant ist. Zudem möchte er wissen, ob ein identifiziertes Gesetz, eine Norm oder ein Standard verpflichtend oder optional ist, um die Priorisierung der Anforderungen besser einschätzen zu können. Auf dieser Grundlage formuliert er den folgenden Prompt 6.6:

Prompt 6.6
Gesetze, Normen und Standards für SHS

```
Identifiziere alle relevanten gesetzlichen Vorgaben, Normen und
Standards, die Anforderungen an das zu entwickelnde Smart-Home-
System definieren oder beeinflussen könnten. Verwende als
Anhaltspunkt die Beschreibung des Systems aus […] und leite daraus
regulatorische Anforderungsquellen ab. Liefere für jede gefundene
Quelle:
· Name & Nummer der Vorgabe, Norm oder des Standards […]
· Anwendungsbereich […]
· Relevanz für das System […]
· Verbindlichkeit & Geltungsbereich […]
Ergänze, falls möglich, auch weitere Quellen, die für
branchenspezifische oder zukünftige regulatorische Entwicklungen
relevant sein könnten.
```

Die Qualität und die Vollständigkeit der identifizierten regulatorischen Quellen hängen maßgeblich von der Präzision des Prompts und dem Umfang der Kontextinformationen ab, die dem KI-System zur Verfügung gestellt werden. Je detaillierter und spezifischer die Eingaben sind, desto relevanter und fundierter sind die erzielten Ergebnisse. Zur Optimierung des Prompts wurden zentrale Prinzipien der SOPHIST Prompting Guideline angewendet (siehe Abschnitt 4.3), darunter:

- Regel 1 (Prompt klar strukturieren) – klare Aufgabenstellung mit präzisem Erwartungsformat (Name, Relevanz, Geltungsbereich …),
- Regel 2 (Ausgabeformat des Ergebnisses definieren) – strukturierte Aufbereitung als Liste bzw. Tabelle,
- Regel 7 (Quellen für Aufgabe definieren) – durch den Verweis auf die Systembeschreibung als Ausgangspunkt für die Recherche.

Die folgende Liste zeigt die vom KI-System gefundenen Gesetze, Normen und Standards.

Ergebnis zu Prompt 6.6 – Gesetze, Normen und Standards für SHS [ChatGPT 4o 2025]

1. Datenschutz-Grundverordnung (DSGVO)
Anwendungsbereich: Schutz personenbezogener Daten und Privatsphäre in der EU.
Relevanz für das System: Das Smart-Home-System erfasst und verarbeitet personenbezogene Daten, insbesondere Nutzungsprofile, Temperaturpräferenzen, Beleuchtungsmuster und Anwesenheitsdaten […]
Verbindlichkeit & Geltungsbereich: Gesetzlich verpflichtend in der gesamten EU.

2. ISO/IEC 27001 (IT-Sicherheitsmanagement)
Anwendungsbereich: Informationssicherheitsmanagement, Schutz vor Cyberangriffen.
Relevanz für das System:
· Sicherstellung der Vertraulichkeit, Integrität und Verfügbarkeit der Smart-Home-Daten […]
Verbindlichkeit & Geltungsbereich:
Internationale Norm, für Unternehmen empfehlenswert, aber keine gesetzliche Pflicht.
[…]

Das KI-System hat relevante regulatorische Vorgaben identifiziert, die für die Entwicklung des Smart-Home-Systems von Bedeutung sind. Besonders hilfreich ist dabei, dass die Ausgabe zwischen verpflichtenden und optionalen Anforderungen unterscheidet, was eine gezielte Priorisierung durch den Requirements Engineer erleichtert. Zudem kann ein KI-System bei geeigneter Konfiguration auch Hinweise auf Änderungen in bestehenden Vorschriften liefern, z. B. durch den Vergleich verschiedener Versionen. In diesem Fall lag der Fokus jedoch auf der erstmaligen Identifikation relevanter Vorgaben.

Dies ermöglicht es der Firma Schlauhaus, sich proaktiv auf regulatorische Anpassungen einzustellen und langfristig Compliance sicherzustellen.

Ergebnis zu Prompt 6.6 (Fortsetzung) [ChatGPT 4o 2025]

[...] Zusätzliche regulatorische Entwicklungen & branchenspezifische Vorgaben:

EU-Datengesetz (Data Act, 2025):

- Erleichtert den Zugriff auf und die gemeinsame Nutzung von IoT-Daten
- Relevanz für Smart-Home-Systeme, die Sensordaten zur Steuerung nutzen

Rechtsrahmen für vernetzte Geräte & IoT-Sicherheit:

- Kommission arbeitet an einem verpflichtenden Sicherheitszertifizierungsprozess für smarte Geräte
- Mögliche zukünftige Anforderungen an Smart-Home-Hersteller

[...]

Fazit und Bewertung

KI-Systeme erleichtern die Identifikation und Kategorisierung regulatorischer Anforderungen, indem sie relevante Regularien analysieren und nach definierten Kriterien ordnen. Dies unterstützt den Requirements Engineer insbesondere bei der Priorisierung und der Verknüpfung mit bestehenden Projektanforderungen.

Allerdings bleibt die abschließende Bewertung und Kontextualisierung dieser Regularien eine zentrale Aufgabe des Requirements Engineer. Er muss sicherstellen, dass die vom KI-System gelieferten Informationen korrekt interpretiert und an die spezifischen Entwicklungsanforderungen angepasst werden. Dabei kann das KI-System nicht nur bei der Identifikation, sondern auch bei der Strukturierung und ersten Analyse der regulatorischen Vorgaben unterstützen.

Die ermittelten Regularien bilden eine fundierte Basis für die Ableitung konkreter Anforderungen. Wie KI diesen Prozess weiter optimieren kann, wird in Abschnitt 7.3.2 ausführlich beschrieben. Die vollständige Interaktion zu Prompt 6.6 finden Sie in den Online-Inhalten zu diesem Buch auf der Wissensplattform.

www.sophist.de/kire/k6-4

7 Anforderungen ermitteln – Mensch & Maschine im perfekten Duo

7.1 Die Essenz der Anforderungsermittlung

Die Identifikation und Erfassung von Anforderungen ist eine zentrale Aufgabe des Requirements Engineering und entscheidend für die erfolgreiche Entwicklung eines Produkts, das den Bedürfnissen der Stakeholder entspricht. Nachdem im vorherigen Kapitel die Identifikation und Verwaltung von Anforderungsquellen behandelt wurde, widmet sich dieses Kapitel der Ermittlung konkreter Anforderungen. Während traditionelle Methoden bereits seit Jahrzehnten bewährte Ansätze liefern, eröffnet der Einsatz von künstlicher Intelligenz völlig neue Möglichkeiten. KI kann dabei helfen, Anforderungen schneller, präziser und effizienter zu ermitteln – sei es durch die Analyse großer Datenmengen, die Unterstützung bei der Kommunikation mit Stakeholdern oder die Ableitung von Anforderungen aus vorhandenen Informationen.

7.1.1 Bedürfnisse der Stakeholder verstehen

Die erfolgreiche Anforderungsermittlung beginnt mit einem tiefgehenden Verständnis der Bedürfnisse und Ziele der Stakeholder. Ohne dieses Wissen besteht die Gefahr, ein Produkt zu entwickeln, das nicht den tatsächlichen Erwartungen und Wünschen der Nutzer entspricht. Anforderungen sind stets eine Ableitung aus einem übergeordneten Problem, das gelöst werden soll. Ein umfassendes Verständnis der Stakeholder erfordert weit mehr als das bloße Sammeln explizit formulierter Wünsche. Oftmals gibt es unausgesprochene Erwartungen, die erst durch gezielte Fragestellungen und eine Kombination verschiedener Ermittlungsmethoden sichtbar werden. Requirements Engineers müssen aktiv zuhören, nachfragen und analytische Techniken einsetzen, um ein ganzheitliches Bild der Bedürfnisse zu erhalten. Nur durch diese Herangehensweise lässt sich sicherstellen, dass alle relevanten Perspektiven berücksichtigt und in Einklang gebracht werden.

7.1.2 Wissen ist vielseitig

Stakeholder betrachten das System aus ihrer individuellen Perspektive. Um eine vollständige Anforderungsermittlung sicherzustellen, müssen alle Wissensarten systematisch berücksichtigt werden. Erst durch eine ganzheitliche Betrachtung und systematische Einbeziehung unterschiedlicher Wissensarten lassen sich fundierte, belastbare Anforderungen identifizieren, die nicht nur explizite Wünsche erfassen, sondern auch implizite und unbewusste Bedürfnisse berücksichtigen [Pohl und Rupp 2021] (siehe Abb. 7.1).

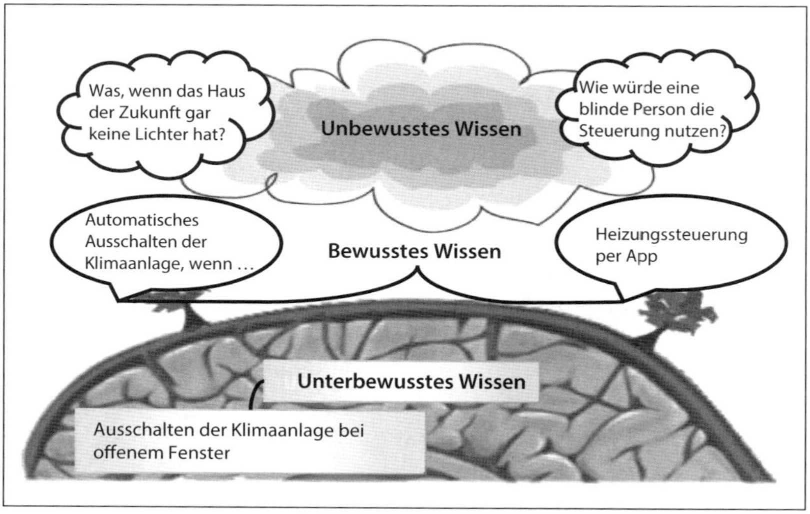

Abb. 7.1 *Die unterschiedlichen Arten von Wissen*

Bewusstes Wissen

Bewusstes Wissen umfasst Anforderungen, die Stakeholder explizit formulieren können. Die Familie König, als Auftraggeber des Smart-Home-Systems, hat die klare Vorstellung, dass das Licht automatisch ausgeschaltet werden soll, wenn niemand im Raum ist. Ebenso wünschen sie sich eine Heizungssteuerung per App. Anforderungen, die auf bewusstem Wissen beruhen, werden eigenständig oder auf Nachfrage geäußert.

Unterbewusstes Wissen

Unter unterbewusstem Wissen versteht man Informationen, die den Stakeholdern zwar bekannt sind, aber nicht aktiv geäußert werden. Aus Sicht der Stakeholder sind diese Informationen selbstverständlich und lassen sich z. B. erst durch gezielte Fragestellungen oder Analysen aufdecken. Die Familie König lässt manchmal Fenster offen, während die Klimaanlage läuft – ein Umstand, den sie im Alltag zwar bemerkt, aber nicht bewusst als Problem wahrnimmt. Erst auf gezieltes Nachfragen hin oder durch eine Analyse ihres Nutzungsverhaltens wird dieses Optimierungspotenzial erkannt und bewusst gemacht.

Unbewusstes Wissen

Unbewusstes Wissen ist Wissen, über das die Stakeholder selbst nicht verfügen. Im Gegensatz zum unterbewussten Wissen kann es nicht durch Nachfragen gewonnen werden. Es muss also durch das Schaffen einer paradoxen Situation oder durch Analogien (Übernahme aus anderen Anwendungsgebieten) bewusst gemacht werden.

Damit das benötigte Wissen effizient und vollständig erhoben werden kann, reicht es nicht aus, eine Ermittlungstechnik wie die Befragung durchzuführen – es müssen verschiedene Ermittlungstechniken angewandt und kombiniert werden [IREB CPRE E&C Handbuch 2024].

7.1.3 Rahmenbedingungen für die Ermittlung kennen

Wie in Abschnitt 5.1 beschrieben, muss der Requirements Engineer das Umfeld der Entwicklung kennen und seine Methoden daran anpassen. Um alle Wissensarten vollständig, aber auch effizient zu ermitteln, ist es wichtig, alle Einflussfaktoren im Kontext der Entwicklung zu betrachten, die sich aus menschlichen, organisatorischen, fachlichen und politischen Aspekten ergeben.

Menschliche Rahmenbedingungen

Menschliche Faktoren wie eine geringe Motivation der Stakeholder, kommunikative Herausforderungen oder divergierende Meinungen können die direkte Zusammenarbeit erschweren und erfordern Methoden, die gezielt diese Hürden adressieren. Je nach Art des vorhandenen Wissens sind unterschiedliche Herangehensweisen erforderlich. Wie oben schon beschrieben, kann bewusstes Wissen direkt erfasst und dokumentiert werden, da Stakeholder ihre Anforderungen klar formulieren können. Unterbewusstes Wissen hingegen bleibt oft unausgesprochen und wird erst durch Beobachtung oder bewusstes Weglassen sichtbar. Unbewusstes Wissen lässt sich häufig durch den Einsatz von Entwürfen oder kreativen Methoden aufdecken, da diese die Stakeholder dazu anregen, neue Perspektiven einzunehmen und bislang unerkannte Bedürfnisse zu identifizieren.

Ein Beispiel aus dem Szenario der Familie König zeigt dies deutlich: Die Familie hatte sich zunächst nicht aktiv mit der Möglichkeit einer intelligenten Lichtsteuerung auseinandergesetzt. Erst als Markus König bei einem Besuch im Smart Home der Familie Meyer bemerkte, dass sich die Lichtstimmung automatisch änderte, wurde ihm bewusst, dass eine solche Funktion einen Mehrwert für das eigene Zuhause bieten könnte. Dieses Bedürfnis war zuvor nicht konkret formuliert worden, sondern wurde erst durch die Erfahrung und das Erleben eines bestehenden Systems greifbar.

Die systematische Berücksichtigung aller drei Wissensarten ermöglicht eine fundierte und umfassende Anforderungsermittlung. Sie hilft nicht nur dabei, explizite Anforderungen zu erfassen, sondern auch verborgene Bedürfnisse und unentdeckte Optimierungspotenziale zu identifizieren.

Organisatorische Rahmenbedingungen

Organisatorische Rahmenbedingungen wie ein knappes Budget, eine hohe Anzahl oder örtliche Verteilung der Stakeholder beeinflussen die Machbarkeit bestimmter Techniken.

Beispielsweise setzt die Firma Schlauhaus bei der Entwicklung des SHS der Familie König auf ein iteratives Vorgehen, anstatt alle Anforderungen in einem großen Workshop zu erfassen. So wurde etwa die automatische Lichtsteuerung erst durch den Besuch bei der Familie Meyer zum Thema und später durch eine Analyse des Nutzungsverhaltens konkretisiert. Dadurch konnten relevante Anforderungen effizient identifiziert werden, ohne umfangreiche Workshops durchführen zu müssen.

Fachliche Rahmenbedingungen

Fachliche Rahmenbedingungen, wie die Komplexität des Systems oder der Bedarf an detaillierten bzw. groben Anforderungen, erfordern eine methodische Anpassung. Dabei ist zu beachten, dass der Detaillierungsgrad je nach Stakeholder variiert: Während die Familie König eher grobe, alltagsnahe Anforderungen formuliert, benötigen Lieferanten wie die Firma Schlauhaus präzise technische Angaben zur Umsetzung. Für grobe Anforderungen eignen sich explorative Techniken wie Brainstorming oder Beobachtungen, für detaillierte Anforderungen analytische Verfahren wie strukturierte Interviews oder Dokumentenanalysen.

Politische Rahmenbedingungen

Auch politische Rahmenbedingungen können die Anforderungsermittlung beeinflussen. Dazu zählen etwa unternehmensinterne Machtverhältnisse, strategische Interessen einzelner Stakeholder oder externe Einflüsse wie gesetzliche Vorgaben, Förderrichtlinien oder gesellschaftliche Diskussionen. Im Projekt rund um das SHS der Familie König spielt beispielsweise die Datenschutzdiskussion im familiären Umfeld eine Rolle: Während Markus König technikaffin ist, äußert seine Frau Nadine zunächst Bedenken bezüglich der Speicherung von Nutzungsdaten in der Cloud. Solche politischen Spannungen – ob im Kleinen oder auf Organisationsebene – erfordern Fingerspitzengefühl in der Auswahl der Ermittlungstechniken und in der Kommunikation.

7.1.4 Anpassungsfähigkeit in der Anforderungsermittlung

Requirements Engineering wird für die unterschiedlichsten Produkte und in individuellen Entwicklungsprozessen angewandt (siehe Abschnitt 3.1). Auch wenn die Möglichkeiten, mit Änderungen umzugehen, je Vorgehensmodell variieren, sollte der Requirements Engineer in der Ermittlung ein besonderes Maß an Anpassungsfähigkeit mitbringen. Abhängig vom bereits ermittelten Wissen, werden neue Ermittlungsbedarfe erkannt, die die Anwendung weiterer Ermittlungstechniken erfordern.

Ermittlungstechniken gezielt auswählen

Um das Wissen für die Anforderungen vollständig, effizient und effektiv aus den verschiedenen Anforderungsquellen zu ermitteln, ist es essenziell, den Rahmenbedingungen entsprechend sinnvolle Ermittlungstechniken auszuwählen [IREB CPRE E&C Handbuch 2024].

Abhängig von den ermittelten Rahmenbedingungen, aber auch vom Grad der Durchdringung von KI-Systemen und den damit verbundenen nutzbaren Eigenschaften in der jeweiligen Organisation, bleiben klassische Ermittlungstechniken weiterhin relevant. Abbildung 7.2 zeigt eine Auswahl von Ermittlungstechniken.

Gleichzeitig entstehen durch den Einsatz von KI auch neue, ergänzende Techniken: Dazu zählen etwa die KI-gestützte Simulation von Interviews, die automatische Ableitung von Anforderungen aus Gesetzestexten (perspektivenbasiertes Lesen), die Analyse großer Mengen unstrukturierter Rückmeldungen im Rahmen von Crowd-based RE oder die Ideengenerierung durch Analogietechniken. Diese erweitern den klassischen Methodenkoffer und eröffnen neue Möglichkeiten in der Anforderungsermittlung.

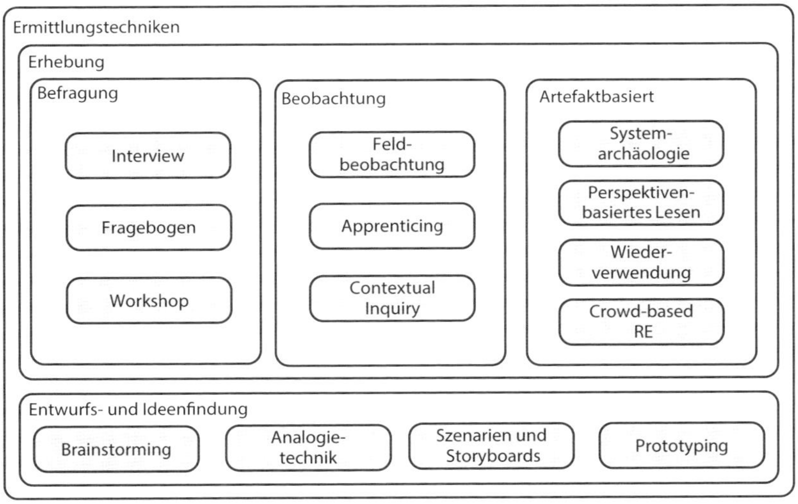

Abb. 7.2
Klassifizierung von Ermittlungstechniken nach [IREB CPRE E&C Handbuch 2024]

Im Fall der Firma Schlauhaus handelt es sich um eine individuelle Anpassung eines Basissystems mit einem kleinen Teil Eigenentwicklung. Die Stakeholder sind kommunikativ, haben ein gutes Verständnis von ihren Wünschen, aber geringes technisches Hintergrundwissen. In dieser Situation lassen sich Befragungs- und Beobachtungstechniken in Kombination mit Prototyping im Haus der Familie gut durchführen.

Anforderungen ändern sich

Durch gutes Requirements Engineering wächst die Anforderungsbasis stetig und neue Erkenntnisse werden zwischen den Stakeholdern ausgetauscht. Außerdem können sich während der Entwicklung geltende Gesetze, die technische Machbarkeit oder andere Rahmenbedingen ändern. Anpassungsfähigkeit in der Anforderungsermittlung bedeutet,

Veränderungen nicht als Störung, sondern als wertvolle Verbesserungsmöglichkeit zu betrachten. Durch eine iterative und methodische Herangehensweise lassen sich unvollständige oder fehlerhafte Anforderungen frühzeitig identifizieren und kostspielige Nachbesserungen minimieren. Unabhängig vom Vorgehensmodell ist die Anforderungsermittlung immer iterativ (siehe Abschnitt 3.1.1).

7.2 Auswahl der Ermittlungstechniken im Zeitalter von KI

KI verändert die Art und Weise, wie Wissen extrahiert, verarbeitet und strukturiert wird. Der Kern der Anforderungsermittlung bleibt die Wissenserhebung und -strukturierung, d. h., Prinzipien, die in den Methoden verankert sind, bleiben wichtig. Es geht darum, die Potenziale von KI so nutzbar zu machen, dass bestehende Techniken ergänzt oder erweitert werden und neue Techniken den Methodenkoffer ergänzen.

7.2.1 Ermittlungstechniken – Updates verfügbar

Befragungstechniken

Ein denkbares Anwendungsszenario zeigt sich im SHS-Kontext der Familie König: Ein KI-System könnte dort eingesetzt werden, um erste, mehrsprachige Fragebögen zur Nutzung von Licht- und Heizsystemen zu generieren. Diese könnten automatisch ausgewertet und thematisch geclustert werden – beispielsweise nach Komfort, Energieeffizienz und Automatisierungsgrad. In einer simulierten Befragungssituation könnten dann Interviewprotokolle KI-gestützt aufbereitet und zur Vorbereitung weiterer Ermittlungsschritte genutzt werden.

Beobachtungstechniken

Auch wenn Beobachtungstechniken primär menschlich geprägt sind, lassen sich denkbare Szenarien im Projekt Schlauhaus ableiten: Beispielsweise könnte ein KI-System durch Auswertung von Bildschirmaktivitäten oder aufgezeichneten Nutzungssituationen typische Verhaltensmuster bei der Steuerung des Heizsystems erkennen. Auf Basis dieser Muster könnten implizite Anforderungen identifiziert werden – etwa der Wunsch nach einer vereinfachten Steuerung am Abend. Im Sinne eines digitalen »Apprenticing« wäre so auch das Explizieren unterbewussten Wissens möglich.

Artefaktbasierte Techniken

Im SHS-Kontext könnten KI-Systeme Informationen aus Entwicklungsartefakten, Incident-Management-Systemen oder App-Bewertungen analysieren, um wiederkehrende Anforderungen zu identifizieren. Denkbar ist z. B. die automatische Auswertung häufiger Lichtsteuerungsprobleme oder Nutzerwünsche. Auch das perspektivenbasierte Lesen lässt sich KI-gestützt umsetzen – etwa beim Ableiten von Anforderungen aus rechtlichen Vorgaben oder Nutzungsbedingungen. Im

Rahmen von Crowd-based RE können KI-Systeme Rückmeldungen aus großen Nutzergruppen kontinuierlich auswerten und priorisieren [IREB CPRE E&C Handbuch 2024].

Entwurfs- und Ideenfindungstechniken

Ein denkbarer KI-gestützter Einsatz wäre die automatische Erstellung von Storyboards für Alltagsszenarien im SHS – etwa zur Darstellung einer typischen Abendroutine mit Licht- und Temperatursteuerung. Diese Artefakte könnten wiederum als Diskussionsgrundlage mit den Stakeholdern dienen. Auch die Nutzung von Analogietechniken ließe sich im SHS-Projekt konstruieren: Eine KI könnte z. B. adaptive Fahrzeugbeleuchtung als Analogie zur Raumlichtsteuerung vorschlagen. Solche Ideen könnten mit Methoden wie den »Six Thinking Hats« KI-unterstützt weiterentwickelt werden (siehe Abschnitt 7.3.5.2).

Auch wenn KI-Systeme an sich nicht kreativ sind, können sie jede Menge Denkanstöße produzieren, um die menschliche Kreativität anzuregen. War es für die Analogietechniken bisher kritisch, passende Analogien für ein Problem zu finden, bieten KI-Systeme gleich eine Vielzahl von Vorschlägen an. Neben der Vorbereitung von Kreativitätstechniken können diese sogar KI-gestützt durchgeführt werden (siehe dazu Abschnitt 7.3.5).

7.2.2 Superkräfte durch KI-gestützte Ermittlung

Wissen direkt aus Anforderungsquellen extrahieren

Eine der größten Herausforderungen im Requirements Engineering ist das Finden und Extrahieren relevanter Informationen – insbesondere bei artefaktbasierten und teilweise auch bei beobachtenden Techniken. In diesen Fällen liegen Informationen meist nicht explizit vor, sondern müssen aus Dokumenten, Systemnutzung oder Nutzerverhalten erschlossen werden. KI-Systeme wie NotebookLM[1] ermöglichen es, große Mengen an Informationen in kürzester Zeit zu analysieren. Fragen können ohne unmittelbare Beteiligung von Stakeholdern direkt an das KI-System gestellt werden, das relevante Informationen aus Dokumenten extrahiert und ggf. Lücken aufzeigt. Ein einfaches Beispiel, wie ein KI-System dabei helfen kann, heterogene Informationen zu analysieren und aufzubereiten, beschreiben wir in Abschnitt 7.3.1. Wie KI-Systeme systematisch für die Ermittlung von Anforderungen aus Gesetzestexten, Normen oder Standards eingesetzt werden können, zeigen wir am konkreten Beispiel für das SHS in Abschnitt 7.3.2.

Ermittlungstechniken mithilfe von KI-Systemen simulieren

KI-Systeme sind in der Lage, den Ablauf von Ermittlungstechniken wie z. B. Anforderungsworkshops zu simulieren und anhand von Personas zum Entwicklungskontext passende Ergebnisse zu generieren. Auch wenn diese Ergebnisse noch weiter bearbeitet werden müssen

1. *https://notebooklm.google/*

und nicht ungeprüft als Anforderungen übernommen werden sollten, liefern diese Simulationen bereits brauchbare Ergebnisse. Der Requirements Engineer kann mithilfe von KI-Systemen Anforderungen aus den Quellen gewinnen, ohne die Zeit der Stakeholder zu beanspruchen. Dadurch kann die Geschwindigkeit erhöht werden, mit der erste Anforderungen an die Stakeholder zurückgespiegelt werden. Durch geschicktes Prompt Engineering kann aber nicht nur die Zeit, sondern auch die Qualität der Ermittlung verbessert werden. Ein hilfreicher Ansatz besteht darin, das KI-System gezielt in Rollen schlüpfen zu lassen – etwa als Stakeholder mit einer bestimmten Perspektive. So können beispielhafte Aussagen generiert werden, aus denen sich erste Anforderungen ableiten lassen. Beispielprompt: »`Agiere als sicherheitsbewusster Vater und schildere deine Erwartungen an ein Smart-Home-System.`«

In einem zweiten Schritt kann das KI-System dann gebeten werden, die Antworten zu bewerten und zu verbessern, z. B. durch den Prompt: »`Analysiere deine Antworten und ergänze unklare oder fehlende Informationen.`« Auf diese Weise entsteht ein iterativer Dialog, der die Anforderungen weiter konkretisiert – auch ohne reale Stakeholder.

KI-Systeme in Form von Personas einbinden

Mithilfe von Personas lassen sich fundierte Annahmen über verschiedene Nutzergruppen treffen, die zur Ableitung von Anforderungen dienen können. KI-Systeme können dabei helfen, Personas auf Basis von Nutzerfeedback und Marktanalysen zu erstellen. Es gibt aber auch die Möglichkeit, spontan sogenannte Ad-hoc-Personas [IREB CPRE E&C Handbuch 2024] zu erstellen, die auf Trainingsdaten des KI-Systems und individuellen Kontextinformationen basieren (siehe Abschnitt 6.4.2).

In bestimmten Szenarien kann ein KI-System damit die Rolle einer Persona einnehmen (Persona Prompting) und den Stakeholder repräsentieren – beispielsweise, indem sie Nutzerverhalten simuliert oder als Chatbot in der Kommunikation mit echten Stakeholdern fungiert. Dadurch lassen sich Gesprächssituationen »vordenken« und Prompt-Ergebnisse verbessern (siehe dazu die SOPHIST Prompting Guideline in Abschnitt 4.3).

Prototypen direkt erstellen

KI-gestützte Tools ermöglichen es, anhand weniger Anforderungen realistische Prototypen, z. B. Mockups, automatisch zu erstellen. Dies beschleunigt den Feedbackprozess und verbessert die frühzeitige Validierung von Anforderungen. So können beispielsweise in einem Anforderungsworkshop die Bedürfnisse der Stakeholder in kurzer Zeit auf Prototypen übertragen und in der Zusammenarbeit kontinuierlich verbessert werden. Mit KI können Prototypen noch besser als Reibungsfläche in der Anforderungsermittlung eingesetzt werden, um neue Anforderungen zu sammeln. Fast noch wichtiger ist der Einsatz von Prototypen zur Validierung der Anforderungsbasis, deren Erstellung wir in Abschnitt 9.3.3 beschreiben.

7.2.3 Ermittlungsstrategie mit KI planen

Um die Ressourcen der Anforderungsermittlung sinnvoll einzusetzen, empfiehlt es sich, einen Ermittlungsplan zu erstellen [IREB CPRE E&C Handbuch 2024]. Mit den richtigen Informationen ausgestattet, können KI-Systeme passende Ermittlungstechniken vorschlagen und als Diskussionspartner dienen. Gerade bei politisch schwierigen Rahmenbedingungen kann die Auswahl der Ermittlungstechniken über den Erfolg entscheiden – das KI-System kann dabei hilfreich sein.

Prompt 7.1 beinhaltet die Anweisung zur Entwicklung eines Ermittlungsplans für die Firma Schlauhaus nach dem aus Abschnitt 4.5 bekannten Interaktionsmuster »Chain of Thought« bzw. »Prompt Chaining«.

Prompt 7.1
Ermittlungstechniken auf Basis von Rahmenbedingungen finden

```
ROLLE: Sei mein erfahrener Requirements Engineer.
QUALIFIKATION: Du bist zertifizierter CPRE Advanced Level
"Elicitation" des IREB e.V. und kennst dich sehr gut mit der
Ermittlung von Anforderungen und der Erstellung eines
Ermittlungsplans aus.
AUFGABE: Erstelle einen Ermittlungsplan für mein Projekt.
VORGEHEN:
1. Ich werde dir die aktuelle Version des Lehrplans zur Verfügung
stellen. Du wirst das Dokument zusammenfassen.
2. Du erklärst, was ein Ermittlungsplan ist.
3. Ich werde dir meinen Projektkontext erläutern.
4. Du erstellst einen Vorschlag für einen Ermittlungsplan.
5. Wir werden den Ermittlungsplan diskutieren.
RESTRIKTIONEN:
Lass uns Schritt für Schritt vorgehen.
Gehe erst zum nächsten Schritt, wenn ich es dir sage.
```

Nachdem das KI-System über die Suche im Netz oder über einen Upload Zugriff auf das Dokument bekommen hat, prüfen wir über die Zusammenfassung, welche Inhalte in der Anfrage verwendet werden können. Mit dem Schritt 2 vertiefen wir diese Vorarbeit, indem wir uns die Definition des Ermittlungsplans anzeigen lassen, die wir ebenfalls im Dokument überprüfen können. Bis zu diesem Punkt hätte uns eine Suche im Internet ebenso schnell gute Ergebnisse geliefert.

Wir möchten jedoch die Anpassungsfähigkeit und die Diskussionsmöglichkeiten mit dem KI-System nutzen und beschreiben nun noch den Kontext gemäß Abschnitt 7.1.3 und fügen in unserer Interaktion die Wünsche an das SHS in Form von Kapitel 2 hinzu. Für die in Prompt 7.2 beschriebene Anfrage sollte das KI-System nun alle Kontextinformationen kennen, die für die Erstellung des Ermittlungsplans notwendig sind.

Prompt 7.2
Ermittlungsaktivitäten auf Basis von Rahmenbedingungen finden

Erstelle basierend auf den besprochenen Informationen einen Ermittlungsplan zu meinem Projekt mit den folgenden **Details:**

- Ermittlungsaktivität mit Identifier (ID), also der inhaltliche Aspekt, der ermittelt werden soll.
- Anforderungsquelle, aus der die Anforderungen ermittelt werden sollen.
- Ermittlungstechnik, mit der das Wissen am besten ermittelt werden kann.
- Abhängigkeit zu anderen Ermittlungsaktivitäten.
- Begründung, warum diese Technik besonders gut zu den Rahmenbedingungen meines Projekts passt.

Ausgabeformat: Tabelle mit den Details als Spalten.

Ergebnis zu Prompt 7.2 – Ermittlungsaktivitäten auf Basis von Rahmenbedingungen finden [ChatGPT 4o 2025]

Ermittlungsaktivität 1: Klimasteuerung für optimalen Komfort
Ermittlungsziel: Ermittlung der Anforderungen für eine intelligente Klimasteuerung, die die Temperatur in jedem Raum automatisch anpasst und einen Energiesparmodus bei Abwesenheit aktiviert.
Anforderungsquelle: Familie König (insbesondere Markus und Nadine König)
Ermittlungstechnik: Interviews und Contextual Inquiry
Abhängigkeit: Keine direkte Abhängigkeit, aber Ergebnisse können Einfluss auf die Lichtinszenierung haben.
Begründung: Interviews ermöglichen es, detaillierte Anforderungen und Wünsche der Familie König zu erfassen. Contextual Inquiry hilft, das tatsächliche Nutzungsverhalten und die Bedürfnisse im realen Kontext zu verstehen.

Ermittlungsaktivität 2: Lichtinszenierung für jede Stimmung
Ermittlungsziel: Ermittlung der Anforderungen für eine intelligente Lichtsteuerung, die verschiedene Stimmungen erzeugen und Energie sparen kann.
Anforderungsquelle: Familie König (insbesondere Nadine und Alex König)
Ermittlungstechnik: Workshops und Prototyping
Abhängigkeit: Abhängig von den Ergebnissen der Klimasteuerung, da beide Systeme integriert werden sollen.
Begründung: Workshops fördern die Zusammenarbeit und Kreativität der Stakeholder. Prototyping ermöglicht es, verschiedene Lichtstimmungen zu testen und Feedback zu erhalten.

Im Anschluss an die Interaktion haben wir die Prompt-Ergebnisse noch etwas herausgefordert, Gegenvorschläge unterbreitet und uns die Vor- und Nachteile der Techniken für eine Ermittlungsaktivität erläutern lassen. Auch wenn wir in der Realität unseren Plan immer noch mit den relevanten Stakeholdern abstimmen, haben wir mit dem Einsatz eines KI-Systems unsere Entscheidungsfindung verbessert.

Wir empfehlen außerdem, das KI-System bei der Planung von einzelnen Ermittlungstechniken auf diese Art beratend hinzuzuziehen. Wie das KI-System die Konzeption und Vorbereitung eines Interviews unterstützen kann, beschreiben wir in Abschnitt 7.3.4.

Im folgenden Abschnitt haben wir weitere Anwendungsszenarien für künstliche Intelligenz im Requirement Engineering definiert. Diese Auswahl zeigt die Vielseitigkeit von KI-Systemen als Sparringpartner und zur Unterstützung von Ermittlungsaktivitäten. Das KI-System kann Schwachstellen in der Planung frühzeitig identifizieren und Anpassungen vorschlagen.

7.3 KI-Einsatzszenarien in der Anforderungsermittlung

Der Einsatz von künstlicher Intelligenz verändert die Art und Weise, wie Anforderungen identifiziert, analysiert und strukturiert werden. Während klassische Ermittlungstechniken weiterhin eine wichtige Rolle spielen, bieten KI-Systeme neue Möglichkeiten, bekannte Herausforderungen im Requirements Engineering effizienter zu bewältigen – sei es bei der Auswertung großer Datenmengen, der Simulation von Stakeholder-Interaktionen oder der Unterstützung kreativer Prozesse.

In den folgenden Abschnitten zeigen wir konkrete Anwendungsszenarien, wie KI-Systeme sinnvoll in der Anforderungsermittlung eingesetzt werden können. Anhand praxisnaher Beispiele werden typische Herausforderungen wie unstrukturierte Informationsquellen, regulatorische Anforderungen, Interviewvorbereitung oder die Ableitung aus Geschäftsprozessen aufgegriffen und Lösungen mit KI-gestützten Methoden vorgestellt. Ziel ist es, Requirements Engineers einen Überblick über praxisrelevante Potenziale zu geben und konkrete Ideen zur Integration von KI in ihre Ermittlungstätigkeit zu liefern.

7.3.1 Anforderungen im Dokumenten-Dickicht? KI gegen das Informationschaos

Ausgangslage

Bei der Entwicklung von Smart-Home-Systemen durch die Firma Schlauhaus entstehen zahlreiche Dokumente, die Anforderungen in freier Textform enthalten. Diese liegen oft als MS-Word- oder PDF-Dateien vor, in deutscher oder englischer Sprache, und enthalten häufig vertrauliche Informationen. Die bisherige manuelle Verarbeitung ist zeitaufwendig und fehleranfällig.

In der aktuellen Praxis müssen Produktexperten die Dokumente einzeln lesen und die enthaltenen Anforderungen manuell in eine standardisierte Vorlage wie Anforderungs- oder Spezifikationsschablonen übertragen. Dies erschwert eine effiziente Verarbeitung und führt zu Inkonsistenzen zwischen verschiedenen Anforderungen. Um den Kundenservice zu verbessern und die Produktentwicklung zu optimieren, soll ein KI-gestütztes System eingeführt werden, das die Kundenanforderungen automatisch erfasst und nach Produktbereichen wie »Zugang und Sicherheit«, »Nutzung von Solarstrom« und »Klimasteuerung« kategorisiert.

Erwarteter Nutzen

Der Einsatz eines KI-gestützten Systems zur Strukturierung von Informationen bietet zahlreiche Vorteile. Zum einen kann die Bearbeitungszeit erheblich reduziert werden, da das KI-System in der Lage ist, große Mengen an unstrukturierten Daten in kürzester Zeit zu analysieren und in eine standardisierte Form zu überführen. Zudem wird durch die systematische Kategorisierung sichergestellt, dass keine wichtigen Anforderungen übersehen werden. Ein weiterer Nutzen liegt in der besseren Vergleichbarkeit der Anforderungen. Da das KI-System die extrahierten Informationen mit bereits bestehenden Anforderungen und Produkten abgleichen kann, lassen sich Redundanzen vermeiden und Lücken in den Kundenanforderungen gezielt identifizieren. Die strukturierte Bereitstellung der Informationen ermöglicht außerdem eine effizientere Weiterverarbeitung, sei es für die Erstellung von Use Cases oder für weitere KI-gestützte Analysen.

Geplantes Vorgehen

In unseren Projekten hat sich gezeigt, dass ein mehrstufiges Vorgehen nach dem »Divide and Conquer«-Prinzip besonders effektiv ist, um KI-Ergebnisse nachvollziehbar zu machen.

Um die unstrukturierte Dokumentation effizient mithilfe eines KI-Systems zu analysieren, wird ein mehrstufiges Vorgehen angewandt. Ziel ist es, die Dokumente strukturiert aufzubereiten und die relevanten Informationen in eine verwendbare Form zu überführen. Das Vorgehen umfasst die folgenden Schritte:

Schritt 1: Definition der Analyseziele

Zu Beginn muss der Bereich der Anforderungsermittlung klar definiert werden, damit das KI-System gezielt eingesetzt werden kann. Dabei gilt es festzulegen, welche Arten von Anforderungen erfasst, in sinnvolle Kategorien unterteilt und in welchem Format sie ausgegeben werden sollen. Zudem müssen Qualitätskriterien bestimmt werden, um eine präzise Extraktion zu gewährleisten.

Retrieval-Augmented Generation (RAG) spielt hierbei eine zentrale Rolle, da es das KI-System mit einer externen Wissensquelle verbindet und gezielt relevante Informationen abrufen kann. Besonders nützlich ist dies, wenn KI-Systeme auf aktuelle gesetzliche Bestimmungen, neue wissenschaftliche Erkenntnisse oder spezifische Unternehmensrichtlinien zugreifen müssen. Dadurch wird sichergestellt, dass keine Duplikate entstehen und bereits vorhandene Erkenntnisse genutzt werden. Eine detaillierte Erklärung der Funktionsweise von RAG und seiner Integration in KI-Systeme finden Sie in Abschnitt 4.5.3. RAG ermöglicht eine präzisere und umfassendere Anforderungsanalyse durch die Kombination aus maschinellem Lernen und der gezielten Anbindung an eine relevante Wissensbasis.

Schritt 2: Vorbereitung der Dokumente

Vor der Analyse müssen die Eingangsdokumente überprüft und ggfs. aufbereitet werden. Dies umfasst:

- Prüfung des Formats und der Sprache
- Bereinigung irrelevanter Abschnitte
- Sicherstellung der Maschinenlesbarkeit
- Ergänzung von Metadaten zur besseren Identifizierung der Anforderungen

Schritt 3: KI-gestützte Analyse und Kategorisierung

Nach der Vorbereitung erfolgt die eigentliche Ermittlung durch das KI-System. Im Kontext des Smart-Home-Systems soll beispielsweise die Lichtsteuerung analysiert werden. Im Prompt 7.3 wird das KI-System mit einer gezielten Anfrage auf die Aufgabe vorbereitet:

Prompt 7.3 *Vorbereitung der Analyse und Extraktion von Anforderungen*

```
Hier ist ein Dokument mit unstrukturierten Kundenanforderungen zur
Lichtsteuerung eines Smart-Home-Systems. Bereite das Dokument für
eine strukturierte Analyse auf, indem du die folgenden Schritte
durchführst:
1. Relevante Informationen werden identifiziert und sinnvoll
   kategorisiert.
2. Widersprüchliche oder redundante Inhalte werden bereinigt.
3. Fehlende oder unklare Informationen werden gekennzeichnet.
4. Die extrahierten Informationen werden in einer strukturierten
   Tabelle mit den Spalten ID, Beschreibung, Kategorie und Quelle
   formatiert.
```

Das KI-System kann daraufhin verschiedene Methoden zur Informationsverarbeitung vorschlagen, darunter die Zusammenfassung und Analyse von Anforderungen, deren Kategorisierung nach thematischen Bereichen, die Priorisierung wichtiger Aspekte sowie die Identifikation von fehlenden oder unstimmigen Informationen. Sobald ein erster Überblick über die Daten gewonnen wurde, wird das KI-System gezielt angewiesen, die Anforderungen systematisch zu extrahieren und in eine nutzbare Struktur zu überführen (siehe Prompt 7.4).

Prompt 7.4 *Analyse und Kategorisierung von Anforderungen*

```
Hier ist ein strukturiertes Dokument mit aufbereiteten und
kategorisierten Informationen zur Lichtsteuerung im Smart-Home-
System. Analysiere die enthaltenen Informationen und extrahiere
daraus relevantes Wissen für die Anforderungsermittlung.
1. Identifikation relevanter Anforderungen: Leite konkrete
   funktionale und nicht funktionale Anforderungen aus den
   strukturierten Informationen ab.
2. Zuweisung der Quellinformationen: Ordne jeder extrahierten
   Anforderung die ursprüngliche Textpassage oder Quellinformation
   aus dem Dokument zu.
3. Ableitung von Nutzungsfällen: Erstelle typische
   Nutzungsszenarien für die identifizierten Anforderungen.
```

```
4. Ergänzung durch Optimierungsvorschläge: Erkenne
   Verbesserungspotenziale oder fehlende Anforderungen basierend
   auf Best Practices.
5. Strukturierte Ausgabe: Präsentiere die extrahierten
   Anforderungen in einer Tabelle mit den Attributen Anforderungs-
   ID, Beschreibung, Kategorie, Quelle, Priorität […]
Falls Inkonsistenzen oder Unklarheiten in den Anforderungen
erkennbar sind, markiere diese und formuliere gezielte Rückfragen
für eine weitere Anforderungsklärung.
```

Schritt 4: Verfeinerung der Analyse und Dokumentation der Ergebnisse

Die vom KI-System extrahierten Ergebnisse werden iterativ verfeinert. Dies umfasst:

- Anpassung der Analyse durch spezifische Schwerpunkte
- Bereitstellung zusätzlicher Dokumente
- Abgleich mit bestehenden Anforderungen zur Vermeidung von Redundanzen und Widersprüchen

Hier spielt RAG erneut eine entscheidende Rolle, indem es bereits vorhandene Anforderungen als Referenz nutzt und neue Anforderungen in den bestehenden Kontext einbettet. Dies vermeidet Dubletten und schafft eine konsistente Datenbasis. Nach der Extraktion erfolgt die manuelle Validierung durch die Produktexperten.

Schritt 5: Integration in bestehende Prozesse

Sobald die strukturierten Anforderungen validiert sind, werden sie in bestehende Dokumentations- und Anforderungsmanagementsysteme überführt (siehe Abschnitt 11.4). Zur Validierung von Anforderungen mithilfe eines KI-Systems siehe Kapitel 9.

Bewertung des Ergebnisses

Das KI-gestützte System zur Strukturierung von Informationen optimiert den Anforderungsprozess erheblich. Dennoch ist eine gründliche Evaluierung erforderlich:

- **Vollständigkeit sichern:** Sind alle relevanten Anforderungen extrahiert und korrekt kategorisiert?
- **Konsistenz prüfen:** Sind die strukturierten Anforderungen widerspruchsfrei?
- **Durch Experten validieren:** Sind die extrahierten Anforderungen notwendig und korrekt?
- **Iterativ optimieren:** Falls Unstimmigkeiten auftreten, wird die Struktur durch Verfeinerung der Prompts angepasst.

Durch den Einsatz von RAG kann zudem sichergestellt werden, dass neue Anforderungen nicht isoliert betrachtet, sondern in den Kontext bestehender Erkenntnisse eingebettet werden. Dies erhöht die Konsistenz der ermittelten Anforderungen und ermöglicht eine effizientere

Weiterverarbeitung in nachgelagerten Prozessen. Die vollständige Interaktion zu Prompt 7.4 finden Sie in den Online-Inhalten zu diesem Buch auf der Wissensplattform.

www.sophist.de/kire/k7-3

7.3.2 Vom Gesetz zur Anforderung: KI als Schlüssel zur Compliance

Mit der zunehmenden Vernetzung von Systemen gewinnt der Schutz personenbezogener Daten zunehmend an Bedeutung.

Im Beispiel der Familie König werden die persönlichen Einstellungen zur Heizungs- und Lichtsteuerung zentral in einem Kundenkonto bei der Firma Schlauhaus gespeichert. Diese Cloud-Lösung ermöglicht es, das SHS von unterwegs aus über eine mobile App zu steuern. Dabei stellt sich die zentrale Frage: Welche gesetzlichen Vorgaben müssen für die Speicherung, Verarbeitung und Sicherung dieser Daten beachtet werden? In Abschnitt 6.4.7 wurden bereits zentrale Regulatorien ermittelt. Besonders relevant für unser Beispiel ist die EU-Datenschutz-Grundverordnung (DSGVO), die klare Anforderungen an die Verarbeitung personenbezogener Daten stellt. Die Ableitung solcher Anforderungen aus Gesetzen erfolgt im Rahmen artefaktbasierter Ermittlungstechniken – konkret durch perspektivenbasiertes Lesen, bei dem juristische Texte gezielt aus Sicht bestimmter Stakeholder-Gruppen analysiert werden. KI-Systeme unterstützen diesen Prozess, indem sie relevante Inhalte identifizieren, strukturieren und in einen projektspezifischen Kontext überführen.

Ausgangslage

Um sicherzustellen, dass das SHS rechtskonform entwickelt wird, müssen aus den relevanten Gesetzestexten präzise und umsetzbare Anforderungen abgeleitet werden. In diesem Anwendungsszenario nutzen wir das KI-System, um perspektivenbasiertes Lesen aus der Perspektive der Anwender mit Fokus auf die Lichtsteuerung des SHS durchzuführen.

Erwarteter Nutzen

Der Einsatz von KI-Systemen zur Analyse von Gesetzestexten bietet mehrere Vorteile:

- **Zeitersparnis:** Gesetzestexte sind oft komplex und umfangreich. Ein KI-System kann umfangreiche Dokumente wie Gesetze, Standards oder Normen schnell analysieren und kategorisieren.
- **Bessere Strukturierung:** Die abgeleiteten Anforderungen können systematisch erfasst und mit den entsprechenden Artikeln der DSGVO verknüpft werden.

- **Reduktion von Compliance-Risiken:** Eine frühzeitige Identifikation relevanter Vorschriften senkt das Risiko, ein System zu entwickeln, das nicht mit den Compliance-Vorgaben übereinstimmt.
- **Nachvollziehbarkeit:** Durch eine schrittweise und nachvollziehbare Verknüpfung der Anforderungen mit den jeweiligen Gesetzesartikeln bleibt die Rückverfolgbarkeit zu den gesetzlichen Grundlagen erhalten.

Klassische vs. KI-gestützte Anforderungsermittlung

Traditionell erfolgt die Ableitung gesetzlicher Anforderungen durch Expertenanalysen, was eine hohe Präzision gewährleistet, jedoch zeitaufwendig und ressourcenintensiv ist. KI-Systeme ermöglichen hingegen eine schnellere Verarbeitung großer Mengen an Gesetzestexten und können relevante Vorschriften automatisiert extrahieren. Allerdings bleibt die Validierung durch Fachleute essenziell, um Interpretationsspielräume korrekt einzuordnen und die Praxistauglichkeit sicherzustellen. KI-Systeme eignen sich besonders für die schnelle Identifikation von Vorschriften, während Fachleute die kontextuelle Einordnung übernehmen.

Geplantes Vorgehen

Die Ableitung von Anforderungen aus Gesetzen erfordert eine systematische Vorgehensweise, um sicherzustellen, dass regulatorische Vorgaben präzise in Anforderungen übersetzt werden. Der Einsatz eines KI-gestützten Systems hilft bei diesem Prozess, indem es relevante Gesetzestexte

- identifiziert,
- analysiert,
- strukturiert
- und anschließend Informationen in konkrete Anforderungen überführt.

Ein schrittweises Vorgehen ist dabei wesentlich, da es die Transparenz der KI-generierten Ergebnisse erhöht und eine strukturierte Verarbeitung der gesetzlichen Vorgaben ermöglicht. Sollte die Qualität der KI-Ergebnisse nicht den Erwartungen entsprechen, können Anpassungen frühzeitig vorgenommen werden. So wird nicht nur die Qualität der Anforderungsermittlung verbessert, sondern auch eine nachhaltige Rechtskonformität ermöglicht.

Schritt 1: Extraktion relevanter Artikel mit einer KI

Nachdem die wichtigsten Gesetze ermittelt wurden (siehe Abschnitt 6.4.7), unterstützt die KI bei der Extraktion und Strukturierung der relevanten Gesetzestexte. Die Gesetzesartikel werden automatisch analysiert und in verständlicher Form aufbereitet. Ein Beispiel hierfür findet sich in Prompt 7.5.

Prompt 7.5
Extraktion relevanter Artikel der DSGVO für das SHS

Aufgabe: Es wird ein Smart-Home-System entwickelt. Für das Szenario Klima_Licht (siehe Projektdaten Szenario_Klima_Licht.pdf) sollen alle für die Entwicklung relevanten Artikel der DSGVO identifiziert werden. Begründe für jeden genannten Artikel, warum er relevant für die Entwicklung des Smart-Home-Systems ist. [...]

Basierend auf dieser Abfrage generiert das KI-System eine Liste relevanter Artikel, die für die weitere Anforderungsermittlung genutzt werden. Durch den Prompt 7.5 werden jeweils nur die relevanten Artikel angezeigt.

Ergebnis zu Prompt 7.5 – Extraktion relevanter Artikel der DSGVO für das SHS [ChatGPT 4o 2025]

Artikel 6 – Rechtmäßigkeit der Verarbeitung
Relevanz:
Für die Speicherung und Verarbeitung von Benutzerprofilen in der Cloud benötigt das Unternehmen Schlauhaus eine gültige Rechtsgrundlage, z. B. die Einwilligung der Nutzer (Art. 6 Abs. 1 lit. a) oder die Erforderlichkeit zur Vertragserfüllung (Art. 6 Abs. 1 lit. b). Ohne eine gesetzlich legitimierte Grundlage wäre die Datenverarbeitung unzulässig. [...]

Schritt 2: Analyse und Kategorisierung

Aus den identifizierten Gesetzesartikeln werden im Prompt 7.6 die für die weitere Bearbeitung relevanten Informationen extrahiert.

Prompt 7.6
Gesetze analysieren und kategorisieren

Ergänze die identifizierten DSGVO-Artikel um Attribute und Stichwörter, damit sie in einer Datenbank leichter gefunden werden können.
Vorgegebene Attribute:
1. Rechtliche Verbindlichkeit der Norm ("Muss-", "Sollte-" oder "Kann"-Vorschrift)
2. Betroffene Systembereiche (z. B. Authentifizierung, Datenverschlüsselung, Löschmechanismen)
3. Verknüpfung zu anderen Vorschriften
4. Stichwörter
5. Kurze Beschreibung des Artikelinhalts

Die tabellarische Kategorisierung hilft dem Requirements Engineer, Ergebnisse des KI-Systems besser nachvollziehen und überprüfen zu können.

Ergebnis zu Prompt 7.6 – Gesetze analysieren und kategorisieren [ChatGPT 4o 2025]

Artikel 6 – Rechtmäßigkeit der Verarbeitung
- Rechtliche Verbindlichkeit: Muss
- Betroffene Systembereiche: Einwilligungsmanagement, Benutzerregistrierung, Verarbeitung personenbezogener Daten
- Verknüpfung zu anderen Vorschriften: Art. 7 (Einwilligung), Art. 9 (besondere Kategorien personenbezogener Daten)
- Stichwörter: Einwilligung, Vertragserfüllung, berechtigtes Interesse, Rechtsgrundlage
- Kurze Beschreibung: Dieser Artikel definiert die rechtlichen Grundlagen der Datenverarbeitung, darunter Einwilligung, Vertragserfüllung oder berechtigtes Interesse. Ein Smart-Home-System muss sicherstellen, dass die Verarbeitung von Nutzerdaten auf einer der zulässigen Grundlagen erfolgt. [...]

Schritt 3: Ableitung konkreter Anforderungen für das Smart-Home-System

Nach der strukturierten Analyse und Kategorisierung werden die gesetzlichen Vorgaben in praxisnahe, testbare Anforderungen übersetzt. Jede Anforderung wird mit der entsprechenden gesetzlichen Grundlage verknüpft, um eine transparente Nachvollziehbarkeit zu gewährleisten.

Prompt 7.7 *Ableiten von Anforderungen aus der DSGVO*

```
Leite anhand der erzeugten Tabelle Anforderungen an das Smart-Home-
System ab. Achte auf die Vorgaben des IREB zur Ermittlung und
Dokumentation von Anforderungen, insbesondere auf die
Qualitätskriterien für Einzelanforderungen und
Anforderungsdokumente. Jede Anforderung muss die exakte Quelle im
Gesetz enthalten.
```

Ergebnis zu Prompt 7.7 – Ableiten von Anforderungen aus der DSGVO [ChatGPT 4o 2025]

```
Rechtmäßigkeit der Verarbeitung und Einwilligung
Anforderung 2.1: Das System muss eine Einwilligungsfunktion
bereitstellen, mit der Nutzer aktiv der Verarbeitung ihrer
personenbezogenen Daten zustimmen können.
Quelle: DSGVO Artikel 6 (1)(a), Artikel 7
Betroffene Systembereiche: Einwilligungsverwaltung,
Benutzerverwaltung
Kriterien: Vollständig, Verständlich, Überprüfbar
Anforderung 2.2: Nutzer müssen ihre Einwilligung jederzeit
widerrufen können, wodurch die weitere Verarbeitung ihrer Daten
gestoppt werden muss.
Quelle: DSGVO Artikel 7 (3)
Betroffene Systembereiche: Einwilligungsverwaltung,
Löschmechanismen
Kriterien: Adäquat, Vollständig, Überprüfbar […]
```

Fazit und Bewertung

Das gezeigte Beispiel verdeutlicht, dass ein schrittweises Vorgehen zu nachvollziehbaren und gut strukturierten KI-Ergebnissen führt. Die generierten Anforderungen sind bereits jetzt mit gängigen Stakeholder-Anforderungsspezifikationen vergleichbar und können weiter verfeinert und qualitativ verbessert werden (siehe Abschnitt 7.4).

Die finale Verantwortung für die korrekte Interpretation, Umsetzung und Einhaltung gesetzlicher Anforderungen liegt stets beim Unternehmen. Datenschutz- und Rechtsexperten müssen sicherstellen, dass alle KI-generierten Anforderungen auf ihre technische Machbarkeit, rechtliche Korrektheit und Vollständigkeit geprüft werden. Eine fehlerhafte oder unvollständige Anforderung könnte zu regulatorischen Verstößen führen – mit möglicherweise rechtlichen und finanziellen Konsequenzen.

Ein fundierter Bewertungsprozess umfasst daher:

1. **Überprüfung der Vollständigkeit**, um sicherzustellen, dass alle relevanten gesetzlichen Vorgaben berücksichtigt sind.
2. **Validierung durch Experten**, um die Anforderungen an den höchsten Sicherheits- und Datenschutzstandards auszurichten.
3. **Iterative Optimierung**, bei der die KI gezielt für Verfeinerungen eingesetzt und regelmäßig an neue regulatorische Entwicklungen angepasst wird.

Die vollständige Interaktion zu Prompt 7.7 finden Sie in den Online-Inhalten zu diesem Buch auf der Wissensplattform.

www.sophist.de/kire/k7-3

Erweiterte KI-Unterstützung und Legal-Tech-Lösungen

Neben der hier beschriebenen Nutzung von sprachverarbeitenden KI-Systemen gibt es bereits Technologien zur Unterstützung der Ableitung gesetzlicher Anforderungen. Dazu gehören spezialisierte Legal-Tech-Tools, die regulatorische Vorgaben analysieren und automatisiert in Anforderungen überführen können. Diese Lösungen bieten Potenzial für eine weitere Automatisierung, werden jedoch in diesem Abschnitt nicht behandelt.

7.3.3 Anforderungen aus Geschäftsprozessen ableiten

Geschäftsprozesse definieren, wie ein Unternehmen arbeitet, welche Abläufe notwendig sind und welche Schnittstellen zwischen Akteuren existieren. Um Produkte gezielt an betriebliche Abläufe anzupassen, müssen Anforderungen aus diesen Prozessen abgeleitet werden.

Ausgangslage

Um den Kundenservice der Firma Schlauhaus zu optimieren, soll eine Anforderungsanalyse auf Basis bestehender Geschäftsprozesse durchgeführt werden. Ziel ist es, ein System zu entwickeln, das automatisiert Kundenanfragen bearbeitet und die Wartung der Smart-Home-Geräte effizienter gestaltet. Dabei stellt sich die Frage: Welche Anforderungen ergeben sich aus den bestehenden Geschäftsprozessen des Unternehmens?

Als Ausgangspunkt dient der in Abbildung 7.3 gezeigte Geschäftsprozess für Wartung & Kundendienst des Smart-Home-Systems. Dieser umfasst Fehlererkennung, Kundeninteraktion und Wartungsmaßnahmen.

Abb. 7.3 *Geschäftsprozess Wartung & Kundendienst SHS*

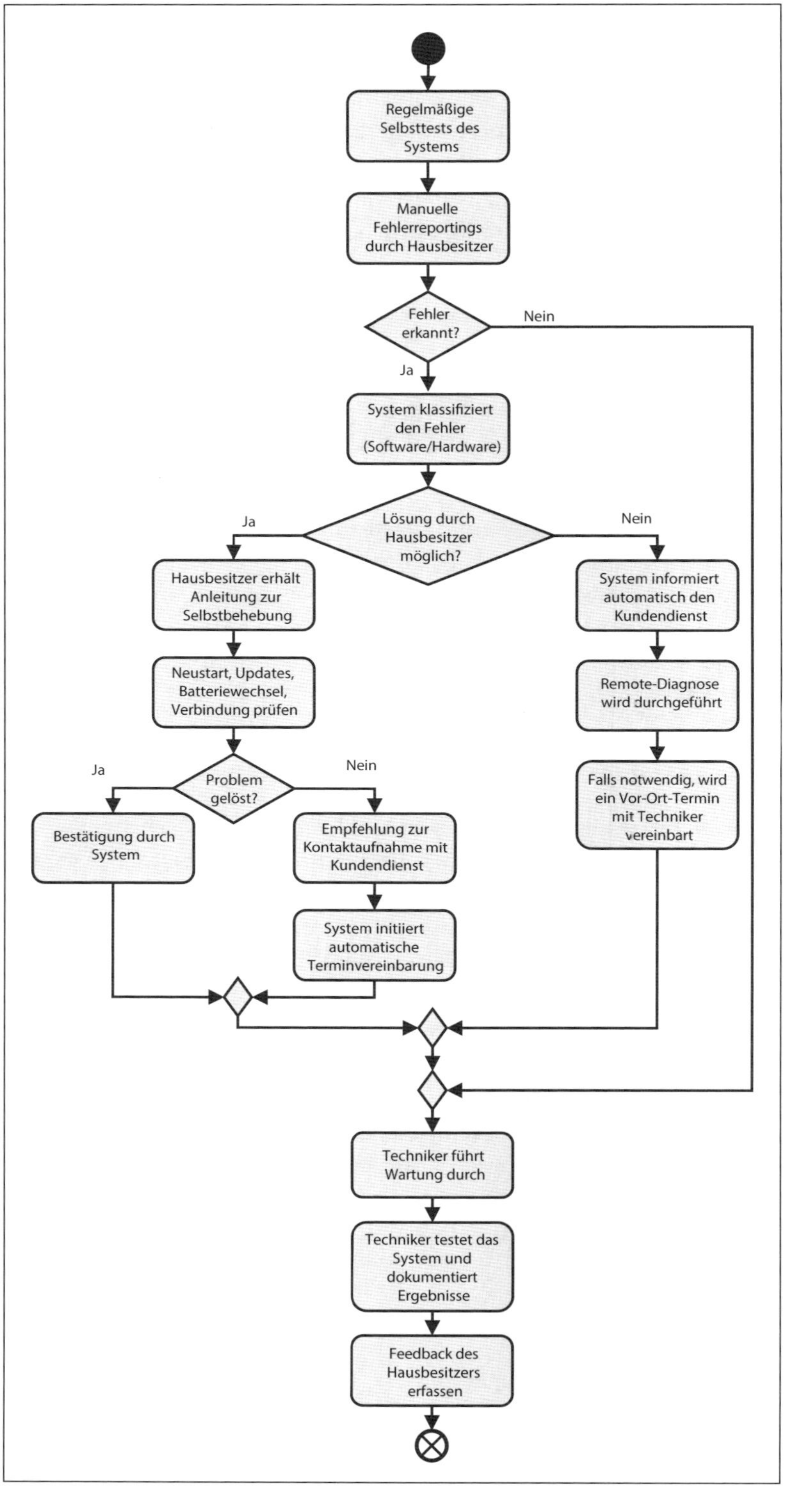

Schritt 1: Identifikation und Dokumentation relevanter Geschäftsprozesse

Der erste Schritt besteht darin, die relevanten Geschäftsprozesse zu identifizieren und zu dokumentieren. Dies kann durch Interviews mit Prozessverantwortlichen, Analyse vorhandener Prozessdokumentationen und Workshops mit Stakeholdern erfolgen.

Schritt 2: Ableitung der Anforderungen

Auf Basis der dokumentierten Geschäftsprozesse lassen sich Anforderungen mit dem Prompt 7.8 systematisch extrahieren.

Prompt 7.8
Anforderungen aus Geschäftsprozess ableiten

```
Leite aus dem dokumentierten Wartungsprozess des Smart-Home-Systems
funktionale und nicht funktionale Anforderungen ab. Formuliere jede
Anforderung gemäß den Qualitätskriterien für Einzelanforderungen
aus dem CPRE Foundation Level Handbuch (z.B. überprüfbar,
eindeutig, notwendig, adäquat). Verknüpfe jede Anforderung mit dem
spezifischen Prozessschritt, aus dem sie abgeleitet wurde.
```

Ergebnis zu Prompt 7.8 – Anforderungen aus Geschäftsprozess ableiten [ChatGPT 4o 2025]

```
Funktionale Anforderungen
• Fehlererkennung und Diagnose
• Das System muss regelmäßig automatische Selbsttests durchführen,
  um Fehler zu erkennen.
• Das System muss Sensordaten analysieren und Anomalien automatisch
  erkennen.
• Der Hausbesitzer muss über eine Benachrichtigungsfunktion
  manuell ein Problem melden können.
• Anleitung zur Selbstbehebung […]
```

Schritt 3: Iterative qualitative Verbesserung der Anforderungen

Obwohl die Qualitätskriterien für Anforderungen im Prompt 7.8 referenziert wurden, sollten die Anforderungen weiter verbessert werden. Beispielsweise sollte die Anforderung »`Das System muss Sensordaten analysieren und Anomalien automatisch erkennen`« in zwei getrennte Anforderungen aufgeteilt werden, um eine bessere Überprüfbarkeit zu gewährleisten. Auch kann der Betrachtungsgegenstand präziser formuliert werden: Die Anforderung »`Der Hausbesitzer muss …`« sollte in eine systembezogene Anforderung umgewandelt werden, um Missverständnisse zu vermeiden.

Die detaillierte Methodik zur qualitativen Verbesserung von Anforderungen wird in Abschnitt 7.4 behandelt.

Fazit und Bewertung

Die Ableitung von Anforderungen aus Geschäftsprozessen ist essenziell für die Entwicklung praxistauglicher Systeme. Durch eine systematische Analyse und Modellierung können Anforderungen gezielt identifiziert und optimiert werden. Der Einsatz eines KI-Systems kann diesen Prozess zusätzlich beschleunigen und verbessern. In weiteren Schritten könnte ein KI-gestütztes System zur automatisierten Verarbeitung von Geschäftsprozessdaten implementiert werden, um die Effizienz zu steigern.

7.3.4 Interviews als Teamarbeit mit einem KI-System

Der Kern des Interviews besteht darin, die Bedürfnisse und Anforderungen des Interviewpartners direkt von den (meist besonders wichtigen und nur begrenzt verfügbaren) Stakeholdern in einer vertrauensvollen Situation zu erfahren. Um ein effizientes Interview zu führen, muss der Requirements Engineer sich gut auf die Situation vorbereiten, ein strukturiertes Vorgehen verfolgen, aber dennoch spontan auf Rückmeldungen reagieren sowie Themen vertiefen und hinterfragen können. Ein Interview zur Anforderungsermittlung bleibt eine Tätigkeit, bei der der menschliche Faktor entscheidend ist. Die Stärken künstlicher Intelligenz liegen in der Unterstützung bei der Analyse, Dokumentation und Konsistenzprüfung. Vollständig automatisierbare Tätigkeiten sind vor allem in der Nachbereitung und Verwaltung der Anforderungen zu finden, die wir in den folgenden Kapiteln vertiefen. In diesem Abschnitt beschreiben wir die Möglichkeiten, ein Interview mithilfe von KI-Systemen zu unterstützen. Vorbereitung ist die halbe Miete.

Allgemeinen Interviewleitfaden erstellen

Wir können ein KI-System auffordern, passend zu unserer Situation Empfehlungen für ein gutes Interview zu erstellen. Prompt 7.9 und Prompt 7.10 stellen einen Auszug der Interaktion mit einem KI-System dar, bei der Techniken aufgelistet und anhand von Beispielen vertieft werden. Die vollständige Interaktion finden Sie in den Online-Inhalten zu diesem Buch auf der Wissensplattform.

www.sophist.de/kire/k7-3

Prompt 7.9
Interviewleitfaden erstellen

Sei mein Coach für das Führen von guten Interviews in der Anforderungsermittlung. Was ist bei der Durchführung eines Interviews zu beachten und welche Techniken kann ich einsetzen?

Ergebnis zu Prompt 7.9 – Interviewleitfaden erstellen [ChatGPT 4o 2025]

1. Offene und geschlossene Fragen kombinieren
Offene Fragen: "Welche Herausforderungen haben Sie aktuell in Ihrem Arbeitsprozess?"
Geschlossene Fragen: "Benötigen Sie eine mobile Version der Anwendung?"
2. Paraphrasieren & Zusammenfassen
"Habe ich Sie richtig verstanden, dass …?"
"Das bedeutet, dass Sie vor allem Wert auf XY legen, richtig?"
3. Aktives Zuhören
Nicken, kurze Bestätigungen ("Verstehe.")
Nachfragen bei Unklarheiten
Emotionen und Bedenken erkennen
4. Trichtertechnik (Funnel Approach)
Von allgemein zu spezifisch: Starte mit allgemeinen Fragen und arbeite dich zu den Details vor.

Beispiel:
"Wie sieht Ihr typischer Arbeitsablauf aus?" (Allgemein)
"Welche Schritte dauern dabei am längsten?" (Konkret)
"Gibt es bestimmte Funktionen, die diesen Prozess verbessern könnten?" (Detail)
[...]

Prompt 7.10
Ermittlungstechniken vertiefen

Erläutere die Trichtertechnik und gib ein Beispiel für ein Interview mit einem Stakeholder, der sein Haus zum Smart Home ausbauen möchte.

Fachwissen für Interview aufbereiten

Mit dem Ansatz, das KI-System als flexible Wissensquelle oder sogar als Coach zu nutzen, lassen sich nicht nur die methodischen Fähigkeiten verbessern, sondern auch die fachlichen Wissenslücken des Requirements Engineer schließen.

Im Prompt 7.11 fordert der Requirements Engineer der Firma Schlauhaus das KI-System auf, anhand des Smart-Home-Szenarios die wichtigsten Begriffe zur Domäne »Smart Home« zu erläutern (siehe dazu auch Abschnitt 5.1.3).

Prompt 7.11
Fachwissen für Interview aufbereiten

ROLLE: Sei mein Smart-Home-Experte.
AUFGABE: Erläutere die wichtigsten Fachbegriffe zur Domäne "Smart Home".
FOKUS: Gehe dabei von folgendem Szenario aus und fokussiere dich dabei auf den Bereich "Klimasteuerung für optimalen Komfort".
Szenario: [...]

Fragenkatalog für ein Interview erstellen

Durch diese Aufforderung zur Erläuterung, die auch durch andere Hinweise im Prompt, z. B. über RAG oder eine Quelle im Netz, eingebunden werden kann, vermitteln wir dem KI-System den benötigten Kontext für die konkrete Interviewsituation. Prompt 7.12 fordert das KI-System auf, einen Fragenkatalog zur Orientierung in der eigentlichen Befragung der Familie König zu erstellen.

Prompt 7.12
Fragenkatalog für ein Interview erstellen

Erstelle nun basierend auf dem Szenario und Ermittlungsaktivität 1 einen Fragenkatalog für die Durchführung eines Interviews mit Familie König.
Restriktionen: Achte darauf, die Motivation, Bedürfnisse und Ängste der Familie zu ermitteln.
Ermittlungsaktivität 1: Klimasteuerung für optimalen Komfort
Ermittlungsziel: Ermittlung der Anforderungen für eine intelligente Klimasteuerung, die die Temperatur in jedem Raum automatisch anpasst und einen Energiesparmodus bei Abwesenheit aktiviert.

Ergebnis zu Prompt 7.12 – Fragenkatalog für ein Interview erstellen [ChatGPT 4o 2025]

Fragenkatalog zur Ermittlung der Anforderungen für eine intelligente Klimasteuerung [...]
1. **Motivation & allgemeine Erwartungen**
Was sind Ihre Hauptgründe für die Einführung einer intelligenten Klimasteuerung?
Welche Erwartungen haben Sie an ein solches System?

Welche Probleme mit Ihrer aktuellen Heiz- oder Klimaanlage möchten Sie lösen?
Welche Vorteile erhoffen Sie sich durch eine Automatisierung der Klimasteuerung?
2. **Komfort & Anpassung an Lebensgewohnheiten**
In welchen Räumen ist Ihnen die Temperaturregelung besonders wichtig? Warum?
Wie oft ändern Sie aktuell manuell die Raumtemperatur?
Haben Sie bestimmte Vorlieben für die Temperatur in verschiedenen Räumen?
Gibt es Tageszeiten, zu denen die Temperatur automatisch angepasst werden sollte?
3. **Ängste & Bedenken**
Haben Sie Bedenken hinsichtlich der Zuverlässigkeit eines intelligenten Systems?
Gibt es Datenschutz- oder Sicherheitsbedenken bezüglich einer vernetzten Klimasteuerung?
Was wäre für Sie ein Grund, eine smarte Klimasteuerung nicht zu nutzen?
Wie wichtig ist Ihnen eine Notfalloption (z. B. manuelle Steuerung bei Systemausfall)? [...]

Je nachdem welches KI-System Sie verwenden, werden mehr oder weniger umfangreiche Antworten generiert. Aus unserer Praxis wissen wir, dass sich ein KI-System bei der Generierung mehr am Tokenlimit (also der Verarbeitungskapazität einer Anfrage in einem Chatbot) als an der Aufnahmefähigkeit von Menschen orientiert. Nicht alle Fragen sind passend und das KI-System kann auch nicht abschätzen, ob ein Fragenkatalog die Konzentrationsfähigkeit der Beteiligten übersteigt. Planen Sie in jedem Fall eine Anpassung des Fragenkatalogs ein – sowohl aus zwischenmenschlichen als auch aus inhaltlichen Gründen.

Einladung und Agenda formulieren

Durch die Interaktion über mehrere zusammenhängende Prompts (Prompt Chaining, siehe Abschnitt 4.5.1) und die damit ausgetauschten Informationen verfügt das KI-System bereits über ausreichend Kontext, um weitere organisatorische Aufgaben des Requirements Engineer zu übernehmen. Prompt 7.13 dient als Vorlage zur Erzeugung eines konkreten Einladungstextes für die Stakeholder.

Prompt 7.13
Einladungstext formulieren

Aufgabe: Erstelle einen Text für die Einladung der Familie König zum Interview mit folgenden **Details:**
1. Erklärung, warum ein Interview aus Sicht des Requirements Engineering wichtig ist.
2. Liste der Themen, die besprochen werden sollen (1, 2, 3, 6, 7 aus der vorherigen Liste)
3. Erläutere kurz das Vorgehen beim Interview mit Einleitung zum Ermittlungsziel, Fragen und Antworten, Rückfragen, Protokoll und der Freigabe des Protokolls durch die Stakeholder im Anschluss an das Interview.

```
4. Schlussworte mit Grußformel
Tonalität: Freundlich und professionell, auch verständlich für
Stakeholder ohne Requirements-Engineering-Wissen.
```

Nachdem die Firma Schlauhaus und die Königs nun vorbereitet sind, steigen die positiven Erwartungen auf beiden Seiten – alles ist bereit.

Interview simulieren

Begeistert von den Möglichkeiten lässt die Firma Schlauhaus das Interview durch ihr hauseigenes KI-System simulieren. Dabei werden alle bisher ausgetauschten Informationen als Kontext verwendet. Mit den gemäß Abschnitt 6.4.2 generierten Personas des »Requirements Engineer« und von »Markus König« als Vertreter der Familie wird die Interviewsituation simuliert – hinterher ist man immer schlauer. Die gesamte Interaktion mit den Ergebnissen aller Prompts und das Persona Prompting, mit dem ein Interview simuliert wird, finden Sie in den Online-Inhalten zu diesem Buch auf der Wissensplattform.

www.sophist.de/kire/k7-3

Durchführung des Interviews

Wie zu Beginn dieses Abschnitts motiviert, liegt der Fokus beim Interview auf dem zwischenmenschlichen Austausch. Hier sind nonverbale Kommunikation, wechselnde Fragetechniken, ein gewisses Gespür für die vertrauliche Situation, spontanes Nachhaken, gezielter Themenwechsel entscheidend für den Erfolg. Natürlich könnten die Aussagen der Interviewten oder zumindest die Formulierung des Requirements Engineering von modernen KI-Systemen aufgezeichnet und anschließend protokolliert werden. Wir glauben aber, dass wir mehr Informationen zwischen den Zeilen erfahren, wenn wir keine Aufzeichnungen vornehmen. Sollten Sie sich für eine Aufzeichnung entscheiden, denken Sie daran, die Einwilligung der Befragten einzuholen.

KI-System als kompetenter Beisitzer

Auch wenn uns eine direkte Aufzeichnung der Konversation nicht sinnvoll erscheint, schlagen wir den Einsatz des KI-Systems als kompetenten Beisitzer vor. So können Zusammenfassungen der Mitschrift der Protokollierenden als Zwischenfazit gezogen werden oder spontan erzeugte Begriffsdefinitionen die Qualität der Interviewergebnisse verbessern.

Nachbereitung des Interviews

In der Nachbereitung des Interviews können KI-Systeme ihre Stärken wieder voll ausspielen. Ein gut konfiguriertes KI-System kann das Protokoll ergänzen und die noch offenen Punkte zusammenstellen (siehe dazu Abschnitt 7.3.1). Die Aussagen der Stakeholder können mithilfe von KI-Systemen für das Management indiziert werden, was die Traceability erleichtert. Mit spezialisierten KI-Systemen ist es außerdem möglich, Fotos oder Handskizzen auszulesen, zu kommentieren oder sogar in Ablaufdiagramme und Oberflächen-Prototypen zu überführen. Wie im Anschluss an das Interview die Anforderungen natürlichsprachlich oder modellbasiert dokumentiert werden, wird in Kapitel 8 beschrieben. Unabhängig davon, ob die Ergebnisse des Interviews mit oder ohne Unterstützung von KI-Systemen erzeugt wurden, entscheidet am Ende der Stakeholder, welche Informationen er zur weiteren Verwendung freigibt. Der Requirements Engineer entscheidet, ob die Qualität der ermittelten Anforderungen ausreicht oder ob noch weitere Ermittlungsaktivitäten mit anderen Techniken erforderlich sind.

7.3.5 KI-Systeme kreativ einsetzen

Die Ermittlung von Anforderungen ist sowohl analytisch als auch kreativ. Kreativitätstechniken wie die Analogietechnik oder die »Six Thinking Hats«-Methode (Wechsel der Perspektiven) helfen, neue Perspektiven einzunehmen und innovative Lösungsansätze zu finden. Ein KI-System kann diese Methoden ergänzen, indem es relevante Analogien aus anderen Domänen identifiziert oder strukturierte Denkprozesse unterstützt.

7.3.5.1 KI-gestützte Analogietechnik

Die Analogietechnik nutzt Vergleiche mit bekannten Problemlösungen aus anderen Domänen und überträgt diese auf das zu spezifizierende Produkt, um neue Anforderungen daraus abzuleiten [IREB CPRE E&C Handbuch 2024]. Die Herausforderung liegt darin, passende Analogien zu finden, da hierzu fundiertes Fachwissen aus verschiedenen Domänen erforderlich ist.

Analogie für Ursprungsproblem finden

Um eine energieeffiziente und adaptive Lichtsteuerung für das Smart Home der Familie König zu entwickeln, wird das KI-System der Firma Schlauhaus mit dem Prompt 7.14 befragt, um geeignete Analogien aus anderen Branchen zu identifizieren. Das Ergebnis zu Prompt 7.14 ist zur besseren Nachvollziehbarkeit in drei Ausschnitte gegliedert, die wir im Folgenden vorstellen.

Prompt 7.14
Analogien finden

```
Unser Ziel ist es, eine energieeffiziente und adaptive
Lichtsteuerung für ein Smart Home zu entwickeln.
Finde eine geeignete Analogie aus einer anderen Domäne, die ähnliche
Herausforderungen bewältigt und bereits erfolgreiche Lösungen bietet.
Die Analogie sollte sich auf Systeme beziehen, die Lichtsteuerung
dynamisch an Umweltfaktoren und Nutzerverhalten anpassen.
Welche Technologien oder Branchen könnten als Vorbild dienen? [...]
```

Ergebnis zu Prompt 7.14 – Ausschnitt 1 – Analogien finden [ChatGPT 4o 2025]

```
[...] Moderne Fahrzeuge verwenden komplexe Sensortechnik, um die
Beleuchtung dynamisch an Umweltfaktoren und Fahrbedingungen
anzupassen. Dies ähnelt dem Ansatz einer intelligenten
Lichtsteuerung eines Smart Homes. [...]
```

Das KI-System identifiziert innerhalb kürzester Zeit eine große Anzahl passender Analogien, ohne dass eine manuelle Recherche notwendig ist. Falls Sie die Analogie in der Zusammenarbeit mit Stakeholdern verwenden, empfehlen wir Ihnen, die für alle am besten nachvollziehbare Analogie auszuwählen. Insbesondere die in Ausschnitt 1 im Ergebnis zu Prompt 7.14 gefundene Analogie zur Automobilbranche hat uns sehr gut gefallen.

Lösungen für die Analogie finden

In Ausschnitt 2 des Ergebnisses zu Prompt 7.14 zeigt das KI-System darüber hinaus Funktionalitäten aus der Automobilbranche auf, die sich vielversprechend auf das Smart-Home-System übertragen lassen.

Ergebnis zu Prompt 7.14 – Ausschnitt 2 – Lösungen für die Analogie finden [ChatGPT 4o 2025]

```
[…] 1. Erfolgreiche Technologien aus der Automobilbranche als
Inspiration
1.1 Adaptive Frontscheinwerfer
Moderne Fahrzeuge nutzen Matrix-LED-Technologie, die gezielt
einzelne Lichtsegmente aktiviert oder deaktiviert.
Eine ähnliche Technik kann für Smart Homes genutzt werden, indem
verschiedene Lichtzonen intelligent angesteuert werden.
1.2 Umfeldsensorik und Wetteranpassung
Fahrzeuge analysieren Umgebungsbedingungen (z.B. Regen, Nebel) und
passen die Beleuchtung automatisch an.
Im Smart Home kann eine ähnliche Lösung genutzt werden:
Lichtintensität oder Farbtemperatur basierend auf Tageszeit und
Wetterverhältnissen regeln. […]
```

Gefundene Lösungen der Analogie auf Ursprungsproblem übertragen

In Ausschnitt 3 des Ergebnisses zu Prompt 7.14 schlägt das KI-System vor, wie sich die identifizierten Funktionalitäten aus der Automobilbranche auf das SHS übertragen lassen. Ergänzend dazu wurden erste Vorschläge für mögliche Anforderungen formuliert.

Ergebnis zu Prompt 7.14 – Ausschnitt 3 – Lösungen auf Ursprungsproblem übertragen [ChatGPT 4o 2025]

```
Basierend auf dieser Analogie könnten folgende Funktionen für eine
adaptive Lichtsteuerung im Smart Home entwickelt werden:
Dynamische Beleuchtung nach Tageszeit und Raumbelegung
Morgens warmweißes Licht zum Wachwerden, abends gedämpftes Licht
für Entspannung.
Bewegungsmelder oder Präsenzsensoren steuern das Licht
bedarfsgerecht.
Wetter- und Außenlichtintegration
Bei bewölktem Wetter automatisch hellere Innenbeleuchtung.
Nutzung von Tageslichtsensoren, um künstliches Licht je nach
natürlichem Licht zu regulieren.
Individuelle Lichtzonen mit intelligenten Anpassungen
Ähnlich wie Matrix-LED-Scheinwerfer: Lichtintensität gezielt auf
genutzte Bereiche fokussieren.
Energieoptimierung durch intelligente Algorithmen
Ausschalten oder Dimmen von ungenutzten Lichtquellen.
Nutzung von künstlicher Intelligenz zur Mustererkennung im
Nutzerverhalten. […]
```

Fazit und Bewertung

Im Anschluss können die gefundenen Anforderungen mit der Familie König besprochen und je nach Wunsch in die Spezifikation übernommen werden. Dank des KI-Systems konnten schnell konkrete und innovative Übertragungsmöglichkeiten und konkrete Anforderungen für das Smart Home abgeleitet werden. Dies spart Zeit und erhöht den Innovationsgrad in der Entwicklung. Die vollständige Interaktion zu Prompt 7.14 finden Sie in den Online-Inhalten zu diesem Buch auf der Wissensplattform.

www.sophist.de/kire/k7-3

7.3.5.2 »Six Thinking Hats«-Methode mit KI einfach machen

Die von Edward de Bono [DeBono 2006] entwickelte Methode unterstützt strukturiertes Denken, indem sie eine Problemstellung aus verschiedenen Blickwinkeln betrachtet. Diese Methode eignet sich besonders, um bereits erarbeitete Lösungen, wie die durch die Analogietechnik generierten Ideen, weiter zu bewerten und zu verfeinern.

KI als Unterstützung für die Six Thinking Hats-Methode

In diesem Abschnitt nutzen wir die Six Thinking Hats-Methode, um die in Abschnitt 7.3.5.1 erarbeiteten Anforderungen – eine adaptive, energieeffiziente Lichtsteuerung – systematisch zu analysieren. Mithilfe der KI bewerten wir das Feature aus sechs unterschiedlichen Perspektiven, um dessen Stärken, Risiken, Innovationspotenzial und mögliche Implementierungsstrategien strukturiert herauszuarbeiten. Der Auszug aus Prompt 7.15 zeigt den Einstieg in die Interaktion mit dem KI-System. Die Ergebnisse zu Prompt 7.15 haben wir zur besseren Übersichtlichkeit in zwei Ausschnitte untergliedert.

Prompt 7.15
Six Thinking Hats-Methode erläutern

```
Wir haben eine Idee für ein neues Feature für ein Smart Home
entwickelt: eine adaptive, energieeffiziente Lichtsteuerung, die
sich dynamisch an Tageszeit, Wetterbedingungen und Nutzerverhalten
anpasst.
Bewerte diese Funktion mit der Six Thinking Hats-Methode von Edward
de Bono.
Beginne mit dem weißen Hut (Fakten & Daten) und analysiere
anschließend systematisch alle weiteren Perspektiven (rot:
Emotionen, schwarz: Risiken, gelb: Chancen, grün: kreative
Weiterentwicklung, blau: Moderation & Prozesssteuerung). Welche
Erkenntnisse ergeben sich aus jeder Perspektive?
```

Das KI-System analysiert mögliche Nutzerreaktionen – positive wie negative Emotionen. Während Emotionen subjektiv sind, kann das KI-System durch Analyse von Nutzerfeedback große Datenmengen auswerten und Stimmungsbilder erstellen. Die folgenden Prompts fordern das KI-System auf, die unterschiedlichen Sichten einzunehmen.

Ergebnis zu Prompt 7.15 – Ausschnitt 1 – Six Thinking Hats-Methode erläutern – roter Hut [ChatGPT 4o 2025]

```
[...]
2. Roter Hut (Emotionen & Intuition)
Nutzergefühl: Komfort, Wohlbefinden und "magisches" Erlebnis durch
automatische Anpassung.
Mögliche Bedenken: Kontrolle über Lichtverlust, Angst vor fehlender
manueller Eingriffsmöglichkeit, technisches Misstrauen.
Positive Emotionen: Gemütlichkeit, Sicherheit, Innovation (z.B.
dynamische Lichtszenarien wie Sonnenaufgangssimulation).
Frustrationspunkte: Falls die Lichtsteuerung unerwartet reagiert
oder sich Nutzer bevormundet fühlen. [...]
```

Das KI-System schlägt innovative Erweiterungen und neue Nutzungsmöglichkeiten vor. Durch den Zugriff auf eine breite Wissensbasis entstehen ungewöhnliche und kreative Lösungsansätze, die durch klassische Workshops möglicherweise übersehen würden. Die Aussagen im Rahmen der Six Thinking Hats-Methode – wie hier beim roten Hut – stellen Einschätzungen und Bewertungen dar, keine Anforderungen. Die eigentliche Ableitung konkreter Anforderungen erfolgt in späteren Prompts, z. B. bei der Anwendung des grünen Huts (siehe Ergebnis zu Prompt 7.15 – Ausschnitt 2).

Ergebnis zu Prompt 7.15 – Ausschnitt 2 – Six Thinking Hats-Methode erläutern – grüner Hut [ChatGPT 4o 2025]

```
[...] 5. Grüner Hut (Kreative Weiterentwicklung & Innovationen)
Dynamische Lichtzonen: Matrix-LED-Technologie aus dem
Automobilbereich auf Wohnräume übertragen (zielgerichtete
Beleuchtung bestimmter Bereiche).
Biometrische Lichtanpassung: Überwachung der individuellen
Melatoninproduktion zur idealen Farbtemperatur-Steuerung.
Adaptive Lernfähigkeit: KI passt sich langfristig an
Nutzergewohnheiten an und schlägt individuelle Licht-Szenarien vor.
AR-Integration: Nutzung von Augmented Reality für interaktive
Lichtsteuerung per Gesten oder Sprache. [...]
```

Die Anwendung der Six Thinking Hats-Methode mit KI-Unterstützung zeigt, wie eine strukturierte und systematische Verfeinerung innovativer Anforderungen aussehen kann. Während die Analogietechnik neue Ideen generiert, hilft die Six Thinking Hats-Methode dabei, diese systematisch zu analysieren, zu verfeinern und mögliche Herausforderungen zu erkennen. Auch wenn KI-Systeme an sich nicht kreativ sind, können sie als Sparringpartner kreativ eingesetzt werden und nicht nur innovative Ideen entwickeln, sondern auch dabei helfen, Ideen in umsetzbare Lösungen zu überführen. Die vollständige Interaktion zu Prompt 7.15 finden Sie in den Online-Inhalten zu diesem Buch auf der Wissensplattform.

www.sophist.de/kire/k7-3

7.4 Wie KI-Systeme das SOPHIST-*RE*gelwerk anwenden

Das SOPHIST-*RE*gelwerk hilft dabei, sprachliche Unklarheiten in Anforderungen systematisch zu identifizieren und zu beheben. KI-Systeme können diesen Prozess effektiv unterstützen, indem sie große Mengen an Anforderungen automatisch prüfen, Regelverstöße erkennen und gezielte Verbesserungsvorschläge machen.

Die folgenden Abschnitte zeigen praxisnah, wie KI-Systeme typische Probleme wie Tilgungen, unpräzise Substantive oder vermischte Kommentare erkennen – und wie sie dabei das SOPHIST-*RE*gelwerk konkret anwenden können.

7.4.1 Das SOPHIST-*RE*gelwerk

Transformationsprozesse

Die Ermittlung und Formulierung von Anforderungen erfordert eine präzise Kommunikation zwischen Stakeholdern aus verschiedenen Disziplinen. Unterschiede in Erfahrung und Fachwissen führen zu Kommunikationshürden, die Informationsverluste oder Mehrdeutigkeiten in Anforderungen verursachen können. Transformationsprozesse spielen dabei eine zentrale Rolle, da sie beschreiben, wie Wissen von der Wahrnehmung der Realität bis zur sprachlichen Formulierung verändert wird. Dabei lassen sich zwei Arten der Transformation unterscheiden:

- **Wahrnehmungstransformation** – Jeder Mensch nimmt die Realität unterschiedlich wahr, basierend auf Erfahrungen und individueller Prägung. Dies führt dazu, dass Stakeholder dieselbe Anforderung unterschiedlich interpretieren.
- **Darstellungstransformation** – Beim sprachlichen Ausdruck ihres Wissens treffen Stakeholder unbewusste Entscheidungen, wodurch Informationen ausgelassen, verzerrt oder verallgemeinert werden.

Das SOPHIST-*RE*gelwerk nutzt Erkenntnisse aus dem neurolinguistischen Programmieren, insbesondere das Metamodell der Sprache von Bandler und Grinder ([Bandler und Grinder 2010], [Bandler und Grinder 2011]), um sprachliche Unschärfen systematisch zu identifizieren und zu hinterfragen.

Häufige sprachliche Probleme sind:

- **Tilgungen** – fehlende, nicht explizit gemachte Informationen
- **Generalisierungen** – zu weit gefasste Aussagen ohne klare Grenzen
- **Verzerrungen** – subjektive oder mehrdeutige Formulierungen

Requirements Engineers müssen gezielte Fragen stellen, um die Tiefenstruktur der Gedanken von Stakeholdern zu rekonstruieren und Anforderungen eindeutig zu formulieren.

Das SOPHIST-REgelwerk

Das SOPHIST-*RE*gelwerk ist eine Technik, die es ermöglicht, in Transformationsprozessen bei der Darstellung von auf Wissen basierenden Anforderungen sprachliche Ungereimtheiten systematisch zu identifizieren und zu beheben [Rupp et al. 2012]. Es basiert auf einer Reihe von Regeln, die Anforderungen z. B. auf Konsistenz, Eindeutigkeit, Vollständigkeit und Prüfbarkeit überprüfen.

Zentrale Elemente des SOPHIST-*RE*gelwerks sind:

- **Analyse grammatikalischer Strukturen** – Prüfung auf Unklarheiten im Satzbau und in Formulierungen
- **Identifikation von Mehrdeutigkeiten** – Erkennen von Begriffen mit mehreren Interpretationsmöglichkeiten
- **Erkennung von inhaltlichen Widersprüchen** – Sicherstellung der Konsistenz innerhalb eines Anforderungsdokuments

Die Regeln des SOPHIST-REgelwerks

Abbildung 7.4 zeigt die wichtigsten Regeln des SOPHIST-*RE*gelwerks mit ihren jeweiligen Prioritäten und einer kurzen Beschreibung. Jede Regel bewertet spezifische Aspekte der Anforderungsqualität.

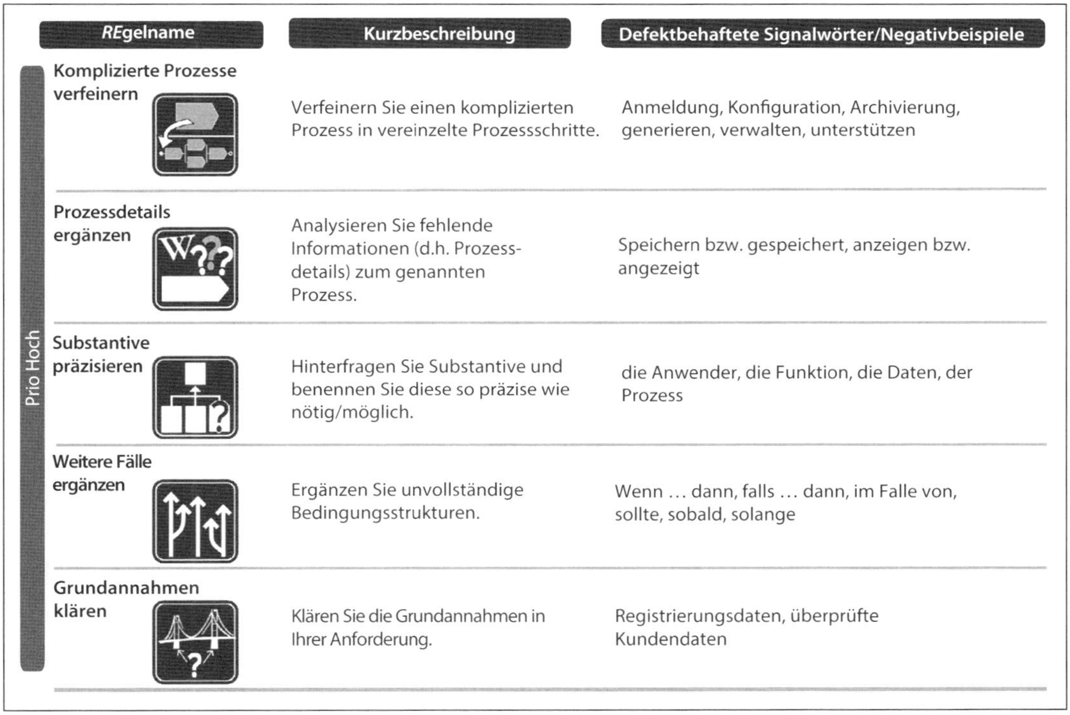

Abb. 7.4 *Ausschnitt der Regeln des SOPHIST-REgelwerks*

Anwendung des SOPHIST-REgelwerks

Die Anwendung des SOPHIST-*RE*gelwerks erfolgt durch die Analyse von Sätzen auf spezifische Signalwörter, die auf Unklarheiten oder mögliche Regelverstöße hinweisen. Beispielsweise können Begriffe wie »möglichst schnell« oder »effizient« darauf hinweisen, dass eine präzisere Spezifikation erforderlich ist.

Ein KI-System kann diesen Prozess erheblich unterstützen. Natural Language Processing (NLP) und maschinelles Lernen ermöglichen eine automatisierte Analyse sprachlicher Strukturen, die Erkennung von Unklarheiten und die Generierung gezielter Rückfragen. NLP analysiert semantische und syntaktische Aspekte von Anforderungen, während maschinelle Lernmodelle Muster erkennen und Optimierungsvorschläge generieren. Ein besonderer Vorteil des KI-gestützten Ansatzes ist die Skalierbarkeit. Während manuelle Prüfungen zeitaufwendig sind und Erfahrung erfordern, können KI-Systeme große Mengen an Anforderungen in kurzer Zeit analysieren und eine kontinuierliche Verbesserung der Anforderungsdokumentation ermöglichen. Der systematische Einsatz eines KI-Systems und das SOPHIST-*RE*gelwerk tragen somit zur Verbesserung der Anforderungsermittlung, -dokumentation und -prüfung bei (siehe Kap. 9) und reduzieren gleichzeitig den manuellen Aufwand für Requirements Engineers.

7.4.2 Anforderungen vereinzeln und Kommentare separieren – zwei Regeln zum Preis von einer

Ausgangslage

In der Praxis enthalten Anforderungsdokumente oft nicht nur die eigentlichen Anforderungen, die für die Abnahme eines Systems relevant sind, sondern auch Kommentare, Diskussionen oder Anmerkungen von Stakeholdern. Diese Vermischung erschwert die Nachvollziehbarkeit und kann zu Missverständnissen in der Entwicklung führen. Zudem sind die Anforderungen oft nicht vollständig formuliert. Besonders problematisch ist dies, wenn Verben mehrere Aktionen beschreiben, ohne dass jede Aktion in einem separaten Anforderungssatz spezifiziert wurde.

Beispielsweise könnte eine Anforderung der Familie König an das Smart-Home-System lauten: »*Das System muss Berichte anzeigen und an die Servicemitarbeiter übermitteln.*« Hier fehlen wichtige Details, wie unter welchen Bedingungen jede dieser Aktionen ausgeführt werden soll.

Erwarteter Nutzen

Ein KI-basiertes System analysiert den Text, trennt Anforderungen von Kommentaren und erkennt Mehrfachaktionen, um diese in separate Anforderungen zu überführen.

Prompt 7.16 stellt sicher, dass das KI-System nach dem SOPHIST-*RE*gelwerk arbeitet. Das erwartete Ergebnis ist eine bereinigte, tabellarisch strukturierte Liste von Anforderungen, die für die weitere Verarbeitung optimiert ist. Die tabellarische Struktur erleichtert die Übersichtlichkeit, ermöglicht eine systematische Analyse und vereinfacht die Integration in RM-Tools. Zusätzliche Hinweise unterstützen den Requirements Engineer bei der Qualitätsprüfung und weiteren Klärung mit den Stakeholdern.

Prompt 7.16
Anforderungen vereinzeln und Kommentare separieren

```
Hier ist ein Set an Anforderungen. Deine Aufgabe ist es, diese
Anforderungen nach dem SOPHIST-REgelwerk zu analysieren,
insbesondere nach den Regeln:
– Anforderungen und Kommentar separieren
– Vereinzelte Anforderungen ergänzen

Schritt 1: Separiere Anforderungen und Kommentare […]
Schritt 2: Überprüfe die Anforderungen nach der Regel "Vereinzelte
Anforderungen ergänzen" […]
Ausgabeformat […]:
Liefere mir direkt die bereinigte Tabelle als Antwort. Hier ist das
Anforderungsset:

1. Das System soll das Licht automatisch dimmen, wenn es draußen
dunkel wird, und es soll sich automatisch abschalten, wenn niemand
im Raum ist. […]
5. Das System muss automatisch Rollläden herunterfahren, wenn es
dunkel wird und einen Sicherheitsmodus aktivieren. Sollte der
Sicherheitsmodus nur bei Dunkelheit aktiv sein oder unabhängig davon?

6. Das Smart-Home-System muss mit einer mobilen App steuerbar sein
und die Klimaanlage aktivieren, wenn die Außentemperatur über 25°C
liegt.  […]

12. Das SHS muss Alarm schlagen und die Polizei benachrichtigen,
wenn ein Einbruch erkannt wird. Sollte das System erst einen
Voralarm auslösen oder sofort Alarm schlagen?
```

Nachdem das KI-System den Prompt verarbeitet hat, werden die Anforderungen entsprechend den definierten Regeln analysiert. Dabei zeigt sich eine deutliche Zeitersparnis gegenüber der manuellen Analyse, da das System in Sekundenbruchteilen große Mengen an Anforderungen analysieren kann. Die folgende Liste im Ergebnis zu Prompt 7.16 zeigt die bereinigten und klassifizierten Anforderungen:

Ergebnis zu Prompt 7.16 – Anforderungen vereinzeln und Kommentare separieren [ChatGPT 4o 2025]

```
Analysierte Anforderungen

Anforderung 1
Kommentar: -
Regelverstoß: Ja
Anforderung 1.1: Das System soll das Licht automatisch dimmen, wenn
es draußen dunkel wird.
Anforderung 1.2: Das System soll sich automatisch abschalten, wenn
niemand im Raum ist.
```

```
Hinweis für den Requirements Engineer: Prüfen, ob die Bedingung
'wenn es dunkel wird' auch für das automatische Abschalten gelten
soll.
```

Anforderung 5

```
Kommentar: Sollte der Sicherheitsmodus nur bei Dunkelheit aktiv
sein oder unabhängig davon?
Regelverstoß: Ja
Anforderung 5.1: Das System muss automatisch Rollläden
herunterfahren, wenn es dunkel wird.
Anforderung 5.2: Das System muss einen Sicherheitsmodus aktivieren.
Hinweis für den Requirements Engineer: Prüfen, ob der
Sicherheitsmodus unabhängig von der Dunkelheit aktiviert werden
kann.
```

Anforderung 12

```
Kommentar: Sollte das System erst einen Voralarm auslösen oder
sofort Alarm schlagen?
Regelverstoß: Ja
Anforderung 12.1: Das SHS muss Alarm schlagen, wenn ein Einbruch
erkannt wird.
Anforderung 12.2: Das SHS muss die Polizei benachrichtigen, wenn ein
Einbruch erkannt wird.
Hinweis für den Requirements Engineer: Sicherstellen, dass sowohl
Alarm als auch Benachrichtigung parallel oder mit Priorität
erfolgen.
```

Fazit und Bewertung

Das KI-System bietet eine hohe Genauigkeit bei der Trennung von Anforderungen und Kommentaren sowie bei der Erkennung von Mehrfachaktionen. Ein wesentlicher Vorteil für den Requirements Engineer ist, dass ein KI-System problemlos mehrere Regeln gleichzeitig prüfen kann. Dadurch entfallen manuelle, zeitaufwendige Tätigkeiten wie das Separieren von Anforderungen und Kommentaren – eine monotone, aber notwendige Aufgabe, die problemlos automatisiert werden kann.

Dies führt zu einer erheblichen Effizienzsteigerung: Der Requirements Engineer kann seine frei gewordenen Ressourcen gezielt für anspruchsvollere Aufgaben einsetzen, z. B. für die Klärung projektspezifischer Unklarheiten oder die Validierung komplexer Anforderungen. Eine abschließende Prüfung durch einen Fachexperten bleibt unerlässlich, um sicherzustellen, dass das System auf projektspezifische Gegebenheiten korrekt reagiert. Dabei ist zu beachten, dass das KI-System in der Regel keine projektspezifischen Schablonen oder kundenspezifischen Präferenzen kennt – etwa bevorzugte Formulierungsstile, Dokumentstrukturen oder Domänenterminologien. Diese müssen entweder gezielt in den Prompt eingebunden oder nachträglich geprüft und angepasst werden.

Langfristig kann ein Anforderungs-Chatbot durch Training mit großen Datensätzen weiter optimiert werden. Dies erfolgt durch gezieltes Feintuning sowie eine präzise Konfiguration, insbesondere im Hinblick auf die Regeln des SOPHIST-*RE*gelwerks.

7.4.3 Substantive mit KI präzisieren

Ausgangslage

Ein weiteres wesentliches Problem in der Anforderungsermittlung ist die ungenaue Verwendung von Substantiven. Traditionell erfolgt die Präzisierung solcher Begriffe durch manuelle Überprüfung, bei der Requirements Engineers vage oder mehrdeutige Begriffe identifizieren und durch klar definierte Termini ersetzen. Dieser Prozess ist jedoch zeitaufwendig.

Der Requirements Engineer der Firma Schlauhaus möchte daher die aus Abschnitt 7.4.2 bereinigten Anforderungen weiter qualitativ verbessern, indem er sie auf unpräzise Substantive prüfen lässt. Ziel ist es, problematische Begriffe frühzeitig zu identifizieren und standardisierte Definitionen für eine einheitliche Nutzung innerhalb des Projekts zu schaffen.

Erwarteter Nutzen

Der Einsatz eines KI-Chatbots bietet erhebliche Vorteile bei der Präzisierung von Substantiven. NLP-gestützte Systeme analysieren Anforderungen auf problematische Begriffe, insbesondere abstrakte Formulierungen wie »Sicherheit«, »Effizienz« oder »Leistung«, die ohne klare Definition verwendet werden. Das KI-System markiert diese Begriffe und schlägt präzisere Alternativen vor. Dadurch wird die Verständlichkeit verbessert, und das Risiko von Fehlinterpretationen in der Entwicklung sinkt.

Zusätzlich kann der Chatbot Rückfragen formulieren, um die genaue Bedeutung unklarer Begriffe zu klären. Dies spart Zeit und ermöglicht eine konsistente Anforderungsqualität bereits in frühen Phasen der Spezifikation.

Prompt 7.17
Substantive präzisieren

```
Überprüfe die folgenden Anforderungen anhand der SOPHIST-Regel
"Substantive präzisieren". Erstelle eine Tabelle mit drei Spalten:
· Unveränderte Anforderung
· Angepasste Anforderung, wobei nur mehrdeutige oder unklare
  Substantive ersetzt oder ergänzt werden. Die Änderungen sollen
  fett markiert sein.
· Markierung der unpräzisen Substantive mit
  Verbesserungsvorschlägen, wobei das ursprüngliche Substantiv mit
  einem x gekennzeichnet wird und die präzisere Alternative fett
  dargestellt wird.
```

[...]

```
Füge keine zusätzlichen Werte oder Annahmen hinzu (z.B. keine
Maßeinheiten, wenn sie nicht explizit in den Anforderungen stehen).
[…]
4.1 Das System muss eine Benachrichtigung senden, wenn ein Fenster
offen ist und sich keine Person im Haus befindet. […]
7.1 Das System muss erkennen, wenn sich niemand mehr im Haus
befindet.
7.2 Das System muss automatisch das Licht und die Musik ausschalten.

8.1 Das SHS soll Kameraaufnahmen mindestens 2 Wochen speichern.
8.2 Das SHS soll eine Benachrichtigung an den Nutzer senden, wenn
die Türklingel betätigt wird.
9.1 Die Sprachsteuerung des SHS muss Befehle für Licht, Heizung und
Sicherheitssystem verstehen und ausführen können. […]
12.1 Das SHS muss Alarm schlagen, wenn ein Einbruch erkannt wird.
12.2 Das SHS muss die Polizei benachrichtigen, wenn ein Einbruch
erkannt wird. […]
```

Nachdem das KI-System die Anforderungen analysiert hat, identifiziert es problematische Begriffe und schlägt präzisere Alternativen vor. Das Ergebnis zu Prompt 7.17 zeigt die ursprünglichen Anforderungen mit den erkannten mehrdeutigen Begriffen sowie die vorgeschlagenen Alternativen oder gezielten Rückfragen zur Klärung.

Ergebnis zu Prompt 7.17 – Substantive präzisieren [ChatGPT 4o 2025]

Überprüfte Anforderungen […]
4.1 Das System muss eine Benachrichtigung senden, wenn ein Fenster offen ist und sich keine Person im Haus befindet.
→ Das System muss eine Push-Benachrichtigung senden, wenn ein Fenster offen ist und sich keine registrierte Person im Haus befindet.
→ X Benachrichtigung → Push-Benachrichtigung, X Person → registrierte Person […]
7.2 Das System muss automatisch das Licht und die Musik ausschalten.
→ Das System muss automatisch die Raumbeleuchtung und die Audiowiedergabe ausschalten.
→ X Licht → Raumbeleuchtung, X Musik → Audiowiedergabe
8.1 Das SHS soll Kameraaufnahmen mindestens 2 Wochen speichern.
→ Das Smart-Home-System soll Videodaten mindestens 14 Tage speichern.
→ X Kameraaufnahmen → Videodaten, X 2 Wochen → 14 Tage
12.1 Das SHS muss Alarm schlagen, wenn ein Einbruch erkannt wird.
→ Das Smart-Home-System muss einen Einbruchsalarm auslösen, wenn ein unbefugter Zutritt erkannt wird.
→ X Alarm schlagen → Einbruchsalarm auslösen, X Einbruch → unbefugter Zutritt
12.2 Das SHS muss die Polizei benachrichtigen, wenn ein Einbruch erkannt wird.
→ Das Smart-Home-System muss die lokale Polizeidienststelle benachrichtigen, wenn ein Einbruch erkannt wird.
→ X Polizei benachrichtigen → lokale Polizeidienststelle benachrichtigen

Fazit und Bewertung

Das KI-System hat zuverlässig die Substantive in den Anforderungen erkannt und entsprechende Verbesserungsvorschläge geliefert. Ein positiver Aspekt ist die durchgängige Konsistenz der Präzisierungsvorschläge. Dieses Ergebnis erleichtert die Nachbearbeitung durch den Requirements Engineer und reduziert den manuellen Überprüfungsaufwand. Eine Herausforderung besteht jedoch in der projektbezogenen Kontextsensitivität der Begriffe. In einigen Fällen könnten die vorgeschlagenen Begriffe nicht exakt den gewünschten technischen oder fachlichen Kontext abbilden. Daher ist es essenziell, dass der Requirements Engineer die Änderungen validiert und ggfs. anpasst.

Ein logischer nächster Schritt wäre die Erstellung eines Glossars, das die definierten Begriffe festhält und als Referenz für zukünftige Anforderungen dient. Dieses Glossar könnte dem KI-System zur Verfügung gestellt werden, um es für weitere Analysen zu optimieren und so eine noch präzisere Unterstützung bei der Anforderungsanalyse zu ermöglichen. Wie Sie ein Glossar erstellen können, haben Sie in Abschnitt 5.1.3 bereits kennengelernt. Die vollständige Interaktion zu Prompt 7.17 und weitere Informationen zum SOPHIST-*RE*gelwerk finden Sie in den Online-Inhalten zu diesem Buch auf der Wissensplattform.

www.sophist.de/kire/k7-4

8 Anforderungen dokumentieren – KI als Ghostwriter

8.1 Die Bedeutung von Dokumentation in der Entwicklung

Die Dokumentation der Anforderungen kann unter Umständen viel Aufwand bedeuten. Das heißt aber nicht, dass wir versuchen sollten, Dokumentation grundsätzlich zu vermeiden. Denn Dokumentation hat sehr viele positive Effekte:

- **Wissen aufbewahren** – Menschen vergessen Informationen im Laufe der Zeit. Um in Zukunft darauf zurückgreifen zu können, hilft uns die Dokumentation.
- **Beherrschen der Komplexität** – Durch die Dokumentation können wir besser mit komplizierten Sachverhalten umgehen, schon allein dadurch, dass wir Zusammenhänge besser erkennen können.
- **Verteilen von Informationen** – Durch Dokumentation können wir Informationen einer großen Gruppe von Menschen leicht zugänglich machen.
- **Erfüllen von Vorgaben** – Viele Vorgaben, die Anforderungen betreffen, bedingen eine Dokumentation, denn nur so ist ein Nachweis möglich, dass die Vorgaben erfüllt sind.

Es lassen sich sicherlich noch weitere positive Effekte der Dokumentation anführen. Trotzdem bedeutet Dokumentation Aufwand, den wir investieren müssen. Daher sollten wir uns gut überlegen, was wir dokumentieren und wofür wir dokumentieren. Zusätzlich kann der Aufwand dadurch verringert werden, dass ein Teil der Dokumentation mithilfe eines KI-Systems erledigt wird.

Zunächst wollen wir uns ansehen, welche Formen der Dokumentation es gibt und welche unterschiedlichen Darstellungsmöglichkeiten wir haben (siehe Abb. 8.1).

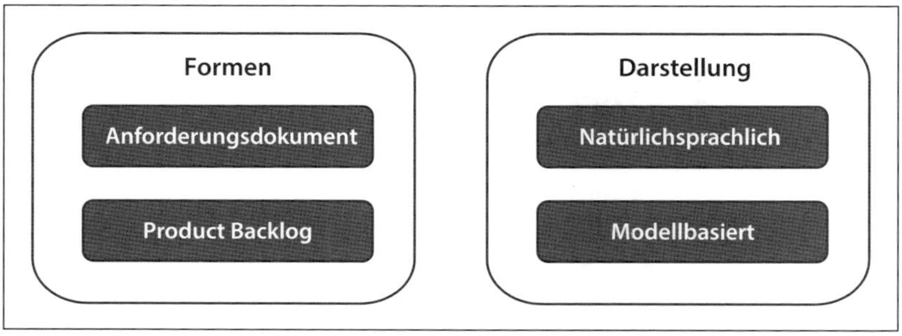

Abb. 8.1 Arten von Anforderungssammlungen und deren Darstellung

Bevor wir uns mit den Einflussfaktoren befassen, klären wir, welche Formen der Dokumentation üblicherweise existieren:

- **Anforderungsdokument:** In einem Anforderungsdokument werden die Anforderungen zu einem Betrachtungsgegenstand gesammelt. Typische Vertreter sind Lastenhefte oder Pflichtenhefte zu Produkten, Systemen oder Komponenten.

  In unserem Beispiel könnte das ein Lastenheft der Familie König sein, in dem alle Anforderungen für eine Komponente des Smart-Home-Systems zu finden sind, die die Familie König gerne umgesetzt hätte. Die Anforderungen sind typischerweise nach inhaltlichen Themen gegliedert (vgl. Kap. 10).
- **Product Backlog:** In der agilen Welt werden die meisten Anforderungen in einem Product Backlog als Backlog Items dokumentiert. Typische Bezeichnungen dieser Backlog Items sind Epics, Features und Storys. Die Anforderungen sind in einem Backlog, anders als in einem Anforderungsdokument, nach Priorität sortiert.

Darstellung der Dokumentation

Diese beiden Formen sind die häufigsten Vertreter von Dokumentationen. Zusätzlich unterscheiden wir noch die Präsentationsform der Anforderungen:

- **Natürlichsprachlich:** Werden die Anforderungen textuell beschrieben, dann sprechen wir von natürlichsprachlicher Dokumentation. Typisch ist hierbei die Verwendung von Schablonen für die Formulierung. Bekannte Vertreter sind MASTeR-Schablonen von SOPHIST [Rupp et al. 2021], User Story Template [Cohn 2010] oder Gherkin-Schema für Akzeptanzkriterien [Wynne et al. 2017]. Auf diese Darstellung gehen wir im Detail in Abschnitt 8.2 ein.
- **Modellbasiert:** Bei der modellbasierten Dokumentation werden die Anforderungen in Form von Diagrammen dokumentiert. Gerade für die Darstellung von Zusammenhängen ist diese Form gegenüber der natürlichsprachlichen Darstellung überlegen. Detaillierte Informationen zur modellbasierten Dokumentation finden Sie in Abschnitt 8.3.

Selten findet man diese beiden Darstellungen völlig getrennt. Üblich sind Mischformen. Nähere Informationen zur Strukturierung sind in Abschnitt 10.3 enthalten.

Einflussfaktoren

Es ist wichtig, die Einflussfaktoren für die Dokumentation zu kennen. Denn sie bestimmen, auf welche Weise, in welcher Detaillierung und in welcher Qualität wir dokumentieren müssen (siehe auch Kap. 9).

Betrachten wir dazu ein Beispiel. Die Firma Schlauhaus erhält den Auftrag, ein Smart-Home-System bei einem Kunden einzurichten. In unserem Fall bei der Familie König. Die Anforderungen, die zwischen diesen beiden Parteien abgesprochen werden, beschreiben, was die Firma Schlauhaus liefern soll. Damit es im Nachhinein nicht zu einem Rechtsstreit kommt, da etwas anderes geliefert wurde als erwartet, müssen die Anforderungen qualitativ hochwertig sein (z. B. eindeutig und verständlich). In unserem Beispiel wird eine modellbasierte Dokumentation nur eingeschränkt möglich sein, da wir davon ausgehen, dass die Familie König keine tiefgreifende Expertise in den üblichen Modellierungssprachen hat.

Wenden wir uns nun den wichtigsten Einflussfaktoren zu (siehe Abb. 8.2).

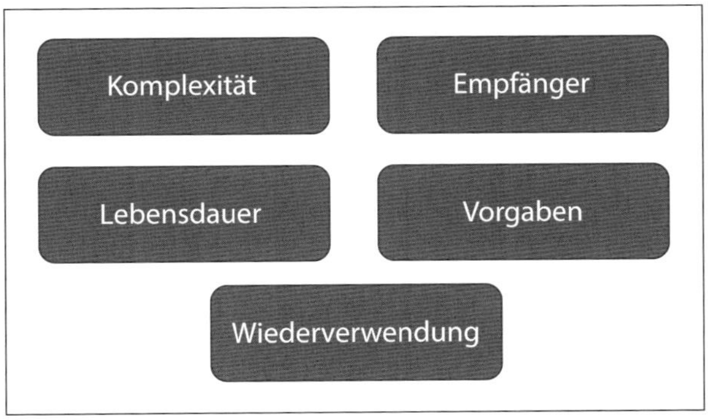

Abb. 8.2 *Wichtige Einflussfaktoren auf die Dokumentation*

- **Komplexität:** Das menschliche Gehirn kann nur eine begrenzte Anzahl an Informationen gleichzeitig verarbeiten. Je umfangreicher und komplexer die Informationen sind, desto mehr benötigen wir Unterstützung durch eine geeignete Dokumentation. Dabei hilft uns eine gute Struktur, weswegen sich eine gut gegliederte Dokumentation anbietet. Auch Diagramme helfen, Informationen zu verstehen, gerade wenn es um Zusammenhänge geht. Dementsprechend empfiehlt sich hier eine modellbasierte Dokumentation.
- **Empfänger der Anforderungen:** Die Dokumentation verfolgt u. a. das Ziel, die Informationen an andere Menschen weiterzugeben. Dementsprechend muss die Dokumentation die Informationsweitergabe bestmöglich unterstützen. Damit das gelingt, müssen wir uns

Gedanken machen über die Empfänger: Können die Empfänger beispielsweise UML-Diagramme lesen und verstehen oder nur natürlichsprachliche Anforderungen? Wie gut kennen sie den Kontext? Sind oder waren sie an der Entwicklung beteiligt? Welche Kenntnisse haben sie über den Sachverhalt?

Wenn z. B. jemand aus der Supportabteilung der Firma Schlauhaus nicht an der Entwicklung und Installation des Smart-Home-Systems bei der Familie König beteiligt war, können wir nicht voraussetzen, dass umfangreiches Wissen über die speziellen Gegebenheiten vorhanden ist. Daher werden wir mehr dokumentieren müssen, als wenn die Person das System aus dem Effeff kennt.

- **Lebensdauer:** Bei der Lebensdauer müssen wir uns die Frage stellen, wie lange die Anforderungen benötigt werden. Brauchen wir sie nur für die Entwicklung und können sie danach löschen? Oder müssen wir sie über einen längeren Zeitraum aufbewahren? Ein Product Backlog ist aufgrund der Sortierung nach Prioritäten gut geeignet, um Anforderungen umzusetzen und sich auf das Wesentliche zu konzentrieren. Für eine längere Aufbewahrungsdauer sollten aber klassische Anforderungsdokumente bevorzugt werden. Zusätzlich muss bei einer langen Lebensdauer mehr dokumentiert werden, da im Laufe der Zeit viel Wissen vergessen wird.
- **Vorgaben:** Bei den Vorgaben können wir zwei Gruppen unterscheiden: externe Vorgaben, zu denen wir Normen, Standards und Gesetze zählen, und interne Vorgaben, wozu Vorgaben aus der Organisation gehören. Von Fall zu Fall müssen wir prüfen, welche Vorgaben für uns gültig sind, und uns an die gegebenen Vorgaben für die Dokumentation halten. Wobei selten konkrete Vorgaben an die Dokumentation gestellt werden. Vielmehr müssen wir prüfen, wie wir die Vorgaben mit der Dokumentation einhalten können.

- **Wiederverwendung:** Da die Firma Schlauhaus viele, zum Teil sehr ähnliche Smart-Home-Systeme entwickelt, werden auch viele Anforderungen immer wieder auftreten. Damit diese nicht immer wieder aufs Neue erhoben und unnötigerweise erneut entwickelt und getestet werden müssen, sollten bereits die Anforderungen wieder- bzw. weiterverwendet werden. Eine sinnvolle Dokumentation erleichtert die Wiederverwendung und spart dadurch Zeit und Kosten.

8.2 Anforderungen natürlichsprachlich dokumentieren

Wenn wir von natürlichsprachlichen Anforderungen sprechen, dann meinen wir Anforderungen in Textform. Da diese Darstellung kein Spezialwissen benötigt, ist das die am häufigsten auftretende Form. Allerdings ist es eine kleine Herausforderung, die Anforderungen in ausreichender Qualität zu dokumentieren. Schnell können Sätze missverstanden werden.

An dieser Stelle wollen wir Ihnen ein paar Hilfsmittel zur natürlichsprachlichen Formulierung von Anforderungen an die Hand geben. Dabei fokussieren wir uns wie immer auf die Unterstützung durch ein KI-System. Weitere Hilfsmittel zum Schreiben von Anforderungen finden Sie in [Rupp et al. 2021].

8.2.1 Satzschablonen

Satzschablonen sind ein gutes Hilfsmittel zum Schreiben von Anforderungen. Sie sind leicht zu erlernen und bieten zahlreiche Vorteile, von denen wir die wichtigsten hier kurz nennen wollen:

- **Einheitlicher Schreibstil** – Anforderungen verschiedener Autoren werden gleichartig formuliert.
- **Schnelles Formulieren** – Man muss sich keine Gedanken über die Formulierung machen.
- **Erkennen von Lücken** – Aufgrund der Platzhalter in den Schablonen sind Lücken leicht zu erkennen.
- **Leichtere Lesbarkeit** – Die formulierten Anforderungen sind identisch aufgebaut.

Satzschablonen sind nicht verpflichtend im Requirements Engineering, aber die Verwendung von Satzschablonen wird wärmstens empfohlen. So gehört die Satzschablone in jeden guten Requirements-Engineering-Leitfaden, auch in den Ihres Unternehmens.

SOPHIST MASTeR-Schablone

Es gibt eine Vielzahl von Satzschablonen. Aufgrund des begrenzten Platzes werden wir Ihnen hier nur eine Schablone vorstellen, die MASTeR-Schablone für funktionale Anforderungen (siehe Abb. 8.3). Weitere Schablonen können Sie in den Online-Inhalten zu diesem Buch auf der Wissensplattform oder in [Rupp et al. 2021] finden.

www.sophist.de/kire/k8-2

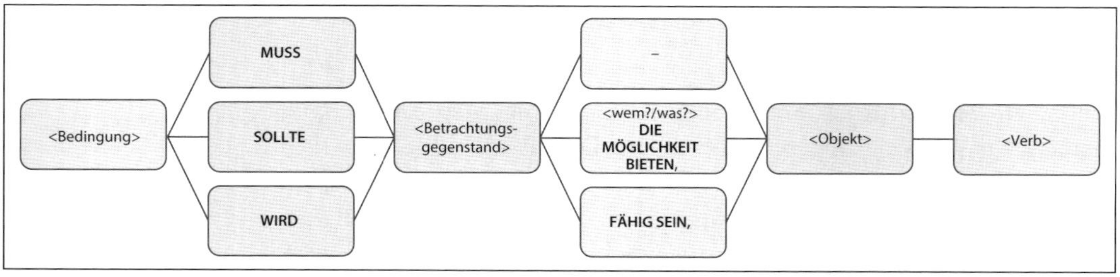

Abb. 8.3 *Die MASTeR-Schablone*

> **Hierzu ein Beispiel:**
> Sobald der Fernseher eingeschaltet wird, muss das SHS das Licht in dem Raum um 20 % dimmen.

Die Schablone besteht aus folgenden Teilen:

- **Bedingung:** Eine exakte Beschreibung der Bedingung, unter der das Verhalten gefordert wird.
- **Verbindlichkeit:** Muss, sollte oder wird beschreibt die Verbindlichkeit der Anforderung. Hier können Sie festlegen, ob die Anforderung verbindlich ist (muss), einen unverbindlichen Wunsch darstellt (sollte) oder eine verbindliche Anforderung für die Zukunft ist (wird).
- **Betrachtungsgegenstand:** Bezeichnung des Betrachtungsgegenstands. Häufig ist hier die Bezeichnung des Produkts oder des Systems zu finden. Handelt es sich um Anforderungen an eine Komponente, würde hier entsprechend die Komponente genannt werden.
- **Art der Funktionalität:** Hier unterscheidet man, ob das System selbstständig die Funktionalität ausführt (–), ob es sich um eine Nutzerinteraktion handelt (einer Person die Möglichkeit bieten) oder ob es um eine Anforderung an die Funktionalität einer empfangenden Schnittstelle geht (fähig sein).
- **Objekt:** Hier wird das Objekt genannt, für das die Funktionalität gefordert wird, in unserem Beispiel das Licht im Raum.
- **Verb:** Hier finden wir das Verb, das die Funktionalität konkret beschreibt.

Prinzipiell ist es nicht schwer, diese Schablone einzusetzen. Sie müssen sie lediglich ein paar Mal verwendet haben, um sie ohne nachzulesen einsetzen zu können.

Satzschablone mit KI-System

Wir verwenden nun ein KI-System, um unsere Anforderungen entsprechend zu formulieren. Einerseits können bereits vorhandene Anforderungen strukturell mithilfe des KI-Systems überarbeitet und damit automatisiert in die vorgestellte Satzschablone gebracht werden. Andererseits ist das KI-System aber auch in der Lage, neue oder implizite Anforderungen zu generieren, die sofort nach der Satzschablone formuliert werden, um die Konsistenz innerhalb aller Anforderungen einer Spezifikation zu erreichen.

Das zuerst genannte Szenario der Überarbeitung bestehender Anforderungen ist vor allem dann interessant, wenn Teile einer Spezifikation aus unterschiedlichen Abteilungen mit unterschiedlicher Herangehensweise zusammengeführt werden müssen und dabei konsistent ein definierter Satzbau für alle Anforderungen gefordert ist. Dieses Umformulieren manuell durchzuführen, ist ein erheblicher Aufwand, der durch ein KI-System automatisiert werden kann.

Prompt 8.1
Anforderungen mit Schablone formulieren

Formuliere folgende Anforderungen um. Verwende dabei die SOPHIST MASTeR-Schablone. Als Verbindlichkeit verwende bitte das Wort "muss". 1. Der Benutzer soll das Licht einschalten können. 2. Das SHS soll auch Wetterdaten aus dem Internet empfangen. 3. Sobald es dunkel wird, soll das Licht eingeschaltet werden.

Ergebnis zu Prompt 8.1 – Anforderungen mit Schablone formulieren [ChatGPT 4o 2025]

Hier sind die umformulierten Anforderungen gemäß der **SOPHIST MASTeR-Schablone** mit der Verbindlichkeit **"muss"**:

Das System muss dem Benutzer die Möglichkeit bieten, das Licht manuell einzuschalten.

Das Smart-Home-System (SHS) muss Wetterdaten aus dem Internet empfangen.

Das Smart-Home-System (SHS) muss das Licht einschalten, sobald es dunkel wird.

Fazit und Bewertung

Wie wir sehen können, kommen die umformulierten Anforderungen der Satzschablone schon sehr nahe. Allerdings hat das KI-System sich nicht komplett an die SOPHIST MASTeR-Schablone gehalten. Dazu müssen wir uns zunächst eine Sache bewusst machen. Wir haben dem KI-System die Satzschablone nicht erklärt. Dementsprechend nutzt das KI-System die Informationen, die es von Haus aus mitbringt. Da die Satzschablone bereits in mehreren Publikationen veröffentlicht wurde, ist sie dem KI-System bekannt.

Bei der zweiten Anforderung sehen wir, dass nicht die korrekte Art der Funktionalität gewählt wurde. Sie müsste lauten:

Das Smart-Home-System muss fähig sein, Wetterdaten aus dem Internet zu empfangen.

In der dritten Anforderung ist die Bedingung am Ende des Satzes genannt. Für das schnelle Erfassen der Bedingung ist es jedoch prägnanter, die Bedingung einleitend am Satzanfang zu definieren.

Das zeigt uns, dass wir ein KI-System sehr wohl für die Umformulierung nach einer Satzschablone verwenden können, dafür aber zuvor die Schablone dem KI-System näherbringen müssen. Hier verweisen wir auf Abschnitt 3.3.5, in dem die Möglichkeiten zur Optimierung des KI-Systems näher erläutert werden.

Sicherlich haben Sie auch bemerkt, dass wir die Verbindlichkeit in unserem Prompt konkret vorgegeben haben. Das ist nötig, da die Verbindlichkeit vom Menschen festgelegt werden muss. Diese Aufgabe kann uns das KI-System nicht abnehmen.

8.2.2 User Stories mit Akzeptanzkriterien

Falls Sie in einem agilen Umfeld unterwegs sind, werden Sie wahrscheinlich Ihre Anforderungen in einem Product Backlog pflegen. Dort ist es üblich, die Anforderungen als Storys zu bezeichnen. Diese Storys werden dann häufig als User Stories formuliert. An dieser Stelle möchten wir darauf hinweisen, dass wir die beiden Begriffe Story und User Story voneinander trennen.

Story vs. User Story

Story ist für uns die Bezeichnung für ein detailliertes Product Backlog Item. Dahingegen meinen wir mit User Story die Art der Formulierung eines Backlog Items, üblicherweise nach dem User-Story-Template. Wir können auch andere Backlog Items (z. B. Epics und Features) in Form einer User Story beschreiben, falls dafür nicht eine andere Formulierungsform vorgeschrieben ist.

Wenn man User Stories formuliert, dann formuliert man die Anforderung als eine Art kleine Geschichte aus der Sicht der Nutzenden. Geschichten sind meistens einprägsamer und lassen leichter ein Bild im Kopf entstehen.

User-Story-Template

Für die Formulierung von User Stories hat sich eine Schablone nach [Cohn 2004] etabliert, die folgendermaßen aussieht:

Als [*Rolle/Persona*]
möchte ich [*Funktion*],
sodass [*Wunschergebnis*].

Ein Beispiel für unser Smart-Home-System könnte wie folgt lauten:

Als Hausbewohner
möchte ich eine Lichtausschaltautomatik,
sodass das Licht nicht unnötigerweise in einem leeren Raum angeschaltet bleibt und Strom verbraucht.

Damit ist die Anforderung nun als User Story formuliert. Allerdings lässt diese Formulierung noch viele Fragen offen: Was genau verbirgt sich hinter der Lichtausschaltautomatik? Wie lange soll es dauern, bis das Licht ausgeht? Soll das Verhalten auch auftreten, wenn das Licht manuell eingeschaltet worden ist? Und sicherlich haben Sie noch viele weitere Fragen.

Akzeptanzkriterien

Akzeptanzkriterien zu einer User Story helfen, die Erwartungshaltung an die zu realisierende Funktion konkret zu formulieren. Dies erfolgt in einem angemessenen Detaillierungsgrad, der die Entwicklung in die Lage versetzt, ein Ergebnis zu liefern, das wir entsprechend unseren Erwartungen auch akzeptieren können. Ziel der Akzeptanzkriterien ist es, in den Reviews den Satz »Das haben wir uns aber anders vorgestellt« von vornherein zu vermeiden. Folglich sind die Akzeptanzkriterien die Formulierung der konkreten Anforderungen für die entsprechende User Story.

Für unsere Beispiel-User-Story könnte es folgende Akzeptanzkriterien geben:

- Licht schaltet sich 3 Sekunden, nachdem die letzte Person den Raum verlassen hat, aus.
- Falls das Licht manuell eingeschaltet wurde, schaltet sich das Licht erst nach 5 Minuten aus.
- Sobald das Smart-Home-System ein regelmäßiges Betreten und Verlassen des Raumes erkennt, soll das Licht nicht ausgeschaltet, aber gedimmt werden.

Auch für die Akzeptanzkriterien kann man Schablonen für die Formulierung verwenden. Zum Beispiel kann die MASTeR-Schablone (siehe Abschnitt 8.2.1) für die Formulierung der Akzeptanzkriterien verwendet werden.

Gherkin-Schema

Wir wollen uns hier eine andere Art der Formulierung ansehen, das Gherkin-Schema [Wynne et al. 2017].

Gegeben [*Bedingungen*]
Wenn [*Ereignis*]
Dann [*Reaktion*]

Mit dem Gherkin-Schema nimmt man bei der Formulierung die Sichtweise eines Abnahmetests ein. Wir stellen uns vor, die Entwicklung hat die User Story umgesetzt, und beschreiben nun, was wir tun werden, um zu überprüfen, ob sie nach unseren Wünschen umgesetzt wurde. Durch die Sichtweise aus der Perspektive des Abnahmetests denken wir anders über unsere User Story nach und können dadurch gleich prüfen, ob wir möglicherweise etwas Wichtiges übersehen haben.

Nach Gherkin formuliert würde das erste Akzeptanzkriterium folgendermaßen lauten:

Gegeben: Das Licht ist an, das Licht wurde automatisch eingeschaltet
Wenn: die letzte Person den Raum verlässt
Dann: wird nach 3 Sekunden das Licht ausgeschaltet

User Story und Akzeptanzkriterien mit einem KI-System

Natürlich können wir die User Story inklusive Akzeptanzkriterien auch mit einem KI-System erstellen lassen. Das ist insofern interessant, als das KI-System Ideen für Akzeptanzkriterien liefern kann, auf die wir Menschen vielleicht nicht gekommen wären. Sehen wir uns dazu folgendes Beispiel an:

Prompt 8.2 *User Story mit Akzeptanzkriterien*

```
Formuliere aus folgender Anforderung eine User Story mit
Akzeptanzkriterien. Verwende für die Akzeptanzkriterien das
Gherkin-Schema. Die Anforderung lautet:

Sobald es dunkel wird, soll das Licht eingeschaltet werden.
```

Ergebnis zu Prompt 8.2 – User Story mit Akzeptanzkriterien [ChatGPT 4o 2025]

User Story: Automatische Lichtsteuerung bei Dunkelheit

Titel:
Als Bewohner möchte ich, dass das Licht automatisch eingeschaltet wird, sobald es dunkel wird, damit ich nicht manuell das Licht einschalten muss und immer eine ausreichende Beleuchtung habe.

Beschreibung:
Das System soll erkennen, wenn es dunkel wird, und automatisch die Beleuchtung in den relevanten Bereichen des Hauses aktivieren. Dabei sollen verschiedene Faktoren wie die Helligkeitssensoren und Zeitsteuerung berücksichtigt werden.

Akzeptanzkriterien (Gherkin-Syntax)

Szenario 1: Licht schaltet sich bei Dunkelheit automatisch ein

Gegeben sei es ist Tag und das Licht ist ausgeschaltet

Wenn die Helligkeit unter den definierten Schwellenwert fällt

Dann schaltet sich das Licht automatisch ein

Szenario 2: Licht bleibt bei ausreichender Helligkeit aus

Gegeben sei es ist Tag und die Helligkeit ist über dem Schwellenwert

Wenn das System den Helligkeitswert prüft

Dann bleibt das Licht ausgeschaltet

Szenario 3: Manuelle Steuerung überschreibt die Automatik

Gegeben sei das automatische Lichtsteuerungssystem ist aktiv
Und der Benutzer schaltet das Licht manuell aus

```
Wenn die Helligkeit unter den Schwellenwert fällt

Dann bleibt das Licht ausgeschaltet

Szenario 4: Automatische Deaktivierung nach einer definierten Zeit

Gegeben sei das Licht wurde automatisch bei Dunkelheit
eingeschaltet

Wenn die voreingestellte Zeitdauer für die automatische Beleuchtung
erreicht ist

Dann wird das Licht automatisch ausgeschaltet

Szenario 5: Rückkehr zur Automatik nach manuellem Eingriff

Gegeben sei das Licht wurde manuell ausgeschaltet
Und die Helligkeit bleibt unter dem Schwellenwert für einen
definierten Zeitraum

Wenn der definierte Zeitraum verstreicht

Dann übernimmt das System wieder die automatische Steuerung und
schaltet das Licht gegebenenfalls ein
```

Fazit und Bewertung

Wie wir sehen, kann das KI-System gute Vorschläge für User Stories mit Akzeptanzkriterien generieren. Allerdings müssen wir, vor allem bei den Akzeptanzkriterien, trotzdem selbst entscheiden, ob diese unserem Verständnis entsprechen. Schließlich geht es darum, unsere Wünsche zu formulieren und nicht die des KI-Systems.

Zusätzlich müssen wir die Ergebnisse des KI-Systems überprüfen und an manchen Stellen konkretisieren. Zum Beispiel muss der Schwellenwert definiert werden, ab dem das Licht ein- oder ausgeschaltet wird.

Wir sollten das Ergebnis vor allem als Denkanstoß verstehen. Das KI-System kennt unseren Kontext nur insoweit, als wir ihn als Input geliefert haben. Daher ist es gut möglich, dass wichtige Szenarien in den Akzeptanzkriterien gar nicht berücksichtigt werden, weil wir dem KI-System unzureichende Kontextinformationen zur Verfügung gestellt haben.

Gerade bei User Stories müssen wir berücksichtigen, wozu diese gedacht sind. Die User Stories und ihre Akzeptanzkriterien sollen in der Gruppe diskutiert werden, damit alle Beteiligten das gleiche Verständnis der Inhalte haben. Das ist umso schwieriger, je mehr durch ein KI-System aufbereitet wird. Der Requirements Engineer bzw. Product Owner muss sich erst selbst in das Ergebnis des KI-Systems hineinversetzen, um sich ein Bild zu machen, bevor er es mit den Entwicklern diskutieren kann. Besser ist es, das Ergebnis nur als Input und Backup zu betrachten und die Akzeptanzkriterien gemeinsam zu formulieren.

8.3 Anforderungen modellbasiert dokumentieren

8.3.1 Allgemeines Vorgehen

Auf den Prompt kommt es an.

Hat man sich für ein KI-System entschieden, stellt sich die Frage, wie das KI-System eingesetzt werden kann, um Anforderungen modellbasiert zu dokumentieren.

Prinzipiell haben sich drei Vorgehensmodelle etabliert, die in den folgenden Abschnitten praktisch angewendet und ausführlicher beschrieben werden:

- **Top-down:** Bei diesem Vorgehen wird erwartet, dass das KI-System vorgegebene Daten oder Informationen, aber auch rudimentäre Anforderungen sammelt und strukturiert, um diese strukturierten Zwischenergebnisse in einem weiteren Schritt visualisiert zu bekommen.
- **Middle-out:** Zusätzlich zum vorherigen Vorgehen nutzt man hier die kreativen Fähigkeiten und das umfangreiche, antrainierte Wissen des KI-Systems, um erste Ideen oder Impulse zu einem konkreten Betrachtungsgegenstand zu erhalten. Man »plaudert« also erst einmal ergebnisoffen mit dem Chatbot des KI-Systems über ein Thema, um dann in die Konkretisierung einzusteigen und nach und nach verschiedene Darstellungsformen – beispielsweise natürlichsprachliche Anforderungen und Diagramme – parallel mithilfe des KI-Systems zu entwickeln.
- **Bottom-up:** Schließlich ist auch der umgekehrte Weg denkbar, bei dem bereits visualisierte Ergebnisse, wie z. B. ein konkretes Diagramm, durch das KI-System interpretiert und in natürlichsprachliche Anforderungen überführt werden.

Gemeinsames Ziel der zuvor genannten Vorgehensweisen beim Nutzen des KI-Systems sind dabei unterschiedliche Sichten auf Anforderungen, die im Wesentlichen zum schnellen und umfassenden Verständnis der Erwartungen der Stakeholder dienen sollen.

Grundlage aller Sichten sind die Anforderungsmodelle, die – ähnlich einer Datenbank – sämtliche Informationen über das zu erstellende System strukturiert sammeln. Diagramme stellen davon wesentliche Aspekte (z. B. Struktur, Verhalten oder Funktion) in geeigneter Notation (d. h. definierte grafische Symbole mit festgelegter Semantik) dar.

Die visuelle Darstellung in Diagrammen hat den Vorteil, dass unmittelbar ein Überblick über die Zusammenhänge zwischen den gesammelten Informationen abgeleitet werden kann, was durch umfangreiche natürlichsprachliche Anforderungen oder tabellarische Auflistungen weniger gut transportiert wird.

Dadurch, dass Diagramme jeweils nur einen Ausschnitt über alle im Modell gesammelten Informationen abbilden, können sie lediglich eine Ergänzung zu den detaillierten natürlichsprachlichen Anforderungen sein.

Um Sichten auf Anforderungen zu erzeugen, kann das KI-System die Arbeit des Anlegens oder Verfeinerns eines Diagramms erleichtern.

Wie in Kapitel 4 bereits erläutert, ist es entscheidend, dem KI-System konkret mitzuteilen, wie es die Anfrage interpretieren soll und welche Form und welches Maß an Kreativität als Antwort erwartet wird. Dies geschieht durch das Aufwärmen. Dabei wird mit dem Chatbot des KI-Systems der Kontext der Anfrage besprochen und die Erwartungshaltung geklärt. Dazu gehört auch die verbindliche Absprache über die zu verwendende Notation der Diagramme. Dem Chatbot wird mitgeteilt, auf welche Notationselemente bei der Beantwortung der Anfrage Wert gelegt wird und welche Semantik hinter den Notationselementen stehen soll (sofern man sich abseits der üblichen Standards wie z. B. UML [OMG 2017], EPK [Keller et al. 1992] oder BPMN [OMG 2014] bewegt).

Ist die erwartete Notation nicht oder nur rudimentär definiert, sind aufwendige Korrekturschleifen mit dem Chatbot notwendig, um möglichst präzise Diagramme zu generieren.

Ebenso ist es ratsam, den Chatbot vorab zu fragen, welche Voraussetzungen die Anfrage bzw. der Prompt erfüllen soll, damit das gewünschte Ergebnis produziert werden kann.

Spezialisierte KI-Systeme

Es gibt KI-Systeme (z. B. [Diagramly.ai] oder [MyMap.AI]) die auf das Erstellen von Diagrammen spezialisiert sind. Diese KI-Systeme liefern sofort ein Bild des Diagramms. Jedoch basieren die Notationen nicht auf Standards, sondern haben die sogenannte Mindmap-Methode oder die Notation von einfachen Ablaufdiagrammen als Grundlage. Andere KI-Systeme erzeugen keine Bilder, sondern entwerfen nur »strukturierten« Text, teilweise auch Quelltexte für Programmier- oder Beschreibungssprachen.

Diese KI-Systeme können dennoch für das Erzeugen von Diagrammen und Sichten verwendet werden, sofern in der Anfrage die zu verwendende Syntax einer textuellen Beschreibung des Diagramms vorgegeben wird. Einige dieser KI-Systeme beherrschen zu diesem Zweck aber auch bekannte Auszeichnungssprachen für die Beschreibung von (UML-)Diagrammen, wie z. B. [Graphviz] oder [PlantUML].

Als Anwender müssen wir das für unsere Modellierungsaufgabe passende KI-System wählen, wie es in Kapitel 11 vorgestellt wird.

Zielführender Umgang mit dem KI-System

Der Versuch, das KI-System bereits mit dem ersten Prompt ein brauchbares Diagramm erzeugen zu lassen, wird vermutlich scheitern. Um den daraufhin anschließenden aufwendigen Prozess des Verfeinerns und Redigierens der Prompt-Ergebnisse zu vermeiden, ist es wichtig, mit dem KI-System zuerst die Inhalte zu erörtern und danach die strukturierten Inhalte in eine Darstellung zu überführen.

Für den Selbstlernprozess eines KI-Systems kann es erforderlich sein, Ergebnisse eines Prompts zu bewerten und so Feedback zurückzuspielen. Damit wird erreicht, dass die Wahrscheinlichkeit für fehlerhafte Ergebnisse im weiteren Verlauf der Verwendung des KI-Systems abnimmt.

8.3.2 Zusammenhänge der Sichten auf Anforderungen

Im nicht agilen Vorgehen werden Anforderungen in einem Requirements-Management-(RM-)Tool (wie DOORS [IBM 2025], Polarion [Siemens 2024] etc.) oder einfach in Office-Dokumenten verwaltet. Diesen Anforderungen fehlt es meist an einem überblickartigen Bild aus der Vogelperspektive. Ein Bild sagt eben mehr als tausend Worte. Daher wird man zunehmend mit dem Wunsch konfrontiert werden, die Zusammenhänge zwischen den Anforderungen und das Verständnis für die Realisierung der Anforderungen in Bildern oder noch besser in Diagrammen auszudrücken. Die bereits erwähnte UML bietet dafür eine geeignete und allgemein bekannte Sammlung von Diagrammtypen und Notationen an, die in den folgenden Abschnitten genutzt werden.

Die gewählten Darstellungsarten als UML-Diagramme bieten jeweils eine andere Sicht auf denselben Inhalt oder zumindest auf Teile davon. Der rote Faden, der sich durch die vorgestellten Diagramme zieht, ist in Abbildung 8.4 dargestellt.

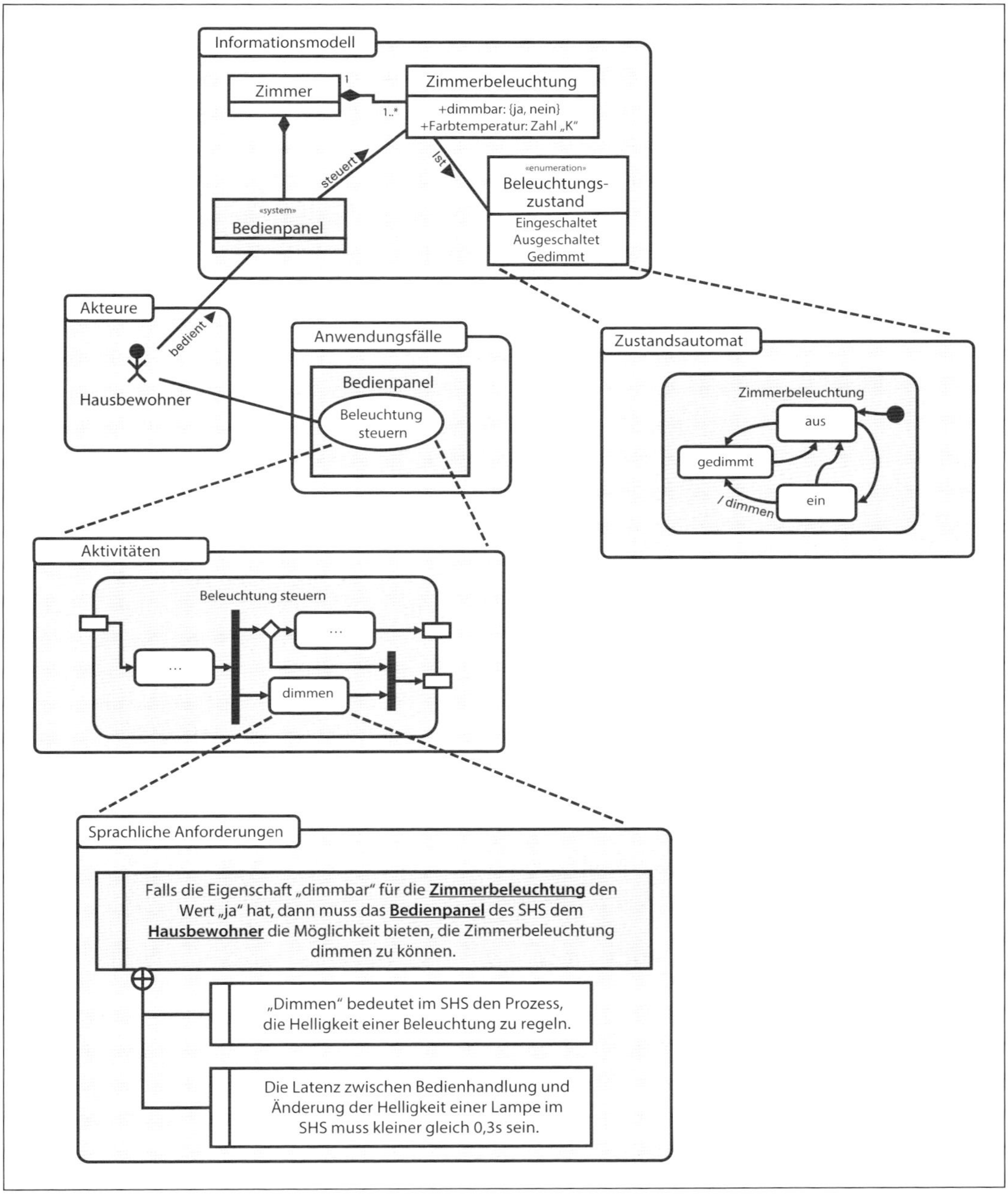

Abb. 8.4 *Zusammenhänge unterschiedlicher Diagramme in einem Modell*

Es wird also eine Komponente des Smart-Home-Systems gewählt, die der Familie König besonders wichtig erscheint: das Bedienpanel, das in jedem Zimmer des Hauses die Bedienung vereinfachen soll.

Die Königs geben ihre Vorstellungen darüber, wie das Bedienpanel funktionieren soll, in natürlichsprachlicher Form, beispielsweise im Rahmen eines Interviews, wieder. Daraus entwickelt der Requirements Engineer ein Informationsmodell, in dem er die im Interview genannten Substantive innerhalb der sprachlichen Anforderungen als Begriffe mit ihren Zusammenhängen verdeutlicht. Die Begriffe innerhalb des Informationsmodells dienen wiederum als Ausgangspunkt für die weitere Anforderungsanalyse und werden zukünftig auch in einem Glossar in der Anforderungsspezifikation erscheinen.

Im Rahmen der Anforderungsanalyse wird zunächst aus den Zielen und Wünschen der Königs ein Anwendungsfalldiagramm abgeleitet.

Der Ablauf eines Szenarios eines Anwendungsfalls wird im Folgenden durch ein Aktivitätsdiagramm modelliert und mit den Königs besprochen, wodurch weitere Anforderungen entstehen, die beispielsweise in einem Zustandsautomaten verdeutlicht werden.

So entsteht nach und nach ein umfangreiches (UML-)Modell, bei dem viele Elemente (z. B. Begriffe oder Akteure) in weiteren Diagrammen wiederverwendet werden, um die Abhängigkeiten zu verdeutlichen.

Es empfiehlt sich daher, gemeinsam mit der Anforderungsspezifikation im RM-Tool, dieses (UML-)Modell in einem Modellierungstool zu erstellen. Dies hilft wiederum bei der Wiederverwendbarkeit der einzelnen Elemente, sodass z. B. das Umbenennen eines Begriffs im Informationsmodell automatisch auch bei jeder anderen Verwendung desselben Begriffs in den anderen Diagrammen nachgezogen wird.

Viele Toolhersteller haben die Verbindung zwischen sprachlichen Anforderungen und Modellierung erkannt und bieten integrierte Lösungen an, um die aus dem Modell erzeugten Diagramme automatisch in der Anforderungsspezifikation zu aktualisieren oder umgekehrt: die Anforderungen auch im Modell aktuell zu halten. Damit wird ein sogenanntes »Round-Trip-Engineering« möglich und das für die Anforderungssicht erstellte Modell kann gleichzeitig als Grundlage für die Architektursicht dienen.

8.3.3 Informationsmodelle erzeugen

Was sind Informationsmodelle?

Ein Informationsmodell (auch Fachklassendiagramm genannt) ist ein Werkzeug zur Beschreibung von Objekten (oder Begriffen), deren Eigenschaften und deren Beziehungen. Es dient dazu, Informationen systematisch zu ordnen und verständlich darzustellen. Dabei werden Begriffe

(z. B. »Bedienpanel«, »Aktor« oder »Leuchte« im SHS) definiert und in eine Struktur gebracht, um die Zusammenhänge zwischen ihnen zu verdeutlichen. Im Smart-Home-System würden also die Zusammenhänge verschiedener Sensoren und deren Interaktionsmöglichkeiten mit Aktoren innerhalb des Informationsmodells beschrieben werden.

Ein solches Modell hilft, klare Definitionen zu schaffen, Missverständnisse zu vermeiden und die Kommunikation zu erleichtern, und wird typischerweise als Ergänzung zum Glossar verwendet. Einfach gesagt, ein Informationsmodell ist wie ein Bauplan für Ideen, der dabei hilft, komplexe Gedanken verständlich und nachvollziehbar zu machen.

Üblicherweise verwendet man zur Darstellung eines Informationsmodells das Klassendiagramm der UML. Dabei werden Begriffe als Klassen dargestellt. Den Zusammenhang, in dem ein Begriff verwendet wird, stellt man im Informationsmodell durch Beziehungen zu anderen Begriffen und somit als Assoziation zwischen Klassen dar.

Viele Begriffe können durch Abstraktion unter einem gemeinsamen Begriff geordnet werden. Man spricht dabei von Generalisierung. Sensoren und Aktoren könnten als Knoten bezeichnet werden. »Knoten« ist dabei der Oberbegriff für »Sensor« und »Aktor«; oder andersherum betrachtet: »Sensoren« und »Aktoren« sind spezielle »Knoten«. Diese Generalisierung wird in UML ebenfalls als Generalisierungsbeziehung zwischen den Klassen dargestellt.

Will man zu einem Begriff die Möglichkeit ergänzen, dass dieser in unterschiedlichen Ausprägungen vorkommen kann, so definiert man Eigenschaften des Begriffs. Im Informationsmodell stellt man die Eigenschaften als Attribute der Klassen dar, verzichtet aber in der Regel auf weitere UML-Elemente wie Sichtbarkeit oder Multiplizität.

Eine Leuchte im Smart-Home-System kann es beispielsweise einmal in einer dimmbaren Ausprägung geben – dann ist das Helligkeitsniveau, das von dieser Leuchte ausgeht, variabel –, andererseits können auch nicht dimmbare Leuchten zum Einsatz kommen oder Leuchten, deren Farbtemperatur sich von anderen Leuchten unterscheidet. Somit können nun für den Begriff »Leuchte« zwei Eigenschaften definiert werden: »dimmbar« (als Auswahl zwischen den Eigenschaftswerten »ja« und »nein«) und »Farbtemperatur« (als Zahl in der Einheit Kelvin mit dem Symbol »K«).

Nutzen des KI-Systems für Informationsmodelle

Mithilfe von KI-Systemen können ausführliche, natürlichsprachliche Beschreibungen schnell in ein Informationsmodell überführt werden. Hierbei werden dem KI-System die Dokumente, auf die es Bezug nehmen soll, vorab mitgeteilt. Anschließend wird es im Prompt aufgefordert, alle Begriffsdefinitionen und Zusammenhänge grafisch darzustellen.

Ebenso denkbar ist das Erfragen von Wissen aus dem bereits trainierten LLM und die anschließende Zusammenfassung in der Form eines Diagramms.

Vorüberlegungen

Damit ein KI-System ein Informationsmodell aus dem vorgegebenen Wissen erstellen kann, empfiehlt es sich, dem KI-System in strukturierter natürlichsprachlicher Form die spezifischen Informationen und Zusammenhänge vorzugeben. Das erfordert jedoch einigen Aufwand, da die Anfrage entsprechend umfangreich formuliert werden muss. Das KI-System sollte in der Lage sein, die Informationen so zu interpretieren, wie sie gemeint sind.

Aber fragen wir den Chatbot doch einfach, wie wir ihm die Informationen geben sollen:

Prompt 8.3
Der Copilot-Chatbot wird gefragt, wie er ein Informationsmodell erarbeiten möchte.

```
Ich benötige ein UML-Klassendiagramm für ein Informationsmodell.
Wie kann ich dir die Informationen des Diagramms geben, damit du mir
einen PlantUML-Inhalt für das Informationsmodell erstellen kannst?
```

Ergebnis zu Prompt 8.3 – Der Copilot-Chatbot wird gefragt, wie er ein Informationsmodell erarbeiten möchte [Copilot 2024].

```
Gerne helfe ich dir bei der Erstellung eines UML-Klassendiagramms
für dein Begriffsmodell. Du kannst mir die Informationen auf
verschiedene Weise übermitteln:

1. Beschreibung in Textform: Beschreibe die Klassen, ihre
Attribute, Methoden und die Beziehungen zwischen den Klassen (z.B.
Vererbung, Assoziation, Aggregation, Komposition).

2. Tabellarische Darstellung: Erstelle eine Tabelle, in der du die
Klassen, Attribute, Methoden und Beziehungen auflistest.

3. Vorhandene Diagramme oder Skizzen: Falls du bereits eine Skizze
oder ein handgezeichnetes Diagramm hast, kannst du ein Foto davon
machen und hochladen.

Nachdem du mir die Informationen gegeben hast, erstelle ich gerne
den PlantUML-Inhalt für dein Begriffsmodell. Wie möchtest du
vorgehen?
```

Fazit und Bewertung

Das Formulieren der Beschreibung in Textform eignet sich, wenn noch keine konkreten Ergebnisse wie Skizzen oder Tabellen vorliegen, für eine erste Sortierung der bekannten Informationen. Üblicherweise werden diese Informationen in Stichpunkten formuliert. Dabei ist eine geeignete Struktur zu wählen (oder gleich eine Ontologie-Sprache zu verwenden; mehr dazu in den Online-Inhalten zu diesem Buch auf der Wissensplattform).

www.sophist.de/kire/k8-3

Begriffsklassen oder Generalisierungen können so beschrieben werden, wie man sie aus einem Diagramm herauslesen würde, z. B. »Eine Leuchte ist ein Aktor« oder »Sensoren sind: Schalter, Taster, Helligkeitssensoren«.

Beziehungen würden dann als einfache Sätze mit einem prägnanten Verb formuliert werden, sodass das KI-System das Verb zur Beschreibung der Beziehung interpretieren kann.

Erzeugen eines Informationsmodells

Mit den Vorüberlegungen kann nun die Anfrage an das KI-System formuliert werden. Dabei sollte dem KI-System das Thema der Anfrage und auch die Form des gewünschten Ergebnisses mitgeteilt werden.

Prompt 8.4
Dem KI-System wird der Kontext erläutert.

```
Ich benötige ein sachlich korrektes und informelles Plant-UML-
Klassendiagramm für ein Begriffs- bzw. Informationsmodell. Der
Kontext des Begriffsmodells ist ein Home-Automationssystem. Es soll
um die Konnektivität gehen. Es sind folgende Informationen
darzustellen:

Ein Sensor schaltet einen Aktor ein oder aus.

Sensoren können Aktoren auch steuern.

Steuern ist das Senden und Empfangen von Parametern für die Aktionen
des Aktors.

Aktoren können sein: Leuchte, Belüftung, aber auch Heizung oder
Beschattungsanlagen.

Beschattungsanlagen sind: Markisen, Rollläden oder Jalousien.

Sensoren können Schalter, Taster oder auch Helligkeits-,
Temperatur- oder CO2-Konzentrations-Sensoren sein.

Sensoren und Aktoren sind Knoten in einem Netzwerk.

Knoten interagieren untereinander innerhalb des Netzwerks.

Knoten haben eine eindeutige ID.

Das Netzwerk transportiert sowohl die Informationen als auch die
notwendige Energie zwischen den Knoten.

Informationen werden als Nachrichten über das Netzwerk
ausgetauscht.

Eine Nachricht hat einen definierten Typ und einen dem Typ
entsprechenden Inhalt.

Innerhalb des Netzwerks gibt es keinen Master. Alle Knoten sind
gleichberechtigt.

Die Programmierung, welcher Sensor welche Aktion in welchem Aktor
steuert, erfolgt vor Inbetriebnahme für jeden Sensor und Aktor.
```

Der Chatbot antwortet mit seiner eigenen Interpretation der gegebenen Informationen und liefert den Quelltext für das PlantUML-Diagramm. Wird dieser Quelltext mit PlantUML gerendert, ergibt sich ein Bild dieses ersten Entwurfs (siehe Abb. 8.5).

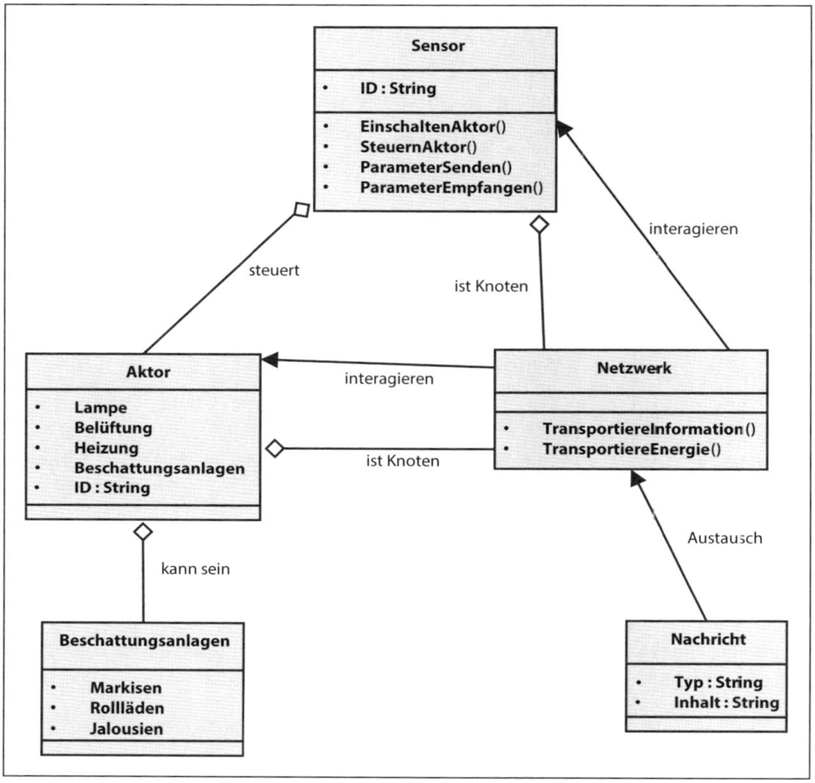

Abb. 8.5
Ergebnis zu Prompt 8.4 – Dem KI-System wird der Kontext erläutert [Copilot 2024].

Fazit und Bewertung

Für einen Überblick über das vorgegebene Wissen ist das Diagramm hilfreich, gleichwohl es noch einige Fehler enthält (fehlende Leserichtungen, Attribute statt Generalisierung, fehlerhafte Aufzählung etc.).

Ab diesem Punkt gibt es – neben der Möglichkeit, den KI-generierten Vorschlag für eine manuelle Anpassung zu verwenden – folgende Vorgehensweisen:

- Einerseits – und hier wird der erfahrene Anwender mit hohen Ansprüchen an die Qualität der Ergebnisse nicht umhinkommen – kann man mit dem Chatbot wie in einem realen Gespräch zwischen Menschen die störenden Punkte sukzessive klären und die folgenden Ergebnisse jeweils neu bewerten.

- Andererseits kann man auch den Prompt überdenken und für eine erneute Anfrage so überarbeiten, dass dem KI-System die Erwartungshaltung zielgerichteter vorgegeben wird.

Das KI-System geht primär davon aus, dass ein UML-Klassendiagramm erstellt werden soll. Es weiß insofern noch nicht, dass eigentlich eine spezielle Form eines Klassendiagramms für ein Informationsmodell erwartet wird. Also muss diese Erwartungshaltung im Prompt formuliert werden.

Der einleitende Absatz im Prompt 8.4 wird also umformuliert, indem die erwarteten Notationselemente und deren Verwendung definiert werden:

Prompt 8.5
Verbesserter Prompt zum Erzeugen eines Informationsmodells

```
Kontext: Ich arbeite als Requirements Engineer in der Entwicklung
von Smart-Home-Systemen.

Ziel: Ich brauche ein Klassendiagramm für ein Smart-Home-System.
Das Klassendiagramm soll die wichtigsten Fachbegriffe aus einem
Szenario miteinander in Beziehung setzen.

Aufgabe: Nachfolgend habe ich den bisherigen Wissensstand, also die
Begriffe und deren Beziehungen untereinander, vorgegeben. Erstelle
mir aus dieser Beschreibung bitte ein PlantUML-Klassendiagramm mit
den folgenden Notationselementen:

-Klassen und Attribute

-Assoziationen und Aggregation

-für Assoziationen auch Assoziationsnamen, Leserichtung und ggf.
Multiplizitäten

-Für Ausprägungen eines Begriffs sollen Generalisierungen verwendet
werden.

Textuelle Beschreibung:

[...]
```

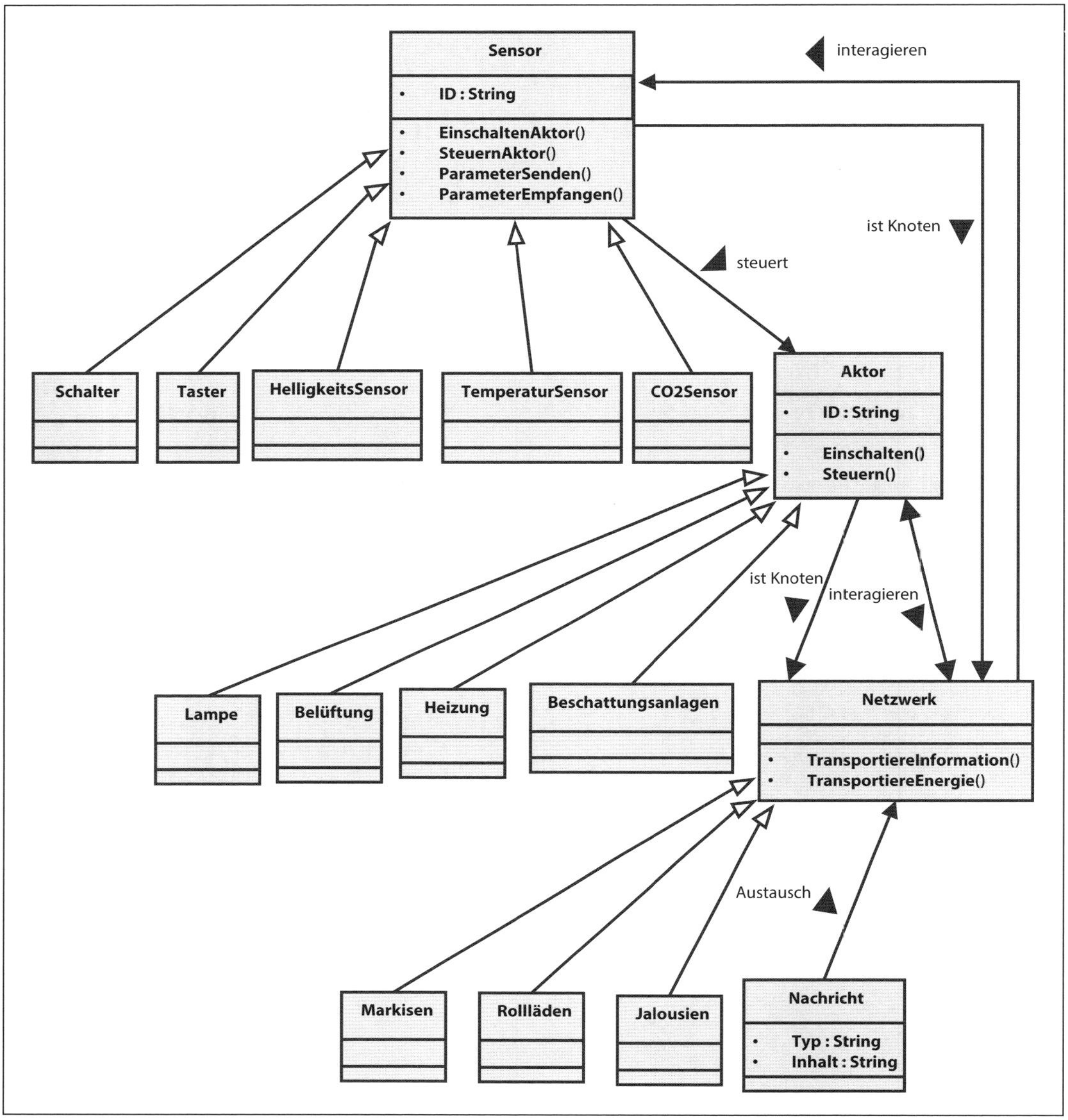

Abb. 8.6 *Ergebnis zu Prompt 8.5 – Verbesserter Prompt zum Erzeugen eines Informationsmodells [Copilot 2024]*

Fazit und Bewertung

Das Ergebnis ist deutlich besser als bei dem vorherigen Prompt. Die Generalisierungsbeziehungen für spezifische Aktoren und Sensoren wurden wie gewünscht dargestellt, aber auch die Leserichtungen hat das KI-System nun beachtet. Für eine einfache visuelle Übersicht reicht es aus. Basierend auf diesem Ergebnis wäre auch die manuelle Weiterverarbeitung in einem UML-Tool oder direkt im PlantUML-Quelltext ohne weitere KI-Unterstützung denkbar.

Reflektion des Vorgehens bei der Interaktion mit dem KI-System

Der strukturierte Prompt ist sicherlich umfangreicher als der erste Entwurf, da die Informationen über die Semantik und die Erwartungshaltung vorgegeben werden.

Hier hilft es, sich die Regeln, wie ein Informationsmodell erstellt werden soll, welche Notationselemente ein Diagramm enthalten soll und welche Semantik man mit den Notationselementen verbindet, als Dokument abzuspeichern und dieses dann per RAG dem KI-System zur Verfügung zu stellen.

Wie Sie für Informationsmodelle die Ontologie-Sprachen verwenden können, erfahren Sie in den Online-Inhalten zu diesem Buch auf der Online-Wissensplattform.

www.sophist.de/kire/k8-3

Das gezeigte Beispiel war der eingangs erwähnte Top-down-Weg, bei dem von rudimentären Informationen ausgehend eine textuelle Beschreibung erzeugt und diese schließlich in ein visuelles Informationsmodell überführt wurde.

Die Essenz der Aufgabe an das KI-System bestand also darin, natürlichsprachliche Informationen zu strukturieren und in eine geeignete Darstellung zu überführen. Mit ein wenig Nachhilfe durch einen strukturierteren Prompt oder einen Verfeinerungsprozess gelang dies dem KI-System ganz gut.

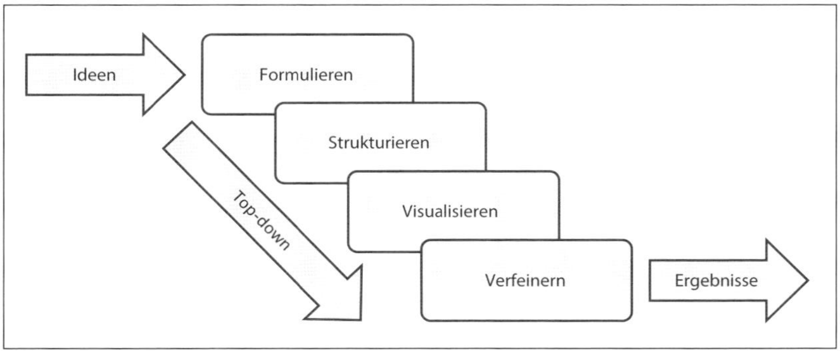

Abb. 8.7
Top-down-Ansatz beim Erzeugen von Diagrammen mit dem KI-System

Andere Vorgehensweisen gegenüber dem Top-down-Weg wären der Bottom-up- und der Middle-out-Ansatz.

Beim Bottom-up-Ansatz wird dem KI-System ein fertiges Begriffsmodell als Diagramm geliefert und die Aufgabe gestellt, dieses zu interpretieren.

Anschließend sind auf natürlichsprachlichem Weg Anfragen nach dem Inhalt des Begriffsmodells möglich.

Nützlich ist dies beispielsweise, wenn die Firma Schlauhaus einen neuen Mitarbeiter einstellt, der sich – anhand der bestehenden Informationsmodelle und unterstützt durch das KI-System – in die Materie Smart-Home-System einarbeiten soll.

Entsprechend dem Beispiel könnte man also eine RAG-Applikation (siehe Kap. 4) erstellen, die das UML-Klassenmodell als zusätzliche Informationsquelle neben dem vortrainierten LLM zugreifbar macht, und anschließend etwa folgende Fragen stellen:

- Ist eine Jalousie ein Akteur?
- Welche Eigenschaften müssen die Sensoren zur Steuerung der Jalousie aufweisen?
- Wie ordnet sich eine Klimaanlage in diese Struktur ein?

Der Middle-out-Ansatz ist ebenso vielversprechend, vor allem dann, wenn man bedenkt, dass die Firma Schlauhaus nicht der einzige Anbieter von Smart-Home-Systemen ist, also genügend Informationen über den Aufbau derartiger Systeme als Grundlage für das Modell des KI-Systems herangezogen werden können.

8.3.4 Anwendungsfalldiagramme erzeugen

Was ist ein Anwendungsfall?

Auf diese Frage gibt es sehr unterschiedliche Antworten. Ausgehend von seinem Erfinder – Ivar Jacobson [Jacobsen 1992] – wurde das Anwendungsfalldiagramm ursprünglich als Beschreibung des *Nutzens* bzw. des *Zwecks* eines Systems entwickelt.

Das Wort Anwendungsfall setzt sich aus den Wortbestandteilen »Anwendung« und »fall« zusammen. Die deutsche Grammatik ist sehr präzise, sodass wir aus den Regeln ableiten können, dass es sich um einen Fall handelt, der im Kontext oder im Rahmen einer Anwendung auftritt (das Fugen-s zwischen »Anwendung« und »fall« deutet auf den Genitiv und die Frage »Wessen Fall?« hin). Das Wort stellt also den »Fall« in den Vordergrund und deutet damit an, dass die Anwendung in sich geschlossen ist.

»In sich geschlossen« heißt dabei, dass nach Ausführung des Anwendungsfalls der Nutzen des Systems erfüllt und das verfolgte Ziel (die Intention zur Anwendung des Systems) erreicht wurde. Eine weitere Nutzung des Systems kann zwar erfolgen (als weiterer Anwendungsfall), aber das System kann genauso gut seinen Zweck erfüllt haben und danach abgebaut oder recycelt werden.

Konkret gibt ein Anwendungsfall demnach die Begründung, warum ein Akteur ein System anwenden will, und hebt somit den Nutzen eines Systems für den Akteur hervor.

Der Anwendungsfall des Smart-Home-Systems ist also z. B. nicht, dass Nachrichten mit der Smart-Home-Zentrale oder der Leuchte (als Akteur) ausgetauscht werden. Das wäre eine Funktion, die im Rahmen einer Anwendung ausgeführt würde. Der Akteur wendet das SHS nicht an, um diese Nachrichten auszutauschen, sondern um die Leuchte ein- oder auszuschalten.

Ein korrekter Anwendungsfall des SHS ist beispielsweise: »Leuchte einschalten«. Die detaillierten Abläufe innerhalb des SHS während der Ausführung dieses Anwendungsfalls werden auf dieser Ebene nicht betrachtet.

Das Anwendungsfalldiagramm (engl.: Use Case Diagram) gibt demnach aus der »Vogelperspektive« eine Übersicht darüber, was das Smart-Home-System tun soll, um für den Anwender einen Nutzen zu erfüllen. Erst die Detaillierung des Anwendungsfalls – die nicht innerhalb des Anwendungsfalldiagramms vorgenommen wird – liefert dann die Feinheiten dafür, wie oder womit das System zum Erzielen des Nutzens beiträgt.

Die Detaillierung kann dabei unterschiedlich erfolgen. Als hilfreich hat sich eine tabellarische Auflistung aller Eigenschaften in Form einer Anwendungsfallbeschreibung (z. B. [Cockburn 2000]) erwiesen. Denkbar ist aber auch die Verwendung anderer (UML-)Diagramme zur Visualisierung der Szenarien, z. B. Aktivitätsdiagramme, die wie im folgenden Abschnitt gezeigt angeben, wie der Anwendungsfall ablaufen kann.

Nutzen des KI-Systems für die Anwendungsfalldiagramme

Für die Erzeugung von Anwendungsfalldiagrammen soll beispielhaft der Middle-out-Ansatz ausprobiert werden (siehe Abb. 8.8).

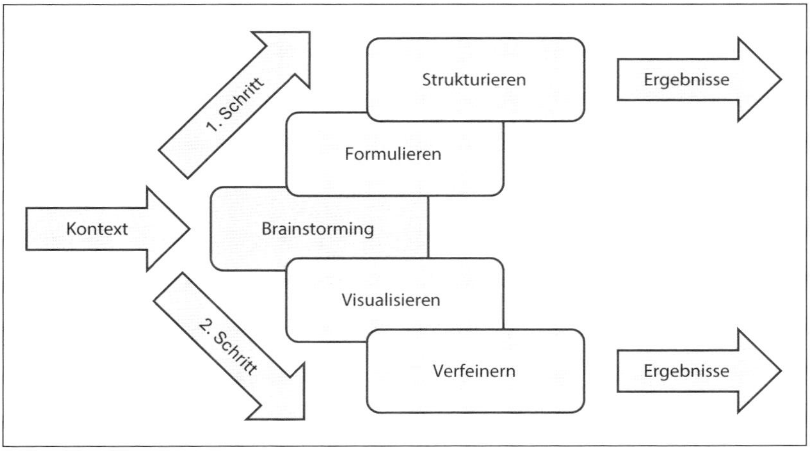

Abb. 8.8 *Middle-out-Ansatz: KI-System findet Inhalte eigenständig.*

Angenommen die Entwicklung ist so weit fortgeschritten, dass für das Smart-Home-System bereits erste Komponenten gefunden wurden, die nun verfeinert spezifiziert werden sollen. Eine dieser Komponenten wäre dann das Bedienpanel.

Das KI-System soll dabei zunächst selbst »brainstormen«, welchen Nutzen ein Bedienpanel innerhalb des Smart-Home-Systems für einen Bewohner hat, und daraus Anwendungsfälle ableiten und diese in einem Anwendungsfalldiagramm visualisieren.

Schließlich wird ein Anwendungsfall ausgewählt, für den das KI-System erst die Szenarien und danach die tabellarische Beschreibung formulieren soll. Mit dem so entstandenen Beispiel werden dann alle anderen Anwendungsfälle genauso betrachtet.

Vorüberlegungen

Wie eingangs erwähnt, soll das KI-System selbst die Anwendungsfälle für den wesentlichen Bestandteil des Smart-Home-Systems, nämlich das Bedienpanel, finden. Für das KI-System ist auf den ersten Blick nicht klar, dass das Bedienpanel nicht in einem Fahrstuhl, sondern in einem Smart-Home-System Anwendung finden soll. Daher muss der Kontext mit dem Chatbot didaktisch klug erörtert werden.

Hilfreich ist, wenn die Stärke des LLM des KI-Systems als Einstieg genutzt wird. Daher wird – völlig offen – nach den heute gängigen Smart-Home-Systemen und deren Realisierung gefragt:

Prompt 8.6
Aufwärmen des KI-Systems vor dem Brainstorming

```
Kennst du verschiedene Home-Automations-Netzwerke?
```

Wie zu erwarten war, sprudelt der Chatbot die verschiedensten Informationen über alle möglichen Home-Automations-Systeme zutage. Diese gilt es nun erst einmal zu strukturieren:

Prompt 8.7
Vorgeben der Richtung des Brainstormings

```
Danke. Was denkst du, haben alle diese Home-Automations-Netzwerke
gemeinsam? Kannst du zusammenfassen, wie ein generelles Home-
Automations-Netzwerk aufgebaut ist und wie es – allgemeingültig
gesehen – funktioniert?
```

Das kann das KI-System auch sehr gut und deutet an, dass allen Home-Automations-Netzwerken wohl eine zentrale Steuereinheit gemein ist, dass die Kommunikation auf festgelegten Protokollen basiert und dass darüber Befehle zur Steuerung, die ein Benutzer eingibt, kommuniziert werden.

Erzeugen eines Anwendungsfall-diagramms

Ziel der Aufwärmphase war es, das KI-System genau auf dieses Stichwort (»Steuerung des Smart-Home-Systems«) hinzulenken. Somit kann der Kontext festgezogen werden:

Prompt 8.8
Konkretisierung der Aufgabenstellung

```
Lass uns gezielter über die Steuerung und das Senden von Befehlen
sprechen. Als Requirements Engineer erstelle ich eine Spezifikation
für die physische Steuerung des Smart-Home-Systems über ein
Schalter-Panel. Das Schalter-Panel soll also Steuerbefehle in Form
von Geräteaktionen für unterschiedliche Geräte senden. Wobei
aktuell noch nicht bekannt ist, welche Geräte dies sind. Was wären
typische Anwendungsfälle für dieses Schalter-Panel?
```

Das KI-System ist »kreativ« und listet mehrere Anwendungsfälle für die unterschiedlichsten Szenarien auf. Auch exotische Anwendungsfälle, wie das »Aktivieren eines Modus, der alle Lichter einschaltet, die Heizung hochfährt und Musik abspielt, wenn der Bewohner nach Hause kommt«, findet das KI-System. Schließlich erhält der Anfrager auch noch Tipps zur Realisierung und Programmierung dieser Anwendungsfälle. Struktur ist also notwendig.

Strukturieren der Informationen zu Anwendungsfällen

Wir SOPHISTen lieben Struktur – vor allem in der natürlichen Sprache. Daher wird der Chatbot nach der Prompting-Regel »Ausgabeformat des Ergebnisses definieren« (siehe Abschnitt 4.3.2) aufgefordert, die »kreativen« Anwendungsfälle in einer strukturierten Form zu liefern. Dafür wird eine »Satzschablone« anhand eines Beispiels vorgegeben und damit das Ausgabeformat des Ergebnisses definiert:

Prompt 8.9
Kontextwechsel auf das Erstellen von Anwendungsfällen

```
Sehr ausführlich. Danke. Aber kannst du die Anwendungsfälle in einer
strukturierten Form liefern. Ziel ist, dass die Anwendungsfälle in
einem prägnanten Satz formuliert sind, bestehend aus dem Akteur,
einem konkreten Verb und dem Objekt, auf das sich das Verb bezieht.
Als Beispiel für einen Anwendungsfall kannst du folgenden Satz
verwenden: "Ein Benutzer steuert Leuchten oder
Beleuchtungsgruppen."
```

Ergebnis zu Prompt 8.9 – Kontextwechsel auf das Erstellen von Anwendungsfällen [Copilot 2024]

[...]

```
Lichtsteuerung:
· Ein Benutzer steuert Leuchten oder Beleuchtungsgruppen.
· Ein Benutzer dimmt die Lichter für eine gemütliche Atmosphäre.
· Ein Benutzer aktiviert vordefinierte Beleuchtungsszenen (z.B.
  "Filmabend", "Lesen", "Entspannen").
```

[...]

Fazit und Bewertung

Das Ergebnis des KI-Systems ist entsprechend der Vorgabe. Es konnte die in der vorherigen Antwort gelieferten Anwendungsfälle prägnant in die Satzschablone umsetzen, damit diese nun in einem Anwendungsfalldiagramm visualisiert werden können.

Visualisieren der Anwendungsfälle in PlantUML

Wie bei den Informationsmodellen muss dem KI-System die Erwartungshaltung für die Visualisierungsergebnisse bekannt gegeben werden. Dazu wird auf die Notwendigkeit einer sachlichen und standardkonformen Verwendung der UML hingewiesen und es wird klargestellt, welche Notationselemente aus dem UML-Standard Verwendung finden sollen. Zusammengefasst könnte der Prompt wie folgt formuliert werden:

Prompt 8.10
Abstecken der Rahmenbedingungen für ein Anwendungsfalldiagramm

```
Ziel: Sowohl die Akteure der Anwendungsfälle, also diejenigen, die
den Anwendungsfall ausführen oder wesentlich bestimmen, als auch
die Systeme oder beteiligten Akteure sollen visualisiert werden.

Aufgabe: Bitte erstelle ein Anwendungsfalldiagramm mit PlantUML aus
den vorher gefundenen Anwendungsfällen. Dabei soll das
Anwendungsfalldiagramm in der standardisierten Notation nach UML
2.5.1, siehe [https://www.omg.org/spec/UML/2.5.1/PDF], erstellt
werden.

Verwende die Notationselemente Akteur und Use Case sowie die
Konnektoren zwischen diesen.

Stelle auch die Systemgrenze dar, sodass aus dem Diagramm
hervorgeht, dass die Akteure und externen Systeme nicht Teil des
Bedienpanels selbst sind.
```

Es entsteht schließlich nach einiger Verfeinerung in Form eines Dialogs mit dem Chatbot ein umfangreiches Anwendungsfalldiagramm. Daraus soll nur der Ausschnitt für die Beleuchtungssteuerung beispielhaft gezeigt werden (siehe Abb. 8.9).

Auch dieses Ergebnis ließe sich noch weiter verfeinern und verbessern. Man könnte noch unterschiedliche Benutzer definieren oder Erweiterungspunkte einführen (unter welchen Umständen z. B. »Dimmen« den Anwendungsfall »Beleuchtungselemente steuern« erweitert).

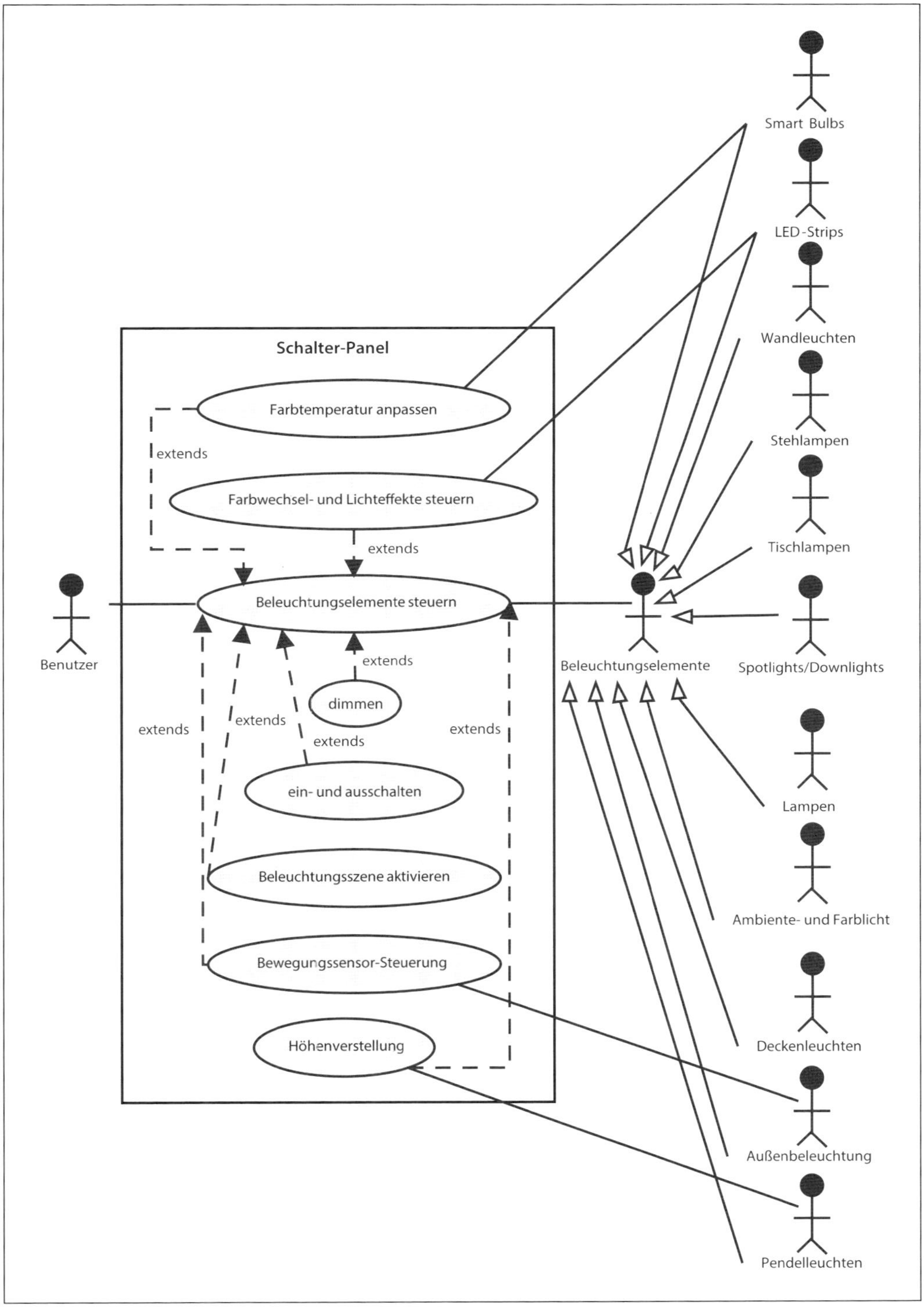

Abb. 8.9 *Erzeugtes Anwendungsfalldiagramm für die Beleuchtungssteuerung mit einem Schalter-Panel*

Beispielhafte Detaillierung eines Anwendungsfalls in tabellarischer Form

Nun wird mit dem Chatbot erörtert, inwieweit es möglich ist, die Details zu einem Anwendungsfall in tabellarischer Form darzustellen.

Nachdem ein Anwendungsfall gewählt wurde, der als Beispiel fungieren soll, wird zunächst geklärt, welche Informationen die Tabelle über den Anwendungsfall enthalten soll. Dies erfolgt in Frageform:

Prompt 8.11 *Vorbereitung des KI-Systems für die tabellarische Darstellung des Anwendungsfalls*

```
Das Anwendungsfalldiagramm erstellt nur eine Übersicht über alle
Anwendungsfälle. Nehmen wir uns den generellen Anwendungsfall
"Beleuchtungselemente steuern" vor.

Ziel: Dieser Anwendungsfall soll weiterführend konkretisiert
werden.

Aufgabe: Stelle bitte in tabellarischer Form die Beschreibung des
Anwendungsfalls dar und beantworte damit folgende Fragen an den
Anwendungsfall:
– Welche möglichen Szenarien könnte der Anwendungsfall
  "Beleuchtungselemente steuern" beinhalten?
– Welche Vorbedingungen sind vor der Ausführung zu beachten,
– welche Nachbedingungen sind nach Ausführung des Anwendungsfalls
  vorhanden,
– welche Ereignisse lösen den Anwendungsfall aus?
```

Damit erzeugt das KI-System eine brauchbare Anwendungsfallbeschreibung:

Ergebnis zu Prompt 8.11 – Vorbereitung des KI-Systems für die tabellarische Darstellung des Anwendungsfalls [Copilot 2024]

Anwendungsfall	**Beleuchtungselemente steuern**
Szenarien	**Standard-Ablauf:** 1. Benutzer nähert sich dem Schalter-Panel. 2. Benutzer wählt den gewünschten Schalter aus. 3. Benutzer führt den Befehl aus: ▪ Ein- und Ausschalten ▪ Dimmen ▪ Szenen aktivieren 4. Schalter-Panel sendet den Befehl. 5. Beleuchtungselement führt den Befehl aus und System aktualisiert den Status. 6. Benutzer bestätigt die gewünschte Änderung. **Fehlerszenario 1: Verbindung unterbrochen:** ▪ Schritt 4: Schalter-Panel kann den Befehl nicht senden, Fehlermeldung wird angezeigt. ▪ Schritt 5: Benutzer erhält Information über fehlgeschlagene Ausführung. **Fehlerszenario 2: Beleuchtungselement reagiert nicht:** ▪ Schritt 5: Beleuchtungselement führt den Befehl nicht aus, Fehlermeldung wird angezeigt. ▪ Schritt 6: Benutzer versucht, den Befehl erneut zu senden, oder überprüft das Beleuchtungselement.

→

Vorbedingungen	• Das Schalter-Panel ist installiert und mit dem Smart-Home-Netzwerk verbunden. • Die Beleuchtungselemente sind korrekt installiert und mit dem Netzwerk verbunden. • Der Benutzer hat Zugriff auf das Schalter-Panel oder die zugehörige App. • Das System ist in Betrieb und funktionsfähig.
Nachbedingungen	• Die Beleuchtungselemente reagieren auf den Befehl. • Der aktuelle Status der Beleuchtungselemente wird im System aktualisiert. • Bei Szenenaktivierung werden alle beteiligten Beleuchtungselemente auf die definierten Einstellungen gesetzt.
Auslösende Ereignisse	• Benutzer betätigt einen Schalter auf dem Panel. • Benutzer gibt einen Sprachbefehl über einen Smart-Assistenten (z. B. Alexa, Google Assistant) ein. • Benutzer verwendet die mobile App zur Steuerung. • Ein voreingestelltes zeitgesteuertes Ereignis tritt ein (z. B. Licht schaltet sich um 20:00 Uhr ein). • Ein Bewegungssensor erkennt Bewegung und löst die Außenbeleuchtung aus.

Fazit und Bewertung

Das »Zusammentragen in Tabellenform« beherrscht das KI-System sehr gut, sodass lediglich an den Szenarien noch gefeilt und der Chatbot auf ein noch zu entwickelndes Fehlerszenario aufmerksam gemacht werden muss. Wie man die Szenarien auch maschinenlesbar weiterverwenden kann, erfahren Sie in den Online-Inhalten zu diesem Buch auf der Wissensplattform.

www.sophist.de/kire/k8-3

8.3.5 Aktivitätsdiagramm erzeugen

Was sind Aktivitätsdiagramme?

Aktivitätsdiagramme zählen innerhalb des UML-Standards zu den Verhaltensdiagrammen. Im Kontext des UML-Standards bezieht sich »Verhalten« auf die dynamischen Aspekte eines Betrachtungsgegenstands, in unserem Beispiel also darauf, wie sich das Bedienpanel des SHS im Laufe der Zeit verhält.

In der UML ist eine Aktivität eine Menge von Aktionen oder Verhaltensweisen innerhalb eines Prozesses oder eines Systems und kann als eine strukturierte Abfolge von Schritten gesehen werden, die gemeinsam ein bestimmtes Ziel erreichen sollen.

Aktivitätsdiagramme werden vorrangig zur Beschreibung eines geordneten Ablaufs des Verhaltens genutzt und stellen die verschiedenen Pfade von Aktionen (also »Arbeitsschritten«) und Entscheidungen dar, die zum Erreichen eines Zielzustands notwendig sind.

Nutzen des KI-Systems für Aktivitätsdiagramme

Oft sind in Handbüchern oder Produktdokumentationen umfangreiche Abläufe einer Bedienhandlung in natürlichsprachlicher Form beschrieben und es ist bei umfangreichen Texten schwierig, den Ablauf zu überblicken.

Das KI-System hilft dabei, den Text zu interpretieren, die wesentlichen Ablaufschritte und Bedingungen herauszufiltern und in eine saubere Struktur zu bringen, die daraufhin in einem Aktivitätsdiagramm visualisiert wird. Denkbar ist aber auch, dass ein bestehender Ablaufplan mithilfe des KI-Systems in ein Aktivitätsdiagramm überführt wird, also von einer Notation in eine andere Notation gebracht wird. Nicht zuletzt kann ein KI-System auch dabei helfen, alternative Szenarien in einem entweder textuell oder als Diagramm beschriebenen Ablauf hervorzuheben. Dabei interpretiert das KI-System den Ablauf so weit, dass es dann Verzweigungen oder zusätzliche Wege in den Ablauf integrieren kann.

Vorüberlegungen

Für das Aktivitätsdiagramm wurde im Rahmen des Erzeugens der Detailinformationen für einen Anwendungsfall bereits ein Szenario erstellt und für dieses Szenario ein Ablauf ermittelt.

Der gezeigte Ablauf für das Standardszenario im Anwendungsfall »Beleuchtungselemente steuern« ist ziemlich linear. Für weitere Anwendungsfälle wird es wahrscheinlich detailliertere Abläufe geben, die nicht mehr linear, sondern mit vielen Entscheidungen und Verzweigungen das Ergebnis des Anwendungsfalls beeinflussen. Auch nebenläufig ablaufende Schritte und deren Synchronisation sind möglich.

Derartige Abläufe natürlichsprachlich durch Aufzählungslisten zu beschreiben, ist aufwendig und lässt trotz der Präzision unserer Sprache Interpretationsspielraum.

Aktivitätsdiagramme, die den Ablauf mit einer standardisierten Notation darstellen, können hier sehr hilfreich sein, um diesen Interpretationsspielraum wieder einzugrenzen.

Das KI-System prescht voraus.

Das Aufwärmen des KI-Systems erfolgt in einer längeren Interaktion mit mehreren Prompts, um sowohl die Notationselemente der Aktivitätsdiagramme als auch den Kontext des SHS zur Modellierung des Diagramms zu vermitteln. Da es sich um eine längere Interaktion handelt, die mehrere Seiten in diesem Buch einnehmen würde, zeigen wir hier nur wesentliche Auszüge der Interaktion. Es wird die Detailtiefe eines Aktivitätsdiagramms im Unterschied zu den einfachen Ablaufbeschreibungen in natürlicher Sprache, wie sie in der Tabelle für einen Anwendungsfall verwendet wurden, mittels mehrerer Prompts und Antworten des Chatbots erörtert.

Anschließend erfolgt im selben Chatverlauf der Kontextwechsel zum Smart-Home-System und konkret zu dem betrachteten Anwendungsfall »Farbtemperatur einer Leuchte anpassen«.

Dabei findet das KI-System selbst den Zusammenhang zwischen der Diskussion während des Aufwärmens und dem erwähnten Anwendungsfall, sodass das KI-System eigenständig ein Aktivitätsdiagramm für diesen Anwendungsfall erstellt, ohne dass das Ziel konkret formuliert wurde.

Die vollständige Diskussion der Aufwärmphase ist in den Online-Inhalten zu diesem Buch auf der Wissensplattform zu finden.

www.sophist.de/kire/k8-3

Ergebnis zu Prompt 8.12 – Aufwärmen des KI-Systems zum Thema Aktivitätsdiagramme [Copilot 2024]

```
Visualisierung im Aktivitätsdiagramm:

Startknoten: Repräsentiert den Beginn der Aktivität.

Aktion 1: Benutzer wählt Leuchte aus.

Kontrollfluss: Pfeil zur nächsten Aktion.

Aktion 2: Benutzer öffnet Farbtemperatureinstellungen.

Kontrollfluss: Pfeil zur nächsten Entscheidung.

Entscheidung: Farbtemperatur in Kelvin oder voreingestellte
Farbtemperaturstimmungen?

Pfad 1:

Aktion 3: Benutzer wählt Farbtemperatur in Kelvin.

Kontrollfluss: Pfeil zur nächsten Aktion.

Aktion 4: Benutzer bestätigt Auswahl.

Kontrollfluss: Pfeil zur nächsten Aktion.

Aktion 5: System aktualisiert Status.

Pfad 2:

Aktion 3: Benutzer wählt Farbtemperaturstimmung.

Kontrollfluss: Pfeil zur nächsten Aktion.

Aktion 4: Benutzer bestätigt Auswahl.

Kontrollfluss: Pfeil zur nächsten Aktion.

Aktion 5: System aktualisiert Status.

Endknoten: Repräsentiert das Ende der Aktivität.
```

Fazit und Bewertung

Auch ohne dem Chatbot eine konkrete Aufgabe gestellt zu haben, hat das KI-System die Annahme getroffen, den Anwendungsfall in einer strukturierten Ablaufbeschreibung, wie sie in einem Aktivitätsdiagramm dargestellt würde, zu formulieren. Den Inhalt der Ablaufbeschreibung hat sich das KI-System zwar selbst anhand des erwähnten Anwendungsfalls ausgedacht. Dennoch ist dieser Ablauf schon sehr zielführend, woraufhin die konkrete Aufgabe formuliert wurde, ein Aktivitätsdiagramm mit PlantUML zu erzeugen (siehe Abb. 8.10).

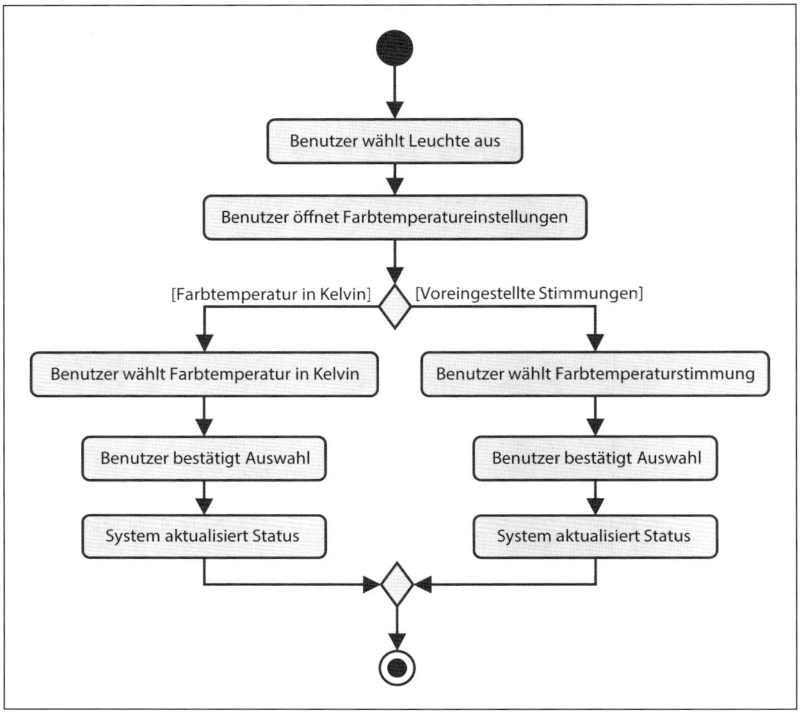

Abb. 8.10 *Aktivitätsdiagramm für das Szenario »Farbtemperatur einer Leuchte anpassen«*

PlantUML selbst hat keine Möglichkeit, den Kontext des Diagramms in Form der umgebenden Aktivität »Farbtemperatur einer Leuchte anpassen« darzustellen. Somit ist es z. B. auch nicht möglich, mit Parametern oder Ergebnisobjekten der Aktivität zu arbeiten.

Deshalb wird der Chatbot gefragt, ob er das Diagramm auch in der Graphviz-Syntax liefern kann, die eigentlich eher für die Darstellung von Knoten und Kanten in einem Graphen gedacht ist, und nach einigen Verfeinerungen entsteht ein ansehnliches Aktivitätsdiagramm (siehe Abb. 8.11).

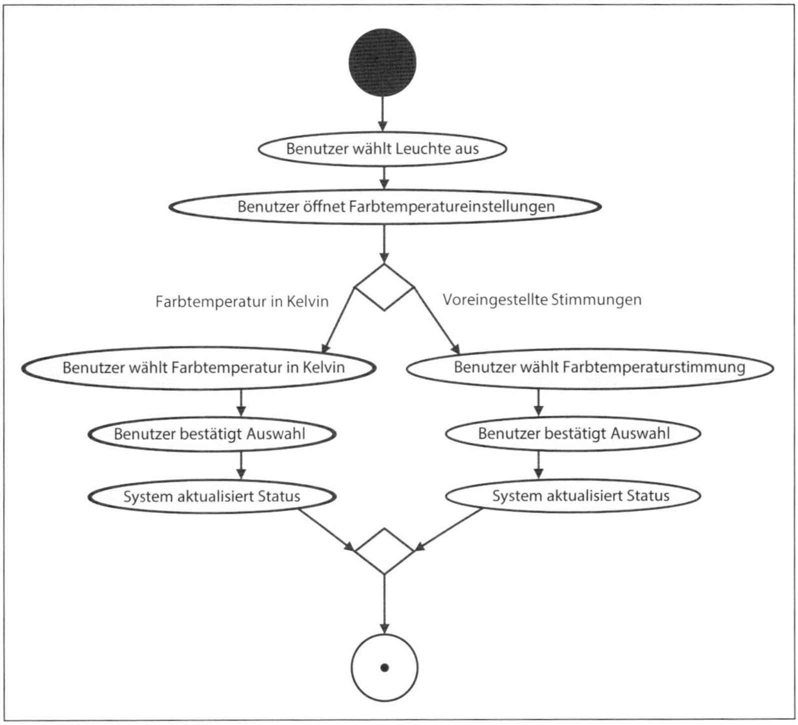

Abb. 8.11
Mit Graphviz erzeugtes Aktivitätsdiagramm der Aktivität »Farbtemperatur einer Leuchte anpassen«

Fazit und Bewertung

Mit Graphviz hat das KI-System weniger Probleme, ein geeignetes Aktivitätsdiagramm zu liefern, bei dem auch der Kontext dargestellt wird. Jedoch ist das Diagramm eher ein Kompromiss aus korrekter UML-Notation und einfacher Darstellung des Ablaufs des Einstellens der Farbtemperatur, denn die Graphviz-Syntax selbst kennt keine UML-Elemente. Dadurch werden beispielsweise die Aktionen als Ellipsen dargestellt, während die UML eher Rechtecke mit abgerundeten Ecken vorsieht.

8.3.6 Zustandsautomat erstellen

Was ist ein Zustandsautomat?

Mathematisch betrachtet ist ein Zustandsautomat ein System mit einer endlichen Anzahl von Zuständen, daher wird er auch oft als »endlicher Zustandsautomat« bezeichnet.

Ein »Zustand« beschreibt eine Momentaufnahme bzw. eine spezifische Konfiguration der Eigenschaften einer Komponente oder eines Objekts innerhalb des Systems zu einem bestimmten Zeitpunkt, oder innerhalb eines abgegrenzten Zeitintervalls. Jeder Zustand repräsentiert also eine eindeutige Situation, in der sich das System befinden kann.

Das SHS kann sich beispielsweise heute im Zustand »aus« und morgen um dieselbe Zeit im Zustand »an« befinden. Wird ein gerade ausgeschaltetes System eingeschaltet – es findet also ein Ereignis statt, das einen Zustandsübergang auslöst –, ist das SHS danach idealerweise im Zustand »an«. Ein System wird durch eintretende Ereignisse oder erfüllte Bedingungen in eine weitere eindeutige Situation versetzt, wodurch sich die Eigenschaften des Systems ändern können: Das Smart-Home-System wird also, während es im Zustand »an« ist, bedienbar sein und die Steuerbefehle der Hausbewohner ausführen, aber auch Strom verbrauchen, was es im Zustand »aus« nicht tun wird.

Diese Zusammenhänge zwischen den Zuständen und den Übergängen werden in der UML in einem Zustandsdiagramm dargestellt. Auch das Zustandsdiagramm zählt zu den Verhaltensdiagrammen.

Nutzen des KI-Systems für Zustandsautomaten

Vorrangig wird die Stärke des KI-Systems in der Interpretation eines vorgegebenen Zustandsautomaten liegen, was auch im Folgenden dargestellt wird. Der Vorteil einer Interpretation durch das KI-System ist auch hier die Abfragemöglichkeit, um z. B. die Auswirkungen von Störeinflüssen oder die Robustheit des Zustandsautomaten in möglichen Fehlerszenarien zu ermitteln.

Weniger häufig werden Zustandsautomaten in natürlichsprachlicher Form vorliegen, sodass ein KI-System daraus die grafische Darstellung erzeugen soll. Theoretisch denkbar ist allerdings, dass aus Ablaufbeschreibungen, wie im vorangegangenen Unterkapitel, ein Zustandsautomat abgeleitet werden soll.

Vorüberlegungen

Nachfolgend soll schließlich das noch nicht betrachtete »Bottom-up«-Vorgehen aufgezeigt werden.

Dazu hat die Firma Schlauhaus für eine »smarte« Leuchte ein Zustandsdiagramm erhalten. Die »smarte« Leuchte soll nun zukünftig direkt von der Firma Schlauhaus und nicht mehr vom Zulieferer weiterentwickelt werden (siehe Abb. 8.12).

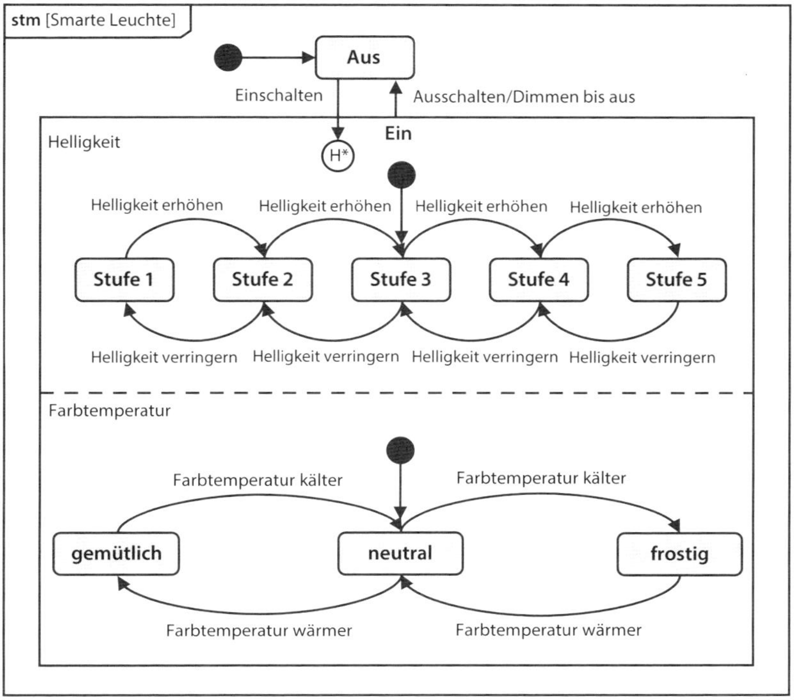

Abb. 8.12
Zustandsautomat einer »Smarten Leuchte« als Vorgabe für das KI-System

Im Rahmen der Systemarchäologie muss das Zustandsdiagramm interpretiert und in natürlichsprachliche Anforderungen gemäß einer Satzschablone, wie sie in Abschnitt 8.2.1 vorgestellt wurde, überführt werden, damit auf Basis dieser Anforderungen Erweiterungen besprochen und die Auswirkungen von Änderungen analysiert werden können – eine Aufgabe für das KI-System.

Eine interessante Interpretation

Wir stellen dem KI-System den oben dargestellten Zustandsautomaten als Eingabe zur Verfügung und lassen uns die Inhalte erklären. Dafür nutzen wir die Frage: Was ist im bereitgestellten UML-Zustandsautomat einer smarten Leuchte dargestellt?

Diese einfache Anfrage dient lediglich einer ersten inhaltlichen Erläuterung, die nachfolgend weiter präzisiert werden muss. Am Ende der Antwort folgt eine treffende Zusammenfassung:

Ergebnis zu Prompt 8.13 – Erzeugen einer Interpretation eines Diagramms [Copilot 2024]

...

```
Zusammengefasst zeigt das Diagramm, wie die smarte Leuchte zwischen
verschiedenen Zuständen wechselt, basierend auf Benutzereingaben
wie Einschalten, Ausschalten, Helligkeit erhöhen/verringern und
Farbtemperatur ändern.
```

...

Strukturieren der Beschreibung

Damit am Ende eine zielführende Spezifikation für die »Smarte Leuchte« entsteht, muss die Interpretation des KI-Systems auf die wesentlichen Fakten des Diagramms geschärft werden.

Hierfür nutzen wir eine umfangreiche Interaktion bestehend aus mehreren Prompts, in der dem Chatbot – entsprechend dem Prompting-Regelwerk aus Kapitel 4 – das erwartete Ausgabeformat nach einer Satzschablone aus Abschnitt 8.2.1 und die gewünschte Struktur im Prompt mitgeteilt werden. Da diese Interaktion bis zum eigentlichen Ergebnis ebenfalls mehrere Seiten umfassen würde, haben wir auf die Zwischenschritte verzichtet und nur das Ergebnis unserer Interaktion dargestellt.

Das KI-System liefert eine detaillierte Liste von Anforderungen, die als Grundlage für eine Spezifikation dienen können:

Ergebnis zu Prompt 8.14 – Übertragen in eine Spezifikation [Copilot 2024]

Ereignisse

Die smarte Leuchte muss fähig sein, das Ereignis Einschalten zu empfangen.

Die smarte Leuchte muss fähig sein, das Ereignis Ausschalten zu empfangen.

[...]

Zustände

Aus beschreibt innerhalb der smarten Leuchte den Zustand, in dem die Leuchte ausgeschaltet ist.

Ein beschreibt innerhalb der smarten Leuchte den Zustand, in dem die Leuchte eingeschaltet ist.

Stufe 1 beschreibt innerhalb des Bereichs "Helligkeit" den Zustand, in dem die Leuchte auf Helligkeitsstufe 1 eingestellt ist.

[...]

Frostig beschreibt innerhalb des Bereichs "Farbtemperatur" den Zustand, in dem die Leuchte auf eine frostige Farbtemperatur eingestellt ist.

Verhalten des Systems

Grobgranulare Anforderungen

Wenn die smarte Leuchte aktiviert wird, dann muss die smarte Leuchte initial den Zustand Aus einnehmen.

Wenn die smarte Leuchte im Zustand Aus ist und das Ereignis Einschalten empfängt, dann muss die smarte Leuchte in den Zustand Ein übergehen.

Sobald die smarte Leuchte in den Zustand Ein wechselt, muss die smarte Leuchte den letzten gespeicherten Helligkeits- und Farbtemperaturzustand wiederherstellen.

[...]

```
Feingranulare Verfeinerungen

    Helligkeit erhöhen / verringern:

Wenn die smarte Leuchte im Zustand Stufe 1 ist und das Ereignis
Helligkeit erhöhen empfängt, dann muss die smarte Leuchte in den
Zustand Stufe 2 übergehen.

[...]

    Farbtemperatur kälter / wärmer:

Wenn die smarte Leuchte im Zustand Gemütlich ist und das Ereignis
Farbtemperatur kälter empfängt, dann muss die smarte Leuchte in den
Zustand Neutral übergehen.

[...]
```

Fazit und Bewertung

Hervorzuheben ist die Struktur des Prompt-Ergebnisses, bei der die Ereignisse und die Zustände der smarten Leuchte in den Vordergrund gestellt wurden. Danach beschreibt das KI-System zunächst grobe Anforderungen und erläutert dann weitere Verfeinerungen. Durch diese Struktur lassen sich die generierten Anforderungen deutlich leichter überblicken und zuordnen.

Anschließend bietet es sich an, die von dem KI-System in textueller Form gelieferten Anforderungen in ein maschinenlesbares Format zu überführen. Damit lassen sich neben dem Zustandsdiagramm auch die sprachlichen Anforderungen in einem RM-Tool integrieren und weiterverarbeiten (siehe hierzu auch Kap. 11).

Üblicherweise bieten die Anforderungstools dafür das ReqIF-Format [OMG 2016] an. Dabei handelt es sich um ein XML-basiertes Austauschformat für Anforderungen. Viele KI-Systeme kennen dieses Format und können damit Ausgaben erzeugen, die von RM-Tools importiert werden können.

Mit dem ReqIF-Format ist dann auch ein »Roundtrip« möglich, sodass bestehende Anforderungen aus dem RM-Tool an das KI-System übergeben werden können, mit dem Chatbot über diese Anforderungen diskutiert werden kann und schließlich die überarbeiteten Anforderungen wieder als ReqIF exportiert und in das RM-Tool zurückgespielt werden können.

Weitere Möglichkeiten, KI-Systeme im Engineering-Prozess zu verwenden, werden in Abschnitt 11.4 beschrieben.

Interpretationsfähigkeit des KI-Systems nutzen

Zur Verdeutlichung, worin die Stärken des KI-Systems liegen, soll im Folgenden die Interpretation des Zustandsautomaten getestet und damit der Zustandsautomat selbst simuliert werden.

Prompt 8.15
Abfragen der möglichen Transitionen

```
Nehmen wir an, die smarte Leuchte befindet sich auf Stufe 3 in der
Helligkeit und in der Farbtemperatur "frostig".

Welche Möglichkeiten hat ein Benutzer, die smarte Leuchte in diesem
Zustand zu verändern?
```

Ergebnis zu Prompt 8.15 – Abfragen der möglichen Transitionen [Copilot 2024]

```
Der Benutzer hat viele verschiedene Möglichkeiten, die smarte
Leuchte zu verändern.

Einerseits kann er die Leuchte ausschalten. Dann befindet sich die
Leuchte im Zustand aus.

Andererseits kann der Benutzer die Helligkeit der Leuchte
verändern. Er kann die Helligkeit erhöhen oder verringern.

Die Farbtemperatur lässt sich ebenfalls ausgehend vom aktuellen
Zustand frostig auf den Zustand neutral ändern.
```

[...]

Fazit und Bewertung

Das KI-System erkennt, dass der Zustand »Stufe 3« für die Helligkeit ein innerer Zustand des Zustands »Ein« der smarten Leuchte ist und dass es Transitionen nicht nur von diesem inneren Zustand, sondern auch von dem äußeren Zustand (Leuchte ausschalten) gibt. Vermutlich hätte ein Betrachter des vorgegebenen Zustandsdiagramms diese »impliziten« Transitionen gar nicht herausgelesen, womit das KI-System zur vollständigen Betrachtung des Diagramms beigetragen hat.

8.3.7 Ausblick

Je nach Diagrammart sind aktuelle generative KI-Systeme unterschiedlich gut für die Erstellung oder Interpretation geeignet. Je nach Qualitätsanspruch sind nachträgliche Verbesserungen der KI-generierten Ergebnisse notwendig. Dennoch stellen KI-Systeme, sofern sie sinnvoll und zielgerichtet eingesetzt werden, eine gute Unterstützung für die Arbeit mit Modellen dar. Die Stärken liegen besonders in der Erarbeitung der Inhalte, die in einem Modell dokumentiert werden sollen.

Der Anwender muss selbst entscheiden, wie er den zu erwartenden Aufwand für die Verfeinerung und Korrektur der Ergebnisse gegenüber dem Nutzen eines KI-Systems als Unterstützung bei der Erstellung von Sichten auf Anforderungen rechtfertigt.

In den dargestellten Beispielen hat das KI-System im Wesentlichen Quelltext für UML-Diagramme in der PlantUML-Syntax als Ergebnis geliefert. Diese Quelltexte müssen dann in Diagrammbilder konvertiert werden. Das geschieht z. B. mit dem Online-Renderer auf *http://plantuml.online*. Das zeigen wir Ihnen ausführlich in den Online-Inhalten zu diesem Buch auf der Wissensplattform.

www.sophist.de/kire/k8-3

Der Rendering-Prozess (KI-System befragen, Quelltext aus Prompt-Ergebnis kopieren, in PlantUML zum Rendern einfügen, Ergebnis als Bilddatei speichern) kann auch mit den entsprechenden Tools automatisiert werden.

Dennoch bestehen die Ergebnisse somit lediglich aus Bilddateien, die in eine Anforderungsspezifikation eingefügt werden können. Das RM-Tool ist dann für die Versionierung der Bilder zuständig. Es empfiehlt sich aber, den PlantUML-Quelltext zusätzlich abzuspeichern, um später ggf. Änderungen an den Diagrammen manuell vornehmen zu können.

Optimalerweise sollten die Diagramme in Modellen verwaltet werden. Verschiedene UML-Tools bieten dafür Plug-ins an, mit denen PlantUML-Quelltexte importiert werden können.

In naher Zukunft wird es in PlantUML die Möglichkeit geben, Diagramme aus PlantUML in XMI-Dateien als standardisiertes Austauschformat [OMG 2015] zu konvertieren (siehe: *https://plantuml.com/xmi*).

Ein großes Problem bei dieser Vorgehensweise bleibt jedoch, dass ein Diagramm nur eine Perspektive, also eine Teilabbildung, auf ein Modell darstellt. Denn – in Analogie zum obigen Spruch, dass ein Bild mehr als tausend Worte sagt – ein Modell sagt mehr als tausend Bilder.

Es wird wohl noch eine Weile dauern, bis die Hersteller von UML-Modellierungstools die KI-Systeme für ihre Produkte entdecken und Plug-ins anbieten, mit denen man direkt im UML-Tool KI-unterstützt modellieren kann.

Der Vorteil einer solchen Integration liegt jedoch auf der Hand: Die Informationen, die im Modell abgebildet sind, können gleichzeitig dem KI-System wiederum als Wissensquelle dienen. Das erspart umfangreichere Kontexterläuterungen in den Prompts.

In vielen Unternehmen ist das Modellieren bereits fester Bestandteil des Entwicklungsprozesses. Dabei sind oft auch Modellierungsrichtlinien zu beachten, also Regeln, wie innerhalb des Unternehmens Modelle zu erstellen, zu strukturieren und auszutauschen sind. Ebenso gibt es Erweiterungen der Notation, z. B. in Form von UML-Profilen und Richtlinien für die Verwendung von Farben und Schriftarten. Auch in diesem Bereich kann ein KI-System, das in das Modellierungstool integriert ist, das Anwenden dieser Richtlinien automatisieren: Es interpretiert z. B. ein Diagramm und ändert es entsprechend den Regeln der unternehmensweiten Modellierungsrichtlinien ab. Dazu muss das KI-System natürlich auch diese Richtlinien kennen. Es empfiehlt sich hierbei, eine RAG-Applikation (siehe Kap. 4) zu erstellen, also das vortrainierte LLM um die Informationen der Modellierungsrichtlinien zu erweitern.

Automatisierung wird eine wesentliche Kernfunktionalität für den Einsatz eines KI-Systems darstellen und dem Requirements Engineer aufwendige manuelle Transformationen oder Konvertierungen der unterschiedlichen Sichten auf die Anforderungen abnehmen. Beispielsweise wird es mit dem Einsatz eines KI-Systems möglich, Anforderungen modellbasiert zu validieren, wenn automatisch aus den Anforderungen ein entsprechendes Modell mit den dynamischen Aspekten (Aktivitätsdiagramm oder Zustandsdiagramm) erstellt wird und dieses dann hinsichtlich des erwarteten Ergebnisses simuliert werden kann. Ebenso könnte eine Prozesskostenrechnung auf Basis des aus den Anforderungen generierten Aktivitätsdiagramms direkt einen Indikator für die Realisierbarkeit der Anforderungen liefern.

Man darf also gespannt sein, was die Toolhersteller mit KI-Systemen zukünftig realisieren werden.

8.4 Traceability sicherstellen

Warum, warum ist die Banane krumm?

Wissen Sie, mit welcher Frage das Management der Firma Schlauhaus Sie – als Requirements Engineer – total aus dem Konzept bringen wird?

Es ist die kurze Frage »Warum?«.

Die Frage nach der Rechtfertigung von Anforderungen ist durchaus berechtigt, denn sie zielt auf das Qualitätskriterium »Nachvollziehbarkeit« ab. Mehr zu den Qualitätskriterien von Anforderungen finden Sie in Abschnitt 9.2.

Aber wie beantworten Sie diese Frage nun? Ein kluger Requirements Engineer ist stets auf diese Frage vorbereitet und nutzt dafür drei Instrumente (siehe Abb. 8.13).

Abb. 8.13 *Wie man Anforderungen rechtfertigen kann*

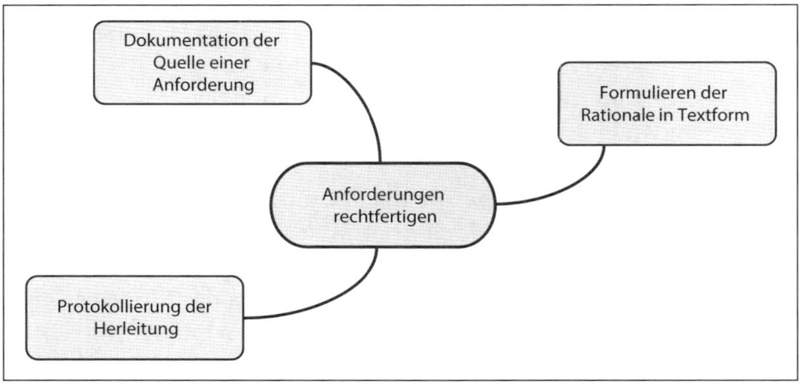

Dokumentation der Quelle einer Anforderung

Die Quelle einer Anforderung (siehe Abschnitt 6.2) ist in der Regel ein oder mehrere Stakeholder, manchmal auch ein einschlägiges Dokument oder eine mitgeltende Unterlage als rechtlicher Bestandteil der vertraglichen Vereinbarungen, wie z. B. ein Standard oder eine Norm. Seltener ist eine Anforderung implizit entstanden oder die Quelle ist nicht mehr eindeutig identifizierbar. Auch kann es vorkommen, dass die Quelle einer Anforderung eine frühere Version der Spezifikation ist und die Anforderung in die aktuelle Spezifikation überführt wurde.

Für verschiedene Komponenten des Smart-Home-Systems werden zukünftig sicherlich Energieeffizienznormen (z. B. die DIN VDE 0100-80) zu erfüllen sein, die also Quellen für mögliche Anforderungen darstellen. Wie konkrete Anforderungen aus Normen und Gesetzen abgeleitet werden, wurde bereits in Abschnitt 7.3.2 gezeigt.

Der Verweis auf die Quelle wird in den meisten RM-Tools in einem speziellen Attribut zu einer Anforderung gepflegt. Dabei kann dieses Attribut auch durch Auswahl aus den bereits in der Anforderungsdokumentation enthaltenen Quellen (Stakeholder, Dokumente etc.) belegt oder frei gewählt werden.

Oft ist auch für die spätere Diskussion über die Rechtfertigung der Anforderung interessant, wann und in welchem Rahmen (Interview, Feldbeobachtung etc.) die Anforderung erörtert wurde. Auch dies kann über Attribute im RM-Tool gepflegt werden.

Formulieren der Rationale in Textform

Für eine formlose Rechtfertigung der Anforderung in Textform haben viele RM-Tools ein Attribut »Rationale« vorgegeben. In diesem Feld lassen sich zusätzliche Informationen oder Zusammenhänge vorgeben, die sich allein aus der Anforderung nicht erschließen würden, aber selbst keine Anforderungen darstellen. Eine einfache Beschreibung, warum die Anforderung benötigt wird oder was die Intention des Stakeholders beim Fordern der Funktion war, reicht aber in vielen Fällen bereits aus.

Protokollierung der Herleitung

Wie bereits erwähnt, hat die Familie König als Auftraggeber des Smart-Home-Systems eine klare Vorstellung von der Funktionalität, die ein Smart-Home-System bieten soll. Andere Anforderungen hingegen liegen eher im unterbewussten Wissen der Stakeholder verborgen und werden eher nur implizit in einem Nebensatz angeführt. Um diese Anforderungen zu ermitteln, bedarf es geeigneter Methoden und Ermittlungstechniken aus dem Werkzeugkasten des Requirements Engineer, wie z. B. die gezielte Beobachtung des Nutzerverhaltens.

Eine explizite Quelle für die so entstehenden Anforderungen zu benennen, ist nicht ganz einfach, ist es doch eher der Prozess, der die Anforderungen hervorbringt, als dass sie von einem konkreten Stakeholder benannt werden.

Dieser Prozess des »Findens« der entscheidenden Anforderungen sollte dennoch festgehalten werden, um die Herleitung auch im Nachhinein noch nachvollziehen zu können. Das wird im Requirements Engineering als »Traceability« (Nachverfolgbarkeit) bezeichnet und kann durch die Pflege von Verknüpfungen zwischen Anforderungen erfolgen.

Dabei gibt es unterschiedliche Arten von Verknüpfungen. Als Beispiele seien hier die folgenden genannt:

- **Verfeinerung:** Eine abstrakte Anforderung wird durch eine spezifische Anforderung verfeinert.

- **Ableitung:** Eine Anforderung wird aus einer anderen Anforderung abgeleitet. Beispielsweise kann eine funktionale Anforderung aus einer nicht funktionalen Anforderung (z. B. Performanz-Anforderung) abgeleitet werden.

Je nach Möglichkeiten des verwendeten RM-Tools können diese Verknüpfungen auf zwei Arten gepflegt werden. Während die Verknüpfung »menschenlesbar« in Textform festgehalten werden kann (beispielsweise so, wie in diesem Buch auf Kapitel per Kapitelnummerierung referenziert wird), bieten verschiedene Tools auch die Option, Links zwischen Anforderungen zu ziehen. Diese Links sind dann auch »maschinenlesbar« und können KI-Systemen zur Verfügung gestellt werden.

KI-System als Helfer für Nachverfolgbarkeit?

Während beispielsweise die Quellen einer Anforderung, vor allem aus Standards oder Normen, mit einem umfangreich trainierten LLM noch sehr gut mithilfe eines KI-Systems gefunden werden können – der Chatbot des KI-Systems wird hier lediglich als »semantische Suchmaschine« genutzt –, sind die Herleitungen und Abhängigkeiten von Anforderungen nicht so einfach durch ein KI-System zu generieren. Dazu fehlt dem KI-System der Zusammenhang, der zur Herleitung einer Anforderung, beispielsweise über den Weg der Verfeinerung, geführt hat.

Als Requirements Engineers müssen wir uns aber Gedanken machen, wie wir dem KI-System unsere bisher gesammelten Informationen zur Verfügung stellen. Denkbar wäre, dass dem KI-System die Gesprächsaufzeichnungen (z. B. aus Feldbeobachtungen oder Interviews) oder Protokolle von Stakeholder-Interviews etc. zur Verfügung gestellt werden, um in diesen Dokumenten Zusammenhänge zu Anforderungen zu finden und daraus die Nachverfolgbarkeit einer Anforderung liefern zu können.

Werden Anforderungen mit dem KI-System generiert (siehe z. B. Abschnitt 8.3.6), sollte das KI-System explizit nach den Quellen befragt werden. Manche KI-Systeme geben im Chatbot die Quellen gleich mit an, andere liefern sie aber auch auf Nachfrage nicht. Also entsteht mit automatisch generierten Anforderungen das Problem der Reproduzierbarkeit der KI-Ergebnisse: Als Quelle der Anforderung müsste das LLM angegeben werden, das aber in den allermeisten Fällen auch bei gleicher Ausgangssituation zu anderen Ergebnissen kommen wird und damit als echte Quelle ausscheidet. Das gleiche Problem wird aber auch bei Personen auftreten, die bei einer erneuten Befragung andere Aspekte berücksichtigen und dann andere Anforderungen liefern.

Gerade bei volatilen Quellen ist es daher notwendig, die Anforderungen durch den Requirements Engineer beurteilen und ggf. revidieren zu lassen. Jede automatisch erzeugte oder zweifelhaft belegte Anforderung muss also nicht nur im RM-Tool speziell markiert, sondern auch in einem dafür geeigneten Reviewprozess durch die Stakeholder geprüft und abgenommen werden. Das Ergebnis des Reviews wäre dann wiederum eine belastbare Quelle für die Anforderung.

Beurteilung von Auswirkungen einer Änderung

Nicht nur die Frage nach der Rechtfertigung einer Anforderung lässt sich mit einer gut geführten Nachverfolgbarkeit beantworten, sondern die Nachverfolgbarkeit hilft auch bei einer Beurteilung von möglichen Auswirkungen einer Änderung. Der Umgang mit Anforderungsänderungen wird in Abschnitt 10.4 behandelt.

Durch die Pflege der Beziehungen von Anforderungen ist erkennbar, welche Anforderungen von einer Änderung unmittelbar betroffen wären. Ebenso wird ersichtlich, dass eine hergeleitete Anforderung durch eine Änderung des Ursprungs möglicherweise nicht mehr plausibel erscheint oder ebenso hinterfragt werden muss.

Auch hier können KI-Systeme hilfreich sein. Ziel ist eine Art semantische Interpretation der Nachverfolgbarkeitsbeziehungen durch das KI-System, um im Anschluss daran Fragen zu Auswirkungen einer Änderung stellen zu können. Das KI-System fungiert dabei als »Sparringpartner« und kann zu sehr interessanten Ergebnissen führen, die bislang eher im unbewussten Wissen des Requirements Engineer lagen. Das erhöht die Qualität und Robustheit der Anforderungen.

Eine Lösung für Anforderungen finden

Im weiteren Verlauf der Entwicklung müssen die Anforderungen auch in eine Lösung überführt werden. Hierzu kann das KI-System erste Anhaltspunkte für das Qualitätskriterium »Machbarkeit« liefern und darüber, wie der Lösungsweg aussehen könnte.

Beispielsweise kann das KI-System aus einer Reihe von Anforderungen an die Benutzerinteraktion einen Oberflächen-Prototyp erstellen (dazu lesen Sie mehr in Abschnitt 9.3.3) oder bereits einen ersten prototypischen Quelltext in einer beliebigen Programmiersprache vorschlagen. Für diese Art der Nutzung empfehlen wir allerdings den Einsatz spezifischer KI-Assistenten (siehe Abschnitt 11.3).

9 Anforderungen überprüfen – Was die KI sieht und was ihr verborgen bleibt

9.1 Warum muss man überprüfen?

Anforderungen sind oft schnell formuliert, doch sobald andere diese Anforderungen prüfen, kommt häufig das Feedback: »Diese Anforderungen sind unzureichend und nicht umsetzbar.« Die Anforderungen sind vorhanden, aber die Qualität ist mangelhaft. Qualitativ unzureichende Anforderungen können erhebliche Auswirkungen auf die weitere Produktentwicklung haben. Dies kann zu hohen Kosten durch Nachbesserungsaufwände führen, da Fehler sich in spätere Entwicklungsphasen fortpflanzen. Beispielsweise können sie zu Architekturentscheidungen führen, die später aufwendig korrigiert werden müssen.

Die Firma Schlauhaus ist sich der Bedeutung qualitativ hochwertiger Anforderungen bewusst. Die Entwicklung eines Smart-Home-Systems, insbesondere die Installation, erfordert die Zusammenarbeit mit Zulieferern und Partnerfirmen. Da einige Bestandteile des fertigen Produkts nicht von der Firma Schlauhaus selbst entwickelt werden, diese jedoch in der Umgebung des Kunden funktionieren müssen, ist es entscheidend, eine klare Kommunikationsgrundlage mit den Zulieferern zu schaffen. Die Anforderungen an die Bestandteile des SHS müssen präzise formuliert sein und dienen als Grundlage für die Verträge, die die Firma Schlauhaus mit ihren Zulieferern abschließt.

Die Familie König hat den Umbau ihres Hauses zu einem Smart-Home-System in Auftrag gegeben. Die Analysten der Firma Schlauhaus haben bereits den Kontext des neuen Smart-Home-Systems dokumentiert und die Anforderungen an die Systembestandteile sowie an die Firma Schlauhaus ermittelt und festgehalten. Bei der letzten Entwicklung eines Smart-Home-Systems hat die Firma Schlauhaus die initial formulierten Anforderungen direkt an die Entwicklung übergeben, was zu zahlreichen Reviewschleifen und Diskussionen geführt hat. Um diesen Prozess zu verbessern, wird bei dieser Entwicklung eine strukturierte Vorgehensweise angestrebt. Schlauhaus setzt daher ein KI-System ein, um sich eine Checkliste und einen Reviewplan erstellen zu lassen, an dem sich die Reviewer orientieren können.

Prompt 9.1
Plan und Checkliste für die Überprüfung von Anforderungen

Rolle: Sei mein erfahrener Requirements Engineer mit dem Fokus auf der Überprüfung von Anforderungen.

Kontext: Ich habe die Aufgabe, die mir gegebenen Anforderungen für die Entwicklung eines Heizungssystems in einer Woche zu überprüfen.

Aufgabe: Erstelle mir eine Review-Checkliste für die Überprüfung. Sag mir, welche Aspekte ich beachten muss, und erläutere alle wichtigen Kriterien für Anforderungen, die du kennst.

[...]

Ergebnis zu Prompt 9.1 – Plan und Checkliste für die Überprüfung von Anforderungen [ChatGPT 4o 2025]

Kriterium	Fragen
Klarheit und Verständlichkeit	Ist die Anforderung klar und verständlich formuliert? Werden Fachbegriffe und Abkürzungen erklärt?
Eindeutigkeit	Ist die Anforderung eindeutig und lässt keine Mehrdeutigkeiten zu? Kann die Anforderung nur auf eine Weise interpretiert werden?
Vollständigkeit	Sind alle notwendigen Informationen enthalten? Wurden alle relevanten Aspekte und Stakeholder-Anforderungen berücksichtigt?
Nachvollziehbarkeit	Ist die Anforderung nachvollziehbar und logisch aufgebaut? Gibt es eine klare Begründung für die Anforderung?
Testbarkeit	Enthält die Anforderung klare, messbare Kriterien, die in Tests überprüfbar sind? Können spezifische Testfälle abgeleitet werden?
Konsistenz	Ist die Anforderung konsistent mit anderen Anforderungen und dem Gesamtsystem? Gibt es keine Widersprüche zu anderen Anforderungen?
Realisierbarkeit	Ist die Anforderung technisch und wirtschaftlich realisierbar? Sind die notwendigen Ressourcen und Technologien verfügbar?
Relevanz	Ist die Anforderung relevant für die Ziele und Bedürfnisse der Stakeholder? Trägt die Anforderung zur Erreichung der Projektziele bei?
Verfolgbarkeit	Kann die Anforderung durch den gesamten Entwicklungsprozess verfolgt werden? Gibt es eine eindeutige Zuordnung zu den Stakeholdern und ihren Bedürfnissen?

→

Aktualität	Ist die Anforderung aktuell und berücksichtigt die neuesten Entwicklungen und Trends? Wurde die Anforderung kürzlich überprüft und gegebenenfalls aktualisiert?

[...]

Fazit und Bewertung

Der komplette Reviewplan, der uns von dem KI-System bereitgestellt wurde, kann in den Online-Inhalten zu diesem Buch auf der Wissensplattform eingesehen werden.

www.sophist.de/kire/k9-1

Der Reviewplan enthält einige interessante Aspekte, wie die Identifizierung aller Stakeholder, deren Einladung zu Besprechungen sowie deren Einbeziehung in die Bewertung. Der Gesamtnutzen des Plans bleibt jedoch begrenzt. Wesentlich bedeutsamer sind die spezifischen Kriterien, die das KI-System als relevant für die Anforderungen identifiziert hat.

Die erläuterte Liste entspricht weitgehend den Qualitätskriterien für Anforderungen, die wir SOPHISTen in der Praxis anwenden.

Für die Firma Schlauhaus sind die aufgeführten Fragen jedoch nicht ausreichend, um die einzelnen Kriterien vollständig zu verstehen. Daher ist es notwendig, dass die Interpretation der Kriterien durch das KI-System von einem Experten überprüft wird. Nur so kann sichergestellt werden, dass alle Beteiligten ein einheitliches Verständnis der Kriterien und der von der Firma Schlauhaus gewählten Vorgehensweise haben.

Unternehmen, die keine Erfahrung mit der Überprüfung von Anforderungen haben oder in besonders kritischen Umfeldern arbeiten, greifen häufig auf die Expertise externer Fachleute zurück, um die Qualität der Anforderungen zu beurteilen.

Damit auch Sie die aufgeführten Kriterien richtig einordnen und die nachfolgenden Interaktionen mit dem KI-System nachvollziehen können, haben wir in den folgenden Abschnitten grundlegende Informationen zur Überprüfung von Anforderungen zusammengestellt. Diese Informationen sollen helfen, ein tieferes Verständnis für die Qualitätskriterien und den Ablauf einer Überprüfung zu entwickeln. Dieses Wissen ist für jeden, der mit KI-Systemen arbeitet, unverzichtbar, da alle Ergebnisse des KI-Systems durch einen Menschen überprüft werden müssen.

9.2 Grundlegendes zur Überprüfung von Anforderungen

9.2.1 Liste der Qualitätskriterien für Anforderungen und Anforderungsdokumente

Um zu beurteilen, ob eine Anforderung eine ausreichende Qualität hat, werden definierte Qualitätskriterien für Anforderungen verwendet [Pohl und Rupp 2021]:

- **Adäquat:** Die Anforderung beschreibt ein tatsächliches Bedürfnis eines Stakeholders.
- **Verständlich:** Die Anforderung muss von den relevanten Stakeholdern verstanden werden können.
- **Notwendig:** Die Anforderung ist erforderlich, weil sie ein Stakeholder-Bedürfnis oder z. B. gesetzliche Vorgaben erfüllt.
- **Eindeutig:** Die Anforderung kann nicht auf unterschiedliche Weise interpretiert werden.
- **Vollständig:** Die Anforderung ist vollständig beschrieben. Es fehlen keine Inhalte.
- **Prüfbar:** Es muss möglich sein, nachzuweisen, ob eine Anforderung erfüllt ist oder nicht.

Neben diesen Qualitätskriterien für einzelne Anforderungen gibt es Kriterien für eine Sammlung von Anforderungen (z. B. einer Anforderungsspezifikation oder eines Backlogs):

- **Konsistent:** Es gibt keine Widersprüche in der Sammlung von Anforderungen.
- **Redundanzfrei:** Jede Anforderung sollte nur einmal auftauchen.
- **Vollständig:** Alle relevanten Anforderungen sind vorhanden.
- **Modifizierbar:** Eine gute Struktur lässt Anforderungssammlungen leicht ändern oder erweitern.
- **Verfolgbar:** Beziehungen zu anderen Dokumenten sind nachvollziehbar.
- **Konform:** Die Dokumentation ist konform zu Dokumentationsvorschriften (z. B. Gliederungsvorlagen).

Bedenken Sie, dass in der Praxis nicht immer alle Qualitätskriterien vollständig erfüllt sein müssen bzw. dass die Qualitätssicherung selbst gewisse Aufwände mit sich bringt. Stellen Sie sich daher die Frage, welche Qualität der Anforderungen zum aktuellen Zeitpunkt in der Entwicklung ausreichend ist. Sicher müssen (und können) zu Beginn einer Entwicklung Anforderungen nicht vollständig vorliegen und dennoch können Sie bereits Architekturen entwickeln oder Testfälle definieren.

9.2.2 Qualität der Anforderungen verbessern – das richtige Maß finden

Wie intensiv die Anforderungen überprüft werden müssen, ist sehr stark vom Kontext der Entwicklung und vom Zeitpunkt innerhalb der Entwicklung abhängig. Der Aufwand für eine gründliche Überprüfung der Anforderungen sollte daher immer im Verhältnis zur Bedeutung und dem Risiko der Anforderungen stehen.

Einige Anforderungen sind kritischer als andere. Wenn Anforderungen Bestandteil eines Vertrags sind oder als Nachweis zur Einhaltung von gesetzlichen Vorgaben herangezogen werden, ist eine höhere Qualität und gründlichere Überprüfung notwendig. Dies liegt daran, dass Fehler oder Unklarheiten erhebliche Konsequenzen nach sich ziehen können, wie rechtliche oder finanzielle Schwierigkeiten. Zur Risikominimierung ist eine intensive Prüfung und Optimierung der Anforderungen sinnvoll.

In weniger kritischen Fällen, wie z. B. internen Projekten oder Anforderungen, die keine weitreichenden Auswirkungen haben, kann eine weniger intensive Prüfung ausreichen. Hier sollte man das richtige Verhältnis zwischen Aufwand und Nutzen finden. Ein übermäßiger Aufwand für die Überprüfung könnte Ressourcen verschwenden, die anderweitig besser eingesetzt werden könnten.

Bei der Bewertung Ihres Vorhabens können folgende Fragen helfen:

- Wer ist der Empfänger der Anforderungen und wie viel Wissen ist beim Empfänger vorhanden?
- Welche Auswirkungen können fehlerhafte Anforderungen in Ihrem Kontext haben (z. B. für Compliance-Nachweise)?
- Müssen die Anforderungen direkt zu Beginn feststehen (z. B. für eine Ausschreibung) oder können diese im Laufe einer Entwicklung verbessert werden?
- Gibt es besondere Analysen oder Tests, die vom Gesetzgeber gefordert werden?

9.2.3 Ablauf der Qualitätsverbesserung

Um den Prozess der Qualitätsverbesserung zu gestalten, sollten zunächst die Prinzipien und Verantwortlichkeiten klar definiert sein. Eine neutrale Person oder ein KI-System sollte die Anforderungen überprüfen, um eine objektive Bewertung sicherzustellen. Die Identifizierung von Befunden sollte strikt von der Analyse und Überarbeitung getrennt werden, um den Fokus zu behalten und Zeit zu sparen. Anschließend folgt ein strukturierter Prozess zur Prüfung und Verbesserung, wobei verschiedene Reviewtechniken wie Stellungnahme, Walkthrough und

Inspektion zum Einsatz kommen. Diese systematische Herangehensweise gewährleistet eine kontinuierliche und effektive Qualitätssteigerung der Anforderungen.

Qualitätsverbesserungen folgen einem definierten Prozess, wie in Abbildung 9.1 dargestellt.

Abb. 9.1 *Ablauf der Qualitätsverbesserung*

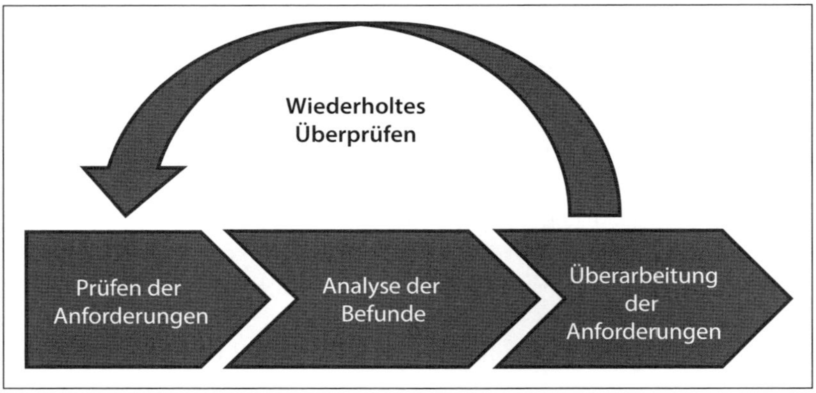

Schritt 1: Prüfen der Anforderungen

Der erste Schritt besteht darin, die Anforderungen sorgfältig zu prüfen, um etwaige Befunde zu identifizieren. Dies kann beispielsweise fehlende Informationen oder unterschiedliche Interpretationsmöglichkeiten der Anforderungen umfassen. Wichtig ist, dass wir uns in diesem Stadium noch nicht auf die Verbesserung der Anforderungen konzentrieren, sondern lediglich darauf, potenzielle Schwachstellen und Unklarheiten zu markieren. Diese Identifizierung legt den Grundstein für die nächsten Schritte, in denen wir systematisch auf die entdeckten Befunde reagieren werden.

Um die Anforderungen zu überprüfen, können die Qualitätskriterien und das SOPHIST-*RE*gelwerk aus Abschnitt 7.4 Anwendung finden. Zusätzlich lassen sich die Techniken zur Analyse der Anforderungen wie folgt zusammenfassen [Rupp et al. 2021]:

- **Anforderungen separieren:** Hierbei werden die Anforderungen zerlegt. Das Ziel ist es, Anforderungen so vorliegen zu haben, dass diese einzeln betrachtet und verfeinert werden können. Oftmals spricht man von atomaren Anforderungen, die nur eine Funktion oder Eigenschaft vom System fordern.
- **Notwendige Anforderungen extrahieren:** Nachdem die Anforderungen für die weitere Betrachtung separiert wurden, kann es sein, dass nun Anforderungen vorliegen, die den Entwicklungsgegenstand nicht oder nur teilweise betreffen. Ziel ist es, die relevanten Teile der Anforderungen zu identifizieren und für die weitere Betrachtung zu dokumentieren.

- **Anforderungen abstrahieren:** Ein grundlegendes Konzept im RE ist das Denken in Abstraktionsebenen (siehe Abschnitt 3.1.3). Anforderungen liegen oft in unterschiedlichem Detaillierungsgrad vor und müssen der entsprechenden Abstraktionsebene zugewiesen werden. Diese Abstraktionslevel sollten von allen Teammitgliedern mitgetragen und einheitlich verwendet werden. Auch von dem KI-System.
- **Fehlende Anforderungen ergänzen:** An dieser Stelle gilt es, den Aspekt der »Vollständigkeit« zu adressieren. Die entstandenen Abstraktionsebenen sollten beispielsweise alle Funktionalitäten oder Qualitätsmerkmale adressieren, die das Produkt liefern soll. Anforderungen, die auf einem tieferen Abstraktionslevel vorliegen, zu denen keine abstrakten Anforderungen existieren, können hier ein guter Ansatzpunkt sein.
- **Anforderungen verfeinern:** Als Letztes geht es um die weitere Verarbeitung der generierten Anforderungsbasis. Entscheidend in diesem Schritt ist die Frage: Welche Anforderung muss noch detaillierter beschrieben werden? Beispielsweise kann eine Norm das Bewerten des Risikoniveaus eines jeden Prozessschritts fordern. Hierzu müssen die Ablaufschritte genau aufgeteilt werden, um diese dann einzeln zu bewerten.

Schritt 2: Analyse der Befunde

Im zweiten Schritt der Qualitätsverbesserung werden die identifizierten Befunde umfassend analysiert. Ein wesentliches Prinzip dabei ist die »Trennung von Fehlersuche und Korrektur« [Pohl und Rupp 2021], was bedeutet, dass die Befunde nicht sofort behoben werden, sondern zunächst detailliert betrachtet werden, um Muster und Zusammenhänge zu erkennen. Ein Beispiel hierfür könnte sein, dass ein gesamtes Kapitel als überflüssig erkannt wird, weil die darin enthaltenen Anforderungen bereits in einem anderen Kapitel behandelt werden. Für die Analyse der Befunde können Sie ebenfalls das SOPHIST-*RE*gelwerk aus Abschnitt 7.4 sowie die im vorherigen Schritt erläuterten Analysetätigkeiten verwenden.

Ein weiteres wichtiges Prinzip ist die »perspektivenbasierte Validierung« [Pohl und Rupp 2021]. Dabei werden die Befunde aus unterschiedlichen Blickwinkeln analysiert und die verschiedenen Sichtweisen zusammengeführt. Das notwendige Wissen für die Überprüfung ist oft verteilt und nicht bei einer einzigen Person vorhanden. Daher ist es entscheidend, mehrere Experten einzubeziehen, um eine ganzheitliche Bewertung zu gewährleisten.

Schritt 3: Überarbeiten der Anforderung

Während dieses Schritts müssen die Befunde überarbeitet werden. Die Überarbeitung kann je nach Umfang der Änderungen viel Zeit in Anspruch nehmen und zahlreiche Anforderungen betreffen. Dabei ist es wichtig, sorgfältig vorzugehen, um keine neuen Fehler einzuführen. In diesem Schritt empfehlen wir Ihnen die Anwendung einer Schablone für die Formulierung der neuen oder geänderten Anforderungen. Zudem sollten Sie das Regelwerk sowie die Analysetätigkeiten unmittelbar nach der Überarbeitung selbst anwenden, um neue Defekte zu vermeiden.

Schritt 4: Wiederholte Überarbeitung

Es ist wichtig zu beachten, dass Überarbeitungen immer eine Momentaufnahme darstellen. Während des Überarbeitungsprozesses kann neues Wissen hinzukommen oder Anforderungen können sich aus verschiedenen Gründen ändern. Beispielsweise könnte eine neue Technologie auf den Markt kommen oder die Interessen der Stakeholder sich spontan ändern. Änderungen können auch Anforderungen betreffen, die bereits validiert sind. Daher müssen wir stets bereit sein, mit neuen Informationen umzugehen und unsere Anforderungen entsprechend zu aktualisieren und erneut zu überprüfen. Den Umgang mit Änderungen beschreiben wir in Abschnitt 10.4.

9.2.4 Techniken zum Prüfen der Anforderungen

Für die Überprüfung der Anforderungen stehen unterschiedliche Techniken zur Verfügung (siehe Abb. 9.2).

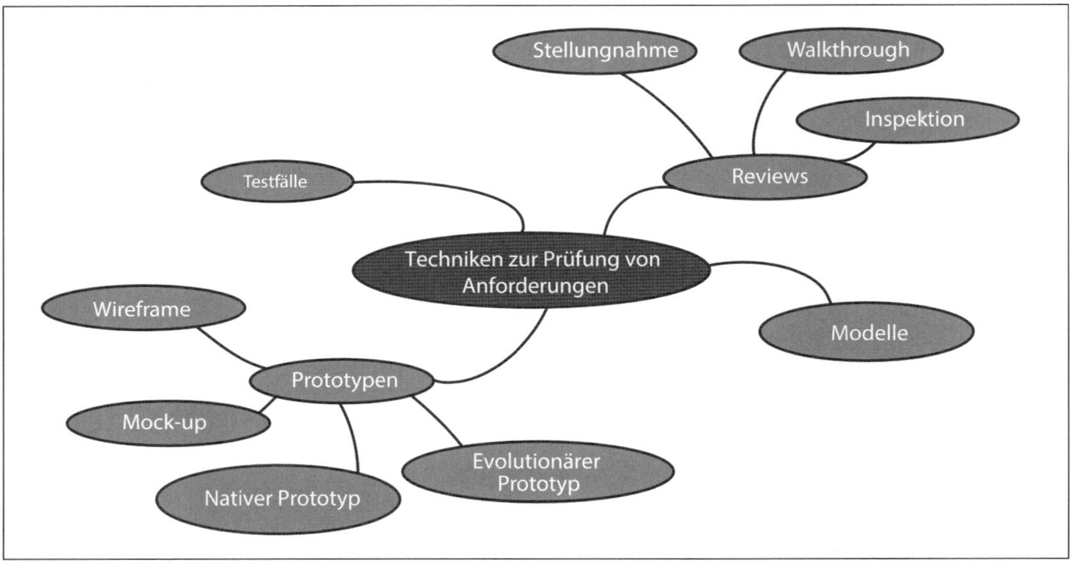

Abb. 9.2 *Techniken zum Prüfen von Anforderungen*

Reviews

Bei Reviews unterscheiden wir drei verschiedene Kategorien [Pohl und Rupp 2021]:

- **Stellungnahme:** Bei dieser Methode werden die Anforderungen an einen Gutachter übergeben, der sie prüft und kommentiert zurücksendet. Das Ergebnis des Reviews hängt stark von der Qualifikation und Erfahrung der prüfenden Person ab. Daher ist es wichtig, sich im Vorfeld genau zu überlegen, wer diese Stellungnahme durchführt. Besonders hilfreich sind hierbei auch die eingangs genannten Vorüberlegungen. So wird z. B. die Verständlichkeit am besten von der Person geprüft, die mit den Anforderungen weiterarbeiten muss.

- **Walkthrough:** Bei einem Walkthrough treffen sich in der Regel die Autoren und die Prüfer der Anforderungen. Zusammen gehen sie die Anforderungen durch, um ein gemeinsames Verständnis sowohl der Anforderungen als auch der festgestellten Befunde zu erlangen. Dadurch wird sichergestellt, dass unterschiedliche Verständnisse konsolidiert werden.
- **Inspektion:** Diese sehr formale Technik zur Überprüfung ist in bestimmten Branchen, wie z. B. der Pharmaindustrie, gesetzlich vorgeschrieben. Während der Inspektion müssen alle Überprüfungsschritte geplant und die Ergebnisse protokolliert werden. Üblicherweise müssen diese Protokolle für einen möglichen zukünftigen Compliance-Nachweis aufbewahrt werden.

Testfälle

Testfälle dienen in erster Linie dazu, zu überprüfen, ob das System korrekt funktioniert und den Anforderungen entspricht. Sie können jedoch auch verwendet werden, um die Anforderungen selbst zu validieren. Dies geschieht während der Erstellung der Testfälle. Bei der Erstellung von Testfällen bzw. Testfallbeschreibungen überlegt man sich, wie man diese Anforderungen testen würde. Dabei werden häufig Lücken in den Anforderungen, fehlende Informationen oder missverständliche Beschreibungen entdeckt. Gerade in agilen Entwicklungsvorgehen ist es üblich, Akzeptanzkriterien zu Epics, Features oder Storys zu formulieren, wie wir sie bereits in Abschnitt 8.2.2 vorgestellt haben. Dabei wird ebenfalls aus der Sicht des Tests betrachtet, was das System erfüllen muss.

Modelle

Modelle bieten eine visuelle Darstellung der Anforderungen und können dabei helfen, Unklarheiten oder Lücken in den Anforderungen aufzudecken. Beispielsweise kann ein Ablauf in einem Aktivitätsdiagramm der UML dargestellt werden. Bei der visuellen Überprüfung dieses Ablaufs fallen unvollständige Abläufe und inkonsistente Anforderungen leichter auf, da der Fokus klar auf dem Ablauf liegt. Eine andere Möglichkeit besteht in der Betrachtung der Systemzustände und Zustandsübergänge in Form von Zustandsautomaten der UML. Dadurch lassen sich ebenfalls tote Zustände, fehlende Zustandsübergänge oder Ereignisse, die nicht vom System verarbeitet werden, identifizieren. Eine Beschreibung zur Erstellung von Aktivitätsdiagrammen und Zustandsautomaten der UML finden Sie in Abschnitt 8.3.

Prototypen

Neben Testfällen und Modellen können auch Prototypen zur Überprüfung der Anforderungen verwendet werden. Prototypen schaffen eine Grundlage, auf der neue Anforderungen identifiziert oder bestehende Anforderungen verbessert werden können. In der Theorie werden vier Arten von Prototypen unterschieden [Pohl und Rupp 2021]:

- **Wireframes:** Dabei handelt es sich um schematische Darstellungen, die die Struktur und Funktionalität der Benutzungsoberfläche visualisieren. Wireframes bieten eine klare, vereinfachte Ansicht der Layouts und ermöglichen es den Entwicklern und Designern, sich auf die wesentlichen Elemente der Benutzungsoberfläche zu konzentrieren, ohne durch detaillierte Designaspekte oder Funktionalitäten abgelenkt zu werden.
- **Mock-up:** Ein Mock-up dient als detaillierte Blaupause für die Benutzungsoberfläche und ermöglicht es Entwicklern und Designern, die Struktur im Voraus zu visualisieren. Es zeigt die Platzierung von Elementen und deren Interaktionen, ohne sich auf die endgültigen Designaspekte festzulegen.
- **Nativer Prototyp:** Ein nativer Prototyp stellt eine implementierte Version der Anforderungen in der finalen Technologie dar. Diese Prototypen sind vollständig funktionsfähig und bieten eine realistische Erfahrung der Benutzungsoberfläche. Sie ermöglichen es, die Anforderungen in ihrer endgültigen Form zu testen und zu validieren, um sicherzustellen, dass sie den Erwartungen und Spezifikationen entsprechen.
- **Evolutionärer Prototyp:** Ein evolutionärer Prototyp beginnt mit dem Kern des Systems und wird schrittweise durch das Hinzufügen weiterer Funktionen weiterentwickelt. Diese Art von Prototyp ermöglicht es, das System in seiner Grundform zu testen und zu validieren, bevor zusätzliche Komplexität eingebracht wird. Durch die iterative Erweiterung werden die Anforderungen kontinuierlich überprüft und verbessert, was zu einer höheren Qualität und Präzision des Endprodukts führt. Zudem erleichtert dieser Ansatz die Kommunikation zwischen Entwicklern, Designern und Stakeholdern, da der Entwicklungsfortschritt transparent und greifbar dargestellt wird.

Es gibt mehrere Hilfsmittel, die bei der Überprüfung von Anforderungen zusätzlich verwendet werden können. Dazu gehören das SOPHIST-*RE*gelwerk (siehe Abschnitt 7.4) und Schablonen (siehe Abschnitt 8.2.1). Darüber hinaus können Checklisten verwendet werden, um sicherzustellen, dass alle wesentlichen Aspekte im Rahmen der Qualitätssicherung berücksichtigt werden. Diese Werkzeuge helfen dabei, Unklarheiten zu beseitigen und die Qualität der Anforderungen zu verbessern, indem sie eine strukturierte und methodische Vorgehensweise ermöglichen.

9.3 Qualitätsverbesserung mit KI

In diesem Abschnitt wird gezeigt, wie die Überprüfung der Anforderungen durch ein KI-System unterstützt werden kann.

9.3.1 Überprüfung der Erfüllung der Qualitätskriterien mit einem KI-System

Wir wollen uns zunächst damit beschäftigen, wie wir mithilfe eines KI-Systems überprüfen können, ob unsere Anforderungen die Qualitätskriterien erfüllen.

Die Unterstützung durch ein KI-System kann uns in vielerlei Hinsicht helfen. Ein Fachexperte kann Qualitätsmängel übersehen, wenn er beim Prüfen nicht konzentriert genug ist. Zusätzlich fällt es uns schwer, eine große Menge von Anforderungen zu betrachten. Ein Beispiel dafür ist die Sicherstellung der Konsistenz bei einer großen Anzahl an Anforderungen. Zusätzlich kann uns ein KI-System dabei helfen, die Anforderungen aus unterschiedlichen Perspektiven zu betrachten, indem wir das KI-System in eine bestimmte Rolle versetzen. Wir können uns das KI-System als ein weiteres Paar Augen zur Qualitätssicherung vorstellen.

Nicht alles auf einmal

Unsere Erfahrung hat gezeigt, dass es nicht empfehlenswert ist, alle Qualitätskriterien in einem Prompt zu überprüfen. Vielmehr sind die Ergebnisse des KI-Systems besser, wenn wir die Qualitätskriterien einzeln angehen. Die verwendeten Anforderungen und die Ergebnisse der vorgestellten Prompts finden Sie in den Online-Inhalten zu diesem Buch auf der Wissensplattform.

www.sophist.de/kire/k9-3

Vollständig

Bei der Prüfung der Vollständigkeit der Anforderungen sind verschiedene Aspekte zu beachten. Dazu gehört, ob alle Fehler- und Ausnahmefälle behandelt wurden, ob die Bedingungen beschrieben sind und ob alle Wünsche der Stakeholder berücksichtigt worden sind.

Damit der Prompt nicht zu umfangreich und kompliziert wird, haben wir uns die verschiedenen Aspekte einzeln vorgenommen und wollen an dieser Stelle nur den letzten Aspekt, die Vollständigkeit hinsichtlich der Wünsche der Stakeholder, ansehen. Weitere Aspekte haben wir in den Online-Inhalten des Buches betrachtet.

www.sophist.de/kire/k9-3

Um zu bewerten, ob alle Wünsche der Stakeholder des Smart-Home-Systems berücksichtigt worden sind, müssen wir dem KI-System die entsprechenden Wünsche mitgeben. Dazu benötigen wir schriftliche Dokumentationen der Wünsche, z. B. in Form von Interview-Protokollen. Den verwendeten Prompt sehen Sie hier:

Prompt 9.2
Prüfen, ob Anforderungen vollständig sind

ROLLE: Bitte sei ein professioneller Requirements Engineer.

KONTEXT: Ich gebe dir eine Liste von Anforderungen für ein Smart-Home-System im MS-Excel-Format. In der Spalte "ID" befindet sich der eindeutige Identifikator der Anforderung. In der Spalte "Text der Anforderung" befindet sich der Text der Anforderungen. Ich gebe dir ein Stakeholder-Interview, in dem sich unterschiedliche Stakeholder unterschiedliche Funktionen wünschen.

VORGEHEN:

1. Gehe das Stakeholder-Interview durch und überprüfe, ob für alle Funktionen, die sich die Stakeholder wünschen, eine entsprechende Anforderung in der Excel-Tabelle vorliegt.

2. Liste mir all deine Befunde auf.

3. Referenziere Begriffe, bei denen dir die Zuordnung nicht zu 100 % klar war.

4. Formuliere Vorschläge für neue Anforderungen, falls diese fehlen sollten.

AUSGABEFORMAT: Erstelle eine Tabelle und präsentiere sie mit den folgenden Inhalten: Spalte "Befund" stellt Anforderungen dar, die nicht verfeinert wurden. Spalte "Unklare Zuordnung" erklärt den Befund in Bezug auf die betroffene Anforderung. Spalte "Vorgeschlagene Anforderung" enthält die vorgeschlagene Anforderung.

[...]

Ergebnis zu Prompt 9.2 – Prüfen, ob Anforderungen vollständig sind (Auszug) [ChatGPT 4o 2025]

Befund	Unklare Zuordnung	Vorgeschlagene Anforderung
Automatisches Abspielen von Medien bei Ankunft	Es werden intelligente Lautsprecher genannt, diese erfüllen aber nicht den Kundenwunsch.	Das SHS muss Hausbewohnern die Möglichkeit bieten, das automatische Abspielen von Medien bei Ankunft zu aktivieren.
Erinnerung zum Schließen von Fenstern/Türen	In den Anforderungen werden nur Tür- und Fensterkontakte adressiert.	Das SHS muss die Hausbewohner zum Schließen von Fenstern und Türen erinnern.
Sprachsteuerung	Eine Sprachsteuerung wird in den Anforderungen adressiert.	Das SHS muss Benutzern die Möglichkeit bieten, über Sprachsteuerung mit dem SHS zu interagieren.

Fazit und Bewertung

Positiv hervorzuheben ist die Zuordnung der intelligenten Lautsprecher zu der Funktion »Automatisches Abspielen von Medien bei Ankunft«. Diese Zuordnung erfordert ein tiefgehendes Verständnis über den Zusammenhang dieser Elemente und stellt für einen Requirements Engineer einen echten Mehrwert dar. Die vorgeschlagenen Anforderungen müssen noch erweitert und geschärft werden. Beispielsweise sind die Bedingungen, unter denen Musik im SHS abgespielt werden soll, wenn die Bewohner eintreffen, aktuell nicht definiert. Dennoch war die Überprüfung mit diesem KI-System erfolgreich und kann bei einer großen Menge an Anforderungen einen echten Mehrwert bieten. Die identifizierten fehlendende Aspekte sind aus unserer Sicht zu berücksichtigen und wurden daher vom KI-System korrekt identifiziert.

Notwendig

Bei der Notwendigkeit wird überprüft, ob eine Anforderung oder Funktion tatsächlich erforderlich ist, um die Ziele und Bedürfnisse der Stakeholder zu erfüllen, oder ob es eine Rechtfertigung in einem Gesetzestext gibt. Im Gegensatz zu messbaren und objektiven Kriterien ist die Notwendigkeit oft subjektiv und kontextabhängig.

Ein Grund, warum die Überprüfung der Notwendigkeit durch ein KI-System schwierig ist, liegt in der oft unvollständigen Dokumentation der Wünsche und Bedürfnisse der Stakeholder. Diese werden benötigt, damit das KI-System sinnvolle Ergebnisse liefern kann.

Für den Prompt 9.3 wurde ein Stakeholder-Interview zur Verfügung gestellt. Darin erklärt die Familie König, welche Funktionen sie sich für ihr neues Smart-Home-System wünscht. Dieses Stakeholder-Interview nutzen wir, um zu überprüfen, ob die Anforderungen notwendig sind.

Prompt 9.3
Prüfen, ob Anforderungen notwendig sind

ROLLE: `Bitte sei ein professioneller Requirements Engineer.`

KONTEXT: `Ich gebe dir eine Liste von Anforderungen für ein Smart-Home-System im MS-Excel-Format. In der Spalte "ID" befindet sich der eindeutige Identifikator der Anforderung. In der Spalte "Text der Anforderung" befindet sich der Text der Anforderungen. Ich gebe dir ein Stakeholder-Interview, in dem sich unterschiedliche Stakeholder unterschiedliche Funktionen wünschen.`

VORGEHEN: `Gehe das Stakeholder-Interview durch und überprüfe, ob für alle Anforderungen, die in der Excel-Datei dokumentiert sind, eine Rechtfertigung im bereitgestellten Stakeholder-Interview zu finden ist.`

AUSGABEFORMAT: `[...]`

Fazit und Bewertung

Wir haben darauf verzichtet, das Ergebnis des Prompts an dieser Stelle detailliert darzustellen, da es dem Prompt-Ergebnis 9.1 sehr ähnlich ist. Das Ergebnis zu Prompt 9.3 finden Sie jedoch in den Online-Inhalten zu diesem Buch auf der Wissensplattform.

www.sophist.de/kire/k9-3

In dieser Interaktion wurden einige Aussagen aus dem Stakeholder-Interview entfernt, wodurch bestimmte Anforderungen ohne Rechtfertigung blieben. Das KI-System war in der Lage, die Anforderungen ohne Rechtfertigung zu identifizieren und aufzuführen. Die Verwendung eines KI-Systems funktioniert in einem solchen Fall gut, hängt jedoch stark von der Qualität der Daten ab, in denen die Anforderungen der Stakeholder dokumentiert sind.

Adäquat

Ob eine Anforderung adäquat ist, hat in Bezug auf die Stakeholder die identische Problematik wie die Notwendigkeit. In Kapitel 7 haben wir Anforderungen aus einem Gesetzestext ableiten lassen. Aus dieser Interaktion geht hervor, dass ein KI-System in der Lage ist, Gesetztestexte inhaltlich zu bewerten und diese auf den Kontext einer Entwicklung zu übertragen. Für die Überprüfung der angemessenen Übersetzung der Gesetztestexte könnte man dementsprechend auch ein KI-System verwenden. Dieses Vorgehen würde allerdings eher die Vollständigkeit und Notwendigkeit der Anforderung bewerten. Ob die Anforderung dann adäquat ist, muss durch einen Fachexperten bewertet werden.

Verständlich

Ob eine Anforderung verständlich ist oder nicht, ist eine subjektive Entscheidung. Das liegt daran, dass die Verständlichkeit stark von der Sprache und Terminologie abhängt, die für alle an der Entwicklung beteiligten Personen klar und nachvollziehbar sein muss. Für ein KI-System ist es schwierig, die menschliche Perspektive vollständig zu erfassen, da es weder über eigene Erfahrungen noch über eigenes Wissen über den spezifischen Kontext verfügt.

Verständlichkeit erfordert eine tiefgehende Kenntnis des Kontexts und der Nuancen in der Sprache, einschließlich kultureller und sprachlicher Unterschiede. Die Interpretation kann sich daher je nach Person und Hintergrund stark unterscheiden, was es für ein KI-System herausfordernd macht, eine allgemeingültige Bewertung zu liefern. Letztendlich müssen wir bei diesem Kriterium die Empfänger der Anforderungen berücksichtigen. Wir empfehlen daher, die Bewertung der Verständlichkeit einer Anforderung nicht (oder zumindest noch nicht) einem KI-System zu überlassen.

Eindeutig

In Abschnitt 7.4 haben wir Ihnen bereits das SOPHIST-*RE*gelwerk vorgestellt. Bei der Überprüfung der Eindeutigkeit kommen diese Regeln besonders zum Tragen. Damit ein Anforderungssatz eindeutig ist, sollten folgende Punkte erfüllt sein:

- Die verwendeten Substantive sind präzise beschrieben.
- Die W-Fragen sind geklärt (wer, was, warum, wie, wie lange etc.).
- Komplexe Prozesse wurden in einzelne Schritte aufgeteilt.

Bleiben diese Punkte unbeantwortet, kann dies zu erheblichen Kostensteigerungen in der Entwicklung führen. Fehlerhafte Funktionen oder nicht erfüllte Kundenwünsche können die Folge sein, weshalb es sich lohnt, die Anforderungen frühzeitig zu präzisieren. Auch bei dieser Tätigkeit kann ein KI-System den Requirements Engineer unterstützen. Wir haben hier für Sie eine passende Interaktion dargestellt:

Prompt 9.4
Prüfen, ob Anforderungen eindeutig sind

ROLLE: Bitte sei ein professioneller Requirements Engineer.

KONTEXT: Ich gebe dir 2 Anforderungen:

Falls eine Person den Raum betritt und das SHS die Person als Bewohner erkennt, muss das Smart-Home-System das anzeigen.

Sobald der Wecker auslöst, muss das SHS die Jalousien öffnen.

VORGEHEN:

1. Analysiere die Anforderungen auf Eindeutigkeit.

2. Erstelle mir eine Liste mit uneindeutigen Wörtern, die du identifizieren konntest, und formuliere Vorschläge für die Verbesserung.

Ergebnis zu Prompt 9.4 – Prüfen, ob Anforderungen vollständig sind [ChatGPT 4o 2025]

Anforderung 1:

Falls eine Person den Raum betritt und das SHS die Person als Bewohner erkennt, muss das Smart-Home-System das anzeigen.

Probleme:

"eine Person" → unklar: Besucher, Bewohner, Einbrecher?

"betritt den Raum" → welcher Raum? Jeder? Ein bestimmter?

"anzeigen" → was genau soll angezeigt werden? Wo? Für wen?

Anforderung 2:

Sobald der Wecker auslöst, muss das SHS die Jalousien öffnen.

Probleme:

"Wecker" → welcher Wecker? Gibt es mehrere?

"auslöst" → Zeitpunkt? Ton? Vibrationsalarm?

"Jalousien öffnen" → alle Jalousien? In welchem Raum?

Fazit und Bewertung

Die Identifikation der sprachlichen Schwächen verlief äußerst erfolgreich. Das KI-System stellte berechtigte Fragen zu den Anforderungen, die in den ursprünglichen Formulierungen offenblieben. Natürlich müssen nicht alle Fragen sofort beantwortet werden. Abhängig vom Entwicklungsstand kann es sinnvoll sein, sich noch Spielräume für Lösungen offenzulassen.

Das Ergebnis des KI-Systems könnte noch weiter verbessert werden, indem z. B. das SOPHIST-*RE*gelwerk bereitgestellt wird. Aber auch Quelldokumente aus dem Entwicklungskontext können hier helfen. Ein Glossar, das dem KI-System z. B. per RAG zur Verfügung gestellt wird, kann die Überprüfung der Eindeutigkeit von Anforderungen auf die nächste Stufe heben. Die Überprüfung von Anforderungsdokumenten auf die korrekte Verwendung des Glossars ist eine Aufgabe, die für viele Unternehmen zu ressourcenintensiv ist. Ein KI-System könnte den Requirements Engineer schon beim Formulieren der Anforderungen darauf hinweisen, dass für das gewählte Wort ein Glossarbegriff existiert, und diesen dann automatisch referenzieren.

Prüfbar/testbar

Anforderungen sind nicht nur das Ergebnis einer intensiven Analyse der Wünsche und Bedürfnisse der Stakeholder. Die Anforderungen bilden auch die Grundlage für die nachfolgenden Entwicklungsaktivitäten wie z. B. Implementierung und Test. Auf Basis der Anforderungen müssen Testfälle abgeleitet werden, mit deren Hilfe am Ende der Entwicklung entschieden werden kann, ob eine Anforderung erfüllt wurde. Dafür ist sicherzustellen, dass die Anforderung prüfbar formuliert ist. Bedenken Sie, das Prüfbarkeit nicht automatisch in einem (teil-)automatisierbaren Testfall enden muss, sondern z. B. durch die Bewertung einer Person erfolgen kann. Dies ist meist für die Anforderungen an zusätzliche Lieferbestandteile sowie durchzuführende Tätigkeiten notwendig.

Das SOPHIST-*RE*gelwerk definiert für dieses Qualitätskriterium ebenfalls eine Regel. Eigenschaftswörter müssen überprüfbar formuliert sein. Begriffe wie »schnell«, »effizient« und »übersichtlich« sind nicht testbare Beispiele, da konkrete Parameter fehlen. Auch unklare Formulierungen und vage Begriffe (z. B. die Daten) können die Testbarkeit einer Anforderung negativ beeinflussen. Zusätzlich werden beim Test auch Fehlerfälle und alternative Abläufe überprüft, die in Form von Anforderungen zunächst definiert sein müssen. Ein KI-System ist in der Lage, solche sprachlichen Ungenauigkeiten zu erkennen. Eine solche Bewertung demonstrieren wir im Folgenden.

Prompt 9.5
Bewerten der Testbarkeit

Rolle: Sei mein Testmanager mit Erfahrung im Bewerten von Anforderungen als Grundlage für die Generierung von Testfällen.

Anforderung:

1. Das Smart-Home-System muss Lastenspitzen im Stromverbrauch erkennen und durch intelligente Steuerung vermeiden.

2. Das Smart-Home-System muss in der Lage sein, mindestens 100 smarte Geräte in einem Haushalt ohne Leistungsabfall zu verwalten.

3. Das Smart-Home-System muss in der Lage sein, Updates für gesetzliche Anpassungen und Sicherheitsanforderungen ohne Benutzerinteraktion zu installieren.

```
Aufgabe: Bewerte die gegebenen Anforderungen auf Testbarkeit.
Identifiziere Schwächen und schlage Verbesserungen vor.
```

Ergebnis zu Prompt 9.5 – Bewerten der Testbarkeit [ChatGPT 4o 2025]

```
Anforderung 1:

"Das Smart-Home-System muss Lastenspitzen im Stromverbrauch
erkennen und durch intelligente Steuerung vermeiden."

Bewertung:
– Unpräzise Formulierung: Was genau gilt als Lastenspitze?
  (Schwellenwert in kW)
– "Intelligente Steuerung" ist vage: Welche Maßnahmen werden
  ergriffen? (Lastabwurf, Verzögerung, Umschaltung
  Batteriebetrieb)
– Messbarkeit fehlt: Welche Zeiträume werden betrachtet? Wie wird
  der Erfolg der Vermeidung bewertet?

Verbesserungsvorschlag

"Das Smart-Home-System muss Lastenspitzen im Stromverbrauch
erkennen, sobald der Gesamtverbrauch 5 kW überschreitet. Es soll
innerhalb von 5 Sekunden Maßnahmen zur Lastreduktion einleiten,
indem es nicht-kritische Verbraucher (z. B. Waschmaschinen,
Ladegeräte) für maximal 10 Minuten deaktiviert oder deren Leistung
reduziert."

[...]

Anforderung 3:

"Das Smart-Home-System muss in der Lage sein, Updates für
gesetzliche Anpassungen und Sicherheitsanforderungen ohne
Benutzerinteraktion zu installieren."

Bewertung:
– Unklare Definition von gesetzlichen Anpassungen: Welche Gesetze
  oder Vorschriften müssen berücksichtigt werden?
– "Ohne Benutzerinteraktion" kann problematisch sein: Gibt es
  Sicherheitsmechanismen? (Rollback, Bestätigung durch den Nutzer)
– Testbarkeit nicht gegeben: Wie wird nachgewiesen, dass ein Update
  korrekt installiert wurde?

Verbesserungsvorschlag

"Das Smart-Home-System muss in der Lage sein, sicherheitsrelevante
Software-Updates automatisch zu installieren. Der
Installationsprozess darf keine Benutzerinteraktion erfordern und
muss eine Rollback-Funktion bieten, um fehlerhafte Updates
innerhalb von 10 Minuten rückgängig zu machen. Nach der Installation
muss eine Protokolldatei mit Zeitstempel und Versionsnummer
gespeichert werden."
```

Fazit und Bewertung

Bei der Überprüfung der Anforderungen hat das KI-System den Fokus gezielt auf die Testbarkeit gelegt, indem es überprüft hat, ob die Anforderungen messbare Kriterien enthalten, die in Tests überprüfbar sind. Unklarheiten wurden identifiziert, indem das KI-System vage Begriffe wie »intelligente Steuerung«, »Leistungsabfall« oder »gesetzliche Anpassungen« hinterfragt und konkretisiert hat. Dabei wurden die Vorschläge praxisnah gestaltet und typische Rahmenbedingungen wie Netzwerktechnologien, Reaktionszeiten und Sicherheitsmechanismen berücksichtigt.

Das KI-System weist einige Einschränkungen bei der Überprüfung der Anforderungen auf. Es fehlt an spezifischem Domänenwissen zu Smart-Home-Systemen, wodurch branchenspezifische Details wie konkrete gesetzliche Vorgaben oder technische Standards für Smart-Home-Systeme nicht berücksichtigt werden können. Die Anforderungen werden isoliert bewertet, ohne Kenntnis der Systemarchitektur, des Einsatzbereichs oder der Nutzeranforderungen, was zusätzliche Kontextinformationen erforderlich macht. Vermutlich würde auch für diese Anfrage eine Erweiterung der Kontextinformationen durch eine bessere Integration des KI-Systems in die Engineering-Toolkette hochwertigere Ergebnisse liefern.

9.3.2 Qualitätskriterien für Anforderungsdokumente

Ein umfassendes Anforderungsdokument enthält eine Vielzahl von Anforderungen, die einzeln in Bezug auf eine bestimmte Perspektive nur schwer zu bewerten sind. Die Anforderungen stehen oft in Beziehung miteinander oder bauen aufeinander auf. Daher ist es notwendig, diese Dokumente in ihrer Gesamtheit zu betrachten. Oftmals ist die Interaktion mit einem offenen KI-System wenig sinnvoll, da zahlreiche Anforderungen bereitgestellt und umfangreich erklärt werden müssen. Manchmal sind die Anforderungen auch über mehrere Dokumente verteilt und müssen separat exportiert werden. Deshalb konzentrieren wir uns hauptsächlich auf die Bewertung durch integrierte KI-Systeme. Mehr zu integrierten KI-Systemen finden Sie in Abschnitt 11.2.

Konsistenz

Ein integriertes KI-System ist hervorragend geeignet, um die Konsistenz von Anforderungsdokumenten zu überprüfen. Durch die Integration in die bestehende Engineering-Toolkette kann das KI-System ein spezifisches Glossar erstellen und dieses dann für die Konsistenzprüfung verwenden. Diese einheitliche Terminologie ist entscheidend, um Missverständnisse zu vermeiden und eine klare Kommunikation sicherzustellen. Das KI-System kann Vorschläge für das Glossar machen, indem es die in den Anforderungsdokumenten verwendeten Begriffe analysiert und häufig verwendete sowie projektspezifische Termini identifiziert. Auf diese Weise wird das Glossar kontinuierlich aktualisiert und erweitert, was die Konsistenz der Dokumente erheblich verbessert. Zudem kann das KI-System Querverweise und Abhängigkeiten innerhalb der Dokumente überprüfen und potenzielle Konflikte oder Unstimmigkeiten aufdecken, die sonst leicht übersehen werden könnten.

Wie ein Beispiel mit einem nicht integrierten KI-System für unser Smart-Home-System aussehen könnte, haben wir hier dargestellt:

Prompt 9.6
Prüfen, ob Anforderungen konsistent sind

ROLLE: Bitte sei ein professioneller Requirements Engineer.

KONTEXT: Ich gebe dir 4 Anforderungen:

Das System muss autorisierte Personen erkennen können.

Falls eine Person als berechtigt erkannt wird, muss das Smart-Home-System die Haustüre offen.

Nachdem die Türe geöffnet wurde, muss das SHS den Hausbesitzer benachrichtigen.

Sobald der Wecker auslöst, muss das SHS die Jalousien öffnen.

VORGEHEN:

1. Analysiere die Anforderungen auf Konsistenz.

2. Erstelle mir eine Liste mit inkonsistenten Wörtern, die du identifizieren konntest, und formuliere Vorschläge für die Verbesserung.

[...]

Ergebnis zu Prompt 9.6 – Prüfen, ob Anforderungen konsistent sind [ChatGPT 4o 2025]

Ausdruck	**Inkonsistenz**	**Vorschlag**
autorisierte Personen vs. berechtigt	Begriffe werden synonym, aber inkonsistent verwendet	Einheitlich: autorisierte Personen
Smart-Home-System vs. SHS	Uneinheitliche Systembezeichnung	Einheitlich: z. B. SHS (Smart-Home-System) beim ersten Vorkommen, danach nur SHS
die Haustüre offen	Grammatikalisch und stilistisch unklar (fehlendes Verb)	die Haustür automatisch öffnen
Türe vs. Tür	Rechtschreibvariante (Duden-konform: "Tür")	Einheitlich: Tür
Hausbesitzer	In anderen Anforderungen wird diese Rolle nicht genannt	Einheitlich: autorisierte Person oder registrierter Bewohner
auslöst	Vager Ausdruck, uneinheitlich mit anderen Ereignisbeschreibungen	zum eingestellten Zeitpunkt aktiv wird oder ertönt

Fazit und Bewertung

Das KI-System konnte einige Inkonsistenzen in den Anforderungen identifizieren. Die uneinheitliche Schreibweise von Betrachtungsgegenständen, wie in unserem Beispiel das Smart-Home-System, ist eine Ungenauigkeit, die in der Praxis oft auftritt. Besonders wenn verschiedene Personen eine Spezifikation verfassen, kann es sehr leicht zu solchen Inkonsistenzen kommen. Eine solche Überprüfung ist jedoch nur bei einer großen Datenmenge sinnvoll, da auch ein Fachexperte diese Inkonsistenzen schnell hätte beheben können.

Redundanzfrei

Die Überprüfung der Redundanz ist für ein KI-System noch um einiges schwieriger als die Überprüfung der Konsistenz. Redundanzen sind oft nicht nur einfache Wortwiederholungen, sondern auch ähnliche Anforderungen, die leicht unterschiedlich formuliert worden sind. Sofern unterschiedliche Darstellungsformen von Anforderungen genutzt werden, kommt noch ein weiterer Aspekt hinzu. Redundanz kann auch bewusst verwendet werden, um unterschiedliche Sichten einzunehmen (siehe Abschnitt 8.3). Wenn man z. B. Anforderungen in ein Modell überführt, um diese zu überprüfen, erzeugt man bewusst Redundanzen, auf die man nicht hingewiesen werden möchte. Daher würden wir uns bei einer Redundanzüberprüfung durch ein KI-System auf eine Darstellung der Dokumentation beschränken, um die gewollten Redundanzen zu ignorieren.

Modifizierbar

Ein KI-System kann bei der Bewertung der Erweiterbarkeit eines Dokuments unterstützen. Dazu gehört die Überprüfung der Struktur des Dokuments, um sicherzustellen, dass es logisch aufgebaut ist. Eine klare und konsistente Gliederung erleichtert zukünftige Ergänzungen und Änderungen. Zudem kann das KI-System vergangene Änderungen und deren Auswirkungen analysieren, um Muster zu erkennen, die auf eine gute oder schlechte Erweiterbarkeit hinweisen. Durch die Analyse von Querverweisen und Abhängigkeiten innerhalb des Dokuments kann das KI-System potenzielle Konflikte identifizieren, die eine Erweiterung erschweren.

Wir haben ein KI-System gebeten, eine Dokumentenstruktur unseres SHS auf Modifizierbarkeit zu überprüfen. Den entsprechenden Prompt sehen Sie hier:

Prompt 9.7
Dokumentenstruktur

Rolle: Sei mein Requirements Engineer mit Erfahrung im Erstellen von leicht änderbaren und nachhaltigen Dokumentationen.

Kontext: Du bist in einer Entwicklung tätig, die eine leicht modifizierbare Dokumentenstruktur benötigt, um diese für unterschiedliche Projekte verwenden zu können.

Gegeben ist folgende Dokumentenstruktur:

1\. Projektübersicht

1.1 Zielsetzung & Systemkontext

```
1.2 Stakeholder-Liste

1.3 Projektziele & Nicht-Ziele

1.4 Rahmenbedingungen (Budget, Zeit, Ressourcen)

2. Systemanforderungen

2.1 Fachliche Anforderungen (Use Cases, Geschäftsregeln)

2.2 Nicht funktionale Anforderungen (z. B. Performance, Usability,
Sicherheit)

2.3 Schnittstellenanforderungen (Systeme, Hardware, Benutzer)

2.4 Anforderungen aus Gesetzen/Normen

2.5 Priorisierung & Kennzeichnung (z. B. Muss/Soll/Kann)

3. Systemarchitektur

3.1 Architekturbeschreibung (Komponenten, Verbindungen)

3.2 Technologie-Stack/Plattform

3.3 Datenmodell/Datenflüsse

3.4 Sicherheitskonzept
```

Aufgabe: Bewerte die gegebene Struktur auf Modifizierbarkeit. Liste deine Befunde auf und erläutere sie.

Ergebnis zu Prompt 9.7 – Dokumentenstruktur überprüfen [ChatGPT 4o 2025]

Verbesserungspotenzial:

2.1 Fachliche Anforderungen sind recht breit.

Empfehlung: Unterteilen in 2.1.1 Anwendungsfälle (Use Cases) und 2.1.2 Geschäftsregeln → erlaubt gezieltere Pflege und Änderungen.

2.3 Schnittstellenanforderungen sind aktuell auf technische und Benutzerschnittstellen beschränkt.

Empfehlung: Aufteilen in technische, organisatorische und Benutzerschnittstellen, z. B.:

2.3.1 System-zu-System

2.3.2 Benutzeroberflächen

2.3.3 Schnittstellen zu Organisationseinheiten (z.B. Support, Betrieb)

2.5 Priorisierung & Kennzeichnung sind sinnvoll, könnten aber durch ein Anforderungsattributmodell ergänzt werden (z. B. Quelle, Änderungsgrund, Versionierung).

Fazit und Bewertung

Das identifizierte Verbesserungspotenzial ist grundlegend vorhanden. Positiv hervorzuheben ist, dass das KI-System in diesem Kontext den Fokus auf Änderungen legt, da diese für die Modifizierbarkeit entscheidend sind. Die Modifizierbarkeit eines Dokuments hängt davon ab, wie spezifisch dort Inhalte beschrieben wurden. Wenn Inhalte allgemein beschrieben wurden, lassen sie sich auf mehrere Kontexte übertragen. Spezifische Inhalte sind auf ihren Kontext zugeschnitten und werden sich bei einer Änderung im Kontext der Entwicklung wahrscheinlich auch ändern. Nur wenn die Inhalte entsprechend gestaltet sind, können sie für verschiedene Produkte wiederverwendet werden. Die generierte Dokumentenstruktur sehen Sie in den Online-Inhalten zu diesem Buch auf der Wissensplattform.

www.sophist.de/kire/k9-3

Verfolgbar

Ein in das RM-Tool integriertes KI-System hätte umfassenden Zugriff auf sämtliche Arbeitsergebnisse einer Entwicklung. Solch ein System könnte beispielsweise Verknüpfungen zwischen Anforderungen, Designdokumenten, Implementierungen und Testfällen herstellen bzw. die Verknüpfungen zwischen diesen Arbeitsergebnissen prüfen. Durch den Einsatz von Attributen und Metadaten könnte das KI-System sicherstellen, dass jede Anforderung eindeutig identifizierbar und lückenlos sowohl zu deren Quellen als auch deren Ziel nachvollziehbar ist. Zudem ermöglicht es die automatische Aktualisierung und Synchronisation aller verbundenen Artefakte, was die Konsistenz und Kohärenz im gesamten Entwicklungsprozess erheblich steigert.

Allerdings gibt es auch Herausforderungen. Die Identifizierung von Abhängigkeiten zwischen Anforderungen ist kompliziert und erfordert ein tiefes Verständnis des gesamten Systems und seiner Komponenten. Ein KI-System kann Schwierigkeiten haben, diese Abhängigkeiten vollständig und korrekt zu erkennen, insbesondere wenn die Anforderungen nicht ausreichend detailliert oder präzise beschrieben sind.

Zudem benötigt das KI-System entsprechende Attribute und Metadaten, um die Verfolgbarkeit effektiv zu bewerten und herzustellen. Die Informationen zu den Verbindungen werden oft in Form von Attributen gepflegt und haben spezifische semantische Bedeutungen. Ohne diese Informationen kann die Nachverfolgung lückenhaft oder fehlerhaft sein.

Konform

Ein KI-System kann durchaus dabei helfen, zu prüfen, ob Dokumente konform zu Strukturierungs- und Formatierungsanweisungen gestaltet sind. Es kann beispielsweise sicherstellen, dass alle erforderlichen Abschnitte in dem Anforderungsdokument vorhanden sind, die richtige Terminologie verwendet wird und die Formatierung konsistent ist. Durch die Analyse von Texten kann das KI-System auch Vorschläge zur Verbesserung der Struktur und Formatierung machen.

Es gibt jedoch einige Einschränkungen. Viele Tools, die zur Erstellung von Dokumenten verwendet werden, verfügen bereits über integrierte Mechanismen wie Pflichtfelder und vordefinierte Formatvorlagen, die sicherstellen, dass bestimmte Strukturierungs- und Formatierungsanforderungen eingehalten werden. Daher sollten Sie sich überlegen, inwieweit die Möglichkeit besteht, dass diese Vorgaben nicht eingehalten werden, und daher eine Prüfung mit einem KI-System überhaupt sinnvoll ist.

9.3.3 Rapid Prototyping mit KI – schnell, schneller, KI-gestützt

Eine Technik zur Prüfung von Anforderungen ist die Erstellung von Prototypen. So können z. B. mithilfe von Oberflächen-Prototypen (z. B. Mock-ups) fehlende Anforderungen identifiziert oder die Notwendigkeit von Anforderungen zusammen mit den Stakeholdern überprüft werden. Prototypen haben den Vorteil, dass sie die Inhalte der Anforderungen für die Stakeholder leicht zugänglich machen. KI-Systeme können dabei helfen, schnell und mit überschaubarem Aufwand einen Prototyp zu erstellen.

Hierfür orientieren wir uns an einem Szenario der Familie König. Für die Steuerung unterschiedlicher Haushaltsfunktionen wünscht sich Familie König eine übersichtliche Benutzungsoberfläche, die sowohl über einen Webbrowser als auch über eine App aufgerufen werden kann. Hier sehen Sie ein paar Anforderungen, die wir dem KI-System im Rahmen der folgenden Szenarien zur Verfügung gestellt haben:

- Das SHS muss dem Nutzer die Möglichkeit bieten, die Lampen einzeln anzusteuern.
- Das SHS muss dem Nutzer die Möglichkeit bieten, die Helligkeit der Lampen im Haus zu steuern.
- Das SHS muss dem Nutzer die Möglichkeit bieten, die Klimaanlage im Haus zu steuern.
- Das SHS muss dem Nutzer die Möglichkeit bieten, die Beleuchtung und die Klimaanlage über eine App zu steuern.

Eine vollständige Liste der verwendeten Anforderungen finden Sie in den Online-Inhalten zu diesem Buch auf der Wissensplattform.

www.sophist.de/kire/k9-3

Wenn wir Prototypen verwenden, dann können wir aus den Anforderungen ein Mock-up erstellen. Allerdings benötigen wir dafür Kenntnisse und Erfahrung zu dessen Erstellung. Hier kann ein KI-System eine deutliche Zeitersparnis bringen. Bilder aus Prompts zu erstellen, ist eine Grundfunktionalität allgemeiner generativer KI-Systeme.

Die Firma Schlauhaus möchte der Familie König eine Darstellung der Benutzungsoberfläche zur Verfügung stellen. Dies soll in der ersten Iteration als Bild ohne interaktive Elemente erfolgen. Unsere Erfahrung hat jedoch gezeigt, dass die Verwendung eines spezialisierten KI-Systems bessere Ergebnisse hervorbringt. In diesem Fall haben wir das KI-System Galileo AI[1] verwendet.

Prompt 9.8
Erstellen eines Mock-ups

```
Gegeben sind folgende Anforderungen:

[…]

Erstelle aus den gegebenen Anforderungen ein Mock-up für eine
Website und eine App.
```

Ergebnis zu Prompt 9.8 – Erstellen eines Mock-ups [Galileo.AI 2025]

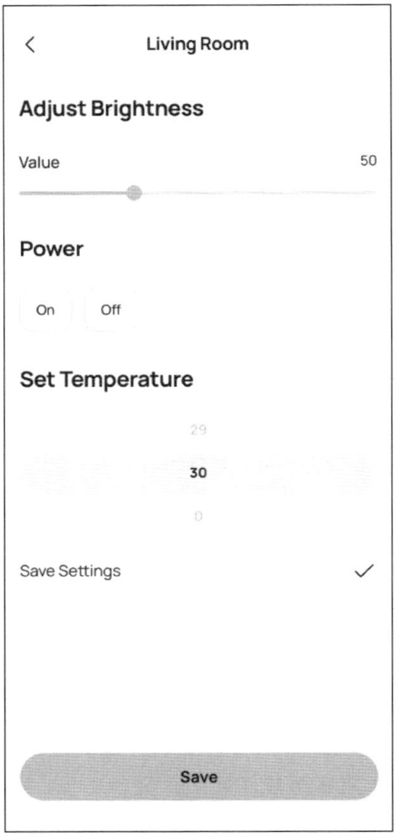

Familie König reicht diese Darstellung der Benutzungsoberfläche nicht aus. Sie wollen sehen, welche Elemente auf dem Mock-up angeklickt werden können und wie sich die Oberfläche während der Interaktion

1. *https://galileo.ai/*

verhält. Hierfür müssen wir eine Kombination aus Tools verwenden, da unser initial verwendetes Tool nur auf die Generierung von Bildern spezialisiert ist. Um einen klickbaren Prototyp zu erstellen, brauchen wir den HTML-Code. Den HTML-Code erhalten wir von einem anderen generativen KI-System. Wir können das erstellte Mock-up an das KI-System übergeben und den HTML-Code daraus generieren lassen. Dafür haben wir folgenden Prompt formuliert:

Prompt 9.9
HTML-Code erstellen

Rolle: Sei mein professioneller Grafikdesigner.

Kontext: Gegeben ist das hochgeladene Bild. Ich benötige einen klickbaren Prototyp, mit dem ich die Einstellung der Lichtstärke und der Zimmertemperatur vornehmen kann.

Aufgabe: Erstelle mir einen HTML-Code für eine Benutzungsoberfläche, die dem Aussehen aus dem hochgeladenen Bild entspricht.

Als Ergebnis bekommen wir den folgenden HTML-Code, der hier auszugsweise dargestellt ist.

Ergebnis zu Prompt 9.9 – HTML-Code erstellen [ChatGPT 4o 2025]

```
<html lang="de">
<head>
<meta charset="UTF-8" />
<title>Smart Home – Wohnzimmer</title>
<style>
body {
margin: 0;
font-family: sans-serif;
background-color: #f4f4f4;
}

/* Layout */
.container {
display: flex;
height: 100vh;
[...]
```

Den vollständigen Code finden Sie in den Online-Inhalten zu diesem Buch auf der Wissensplattform.

www.sophist.de/kire/k9-3

Damit aus dem Code ein klickbarer Prototyp wird, müssen wir den HTML-Code in einem Browser öffnen. Hier wird der Code eingegeben und verarbeitet. Der Browser stellt das erzeugte Mock-up inklusive klickbarer Elemente dar (siehe Abb. 9.3).

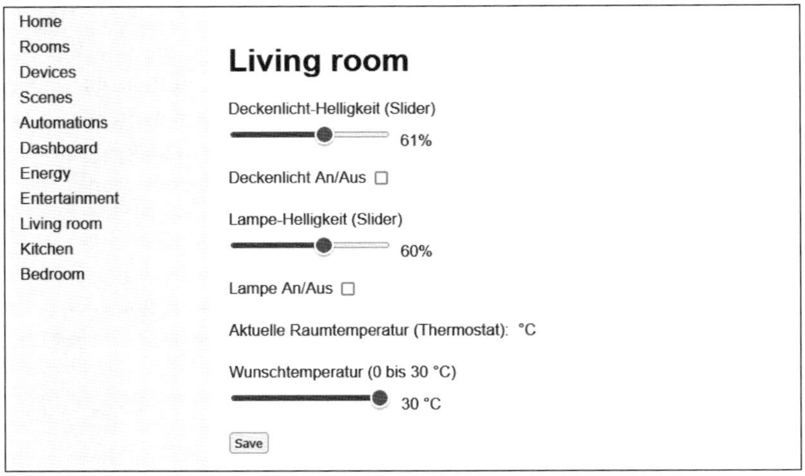

Abb. 9.3 *Generierter Prototyp*

Fazit und Bewertung

Anhand dieses klickbaren Prototyps kann Familie König die von ihnen formulierten Wünsche erleben und direkt validieren. Darstellungen von Benutzungsoberflächen können es Stakeholdern erleichtern, mit uns über das gewünschte Produkt zu sprechen.

Jedoch sollte man sich als Requirements Engineer bei der Erstellung der Prototypen nicht zu sehr auf das KI-System verlassen und überprüfen, ob das KI-System ausschließlich vorhandene Anforderungen umgesetzt hat. Bei der Recherche zu diesem Kapitel ist uns eine Halluzination des KI-Systems aufgefallen, auf die wir hinweisen wollen. Im Detail geht es um die Temperatursteuerung des SHS, die in den oben dargestellten Mock-ups zu sehen ist. Bei der initialen Erstellung dieses Mock-ups hatten wir in den gegebenen Anforderungen nicht eingeschränkt, welchen Wertebereich die Temperaturanzeige bekommen soll und in welcher Einheit die eingestellte Temperatur angegeben werden soll. Hier hat das KI-System eigenständig interpretiert und einen Wertebereich von 0-30 und als Einheit Grad Celsius festgelegt. Auf Nachfrage teilte das KI-System mit, dass dieser Wertebereich in Europa üblich ist und dort die Temperatur in Grad Celsius gemessen wird. Das bedeutet für uns, dass wir prüfen müssen, wo es Abweichungen zu den Anforderungen gibt, um daraus Ideen zur Verbesserung der Anforderungen zu generieren.

10 Anforderungen verwalten – KI als Wegweiser durch das Anforderungslabyrinth

10.1 Ziel und Zweck beim Verwalten von Anforderungen

Definition Requirements Management

> **Definition 10.1:** *Requirements Management*
> »Das Requirements Management (dt. Anforderungsmanagement) ist Teil des Requirements Engineering und umfasst ... [die] zweckmäßige Attribuierung, die Definition von Sichten, die Priorisierung, die Herstellung von Verfolgbarkeit, die Verwaltung des Lebenszyklus sowie die Versionierung und ... [den] Umgang mit Änderungen.«
> nach [Pohl und Rupp 2021]

Aus dieser Definition lässt sich ableiten, dass Requirements Management in keiner sequenziellen Reihenfolge mit anderen in diesem Buch beschriebenen Tätigkeiten steht, sondern nebenläufig während der Entwicklung durchgeführt wird. Im Allgemeinen soll Requirements Management die folgende Frage beantworten:

Welche Rolle im Entwicklungsprozess benötigt zu welchem Zeitpunkt welche Art von Information in Bezug auf die Anforderungen des Produkts?

Für die Beantwortung dieser Frage liefert das Requirements Management unterschiedliche Methoden und Techniken, um die Vielzahl an Informationen zu ordnen, und stellt dadurch eine Art Wegweiser durch das Labyrinth der Anforderungen dar.

10.1.1 Der Blick über den Tellerrand

Im Rahmen einer Entwicklung entstehen typischerweise viele verschiedene Arbeitsergebnisse, die nicht losgelöst voneinander betrachtet werden können, da sie in einem inhaltlichen Zusammenhang stehen.

Um Ihnen einen kleinen und komprimierten Überblick über diese Arbeitsergebnisse zu geben, haben wir ein KI-System gebeten, uns eine Liste von typischen Arbeitsergebnissen für unser Szenario der Firma Schlauhaus zu erstellen.

Prompt 10.1
Liste von Rollen mit typischen Arbeitsergebnissen erstellen

ROLLE: Handle in der Rolle eines erfahrenen Prozessentwicklers.

Kontext: Du bist in der agilen Entwicklung eines Smart-Home-Systems. An der Entwicklung dieses Systems sind unterschiedliche Rollen beteiligt, die verschiedene Arbeitsergebnisse während der Entwicklung erzeugen.

AUFGABE: Erstelle mir eine Liste mit mindestens 10 typischen Rollen (z. B.: Requirements Engineers, Systemarchitekten, Systemtester), die an einer solchen Systementwicklung beteiligt sind. Betrachte Rollen aus der klassischen und der agilen Entwicklung von technischen Systemen. Ordne jeder Rolle typische Arbeitsergebnisse zu (z. B.: Systemtester erzeugen Systemspezifikationen). Fasse zusätzlich die inhaltlichen Zusammenhänge dieser Arbeitsergebnisse zusammen.

Ergebnis zu Prompt 10.1 – Liste mit Rollen und typischen Arbeitsergebnissen [Copilot 2024]

Hier ist eine Liste mit mindestens 10 typischen Rollen und ihren Arbeitsergebnissen in der klassischen und agilen Entwicklung eines Smart-Home-Systems:

Klassische Entwicklung

1. **Requirements Engineers**
   - **Arbeitsergebnisse:** Anforderungsdokumente, Lastenhefte, Pflichtenhefte […]
2. **Systemarchitekten**
   - **Arbeitsergebnisse:** Systemarchitektur-Diagramme, technische Spezifikationen, Schnittstellenbeschreibungen […]
3. **Softwareentwickler**
   - **Arbeitsergebnisse:** Quellcode, Softwaremodule, technische Dokumentation […]
4. **Systemtester**
   - **Arbeitsergebnisse:** Testpläne, Testfälle, Testberichte […]
5. **Projektmanager**
   - **Arbeitsergebnisse:** Projektpläne, Fortschrittsberichte, Risikomanagement-Dokumente […]

Agile Entwicklung

6. **Product Owner**
   - **Arbeitsergebnisse:** Product Backlog, priorisierte User Stories, Akzeptanzkriterien […]
7. **Scrum Master**
   - **Arbeitsergebnisse:** Sprint-Pläne, Retrospektiven, Impediment Logs […]
8. **Entwicklungsteam**
   - **Arbeitsergebnisse:** Inkremente, funktionsfähige Software, technische Dokumentation […]

9. **Tester**
   - **Arbeitsergebnisse:** Automatisierte Tests, Testberichte, Fehlerprotokolle […]
10. **UX/UI-Designer**
    - **Arbeitsergebnisse:** Wireframes, Mock-ups, Design-Spezifikationen […]

Inhaltliche Zusammenhänge

Die Arbeitsergebnisse der verschiedenen Rollen sind eng miteinander verknüpft. In der klassischen Entwicklung bilden die Anforderungen die Grundlage für die Architektur, die wiederum die Entwicklung und das Testen beeinflusst. Jede Rolle hat klar definierte Aufgaben und Verantwortlichkeiten, die aufeinander aufbauen und sich ergänzen. […]

Fazit und Bewertung

Das von dem KI-System erzeugte Ergebnis liefert bereits einen guten Überblick über typische Arbeitsergebnisse einer Produktentwicklung. Aufgrund des Umfangs haben wir an dieser Stelle nur Teile des Ergebnisses dargestellt. Das vollständige Ergebnis finden Sie in den Online-Inhalten zu diesem Buch auf der Wissensplattform.

www.sophist.de/kire/k10-1

Zwar ist diese Liste nicht vollständig und kann von Organisation zu Organisation je nach zu entwickelndem Produkt auch variieren, dennoch wird durch die Beschreibung der inhaltlichen Zusammenhänge deutlich, dass diese Arbeitsergebnisse nicht losgelöst voneinander betrachtet und verwaltet werden können. Hervorzuheben ist an dieser Stelle, dass die unterschiedlichen Rollen unterschiedliche Perspektiven auf die Anforderungen einnehmen. Der Requirements Engineer formuliert die Anforderungen und der Projektmanager generiert Fortschrittsberichte für die Entwicklung auf Basis dieser Anforderungen. Jede Rolle benötigt spezifische Informationen und möchte auch nur das sehen, was sie wirklich interessiert. Da wir uns in diesem Buch auf das Requirements Engineering beschränken, legen wir in den nachfolgenden Abschnitten den Fokus auf das Anforderungsmanagement und zeigen nur exemplarisch Verbindungen zu Arbeitsergebnissen anderer Disziplinen auf.

10.1.2 Herausforderungen im Requirements Management

Das Requirements Management steht vor einer Vielzahl an Herausforderungen, die essenziell für den Erfolg der Produktentwicklung sind. Abbildung 10.1 zeigt eine Übersicht der wesentlichen Herausforderungen im Requirements Management.

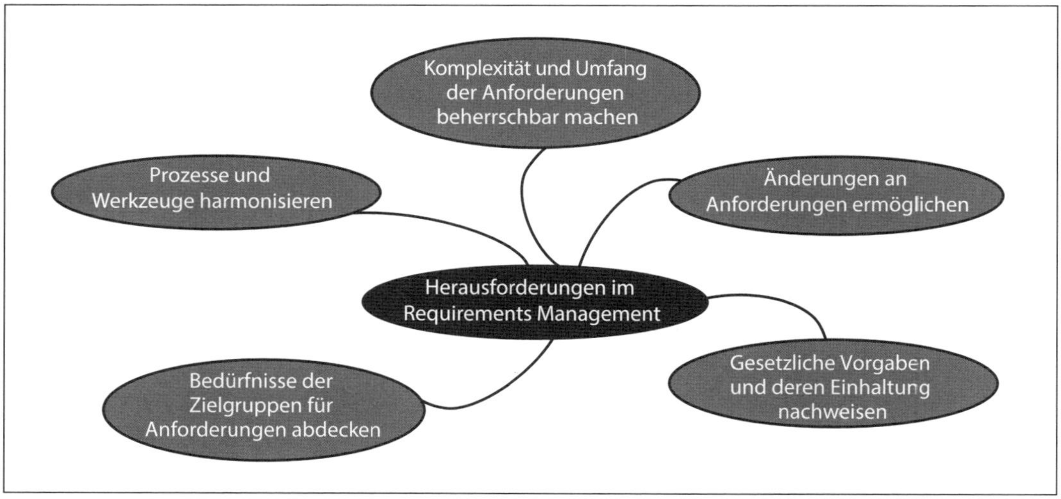

Abb. 10.1 *Herausforderungen im Requirements Management*

Komplexität als wesentliche Herausforderung

»Komplexität zu managen und zu bewältigen, stellt für Unternehmen und Organisationen stets eine Herausforderung dar. Besonders unterschiedliches Verständnis, Herangehensweisen, Prozesse, Serviceabläufe und Abwicklungsprozesse führen zu Problemen.«

[Schoeneberg 2014]

Komplexität und Umfang beherrschen

Eine der größten Herausforderungen besteht darin, die Komplexität und den Umfang der Anforderungen beherrschbar zu machen. Dies erfordert strukturierte Methoden und klar definierte Prozesse. Darüber hinaus müssen die unterschiedlichen Bedürfnisse der verschiedenen Zielgruppen der Anforderungen berücksichtigt werden. Unterschiedliche Varianten mit spezifischen Anforderungen sind dann die Folge. Die Verwaltung dieser Varianten und die Weiterentwicklung der Produkte stellen das Requirements Management vor große Herausforderungen.

Umgang mit Änderungen an Anforderungen

Eine weitere Herausforderung in der Entwicklung besteht im Umgang mit geänderten Anforderungen. Auslöser für solche Änderungen sind Marktereignisse, wie z. B. ein neues Smart-Home-System eines Wettbewerbers, neue Stakeholder-Bedürfnisse der Familie König und geänderte gesetzliche Vorgaben oder organisationsinterne Ereignisse, wie z. B. eine geänderte Produktstrategie oder innovative Ideen. Die zentrale Frage ist, wie Sie mit diesen Änderungen in Ihrer Entwicklung umgehen und wie Sie diese Änderungen in Anforderungen abbilden. Dabei gilt es, Aufwand und Nutzen der Dokumentation der Änderung gegeneinander abzuwägen. In Abhängigkeit vom Produktkontext (siehe Abschnitt 5.1.1) ist der Umgang mit Änderungen an den Anforderungen mehr oder weniger formalisiert, wobei der Grad der Formalisierung von unterschiedlichen Einflussfaktoren abhängt:

- Gibt es Normen oder Standards, die eine Nachweispflicht für Änderungen einfordern?
- Gibt es Vorgaben von der Organisation, die das Änderungsmanagement beeinflussen?
- Wie erfolgt der Wissenstransfer innerhalb der Entwicklung?
- Wie hoch ist die Änderungsfrequenz?
- Wie umfangreich bzw. wie feingranular sind die Änderungen?
- Wie kurzfristig müssen neue Anforderungen in den Entwicklungsprozess integriert werden?

Ein gewisser Grad an Formalisierung ist auch bei agilen Arbeitsweisen wie z. B. Scrum [Schwaber und Sutherland 2020] notwendig. Innerhalb eines Sprints müssen die User Stories, die innerhalb der Iteration umgesetzt werden, stabil bleiben, sodass das Entwicklungsteam ungestört an den geplanten User Stories arbeiten kann. Sollten sich Änderungen an den Anforderungen ergeben, können diese in Form von neuen User Stories im Product Backlog vermerkt und im Sprint Planning einer zukünftigen Iteration betrachtet und eingeplant werden.

Gesetzliche Vorgaben und Compliance

In unserem Szenario arbeitet die Firma Schlauhaus zwar iterativ bei der »SHS-Produktentwicklung«, befindet sich aber zugleich in einem regulierten Umfeld und muss Nachweise, z. B. zur Gebrauchssicherheit oder auch zu den verwendeten Materialien der Komponenten, führen können. Ergeben sich aus den Wünschen und Bedürfnissen der Familie König Anforderungen an die Gebrauchssicherheit oder an die verwendeten Materialien der Komponenten, so muss Schlauhaus diese Anforderungen besonders sorgfältig dokumentieren. Eine Besonderheit in unserem Szenario sind Individuallösungen für unterschiedliche Installationen und Konfigurationen des Smart-Home-Systems. Diese Individuallösungen erhöhen den Umfang der Anforderungen und erfordern je nach Art der Individualisierung separate Nachweise der Compliance. Da sich diese Nachweise aus den Märkten ergeben, in denen das Produkt verkauft werden soll, ist es gängige Praxis, diese Markttauglichkeit als Produkteigenschaft zu definieren und unterschiedliche Produktvarianten in den verschiedenen Märkten anzubieten. Die Nachweisführung kann durch ein strukturiertes Variantenmanagement unterstützt werden. Eine Beschreibung dieser Technik finden Sie in Abschnitt 10.5.

Bedürfnisse und Perspektiven der Zielgruppen für Anforderungen

Unterschiedliche Rollen und Beteiligte innerhalb einer Entwicklung haben unterschiedliche Informationsbedarfe, die gezielt adressiert werden müssen. Im Ergebnis zu Prompt 10.1 hat uns das KI-System bereits einen ersten Überblick über potenzielle Empfänger der Anforderungen geliefert, indem es uns typische an der Entwicklung beteiligte Rollen genannt hat. Daraus lassen sich die folgenden Perspektiven auf die Anforderungen ableiten:

- **Managementperspektive:** Fokussiert auf strategische Ziele, Prioritäten, Risiken und Budgetaspekte der Produktentwicklung.
- **Architekturperspektive:** Liefert eine Übersicht der Zusammenhänge zwischen den Systemanforderungen und der Systemarchitektur.
- **Entwicklungsperspektive:** Enthält technische Details, Schnittstellen und Abhängigkeiten.
- **Qualitätssicherungsperspektive:** Bezieht sich auf Testbarkeit, Abnahmekriterien und Testspezifikationen.
- **Nutzungsperspektive:** Enthält die für die Benutzung relevanten Anforderungen und deren Prioritäten.
- **Sicherheits- und Compliance-Perspektive:** Betont regulatorische Anforderungen, Sicherheitsmaßnahmen (z. B. ASIL) und Datenschutzbestimmungen.

Diese Perspektiven lassen sich auf unser Szenario des Smart-Home-Systems übertragen. Während das Management der Firma Schlauhaus einen umfassenden Überblick über den Fortschritt der Entwicklung und den aktuellen Stand der von Familie König gestellten Anforderungen benötigt, sind die Systemarchitekten auf die Zusammenhänge zwischen den Anforderungen und den zugehörigen Lösungskonzepten in Form der Systemarchitektur angewiesen. Dazu zählt, die wesentlichen Treiber in den Anforderungen in Bezug auf die Systemarchitektur zu identifizieren. Entwickler benötigen eine detaillierte Darstellung der noch umzusetzenden Anforderungen. Tester müssen den Fokus auf die Identifikation von Anforderungen ohne Testfälle legen sowie die Testergebnisse mit den getesteten Anforderungen in Bezug setzen. Mithilfe der Nutzungsperspektive kann die Firma Schlauhaus die Anforderungen des SHS zusammen mit Familie König priorisieren und dadurch das begrenzte Budget für die Individualisierung optimal nutzen. Nicht zuletzt benötigt Schlauhaus eine Perspektive für den Nachweis der Konformität mit den geltenden Gesetzen für ihre unterschiedlichen Konfigurationen des Smart-Home-Systems. Zwar muss die Datenbasis all diese Informationen enthalten, dennoch benötigt nicht jede Disziplin jede Information. Unsere Aufgabe als Requirements Engineers ist es, die Bedürfnisse der unterschiedlichen Disziplinen zu erkennen und daraus spezifische Perspektiven auf die Anforderungen aufzubauen. Hilfsmittel zur Erstellung dieser Perspektiven sind die Struktur inklusive der unterschiedlichen Ebenen der Anforderungen, die Attribute der

Anforderungen, die Traceability und die Filter in den RM-Tools, die diese Hilfsmittel nutzen.

Prozesse und Werkzeuge harmonisieren

Das Ausarbeiten eines Requirements-Management-Prozesses kann viel Zeit in Anspruch nehmen und will gut durchdacht sein. Auch die Aufwände, die Organisationen investieren müssen, damit diese Prozesse in einem entsprechenden Werkzeug umgesetzt werden können, sind nicht zu vernachlässigen. In unserem Alltag als SOPHISTen erleben wir, dass die Fähigkeiten der verwendeten Tools nicht immer zum definierten Prozess passen. Kompromisse werden getroffen und unzweckmäßige Lösungen sind die Folge, die die Anwendung der Prozesse erschweren und die Unzufriedenheit der Nutzer des RM-Tools erhöhen. Eine intensive Toolevaluierung hilft, das passende Werkzeug zu identifizieren.

Ausgehend von diesen Herausforderungen wollen wir in den folgenden Abschnitten erläutern, wie genau die skizzierten Probleme in einem Entwicklungsszenario angegangen werden können. Zudem möchten wir Ihnen erläutern, bei welchen Techniken und Methoden KI-Systeme eingesetzt werden können, um diese Problemstellungen zu vereinfachen oder zu lösen.

10.2 Attribute von Anforderungen

Attribute bilden die Grundlage für einen Änderungsprozess und die Erstellung von Sichten auf Anforderungen. Mit Attributen können zusätzliche Informationen zum eigentlichen Text der Anforderungen im Entwicklungsprozess dokumentiert werden. Die Attribute der Anforderungen ergeben sich direkt aus den Prozessen und Prozessschritten, die im Rahmen der Produktentwicklung durchgeführt werden müssen. Hierbei kann es sich um einen Status handeln, der nach jedem Prozessschritt geändert werden muss, oder um Story Points einer Anforderung, die in jedem Sprint Planning geschätzt werden müssen. Das bedeutet, dass für die Definition der Attribute eine detaillierte Betrachtung des Entwicklungsprozesses (und ggf. weiterer produktbezogener Prozesse) erforderlich ist. In Kapitel 5 haben wir die Perspektive der produktbezogenen Prozesse eingeführt, die als Ausgangspunkt für die Definition der Attribute der Anforderungen dienen kann.

10.2.1 Mit KI-Systemen Attribute identifizieren

Bisher wurden die Attribute für Anforderungen häufig in Abstimmung mit den unterschiedlichen Zielgruppen definiert, um darauf aufbauend die Informationsbedarfe dieser Zielgruppen mithilfe von spezifischen Perspektiven abzudecken. Inzwischen können wir KI-Systeme nutzen, um potenzielle Attribute für die Zielgruppen auf der Basis von Entwicklungsprozessen und Prozessschritten zu definieren. Zwar müssen Sie die vorgeschlagenen Attribute weiterhin abstimmen, aber meist helfen die Vorschläge als Ausgangspunkt für eine Diskussion. Schauen wir uns am besten ein kleines Beispiel an, wie uns KI-Systeme bei der Definition von Attributen unterstützen können.

Prompt 10.2
Identifikation von typischen Attributen von Anforderungen

Rolle: Handle in der Rolle eines erfahrenen Requirements Managers.

Kontext: Ich muss Attribute für Anforderungen in einem Requirements-Management-Werkzeug definieren.

Aufgabe: Erstelle eine Tabelle mit 10 typischen Attributen von Anforderungen. Erläutere für jedes Attribut dessen Zweck. Nenne für jedes Attribut den Datentyp und erlaubte Wertebereiche.

Ausgabeformat:
Erstelle mir eine Tabelle mit folgenden Spalten
Attribut: Name des Attributs
Zweck: Begründung des Attributs
Datentyp: Verwendeter Datentyp
Wertebereich: Gültiger Wertebereich des Attributs

Ergebnis zu Prompt 10.2 – Typische Attribute von Anforderungen [Copilot 2024]

Natürlich, hier ist eine Tabelle mit 10 typischen Attributen von Anforderungen, einschließlich deren Zweck, Datentyp und erlaubte Wertebereiche:

Attribut	Zweck	Datentyp	Wertebereich
ID	Eindeutige Identifikation der Anforderung	Integer	Positive ganze Zahlen (z. B. 1, 2, 3, ...)
Titel	Kurzbeschreibung der Anforderung	String	Beliebiger Text (max. 255 Zeichen)
Beschreibung	Detaillierte Beschreibung der Anforderung	String	Beliebiger Text (keine feste Begrenzung)
Priorität	Bestimmung der Wichtigkeit der Anforderung	Enum	Hoch, Mittel, Niedrig
Status	Verfolgung des aktuellen Bearbeitungsstands der Anforderung	Enum	Neu, In Bearbeitung, Abgeschlossen, Abgelehnt
Verantwortlicher	Zuweisung der Anforderung an eine verantwortliche Person	String	Name oder Benutzer-ID
Erstellungsdatum	Dokumentation des Datums, an dem die Anforderung erstellt wurde	Date	Datum im Format YYYY-MM-DD
Fälligkeitsdatum	Festlegung eines Zieldatums für die Erfüllung der Anforderung	Date	Datum im Format YYYY-MM-DD

→

Kategorie	Gruppierung der Anforderung nach bestimmten Kriterien	Enum	Funktional, Nicht funktional, Technisch, Usability
Abhängigkeiten	Identifikation von Anforderungen, die in Beziehung zu anderen Anforderungen stehen	List of Integers	Liste von Anforderungs-IDs (z. B. [1, 2, 3])

[...]

Fazit und Bewertung

Zugegebenermaßen war unsere Anfrage eher allgemein gehalten und führte daher zu Ergebnissen, die wir vermutlich auch ohne Nutzung eines KI-Systems identifiziert hätten oder die uns RM-Tools als Standard geliefert hätten. Zu Beginn dieses Abschnitts haben wir erläutert, dass Attribute aus dem Entwicklungskontext abgeleitet werden können, insbesondere aus den produktbezogenen Prozessen innerhalb der Organisation. In Prompt 10.2 haben wir keinen solchen Prozess genannt und haben dem KI-System keine Einschränkungen vorgegeben. Schauen wir uns nun an, wie wir den Prompt gestalten können, um spezifischere Ergebnisse zu erhalten. In diesem verbesserten Prompt haben wir nun eine Quelle, die ISO-Norm 26262 [ISO 26262 2018], angegeben. Wir haben also Regel 7 der Prompting Guideline aus Abschnitt 4.3 angewandt und nach spezifischen Attributen für diese Norm gefragt:

Prompt 10.3
Identifikation von spezifischen Attributen

Rolle: Handle in der Rolle eines erfahrenen Requirements Managers.

Kontext: Ich muss Attribute von Anforderungen in einem Requirements-Management-Werkzeug definieren.

Aufgabe: Erstelle eine Liste mit Attributen, die notwendig sind, um die Prozesse aus der funktionalen Sicherheit (z. B. ISO 26262) zu erfüllen. Erläutere für jedes Attribut dessen Zweck. Nenne für jedes Attribut den Datentyp und die erlaubten Wertebereiche.

Ergebnis zu Prompt 10.3 – Identifikation von spezifischen Attributen [Copilot 2024]

[...]
Anforderungs-ID
Zweck: Eindeutige Identifikation der Anforderung.
Datentyp: String
Wertebereich: Alphanumerische Zeichen, z. B. "REQ-001"

Anforderungsbeschreibung
Zweck: Detaillierte Beschreibung der Anforderung.
Datentyp: Text
Wertebereich: Freitext, keine Begrenzung

Sicherheitsziel
Zweck: Beschreibung des übergeordneten Sicherheitsziels, das durch die Anforderung unterstützt wird.
Datentyp: Text
Wertebereich: Freitext, keine Begrenzung

ASIL (Automotive Safety Integrity Level)
Zweck: Klassifizierung der Sicherheitskritikalität der Anforderung.
Datentyp: String
Wertebereich: "QM", "ASIL A", "ASIL B", "ASIL C", "ASIL D"

Verifikation und Validierung
Zweck: Methoden und Kriterien zur Überprüfung und Validierung der Anforderung.
Datentyp: Text
Wertebereich: Freitext, keine Begrenzung
[…]

Fazit und Bewertung

Die aufgeführten Attribute stellen nur einen kleinen Ausschnitt des Ergebnisses dar. Sie reichen aber aus, um das Ergebnis zu bewerten. Mit der Angabe der ISO 26262 [ISO 26262 2018] als Quelle hat das KI-System neben ein paar allgemeinen Attributen auch zwei normenspezifische Attribute aufgelistet. Die Attribute zum Sicherheitsziel und zur ASIL-Klassifizierung sind passende Vorschläge. Für das ASIL-Attribut hat das KI-System zusätzlich die in der Norm geforderten Wertebereiche ausgegeben. Zudem hat das KI-System im Vergleich zum Prompt 10.2 ein Attribut für die Dokumentation der Methode zur Verifikation und Validierung angegeben. Zu Prompt 10.3 ist anzumerken, dass wir die ISO-Norm 26262 dem KI-System nicht als Datei per RAG zur Verfügung gestellt haben. Typischerweise müssen Organisationen Lizenzen für die Nutzung von Normen erwerben. Stellen Sie sicher, dass solche Normen nur in ein geschütztes KI-System eingegeben werden und die Norm dadurch innerhalb Ihrer Organisation verbleibt.

Als Erweiterung unseres Prompts empfehlen wir, dass das KI-System zusätzlich die Quelle der jeweiligen Attribute ausgibt, sodass Sie oder in unserem Fall die Sicherheitsexperten das Ergebnis leichter validieren können. Den erweiterten Prompt und das zugehörige Ergebnis finden Sie in den Online-Inhalten zu diesem Buch auf der Wissensplattform.

www.sophist.de/kire/k10-2

10.2.2 Attribute setzen – KI-Systeme als Experten benutzen

In der Entwicklung stellt die Identifikation der Attribute von Anforderungen zwar eine Herausforderung dar, aber der eigentliche Aufwand entsteht erst mit der Befüllung dieser Attribute während der Entwicklung. Die Erhebung einer wachsenden Zahl von Anforderungen führt zwangsläufig zu einer Zunahme der zu pflegenden Attributdaten. Deswegen ist das KI-gestützte Befüllen von Attributen für viele Organisationen ein attraktiverer Anwendungsfall als die reine Identifikation.

Hinter der Bewertung der einzelnen Attribute stecken aber häufig umfangreiche Überlegungen, die das Ergebnis von bestimmten Prozessschritten, Methoden oder Tätigkeiten darstellen. Um diese Ergebnisse durch ein KI-System erzeugen zu lassen, müssen wir dem KI-System nicht nur die jeweiligen Methoden erläutern, sondern auch die notwendigen Informationen zur Anwendung der Methode bereitstellen. Für repetitive Aufgaben mit einer stabilen Informationsbasis empfehlen wir die Konfiguration eines Chatbots oder KI-Assistenten, der Zugriff auf diese Informationen und Methoden besitzt (siehe Kap. 11).

Da die Liste von möglichen Attributen je nach Kontext variiert, haben wir eine Auswahl von einigen typischen Attributen getroffen, die wir häufig bei unseren Kunden antreffen. Dabei handelt es sich um Attribute, die sowohl im klassischen als auch im agilen Entwicklungskontext ihre Anwendung finden. Für jedes Attribut diskutieren wir, ob die Unterstützung durch ein KI-System sinnvoll ist oder ob wir beim Setzen des Attributs an Grenzen des KI-Systems stoßen. Um die Bewertung anschaulich zu gestalten, haben wir uns am Szenario des SHS orientiert.

Klassifikation von Anforderungen

Im Entwicklungsalltag begegnet man unterschiedlichen Klassifikationen von Anforderungen. In bestimmten Branchen ist es üblich, die Anforderungen nach der Architekturebene zu klassifizieren, die sie beschreiben. Denkbar ist z. B. eine Unterscheidung in Systemanforderung, Subsystemanforderung und Komponentenanforderung, wobei die Komponentenanforderung zusätzlich in die adressierten Gewerke Software, Hardware und Mechanik unterteilt werden kann.

Eine weitere Klassifikation ist die Aufteilung in funktionale und nicht funktionale Anforderungen, die wir in Kapitel 3 bereits vorgestellt haben. Die Klassifikation in funktionale und nicht funktionale Anforderungen eignet sich besonders gut als Anwendungsfall für KI-Systeme. Die Definitionen dieser beiden Begriffe sind bekannt, und es existieren viele Beispiele für diese beiden Anforderungsarten. Bevor Sie ein KI-System Anforderungen in »funktional« und »nicht funktional« klassifizieren lassen, sollten Sie sicherstellen, dass Ihre persönliche Definition der verwendeten Kategorien mit der Definition übereinstimmt, die dem KI-System bekannt ist.

Als ersten Schritt unserer Interaktion mit dem KI-System haben wir die Erklärungen und Definitionen zu funktionalen und nicht funktionalen Anforderungen aus Kapitel 3 zur Verfügung gestellt und uns diese Begriffe erklären lassen. Nachdem uns das KI-System eine zufriedenstellende Antwort geliefert hat, haben wir die eigentliche Aufgabe zur Klassifikation der Anforderungen des SHS gestellt (siehe Prompt 10.4). Die vollständige Interaktion mit dem KI-System finden Sie in den Online-Inhalten zu diesem Buch auf der Wissensplattform.

www.sophist.de/kire/k10-2

Prompt 10.4
Anforderungen klassifizieren

Rolle: Sei mein erfahrener Requirements Engineer.

Kontext: Du bist für die Entwicklung eines Smart-Home-Systems zuständig. Für die Entwicklung dieses Systems sind einige Regularien und Normen zu beachten.

Input: Ich gebe dir folgende Anforderungen:

> Das SHS muss einer Person die Möglichkeit bieten, die Temperatur einzustellen.
>
> Das SHS muss das Eintreten einer Person in einen Raum erkennen.
>
> Das Senden muss eine Ausführungszeit von maximal 1 Sekunde aufweisen.
>
> Die Nutzung der Klimasteuerung muss so einfach wie möglich sein.
>
> Das SHS muss die Berechtigung zum Einstellen der Temperatur überprüfen.
>
> Falls die Berechtigung positiv war, muss das SHS die Wunschtemperatur anpassen.
>
> Das SHS muss ein Bild des Gesichts der Person erstellen.
>
> Das SHS muss eine Gesichtserkennung durchführen.
>
> Die Verwaltung von Nutzerdaten innerhalb des SHS muss DSGVO-konform erfolgen.
>
> Die Funktion Temperatur ändern muss eine Ausführungszeit von maximal 2 Sekunden aufweisen.
>
> Die Funktion Person erkennen muss eine Ausführungszeit von maximal 2 Sekunden aufweisen.

Aufgabe:
1. Klassifiziere die Anforderungen als funktionale und nicht funktionale Anforderung und liste diese in einer Tabelle auf.
2. Dokumentiere bei den nicht funktionalen Anforderungen, ob es sich um eine Qualitätsanforderung oder um eine gesetzliche Anforderung handelt.

Ergebnis zu Prompt 10.4 – Anforderungen klassifizieren [Copilot 2024]

Anforderung	Typ	NFA-Kategorie
Das SHS muss einer Person die Möglichkeit bieten, die Temperatur einzustellen.	Funktionale Anforderung	
Das SHS muss das Eintreten einer Person in einen Raum erkennen.	Funktionale Anforderung	
Das Senden muss eine Ausführungszeit von maximal 1 Sekunde aufweisen.	Nicht funktionale Anforderung	Qualitäts-anforderung
Die Nutzung der Klimasteuerung muss so einfach wie möglich sein.	Nicht funktionale Anforderung	Qualitäts-anforderung

→

Anforderung	Typ	NFA-Kategorie
Das SHS muss die Berechtigung zum Einstellen der Temperatur überprüfen.	Funktionale Anforderung	
Falls die Berechtigung positiv war, muss das SHS die Wunschtemperatur anpassen.	Funktionale Anforderung	
Das SHS muss ein Bild des Gesichts der Person erstellen.	Funktionale Anforderung	
Das SHS muss eine Gesichtserkennung durchführen.	Funktionale Anforderung	
Die Verwaltung von Nutzerdaten innerhalb des SHS muss DSGVO-konform erfolgen.	Nicht funktionale Anforderung	Gesetzliche Anforderung
Die Funktion Temperatur ändern muss eine Ausführungszeit von maximal 2 Sekunden aufweisen.	Nicht funktionale Anforderung	Qualitäts-anforderung
Die Funktion Person erkennen muss eine Ausführungszeit von maximal 2 Sekunden aufweisen.	Nicht funktionale Anforderung	Qualitäts-anforderung

Fazit und Bewertung

Das KI-System konnte die einzelnen Anforderungen korrekt den jeweiligen Kategorien zuordnen. Sogar die Einordnung der nicht funktionalen Anforderungen in Qualitätsanforderungen und gesetzliche Anforderungen hat korrekt funktioniert, trotz inhaltlicher Defizite in unseren Anforderungen. Diese beiden Klassifikationen sind Beispiele für Klassifikationen von nicht funktionalen Anforderungen. Qualitätsanforderungen adressieren einen Qualitätsaspekt des zu entwickelnden Systems, während gesetzliche Anforderungen Rahmenbedingungen für die Entwicklung festlegen. Um Ihnen die Ergebnisse des KI-Systems in diesem Buch darstellen zu können, haben wir die Anforderungen direkt in unserem Prompt formuliert. Für den Einsatz in der Praxis empfehlen wir Ihnen, die Anforderungen in einer Excel-Tabelle bereitzustellen und die Klassifikation durch das KI-System als neue Spalte in die Tabelle einfügen zu lassen. Dadurch haben Sie die Möglichkeit, auch umfangreichere Anforderungssammlungen aus Ihrem RM-Tool heraus bearbeiten zu lassen, und ersparen sich das Copy & Paste. Wie eine solche Excel-basierte Interaktion zur Klassifikation von Anforderungen aussehen kann, finden Sie in den Online-Inhalten zu diesem Buch auf der Wissensplattform.

www.sophist.de/kire/k10-2

MVP/MMP

In agilen Vorgehensweisen ist es von hoher Bedeutung, schnelles Feedback von potenziellen Nutzern eines Produkts zu erhalten [Beck et al. 2001]. Dieses Feedback ist essenziell, um ermitteln zu können, ob das Produkt die Bedürfnisse der Nutzer erfüllt. Darüber hinaus lässt sich so schnell feststellen, ob die Entwicklung in die richtige Richtung geht oder ob die Vision nochmals überdacht werden muss.

Aus diesem Grund hat es sich bewährt, frühe Ausbaustufen des Produkts in Form eines Minimum Viable Product (MVP) oder Minimum Marketable Product (MMP) zu definieren.

> **Definition 10.2:** *Definitionen von MVP und MMP*
>
> **Minimum Viable Product (MVP):** Ein MVP ist die kleinste Version eines Produkts, die gerade genug Funktionen hat, um frühe Anwender anzuziehen und Feedback zu sammeln. Es ermöglicht, Produktideen zu testen und zu validieren, ohne zu viel Zeit und Ressourcen zu investieren.
>
> **Minimum Marketable Product (MMP):** Ein MMP ist eine weiterentwickelte Version des MVP und bereit, auf dem Markt angeboten zu werden. Es bietet eine solide Benutzererfahrung und ist vollständig genug für einen größeren Launch.
>
> nach [Olsen 2015]

Bei der Bewertung der Anforderungen hinsichtlich der Marktrelevanz können KI-Systeme die Meinung der Product Owner und des Produkt- und Portfoliomanagements unterstützen, indem unterschiedliche Einflussfaktoren aus dem Markt mit in die Gesamtbewertung einfließen. Zu diesen Einflussfaktoren gehört die Analyse von Produkten und Lösungen von Wettbewerbern. Ausgehend von dieser Marktanalyse können KI-Systeme ihre Auswahl der Anforderungen eines MVP oder MMP nachvollziehbar für die Verantwortlichen aufbereiten.

In diesem Zuge hat die Firma Schlauhaus einem KI-System eine Auswahl an Anforderungen zur Verfügung gestellt und deren Relevanz für das MMP des SHS bewerten und begründen lassen.

Prompt 10.5
Anforderungen für ein MMP bewerten

```
Rolle: Sei mein erfahrener Product Owner.

Kontext: Du bist für die Entwicklung eines Smart-Home-Systems
zuständig.

Input-Dokument: Ich gebe dir eine Excel-Datei mit folgenden Spalten

ID: eindeutiger Identifikator der Anforderung

Anforderungstext: beschreibt den Inhalt der Anforderung

Aufgaben:
  1. Markiere in einer neuen Spalte "Release" in der Excel-Tabelle
     die Anforderungen, die für ein Minimum Marketable Product
     (MMP) relevant sind. Markiere die anderen Anforderungen in der
     Spalte "Release" mit "tbd".
  2. Ergänze eine weitere Spalte "Begründung" in der Excel-Tabelle.
     Nutze diese Spalte und begründe, warum die jeweilige
     Anforderung in dem MMP enthalten sein soll.
```

Fazit und Bewertung

Aufgrund des Umfangs des Ergebnisses zu Prompt 10.5 finden Sie dieses und die vollständige Interaktion mit dem KI-System in den Online-Inhalten zu diesem Buch.

www.sophist.de/kire/k10-2

Für das SHS der Firma Schlauhaus haben wir dem KI-System eine Excel-Tabelle mit 50 Anforderungen zur Verfügung gestellt. Von diesen Anforderungen hat das KI-System ca. 10 Anforderungen als relevant für ein MMP markiert und die Auswahl begründet. Zusammenfassend hat das KI-System erkannt, dass Grundfunktionen zur Klimasteuerung in den Räumen inklusive der Anbindung der Heizung und der Klimaanlage für das MMP in unserem Szenario der Familie König notwendig sind. Zudem wurde das Thema »Sicherheit« in Form verschiedener Anforderungen im MMP als notwendige Grundvoraussetzung erkannt, sodass nur berechtigte Personen die Klimaeinstellungen ändern dürfen.

Verifikationskriterien/ Akzeptanzkriterien

Standards wie z. B. Automotive SPICE [VDA 2023] fordern das Formulieren von Verifikationskriterien, was viele Entwickler vor große Probleme stellt. Verifikationskriterien werden eher in klassischen Entwicklungen verwendet und helfen bei unscharf formulierten Anforderungen über deren Umsetzung zu entscheiden. Sie legen fest, wann eine Anforderung als erfüllt gilt.

In agilen Vorgehensweisen finden Sie in Form von Akzeptanzkriterien für Backlog Items [IREB CPRE Glossar 2024] häufig eine ähnliche Eigenschaft, die die gewünschte Umsetzung der Anforderung präzisiert. Im Verlauf einer Entwicklung nutzen Tester diese Kriterien, um die richtigen Testverfahren zu bestimmen und Testfälle zu formulieren, die den Akzeptanzkriterien bzw. den Verifikationskriterien genügen.

Das Befüllen dieser Attribute stellt in der Praxis häufig einen großen Aufwand dar und kann aufgrund des inhaltlichen Zusammenhangs zwischen der eigentlichen Anforderung und dem Verifikationskriterium KI-gestützt erfolgen. Das KI-System kann Vorschläge erzeugen und dadurch auf für den Systemtest relevante Aspekte hinweisen. Die Erstellung von Akzeptanzkriterien mithilfe von KI-Systemen haben wir Ihnen bereits in Kapitel 8 gezeigt.

Traceability/ Verfolgbarkeit

Definition 10.3: *Traceability*

»Verfolgbarkeit ist die Fähigkeit, eine Anforderung (1) zurück zu ihrem Ursprung (Stakeholder, Dokumente, Begründungen etc.), (2) vorwärts bis hin zum Architekturdesign und Code-Artefakten sowie (3) zu anderen Anforderungen, von denen diese Anforderung abhängt, zu verfolgen.«

nach [IREB CPRE RM Lehrplan 2024]

Diese Definition macht deutlich: Traceability ist kein »Nice-to-have«, sondern eine methodische Notwendigkeit im Requirements Engineering – insbesondere dann, wenn KI-Systeme bei der Ermittlung und Strukturierung von Anforderungen mitwirken. Denn auch wenn Anforderungen durch generative KI-Systeme erzeugt oder verfeinert werden, muss stets klar nachvollziehbar bleiben, *woher* sie stammen, *worauf* sie sich beziehen und *was* aus ihnen entsteht.

Prompting als Schlüssel zur Nachvollziehbarkeit

Traceability beginnt nicht erst im RM-Tool, sondern bereits beim Prompt Engineering. Damit Anforderungen, die mithilfe von KI erzeugt werden, später nachvollziehbar bleiben, muss die Verfolgbarkeit gezielt mitgeplant werden – schon bei der Formulierung des Prompts. Zwei Regeln aus der SOPHIST Prompting Guideline (siehe Abschnitt 4.3) sind dafür besonders relevant:

- **Regel 2 »Ausgabeformat des Ergebnisses definieren«:** Die Struktur der Ausgabe sollte so gewählt sein, dass Trace-Informationen wie Quelle, Referenz-ID und Kontext eindeutig erkennbar sind – z. B. in einer Tabelle, die direkt in ein RM-Tool importiert werden kann.
- **Regel 7 »Quellen für Aufgabe definieren«:** Die verwendeten Ursprungsinformationen sollten im Prompt explizit benannt werden. Nur so kann das KI-System Anforderungen erzeugen, die sich systematisch zurückverfolgen lassen.

Traceability in Aktion – Anforderungen aus der DSGVO ableiten

Wie sich Traceability bei der Nutzung von KI-Systemen in der Praxis umsetzen lässt, wurde bereits in Abschnitt 7.3.2 gezeigt.

Dort nutzte die Firma Schlauhaus ein KI-System, um Anforderungen aus der DSGVO zu extrahieren – inklusive der direkten Verknüpfung zur jeweiligen Gesetzespassage. Zum Einsatz kam dabei ein Prompt, der das KI-System anwies, jede abgeleitete Anforderung mit ihrer Quelle zu versehen. Den für die Erzeugung der Traceability relevanten Teil haben wir in Prompt 10.6 dargestellt.

Prompt 10.6 *Anforderungen mit Traceability zur Quelle erzeugen*

```
[…] Aufgabe: Leite anhand der erzeugten Tabelle Anforderungen an das
Smart-Home-System ab. […] Jede Anforderung muss die exakte Quelle im
Gesetz enthalten. […]
```

Die Ergebnisse können in tabellarischer Form ausgegeben werden, sodass sie z. B. als CSV-Datei gespeichert und in ein RM-Tool übernommen werden können. Dadurch liefert das KI-System eine Grundlage für eine Traceability-Matrix, in der jede Anforderung mit ihrem Ursprung verbunden ist.

Fazit und Bewertung

Traceability bleibt auch im Zeitalter generativer KI ein zentrales Qualitätsmerkmal des Requirements Engineering. Doch anstatt sie im Nachhinein mühselig zu rekonstruieren, kann sie durch strukturiertes Prompting direkt im Erzeugungsprozess der Anforderungen mitgedacht werden.

Wenn Sie im Requirements Engineering generative KI-Systeme einsetzen – sei es zur Erzeugung von Anforderungen, Glossareinträgen, Use Cases oder Prototypbeschreibungen –, achten Sie beim Prompting auf Folgendes:

- **Die verwendeten Quellen werden im Prompt explizit benannt**, sodass das KI-System die erzeugten Inhalte eindeutig rückverfolgbar machen kann.
- **Das gewünschte Ausgabeformat wird klar definiert**, um die erzeugten Artefakte strukturiert dokumentieren und weiterverarbeiten zu können (z. B. als Tabelle oder CSV).
- **Jedes durch die KI erzeugte Arbeitsprodukt wird automatisch mit seinem Ursprung verknüpft** – etwa durch eine Traceability-ID zur relevanten Gesetzesstelle, Anforderung oder Stakeholder-Aussage, aus der das KI-System die Anforderung abgeleitet hat.

Auf diese Weise wird Traceability nicht zur nachgelagerten Aufgabe, sondern zum integralen Bestandteil des KI-gestützten Requirements Engineering – unabhängig davon, welche Artefakte erzeugt werden.

An dieser Stelle möchten wir es bei der Auswahl der oben aufgeführten Attribute von Anforderungen belassen. Bedenken Sie, dass die abschließende Entscheidung darüber, ob und in welcher Weise ein Attribut befüllt werden soll, in der Verantwortung des Fachexperten liegt. Diese menschliche Bewertung ist entscheidend, um KI-Systeme zielgerichtet und für die richtigen Aufgaben einzusetzen. Durch eine bewusste Entscheidung vermeiden Sie die Verschwendung von Ressourcen und erhöhen zugleich die Akzeptanz der KI-Systeme in Ihrer Entwicklung.

10.3 Anforderungen strukturieren – Wie hätten Sie es gern?

Neben den Attributen für Anforderungen stellt die Strukturierung ein wesentliches Hilfsmittel zur Bildung von Sichten für unterschiedliche Zielgruppen der Anforderungen dar. Eine gute Struktur hilft, die Komplexität der Anforderungen beherrschbar zu machen, und unterstützt die gezielte Suche. Bei der Strukturierung unterscheiden wir zwischen einer eher klassischen, dokumentenorientierten Struktur und einer agilen Strukturierung in Form einer Story Map [Patton et al. 2014].

Struktur von Anforderungsdokumenten

In der Literatur existieren unterschiedliche Vorlagen für Anforderungsdokumente wie z. B. Volere [Robertson und Robertson 2013], das V-Modell XT [Rausch et al. 2008], die ISO 29148 [ISO/IEC/IEEE 29148 2018] oder der STABLE[1]-Ansatz der SOPHISTen [Rupp et al. 2021].

1. STABLE – Strukturieren Sie Anforderungen Besser, Lesbarer und Effizienter.

Zwar unterscheidet sich die Anordnung der einzelnen Kapitel und Unterkapitel, aber die Inhalte sind in allen Vorlagen nahezu gleich.

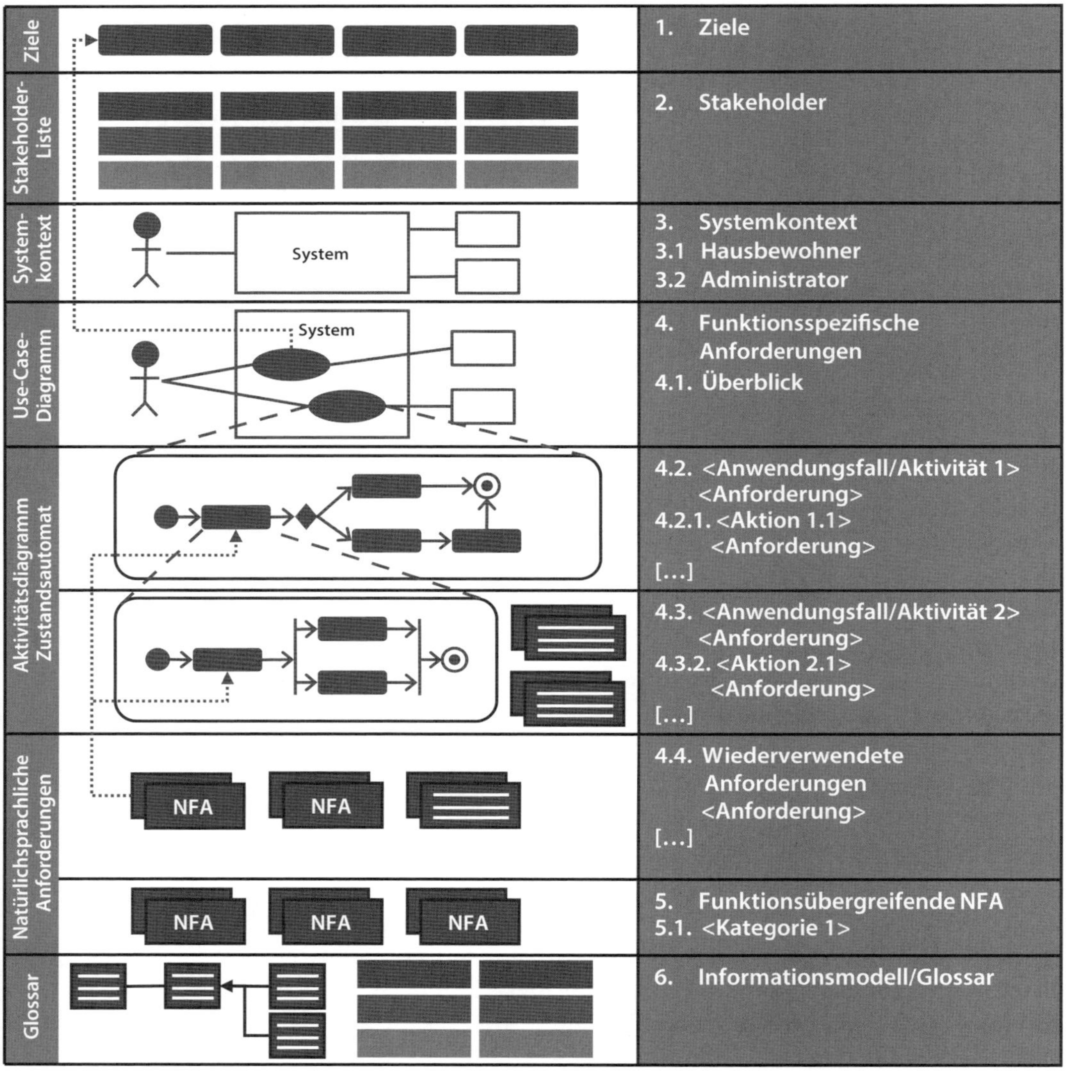

Abb. 10.2 *STABLE-Ansatz zur Strukturierung von Anforderungen [Rupp et al. 2021]*

Im linken Teil von Abbildung 10.2 haben wir mögliche Inhalte der jeweiligen Kapitel des Anforderungsdokuments nach STABLE skizziert. Auf der rechten Seite finden Sie die Kapitelstruktur, in der wir die jeweiligen Inhalte einsortieren.

- Das erste Kapitel beschreibt die Ziele, die mit dem Produkt und der Produktentwicklung verfolgt werden. Diese Ziele sind im Anforderungsdokument enthalten und sollten allen an der Entwicklung beteiligten Personen bekannt sein.
- Im zweiten Kapitel befinden sich alle Stakeholder des Produkts, die zu den Anforderungen beigetragen haben. Hier empfehlen wir die Stakeholder-Liste bzw. -tabelle einzufügen, wie wir sie in Abschnitt 6.4.1 vorgestellt haben.
- In Kapitel 3 der Vorlage ist der Kontext der Entwicklung dokumentiert, speziell der technische Systemkontext und die Schnittstellen zu den Akteuren im Kontext. Details zum technischen Systemkontext finden Sie in Abschnitt 5.1.2.
- Kapitel 4 der STABLE-Struktur beinhaltet die funktionalen Anforderungen des Systems, strukturiert anhand der Anwendungsfälle. Nach einer Übersicht über sämtliche Anwendungsfälle wird jeder als eigenständiges Unterkapitel aufgeführt. Innerhalb dieser Unterkapitel können die Anforderungen beliebig tief hierarchisiert werden. Für die Gruppierung empfehlen wir, die Analogie zu den Abläufen in den Aktivitätsdiagrammen zu nutzen und, falls erforderlich, für die einzelnen Aktionen weitere Unterkapitel zu erstellen. Sofern Sie nicht funktionale Anforderungen eindeutig einem Use Case oder einer Aktion zuordnen können, sollten Sie diese Anforderung direkt in das entsprechende Unterkapitel einordnen.

  Das letzte Unterkapitel in Kapitel 4 beinhaltet die wiederverwendeten Anforderungen. Dabei handelt es sich um Anforderungen, die Sie in unterschiedlichen Use Cases benötigen, aber zur Vermeidung von Redundanz nur einmal beschreiben möchten. Eine Beschreibung für die Erzeugung von Use Cases, Aktivitätsdiagrammen und Zustandsautomaten finden Sie in Abschnitt 8.3.
- In Kapitel 5 sind alle nicht funktionalen Anforderungen enthalten, die Sie nicht eindeutig einem Use Case oder einer Aktion zuordnen können. Um die Übersichtlichkeit in diesem Kapitel zu wahren, empfehlen wir Ihnen, diese Kapitel durch Kategorien für nicht funktionale Anforderungen, wie z. B. nach ISO 25010 [ISO/IEC 25010 2023], zu untergliedern.
- Das letzte Kapitel beinhaltet die für das Anforderungsdokument relevanten Fachbegriffe und deren Bedeutung. Eine sinnvolle Ergänzung zum klassischen Glossar können Diagramme aus dem Informationsmodell darstellen, um die Beziehungen zwischen den Fachbegriffen und komplizierten Datenstrukturen zu beschreiben.

Eine der Stärken von generativen KI-Systemen liegt in der Verarbeitung von großen Datenmengen. Diese Stärke können wir im Rahmen der Strukturierung nutzen, indem uns das KI-System hilft, die Anforderungen zu strukturieren.

Für Compliance-Nachweise benötigt die Firma Schlauhaus ein klassisches Anforderungsdokument und nutzt ein generatives KI-System zur Strukturierung der Anforderungen.

Prompt 10.7
Strukturierung von Anforderungen nach STABLE

Rolle: Du agierst als Requirements Engineer mit fundierten Kenntnissen im Requirements Engineering nach IREB.

Kontext: Ich stelle dir eine Excel-Datei mit bestehenden Anforderungen zur Verfügung, die sich auf ein Smart-Home-System beziehen.

Ziel: Führe eine strukturierte Analyse der Anforderungen durch, kategorisiere sie sinnvoll und leite daraus passende Use Cases ab. Halte dich dabei an bewährte Methoden des Requirements Engineering. Gib die Ergebnisse strukturiert, nachvollziehbar und Excel-kompatibel aus.

Bitte führe folgende Schritte aus:

1. **Anforderungsanalyse**
   - Lies die bereitgestellten Anforderungen vollständig.
   - Identifiziere zentrale Akteure, Ziele, Bedürfnisse, Technologien, Themenbereiche und wiederkehrende Muster.
   - Erkenne und gruppiere funktionale sowie nicht funktionale Anforderungen.
   - Leite typische Interaktionen mit dem Smart-Home-System aus den Anforderungen ab.
2. **Anwendungsfall erstellen**
   - Generiere aus den analysierten Anforderungen mindestens 10 übergeordnete Anwendungsfälle.
   - Verwende das IREB-Verständnis von Anwendungsfällen: "Modelliere die dynamische Interaktion zwischen einem Akteur und einem System aus Sicht des Akteurs."
   - Benenne die Anwendungsfälle nach dem Schema: "<Ziel> erreichen" oder "<Funktion> durchführen".
3. **Anwendungsfallbeschreibungen in natürlicher Sprache**
   Beschreibe jeden Anwendungsfall mit folgenden Elementen:
   - **Titel**
   - **Kurzbeschreibung**
   - **Akteur(e)**
   - **Auslöser**
   - **Vorbedingungen**
   - **Hauptszenario**
   - **Alternativszenarien (falls sinnvoll)**
   - **Nachbedingungen**
4. **Spezifikationsstruktur erstellen**
   Entwickle eine Struktur (Kapitelüberschriften), in die die Anwendungsfälle und Anforderungen eingegliedert werden könnten – z.B. für ein Lastenheft oder Pflichtenheft.

```
5. Anforderungen aus der hochgeladenen Datei in eine
   Spezifikationsstruktur einordnen
   · Analysiere die Excel-Datei mit den Anforderungen.
   · Berücksichtige dabei insbesondere die Spalte "ID:" als
     eindeutigen Identifikator und "Anforderungstext:" als Inhalt.
   · Ordne jede Anforderung einem passenden Use Case und Kapitel
     der Spezifikationsstruktur zu.
6. Excel-kompatible Darstellung
Gib alle Informationen in einer strukturierten Excel-kompatiblen
Tabelle aus.

Spalten:
   · Anwendungsfall
   · Anforderungs-ID
   · Anforderung (nach Schablone)

Bereite die Darstellung so auf, dass sie direkt in eine Excel-
Tabelle übernommen und weiterverarbeitet werden kann.

Zusätzliche Hinweise:
Arbeite iterativ Schritt für Schritt und frage mich jeweils, ob du
mit dem nächsten Schritt fortfahren sollst.
```

Fazit und Bewertung

Bei der Strukturierung von Anforderungen anhand des STABLE-Ansatzes haben wir uns dafür entschieden, die Aufgabe in sechs Teilaufgaben zu zerlegen und diese Teilaufgaben innerhalb einer Interaktion mit dem KI-System zu bearbeiten. Grund dafür ist, dass die Teilaufgaben, wie z. B. die Erzeugung von Anwendungsfällen aus bestehenden Anforderungen, sehr umfangreich sind und wir die Zwischenergebnisse nach jeder Teilaufgabe überprüfen möchten. Prompt 10.7 zeigt den initialen Prompt unserer Interaktion mit dem KI-System.

Im ersten Schritt stellen wir dem KI-System unsere Liste an Anforderungen des SHS in Form einer Excel-Tabelle zur Verfügung. In diesem Schritt prüfen wir, ob das KI-System unsere Anforderungen richtig versteht, und können Fehlinterpretationen unserer Ausgangsanforderungen bei Bedarf korrigieren. Im zweiten Schritt lassen wir die Anwendungsfälle erstellen, die später als Elemente in der Kapitelstruktur verwendet werden sollen. Danach soll das KI-System Use-Case-Beschreibungen erzeugen, um mögliche Unterkapitel in Form von Haupt- und Alternativszenarien zu identifizieren. Im vierten Schritt soll das KI-System eine Kapitelstruktur nach unseren Vorgaben aus dem STABLE-Ansatz erstellen. Die zuvor erstellten Anwendungsfälle und Anwendungsfallbeschreibungen des SHS dienen dafür als Ausgangsbasis. Im fünften Schritt lassen wir das KI-System die von uns bereitgestellten Anforderungen in die erzeugte Kapitelstruktur einordnen. Mit dem letzten Schritt sorgen wir dafür, dass die erzeugte Struktur mit den eingeordneten Anforderungen in ein Format überführt wird, das wir ohne große manuelle Überarbeitungen zurück in ein RM-Tool importieren können. Abschließend weisen wir das KI-System an, die sechs Schritte nacheinander durchzuführen und erst mit dem nächsten Schritt fortzufahren, wenn wir mit dem Zwischenergebnis zufrieden sind. Aufgrund der zahlreichen Zwischenschritte der Interaktion finden Sie die Ergebnisse unseres Prompts in den Online-Inhalten zu diesem Buch auf der Wissensplattform.

Story Map zur Strukturierung von User Stories

Bei agilen Vorgehensweisen kommen anstelle klassischer Dokumentenstrukturen häufig andere Strukturierungsmöglichkeiten zum Einsatz, um die unterschiedlichen Backlog Items übersichtlich darzustellen. Ein Vertreter sind die Story Maps [Pohl und Rupp 2021], wie in Abbildung 10.3 (vereinfacht) dargestellt.

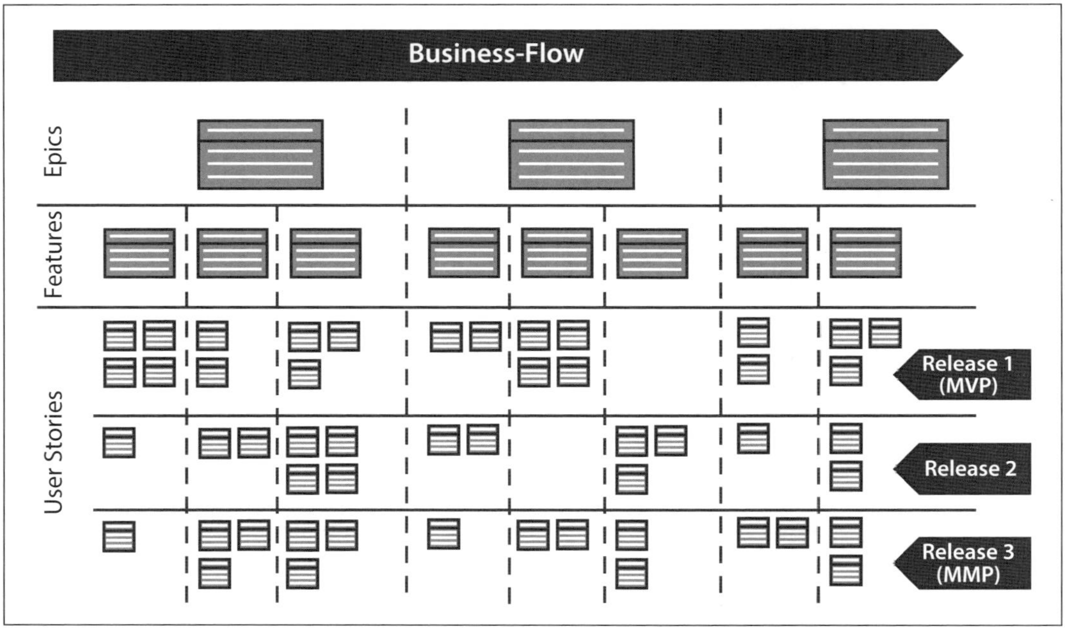

Abb. 10.3 *Story Map zur Strukturierung von Backlog Items*

Die Strukturierung der Story Map erfolgt entlang der unterschiedlichen Typen von Backlog Items nach Epics, Features und User Stories. Ein Epic wird durch beliebig viele Features verfeinert, wobei jedem Epic wiederum beliebig viele User Stories zugeordnet sein können. In der Story Map können neben der Verfeinerungsbeziehung zwischen den Backlog Items sowohl eine Priorität als auch eine zeitliche Einordnung enthalten sein. In unserer Darstellung ist die zeitliche Einordnung von oben nach unten in Form von unterschiedlichen Releases abgebildet. Für jedes Release sind die User Stories pro Feature von oben nach unten priorisiert.

Auf der horizontalen Achse der Story Map wird der Business-Flow [Jeston und Nelis 2008] dargestellt. Dies bedeutet, dass hier sequenziell aufgezeigt wird, welche Schritte die Nutzer des Systems während des Lebenszyklus von der Installation bis zur Wartung des Produkts durchlaufen.

Die Erstellung und Pflege einer solchen Story Map stellt in der Praxis eine Herausforderung dar, da ähnlich wie bei der Strukturierung von Anforderungen in der klassischen Entwicklung sehr umfangreiche Datenmengen betrachtet werden müssen.

In unserem Szenario nutzt die Firma Schlauhaus zu Beginn des Entwicklungsprojekts mit der Familie König das KI-System für die Erstellung einer solchen Story Map. Als Ausgangspunkt dient die Beschreibung des Nutzungsszenarios.

Prompt 10.8
Erstellen einer Story Map aus einer Szenariobeschreibung

Rolle:
Du agierst als Product Owner mit fundierter Erfahrung im agilen Requirements Engineering und Story Mapping. Du kennst die Prinzipien von Epics, Features und User Stories sowie deren Einbindung in eine Story Map.

Kontext:
Ich stelle dir ein detailliertes Szenario zur Verfügung, das die Geschichte und Bedürfnisse der Familie König rund um ein Smart-Home-System beschreibt.

Ziel:
Erarbeite eine vollständige, strukturierte Ableitung von Epics, Features und User Stories aus dem Szenario. Ordne diese anschließend in eine Story Map ein. Halte dich an die Prinzipien der agilen Produktentwicklung und liefere eine Excel-kompatible Tabelle, die zur weiteren Priorisierung und Sprint-Planung verwendet werden kann.

Bitte führe folgende Schritte durch:

1. **Szenario-Analyse**
   - Lies das bereitgestellte Szenario vollständig.
   - Identifiziere zentrale Akteure, Bedürfnisse, Ziele, Technologien, wiederkehrende Muster und Probleme.
   - Erkenne wertstiftende Aktivitäten und typische Interaktionen mit dem System.
2. **Ableitung von Epics**
   - Fasse verwandte Ziele oder Problemstellungen in Epics zusammen.
   - Ein Epic beschreibt eine große Nutzerabsicht oder -bedürfnis.
   - Benenne die Epics klar und thematisch.
3. **Ableitung von Features pro Epic**
   - Zerlege jedes Epic in mehrere Features, die konkrete Funktionalitäten oder Komponenten beschreiben.
   - Jedes Feature sollte innerhalb weniger Iterationen realisierbar sein.
   - Benenne Features funktionsorientiert.

4. **Erstellung von User Stories pro Feature**
   - Leite zu jedem Feature mehrere User Stories ab.
   - Nutze die Schablone:
   - "Als <Rolle> möchte ich <Ziel>, sodass <Nutzen>."
   - Achte darauf, dass jede Story klein genug ist, um in einem Sprint umgesetzt zu werden.
   - Achte darauf, dass das System niemals eine Rolle sein kann.
5. **Strukturierung als Story Map**
   - Ordne alle User Stories den jeweiligen Features und diesen wiederum den Epics zu.
6. **Excel-kompatible Darstellung**
   - Gib alle Ergebnisse als strukturierte Excel-kompatible Tabelle mit folgenden Spalten aus:
     | Epic | Feature | User Story | Akteur |
   - Die Ausgabe soll direkt kopierbar oder exportierbar sein.

Zusätzliche Hinweise:
- Arbeite iterativ Schritt für Schritt und frage mich aktiv, ob du mit dem nächsten Schritt fortfahren sollst.
- Du kannst Fragen stellen, wenn das Szenario unklar ist oder du weitere Informationen benötigst.
- Achte auf eine klare, lesbare Sprache, die auch für fachfremde Stakeholder verständlich ist.

Fazit und Bewertung

Das vom KI-System gelieferte Endergebnis finden Sie in den Online-Inhalten zu diesem Buch auf der Wissensplattform.

www.sophist.de/kire/k10-3

Im Prompt 10.8 zur Erstellung einer Story Map gehen wir ähnlich vor wie bei der Erstellung einer Anforderungsstruktur nach dem STABLE-Ansatz. Wir haben in einem initialen Prompt unserer Interaktion dem KI-System unser Vorhaben erläutert und dabei die Aufgabe in einzelne Teilaufgaben zerlegt.

In unserem Fall hatte die Firma Schlauhaus weder Epics noch Features noch User Stories vorliegen. Stattdessen mussten diese Backlog Items auf Basis einer Szenariobeschreibung der Familie König zunächst in separaten Teilergebnissen generiert werden. Wir haben uns für Einzelschritte entschieden, da wir die Erstellung der unterschiedlichen Typen von Backlog Items nicht vermischen wollten. In unserer Interaktion hat diese Zerlegung deutlich bessere Ergebnisse erzielt als ein Versuch, sämtliche Backlog Items in einem Schritt zu erstellen. Zudem konnten wir die Granularität der Epics und Features überprüfen, bevor uns das KI-System die User Stories zur Umsetzung in einer Iteration generierte. Die eigentliche Aufgabe zur Strukturierung haben wir erst als fünften Schritt unserer Interaktion ausgeführt. Sollten Sie in Ihrer Umgebung bereits

Epics, Features und User Stories vorliegen haben, können Sie die ersten Schritte zur Erzeugung dieser Backlog Items natürlich überspringen. Sie können die bereits existierenden Backlog Items in Ihren Engineering-Werkzeugen nutzen und dem KI-System zur Strukturierung zur Verfügung stellen. Auch bei diesem Prompt haben wir die inhaltliche Arbeit getrennt von der Erzeugung des richtigen Ausgabeformats. Dies entspricht der Regel 2 unserer SOPHIST Prompting Guideline, die das Ausgabeformat adressiert (siehe Abschnitt 4.3).

10.4 Stabilität versus Flexibilität – Umgang mit Änderungen

Während einer jeden Entwicklung bleibt eine Tatsache bestehen: Änderungen an den Anforderungen sind unvermeidlich. Die Anforderungen müssen sich weiterentwickeln, um den fortschreitenden technologischen, geschäftlichen und regulatorischen Rahmenbedingungen des Marktes gerecht zu werden. Aber auch die Wünsche des Kunden können sich jederzeit ändern.

Nur durch kontinuierliche Anpassung und Überprüfung können Unternehmen wie die Firma Schlauhaus sicherstellen, dass sie stets den aktuellen Bedürfnissen und Zielen entsprechen. Um den Bedürfnissen der unterschiedlichen Stakeholder gerecht zu werden, braucht die Firma Schlauhaus ein strukturiertes Vorgehen für den Umgang mit Änderungen.

Aus dem Requirements Management kennen wir unterschiedliche Techniken, um mit Änderungen umzugehen. Dazu gehört die detaillierte Protokollierung der Änderungshistorie, bei der jede Änderung mit einem Zeitstempel und der Angabe, wer die Änderung vorgenommen hat, versehen wird. Einige RM-Tools stellen Mechanismen zur Verfügung, mit denen weitere Personen neben den Autoren der Anforderungen, die auch durch diese Änderung betroffen sein können, informiert werden. Ändert sich eine Anforderung, werden alle mit dieser Anforderung verlinkten Anforderungen, Testfälle und Architekturbeschreibungen markiert. Durch diese Markierung erhalten die Autoren dieser Arbeitsergebnisse einen Hinweis, dass sie ihre eigenen Arbeitsergebnisse überprüfen müssen. Derartige Mechanismen sind inzwischen in der Welt der RM-Tools etabliert. Nun wollen wir betrachten, wie KI-Systeme uns weiterführend beim Umgang mit Änderungen unterstützen können.

Ein anschauliches Szenario verdeutlicht, wie KI-Systeme bei sich ändernden Anforderungen eingesetzt werden können:

Die Basisinstallation des SHS nutzt einfache Türsensoren an den Innentüren, um Rückschlüsse auf die Anwesenheit von Personen in den Räumen zu ziehen. Die Familie König hat nach den ersten Wochen der Nutzung des SHS festgestellt, dass die bisherige Anwesenheitserkennung sehr ungenau funktioniert und sich bestimmte Komfortfunktionen nicht wie in den Anforderungen beschrieben nutzen lassen. Zu diesen Komfortfunktionen gehören:

- Die Steuerung der Rollläden erfolgt in Abhängigkeit der Anwesenheit von Personen (z. B. wenn eine Person am Wochenende etwas länger schläft, bleiben die Rollläden trotz vorkonfigurierter Öffnungszeiten geschlossen).
- Leuchtet das Licht in einem Raum, ohne dass eine Person anwesend ist, soll das SHS das Licht selbstständig ausschalten oder einen Hausbewohner informieren.
- Das Licht im Wohnzimmer soll passend zur gewählten Lichtinszenierung die Bereiche ansteuern, in denen sich die Personen aufhalten.

Neben diesen Komfortfunktionen lässt sich die Sicherheit im Haus weiter verbessern, indem das SHS im Brandfall den letzten Aufenthaltsort von Personen im Haus bereitstellen kann. Um die genannten Komfortfunktionen und die Sicherheitsfunktion umzusetzen, ist eine präzise und zuverlässige Erkennung der Anwesenheit und Position von Personen in den Räumen erforderlich.

Ziel ist es nun, die bestehenden Anforderungen an das SHS zu identifizieren, die von den Wünschen der Familie König betroffen sind. Ausgehend von diesen Anforderungen kann die Firma Schlauhaus mithilfe der Traceability zur Systemarchitektur die betroffenen Komponenten sowie die zugehörigen Testfälle finden. Auf Basis der identifizierten Elemente bewertet Schlauhaus den Umfang der Änderungen und kann der Familie König eine Kosten- und Zeitabschätzung für die Weiterentwicklung des SHS geben. Diese Tätigkeit wird als Auswirkungsanalyse (engl. Impact Analysis) [Pohl und Rupp 2021] bezeichnet und ist speziell im regulierten Umfeld durch unterschiedliche Prozessstandards gefordert. Die Firma Schlauhaus befindet sich mit ihrer Entwicklung in einem solchen regulierten Umfeld, da sie beispielsweise personenbezogene Daten verarbeitet und somit die Vorgaben der DSGVO einhalten muss.

Bei dieser Analyse können KI-Systeme eine wertvolle Unterstützung bieten. Sie können Abhängigkeiten und Auswirkungen analysieren, auch wenn die Traces nur unvollständig gepflegt sind. Dieses Potenzial ergibt sich aus der wahrscheinlichkeitsbasierten Arbeitsweise der KI-Systeme, indem die unterschiedlichen Elemente wie Anforderungen, Architektur und Testfälle miteinander in Beziehung gesetzt werden. Dies garantiert zwar keine inhaltliche Abhängigkeit, liefert aber wertvolle Zusammenhänge, die uns bei der Kostenabschätzung und Entscheidungsfindung unterstützen.

Für einen ersten Prompt haben wir die existierenden Anforderungen aus einem RM-Tool in eine Excel-Datei exportiert. Diese Datei stellen wir unserem KI-System zur Verfügung und lassen uns die Anforderungen identifizieren, die von den oben aufgeführten Wünschen betroffen sind.

Prompt 10.9
Auswirkungsanalyse mit einem KI-System

Rolle: Sei mein erfahrener Requirements Manager, der Erfahrungen in der Durchführung einer Auswirkungsanalyse hat. Du analysierst Änderungen von bestehenden Anforderungen ausgehend von Änderungswünschen unterschiedlicher Stakeholder.

Kontext: Du arbeitest bei der Firma Schlauhaus und bist an der Entwicklung von Smart-Home-Systemen beteiligt. Stakeholder haben dir Änderungswünsche mitgeteilt, deren Auswirkungen auf die existierenden Anforderungen des SHS du beurteilen sollst.

Bitte führe die folgenden Schritte durch:

1. **Analysiere die Wünsche der Stakeholder**
   - Lies die bereitgestellten Wünsche der Stakeholder vollständig.
   - Identifiziere zentrale Akteure, Bedürfnisse, Ziele, Technologien, wiederkehrende Muster und Probleme.
2. **Analysiere die Auswirkungen dieser Wünsche auf die bestehenden Anforderungen**
   - Markiere die Anforderungen, die von den Änderungen betroffen sind.
   - Markiere die Anforderungen, bei denen du dir nicht sicher bist, ob diese von der Änderung betroffen sind.
3. **Erstelle Vorschläge für die betroffenen Anforderungen**
   - Formuliere die geänderten Anforderungen.
   - Nutze für die Formulierung der Anforderungen die MASTeR-Schablonen der SOPHIST GmbH.
4. **Erzeuge eine Excel-kompatible Darstellung**
   - Gib alle Ergebnisse als strukturierte Excel-kompatible Tabelle mit folgenden Spalten aus:
     | ID | Text der Ursprungsanforderung | von Änderung betroffen | Text der Änderungsvorschläge |

Zusätzliche Hinweise:
- Arbeite iterativ Schritt für Schritt und frage mich aktiv, ob du mit dem nächsten Schritt fortfahren sollst.
- Du kannst Fragen stellen, wenn das Szenario unklar ist oder du weitere Informationen benötigst.

Ergebnis zu Prompt 10.9 – Auswirkungsanalyse: von Änderungen betroffene Anforderungen [ChatGPT 4o 2025]

Nach einer Prüfung der vollständigen Liste der bestehenden Anforderungen sind hier die Anforderungen, die von den Änderungswünschen betroffen sein könnten, aufgelistet:

Anforderung zur Anwesenheitserkennung in jedem Raum (ID 2)

Begründung: Die Familie König wünscht eine präzisere und zuverlässigere Erkennung der Anwesenheit, um Komfort- und Sicherheitsfunktionen effektiver zu steuern.

Automatische Lichtsteuerung in Abhängigkeit von Anwesenheit (ID 13)

Begründung: Die verbesserte Anwesenheitserkennung ermöglicht eine präzisere Steuerung der Beleuchtung entsprechend der realen Position der Personen im Raum.

Automatisches Schließen der Rollläden in Abwesenheit oder nachts (ID 40)

Begründung: Durch präzisere Anwesenheitserkennung kann die Steuerung der Rollläden verbessert werden, um mehr Komfort zu bieten, wie z. B. das Offenhalten der Rollläden, wenn jemand am Wochenende länger schläft.

Ergebnis zu Prompt 10.9 – Auswirkungsanalyse: Vorschläge für geänderte Anforderungen [ChatGPT 4o 2025]

[...]

Vorschläge für die geänderten Anforderungen:

Anforderung zur Anwesenheitserkennung in jedem Raum (ID 2)

Original: Das System muss die Anwesenheit von Personen in jedem Raum erkennen können.

Geändert: Das System muss die Anwesenheit und die genaue Position von Personen in jedem Raum mittels fortschrittlicher Sensortechnologie zuverlässig erkennen können.

Automatische Lichtsteuerung in Abhängigkeit von Anwesenheit (ID 13)

Original: Das System muss die Beleuchtung bei erkannter Anwesenheit automatisch ein- und ausschalten.

Geändert: Das System muss die Beleuchtung basierend auf der genauen Position der Personen im Raum automatisch ein- und ausschalten, um Energieeffizienz zu maximieren und Komfort zu erhöhen.

Automatisches Schließen der Rollläden in Abwesenheit oder nachts (ID 40)

Original: Das System muss Licht und Rollläden gemäß vorgegebenen Zeitplänen steuern.

Geändert: Das System muss Licht und Rollläden nicht nur gemäß vorgegebenen Zeitplänen, sondern auch in Abhängigkeit von der genauen Anwesenheit und den Präferenzen der Bewohner steuern, einschließlich der Möglichkeit, am Wochenende Rollläden geschlossen zu halten, wenn Personen länger schlafen.

[...]

Fazit und Bewertung

Die gesamte Interaktion und die vollständigen Ergebnisse finden Sie in den Online-Inhalten zu diesem Buch auf der Wissensplattform.

www.sophist.de/kire/k10-4

In unserem Beispiel in Prompt 10.9 haben wir dem KI-System ca. 50 bestehende Anforderungen des SHS sowie ein kurzes Szenario der Familie König, in dem einige Änderungswünsche beschrieben sind, zur Verfügung gestellt. Da wir auch bei diesem Prompt ein iteratives Vorgehen angekündigt haben und die Interaktion dadurch sehr umfangreich wurde, haben wir in den Prompt-Ergebnissen lediglich die Anforderungen dargestellt, die von den Änderungen betroffen sind. Zudem haben wir die Änderungsvorschläge des KI-Systems aufgelistet. Das KI-System konnte die betroffenen Anforderungen zuverlässig identifizieren und hat Anforderungen zur Anwesenheitserkennung, zur automatischen Lichtsteuerung und zur Steuerung der Rollläden erkannt. Für eine Nachvollziehbarkeit der Ergebnisse hat uns das KI-System die IDs der betroffenen Anforderungen geliefert, ohne dass wir diese explizit eingefordert haben.

Die Umformulierung der Anforderungen hat grundsätzlich funktioniert, allerdings wurde die Satzschablone nicht korrekt angewendet. Der Grund dafür ist höchstwahrscheinlich, dass das KI-System nicht ausreichend Informationen von uns erhalten hat, wie unsere MASTeR-Schablone aufgebaut ist und wie diese angewendet werden soll. Für ein besseres Ergebnis könnten wir diese Beschreibung zusätzlich zur Verfügung stellen. Trotz dieser qualitativen Mängel bewerten wir den Einsatz des KI-Systems als sehr hilfreich aufgrund der Zeitersparnis bei der Auswirkungsanalyse.

Im letzten Schritt unseres Prompts haben wir das KI-System aufgefordert, die umformulierten Anforderungen in ein Excel-kompatibles Format zu überführen. Dadurch schaffen wir die Grundlage für den Reimport der geänderten Anforderungen zurück in das RM-Tool. Beachten Sie jedoch in Ihrer Umgebung den Änderungsprozess, der notwendig ist, um bereits bestehende Anforderungen weiterzuentwickeln. Diesen sollten Sie durch die Nutzung von KI-Systemen nicht außer Kraft setzen.

10.5 Anforderungen mit Varianten verwalten

Um den unterschiedlichen Bedürfnissen der Stakeholder gerecht zu werden, muss ein Produkt oft maßgeschneidert werden. Hierbei führen kleine Anpassungen oder individuelle Wünsche schnell zu einer eigenen Produktvariante. Aber nicht nur die sich ändernden Stakeholder-Wünschen, sondern auch unterschiedliche Märkte und gesetzliche Vorgaben verschiedener Länder können zu eigenen Varianten führen. Durch die Bündelung von Entwicklungsressourcen kann der gemeinsame Anteil einmal beschrieben und Varianten in separaten Artefakten ohne diesen gemeinsamen Anteil dokumentiert werden. Dies ermöglicht die Wiederverwendung von Entwicklungsergebnissen und macht jede einzelne Variante nachvollziehbar.

Bildung von Varianten anhand von Produkteigenschaften

Der Umgang mit Varianten bringt jedoch auch Herausforderungen mit sich. Aus sich ausschließenden Produkteigenschaften ergeben sich widersprechende Anforderungen. Zudem müssen weitere Sichten z. B. für die unterschiedlichen Produktvarianten erzeugt werden. Dabei gilt es zu bedenken, dass jede zusätzliche Variante zusätzliche Ressourcen in der Entwicklung, z. B. für die Konsolidierung, Prüfung und Pflege der Anforderungen, erfordert. Die vermeintliche Einsparung von Ressourcen durch Wiederverwendung von gleichen Anteilen muss daher genau betrachtet und die Wirtschaftlichkeit für jede Variante separat entschieden werden. Ein Hilfsmittel sind Techniken und Methoden des Variantenmanagements, mit deren Unterstützung die unterschiedlichen Varianten gepflegt werden können.

In unserem Szenario des SHS benötigt die Firma Schlauhaus ebenfalls ein strukturiertes Variantenmanagement, um die unterschiedlichen Varianten des SHS verwalten und nach Bedarf weiterentwickeln zu können. Es existieren mindestens die Installationen der Familie Meyer und der Familie König, die getrennt voneinander weiterentwickelt werden.

Eine Möglichkeit, diese unterschiedlichen Varianten zu dokumentieren, ist die Nutzung eines sogenannten Feature Tree. In einem Feature Tree sind die Merkmale eines Produkts in Form von Produkteigenschaften (engl. Feature) hierarchisch dokumentiert. Kann ein Merkmal in konkreten Produkten in unterschiedlichen Ausprägungen vorliegen, spricht man von einem sogenannten Variationspunkt. Zudem enthält der Feature Tree Abhängigkeiten zwischen den einzelnen Merkmalen, z. B. wenn sich bestimmte Merkmale gegenseitig bedingen oder ausschließen. Ausgehend von diesen Merkmalen lassen sich unterschiedliche Konfigurationen der Produkteigenschaften als eine Variante des Produkts zusammenfassen [Taller 2025].

Für den Aufbau dieser Feature-Tree-Modelle stehen die in Tabelle 10.1 dargestellten Notationselemente zur Verfügung.

Tab. 10.1
Übersicht der Notationselement zur Modellierung von Feature Trees

Notationselement	Beschreibung
Klimasteuerung	Feature: Kann Funktionen, Komponenten oder Aspekte eines Systems repräsentieren
	Mandatory: Dieses Element zeigt an, dass ein Element verpflichtend ist.
	Optional: Dieses Element zeigt an, dass ein Element optional ist.
	Conflicts: Dieses Element zeigt an, dass sich 2 Features gegenseitig ausschließen.
	Requires: Eine gerichtete Beziehung, die aussagt, dass ein Feature ein anderes benötigt. Die Beziehung gilt nur in Richtung des Pfeils und nicht in die entgegengesetzte Richtung.

→

Notationselement	Beschreibung
	Or: Hiermit wird eine Entscheidung markiert. Entweder muss das eine oder das andere Feature gewählt werden.
	Alternative: Bei dieser Verbindung können eine oder mehrere Ausprägungen gewählt und kombiniert werden. Kein Feature wird durch das andere ausgeschlossen.

Abbildung 10.4 zeigt einen Feature Tree für die Klimasteuerung eines Smart-Home-Systems (SHS). In dieser Abbildung hat die Firma Schlauhaus die verschiedenen Features und Variationspunkte dokumentiert, die in ihrem aktuellen Portfolio enthalten sind. Die Entwickler von Schlauhaus haben hierbei sowohl die Heizgeräte als auch die Kühlgeräte des Hauses detailliert aufgeführt. Dazu gehören u. a. Heizungen, Thermostate und online angebundene Webservices. Mithilfe des aktuellen Portfolios können den Bewohnern des Hauses grundlegende Funktionalitäten wie das Ablesen der aktuellen Temperatur oder des aktuellen Fenster-Status geboten werden.

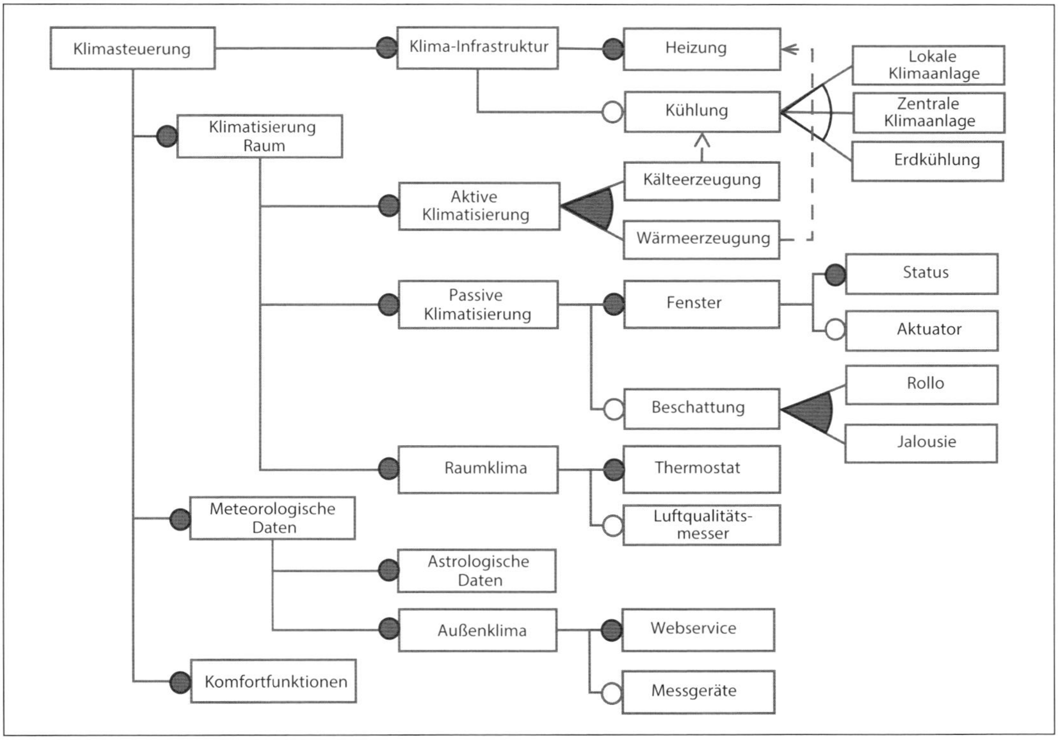

Abb. 10.4 *Feature Tree einer Klimasteuerung des SHS*

Nun möchte die Firma Schlauhaus die bekannten Features nutzen, um daraus neue Komfortfunktionen zu entwickeln, die sie ihren Kunden in Zukunft anbieten kann. Ziel ist es, diese Funktionen mithilfe der bereits vorhandenen Features abbilden zu können. Für die Identifikation dieser Komfortfunktionen nutzt Schlauhaus ein KI-System mit dem folgenden Prompt.

Prompt 10.10
Komfortfunktionen der SHS-Klimasteuerung anhand eines Feature Tree erzeugen

Rolle: Sei mein erfahrener Requirements Manager.

Kontext: Du bist in der Entwicklung von Smart-Home-Systemen (SHS) für die Dokumentation der Features des SHS verantwortlich. Ich gebe dir den aktuellen Stand des Feature Tree für die Klimasteuerung.

Bitte führe die folgenden Schritte durch:

1. **5 Komfortfunktionen erstellen**
   - Schlage mir mindestens 5 Komfortfunktionen vor, die die bestehenden Features der Klimasteuerung des SHS nutzen.
   - Fokussiere dich auf Funktionen, die die Umgebungseinflüsse, Wetter- und Außenklimainformationen nutzen, um den Hausbewohnern mehr Komfort anzubieten.
   - Falls du neue Features benötigst, um die von dir vorgeschlagenen Komfortfunktionen zu realisieren, nenne diese Features.
   - Begründe deine Antwort.
2. **Liste benötigter Features pro Funktion erstellen**
   - Erstelle für jede vorgeschlagene Komfortfunktion die Liste der jeweils benötigten Features aus dem Feature Tree.
3. **Komfortfunktionen in Feature Tree einfügen**
   - Füge die neuen Komfortfunktionen als Features in den bestehenden Feature Tree ein.
   - Dokumentiere die Abhängigkeiten der neuen Features zu bestehenden Features.

Zusätzliche Hinweise:
Gehe einzeln Schritt für Schritt vor und frage mich, ob ich mit dem Ergebnis der einzelnen Schritte zufrieden bin, bevor du mit dem nächsten Schritt beginnst. Sollten dir weitere Informationen fehlen, dann frage diese bei mir nach.

Ergebnis zu Prompt 10.10 – Komfortfunktionen der SHS-Klimasteuerung anhand eines Feature Tree erzeugen [ChatGPT 4o 2025]

[...]

Prädiktive Klimaanpassung:
Funktion: Das System passt die Innentemperatur basierend auf Wettervorhersagedaten automatisch an, um optimale Bedingungen vor dem Eintritt der Wetterveränderung zu schaffen.
Benötigte Features: Außenklima, Webservice, Heizung, Kühlung, Thermostat.

Automatische Lüftungssteuerung:
Funktion: Basierend auf der gemessenen Außenluftqualität und den Wetterbedingungen steuert das System automatisch das Öffnen und Schließen von Fenstern, um eine optimale Luftqualität im Haus zu erhalten.
Benötigte Features: Fenster, Außenklima, Luftqualitätsmesser.

Intelligentes Beschattungssystem:
Funktion: Automatisches Einstellen von Rollos und Jalousien abhängig von der Sonneneinstrahlung und der aktuellen Außentemperatur, um Überhitzung zu vermeiden und die Energieeffizienz zu verbessern.
Benötigte Features: Beschattung, Außenklima.

Energieeffizienz-Management:
Funktion: Integrierte Analyse der Energieverbrauchsdaten von Heizungs- und Kühlsystemen in Kombination mit Wetter- und Außentemperaturdaten zur Optimierung des Energieverbrauchs.
Benötigte Features: Heizung, Kühlung, Außenklima, Webservice.

Adaptives Feuchtigkeitsmanagement:
Funktion: Regulierung der Innenfeuchtigkeit basierend auf den externen Klimabedingungen, um Komfort zu erhöhen und gesundheitliche Probleme durch zu trockene oder feuchte Luft zu vermeiden.
Benötigte Features: Außenklima, Webservice, Thermostat.
[...]

Fazit und Bewertung

Auf der Basis des bestehenden Feature Tree konnte das KI-System verschiedene Komfortfunktionen vorschlagen, die sich mit den bereits vorhandenen Produkteigenschaften des SHS umsetzen lassen. Neben einer Beschreibung der jeweiligen Funktionen hat das KI-System, wie gefordert, die für die Umsetzung benötigten Features aufgelistet. Unseren Prompt haben wir wieder in Teilaufgaben unterteilt und die inhaltliche Arbeit von der Visualisierung des überarbeiteten Feature Tree getrennt. Dadurch hatten wir die Chance, die Zwischenergebnisse wie im Prompt 10.10 zu überprüfen. Erst nach unserer positiven Bewertung hat das KI-System den nächsten Schritt durchgeführt. Das (Zwischen-)Ergebnis ist trotz einer fehlenden Erklärung der Notationselemente zur Feature-Modellierung sehr gut. Prompt 10.10 könnte um diese Informationen erweitert werden, um noch hochwertigere Ergebnisse zu erzielen. Die vollständige Interaktion zur Arbeit mit Feature Trees finden Sie in den Online-Inhalten zu diesem Buch auf der Wissensplattform.

www.sophist.de/kire/k10-5

Abbildung 10.5 zeigt den vom KI-System erzeugten Feature Tree mit den eingeordneten Komfortfunktionen. Von der etwas unübersichtlichen Darstellung der Abhängigkeiten zu den ursprünglichen Features einmal abgesehen, hat die Erweiterung des bestehenden Feature Tree mithilfe des KI-Systems gut funktioniert.

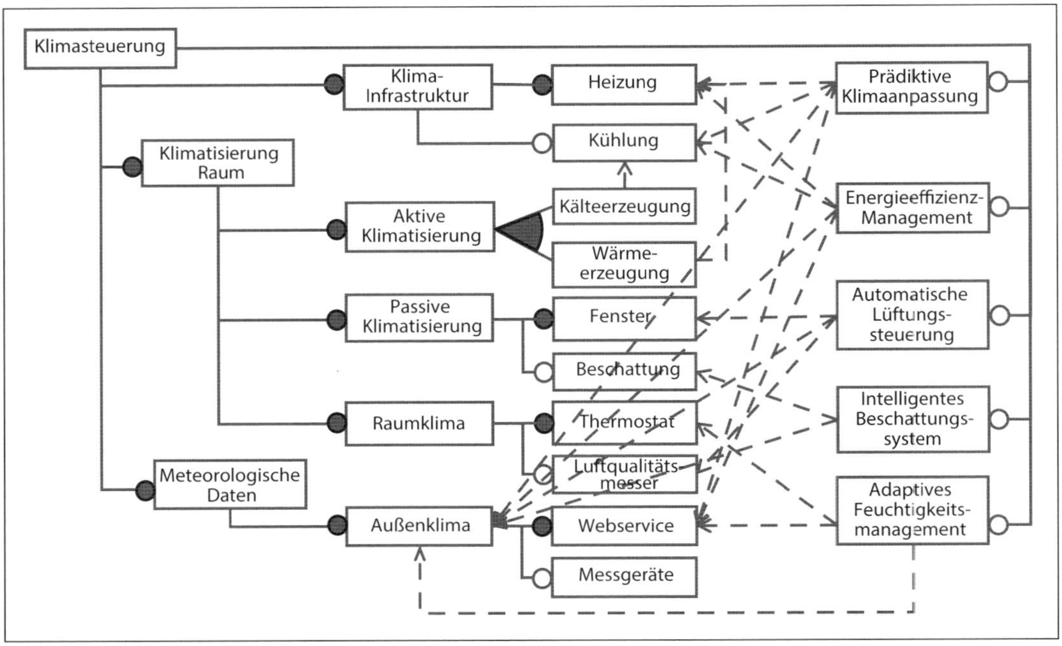

Abb. 10.5 *Visualisierung des erweiterten Feature Tree der smarten Klimasteuerung*

Anhand unseres kleinen Beispiels haben wir Ihnen gezeigt, dass KI-Systeme nicht nur bei der Identifikation von möglichen Features helfen können, sondern auch in der Lage sind, einen Feature Tree über kleinere Umwege zu bearbeiten. An dieser Stelle möchten wir Sie noch einmal auf eine wesentliche Stärke von KI-Systemen hinweisen: die Erkennung von Mustern in großen Datenmengen.

Typischerweise wird Variantenmanagement in Umgebungen eingesetzt, in denen es deutlich mehr Produktvarianten und Anforderungen gibt als in unserem SHS-Beispiel. In solchen Umgebungen gilt das Verwalten von Varianten als Königsdisziplin im Requirements Management. Durch die Nutzung von KI-Systemen steht uns ein weiteres hilfreiches Werkzeug zur Verfügung, das unsere Arbeit erleichtert. Komplizierte Entscheidungen wie: »Welche Variante ist für den Kunden die richtige?« bleiben jedoch vorerst uns Requirements Engineers vorbehalten.

11 Synergien von KI und RE nutzen – Teambuilding für KI-Systeme und Requirements Engineers

11.1 KI-Systeme zielgerichtet einsetzen

Um KI-Systeme wirkungsvoll und effizient einsetzen zu können, ist es wichtig, die Einsatzszenarien klar zu definieren und zu verproben. Nicht jede Aufgabe lässt sich sinnvoll und vor allem wirtschaftlich unterstützen. In diesem Abschnitt stellen wir Ihnen ein Vorgehen für die Definition von Einsatzszenarien und wichtige Kriterien zur Auswahl von KI-Systemen vor. Abbildung 11.1 zeigt die wesentlichen Schritte zur Identifikation der Einsatzszenarien als Sequenz, wobei Erkenntnisse aus einzelnen Schritten zu einer Wiederholung eines vorangegangenen Schritts führen können.

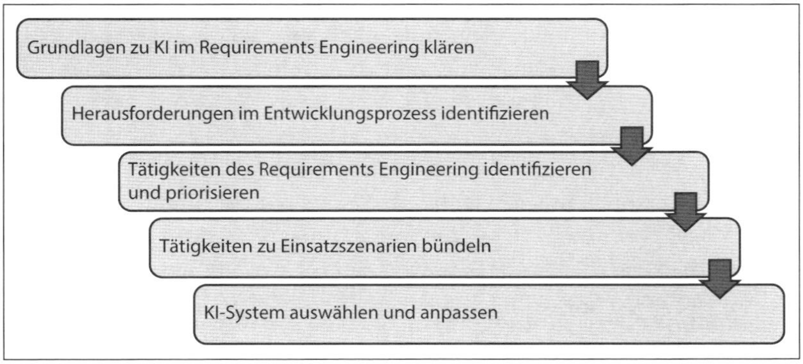

Abb. 11.1
Einsatzszenarien von KI-Systemen im RE identifizieren

Schritt 1: Grundlagen zu KI im Requirements Engineering klären

Zunächst sollten alle an der Definition der Einsatzszenarien Beteiligten im Umgang mit einem KI-System geschult werden und insbesondere die generellen Wirkungsweisen sowie Möglichkeiten und Grenzen kennen. Dabei ist es sinnvoll, sowohl Personen mit Erfahrungen im RE, die die bewährten RE-Methoden gut kennen, als auch Personen mit Kenntnissen der jeweiligen Infrastruktur des KI-Ökosystems einzubeziehen. Gerade zu Beginn der Einführung von KI-Systemen in den Entwicklungsprozess ist es wichtig, die Bedarfe und Kompetenzen zu kombinieren, um die Leistungsfähigkeit von KI-Systemen nutzbar zu machen.

Die Beteiligten der Firma Schlauhaus setzen ihr KI-System »Schlaubi« bereits für administrative Tätigkeiten im Alltag ein. Für die Ausbildung der Mitarbeiter im Einsatz von KI-Systemen im RE greift Schlauhaus auf Experten am Markt zurück.

Schritt 2: Herausforderungen im Entwicklungsprozess identifizieren

Um zu vermeiden, dass KI nicht zum Selbstzweck eingesetzt wird, ist es empfehlenswert, die Randbedingungen und Herausforderungen im Entwicklungsprozess zu sammeln und in der Welt mit KI neu zu bewerten. Auch wenn Sie den Entwicklungsprozess nicht komplett umstellen sollten, ist es ratsam, einen Blick auf die gesamte Wertschöpfungskette der Organisation zu werfen und die folgenden Fragen zu beantworten:

- Was bewegt Ihre Kunden gerade und welchen Mehrwert bieten Ihre Produkte heute und in Zukunft?
- Welche Probleme und Chancen Ihres Entwicklungsprozesses oder Ihres Produktportfolios sind bereits bekannt und konnten mit bisherigen Methoden nur unzufriedenstellend bearbeitet werden?
- Welche Methoden im Entwicklungsprozess sind inzwischen überholt und könnten mit KI besser gelöst werden?
- Wie wird sich der Markt für Ihr Produkt mit der Verfügbarkeit von KI in den Systemen und der Entwicklung mit KI verändern?
- Welche neuen Herausforderungen und Möglichkeiten müssen betrachtet werden?

Diese und weitere Punkte sind möglicherweise schon allgemein in der KI-Strategie Ihres Unternehmens verankert, müssen aber verfeinert bzw. konkretisiert werden. Haben Sie diese Fragen beantwortet, liegen Ihnen verschiedene Aspekte der Wertschöpfungskette bzw. ihres Entwicklungsprozesses vor, die Sie mit KI verbessern möchten. Greifen Sie nun einen Aspekt heraus, der Ihnen wichtig erscheint, potenziell einen möglichst großen Mehrwert bietet, aber auch leicht umzusetzen ist.

Für die Firma Schlauhaus haben sich folgende Punkte ergeben:

- Die Kunden der Firma Schlauhaus haben meist sehr unterschiedliche Wissensstände über Smart-Home-Systeme, aber bereits eine Liste verschiedenster Wünsche, Ideen bzw. Anforderungen.
- Die Kunden möchten schnell Rückmeldung zu ihren Anforderungen bekommen.
- Das Wissen einer großen Community von Smart-Home-Nutzern, die sich über allgemeine Foren zu Bedürfnissen und Funktionalitäten austauschen, soll im Entwicklungsprozess besser genutzt werden.
- Die Kunden möchten schnell eine Basisversion des Smart-Home-Systems implementiert haben, mit der sie Änderungen selbst konfigurieren können.

- Die Firma Schlauhaus möchte kontinuierlich und als erster Anbieter bereits erschlossene Märkte mit ihren innovativen Funktionalitäten bedienen.
- Die Firma Schlauhaus möchte neue, internationale Märkte erschließen und ihre Produkte unter Berücksichtigung der geltenden Gesetze für den Verkauf in diesen Märkten genehmigen lassen.

Die vollständige Liste finden Sie in den Online-Inhalten zu diesem Buch auf der Wissensplattform:

www.sophist.de/kire/k11-1

Schritt 3: Tätigkeiten des Requirements Engineering identifizieren und priorisieren

Identifizieren Sie nun die Aktivitäten aus dem Requirements Engineering, die einen Beitrag zu diesen Aspekten leisten. Hier empfiehlt es sich, eher kleine Schritte zu wählen und nicht zu hohe Erwartungen an die Verarbeitungskapazitäten der jeweilen KI-Systeme zu stellen. Unserer Erfahrung nach ist es wenig zielführend, alle Anforderungen des Kunden gleichzeitig vom KI-System in eine vollständige Anforderungsspezifikation überführen zu lassen. Im Umgang mit KI-Systemen ist es wichtiger, die Nachvollziehbarkeit von Zwischenergebnissen durch den Fachexperten und die Leistungsfähigkeit, z. B. in Bezug auf die Genauigkeit, im Auge zu behalten. Denken Sie an Tätigkeiten, die Sie an einem Vormittag erledigen können.

Die Firma Schlauhaus hat für die Einführung zur besseren Bewertung der Einsatzszenarien ein Backlog angelegt und kann dadurch die Priorisierung gegenüber den Mitarbeitern in der Entwicklung darstellen. Das Backlog enthält die folgenden Einträge:

- Aufbereitung und Kategorisierung von Kundenforderungen
- Review von Anforderungen zur Qualitätsverbesserung
- Identifikation von Anforderungsquellen im regulatorischen Umfeld
- Ableitung von Anforderungen aus Gesetzen und Normen
- Analyse der Abdeckung von Kundenforderungen mit den vorhandenen Produktfeatures und -daten
- Erstellung von Oberflächen-Prototypen auf Basis von Kundenforderungen und vorhandenen Produktdaten

Die Priorisierung soll lediglich einen einfachen Richtwert liefern – stellen Sie z. B. den Aufwand für die Umsetzung dem Nutzen im RE gegenüber. Eine Visualisierung des relativen Aufwands gegenüber dem zu erwartenden Nutzen haben wir in Abbildung 11.2 dargestellt. Zur Einordnung der unterschiedlichen Einsatzszenarien können die folgenden Fragen hilfreich sein:

- Wie lange würde ein Mensch mit viel oder wenig Erfahrung für die Bearbeitung der Tätigkeit benötigen?
- Welche Qualitätskriterien muss das Arbeitsergebnis des KI-Systems zu welchem Grad erfüllen und welche Anpassungen sind anschließend manuell vorzunehmen?
- Wie häufig tritt dieses Szenario auf? Ist das Szenario mit vertretbarem Aufwand auch in vergleichbaren Kontexten bei ähnlichen Tätigkeiten anwendbar?
- Kann das Einsatzszenario bzw. die betrachtete Tätigkeit durch eine konventionelle Automatisierung (z. B. Plausibilitätsprüfung in einer Datenbank oder Regressionstests) ohne Unterstützung eines KI-Systems verbessert werden?

Schritt 4: Tätigkeiten zu Einsatzszenarien bündeln

Wie bereits beschrieben, muss der jeweilige Kontext für die Bearbeitung einer Aufgabe an das KI-System übergeben werden (siehe Kap. 5). Es empfiehlt sich daher, ähnliche Aufgaben, die mit gleichen oder ähnlichen Kontextinformationen durchgeführt werden, in einem Szenario zu bündeln. Dadurch können Sie das Ergebnis eines Einsatzszenarios direkt als Kontextinformation für ein weiterführendes Szenario verwenden. Das »Aufwärmen« oder das erneute Hinzufügen von Dokumenten oder Anweisungen entfällt damit.

In diesem Sinne fasst die Firma Schlauhaus die in Abbildung 11.2 dargestellten Tätigkeiten zu zusammenhängenden Einsatzszenarien zusammen.

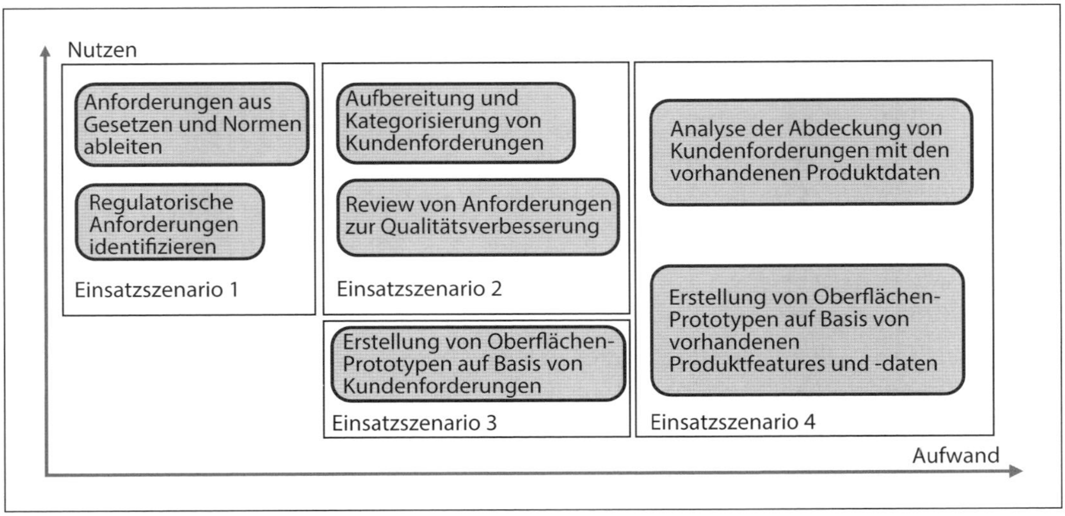

Abb. 11.2 *Tätigkeiten bewerten und zu Einsatzszenarien bündeln*

Die Tätigkeiten »Regulatorische Anforderungen identifizieren« und »Anforderungen aus Gesetzen und Normen ableiten« werden im Einsatzszenario 1 bearbeitet (siehe auch Kap. 7). Dies bietet sich auch deshalb an, da der Aufwand für die Umsetzung für beide Tätigkeiten als gering, der erwartete Nutzen aber als sehr hoch eingeschätzt wurde. Die Tätigkeit »Review von Anforderungen zur Qualitätsverbesserung« aus Einsatzszenario 2 kann später sogar die Ergebnisse aus Einsatzszenario 1 verbessern. Wie die Abbildung 11.2 ebenfalls zeigt, wurde die »Erstellung von Oberflächen-Prototypen auf Basis von Kundenforderungen« (siehe auch Kap. 9) zunächst als eigenes Einsatzszenario behandelt, um als Vorbereitung und Test für Einsatzszenario 4 zu dienen, bei dem die Einbindung von echten Produktfeatures und -daten aus der Entwicklungsumgebung im Vordergrund steht.

Schritt 5: KI-System identifizieren und anpassen

Sobald erste Einsatzszenarien identifiziert sind, stellt sich die Frage, welches KI-System für die Bearbeitung der Aufgabe gut geeignet ist bzw. überhaupt verwendet werden darf. Oft steht zwar bereits mindestens ein KI-System zur Nutzung zur Verfügung, dies ist aber nicht unbedingt für jedes Szenario geeignet. Kurzum, erheben Sie Anforderungen an das zu verwendende KI-System. Testen Sie dazu Ihre identifizierten Szenarien frühzeitig mit verschiedenen KI-Systemen gegen diese Anforderungen. Nutzen Sie ggf. unkritische, aber realistische Daten, um sich ein Bild von den möglichen Ergebnissen zu machen.

Ist die Qualität der Ergebnisse im gewählten Einsatzszenario unzureichend, sollten die Möglichkeiten zur Optimierung von KI-Systemen wie RAG (siehe Kap. 4) oder Feintuning (siehe Kap. 3) betrachtet werden. Möglicherweise hilft die Konfiguration eines spezifischen Chatbots in einem bestehenden KI-System, also eines KI-Assistenten oder KI-Agents wie in Abschnitt 11.3 beschrieben. Dazu muss aber unbedingt geprüft werden, ob der Aufwand für diese oder eine Reihe verwandter Szenarien gerechtfertigt ist und ob die Ressourcen und Kenntnisse für bestimmte optimierende Tätigkeiten in der Organisation überhaupt verfügbar sind. Um die Auswahl des passenden KI-Systems zu treffen, müssen wichtige Rahmenbedingungen gesammelt und mit den Verantwortlichen der Organisation geklärt werden. Welche Rahmenbedingungen in Ihrem Umfeld entscheidend sind, können wir, trotz des Einsatzes verschiedenster KI-Systeme, natürlich nicht beschreiben. Dennoch geben wir Ihnen in Abschnitt 11.2 eine Reihe von Kriterien an die Hand, die wir bereits bei zahlreichen Kunden gesammelt haben.

Das KI-Ökosystem der Firma Schlauhaus ist im Steckbrief in Abschnitt 5.1.5 näher beschrieben. Für das Einsatzszenario 1 soll ein offenes KI-System, das auf aktuelle Gesetze aus dem Internet zugreifen kann, verwendet werden. In unserem Einsatzszenario ist die Datensicherheit bei deren Anfrage nach einer neuen Funktion zweitrangig und auch die Leistungsfähigkeit allgemeiner KI-Systeme ist für die Ableitung von Anforderungen ausreichend. Im Einsatzszenario 2 spielen das domänenspezifische Wissen, Standards aus dem RE und die Vertraulichkeit der konkreten Kundenforderungen eine größere Rolle. Deshalb wird das geschlossene KI-System »Schlaubi« so konfiguriert, dass es eine Wiederverwendung verschiedener Prompts zum Thema und spezifischer Kontextinformationen für alle Mitarbeiter der Firma Schlauhaus ermöglicht. Was beim Konfigurieren eines KI-Systems beachtet werden sollte, beschreiben wir in Abschnitt 11.3.

Natürlich ist die Definition der Einsatzszenarien kein geradliniger Vorgang. Es ist wichtig, die Wünsche und Möglichkeiten regelmäßig mit den Stakeholdern abzuwägen und entweder die Einsatzszenarien oder die Nutzung der aktuellen KI-Systeme auszubauen – die KI-Welt dreht sich schnell! Hinterfragen Sie kritisch, ob Sie einen der bereits durchgeführten Schritte wiederholen wollen, und testen Sie immer wieder Tätigkeiten mit unterschiedlichen KI-Systemen. Mit der Zeit bekommen Sie Übung darin, sich bei jeder Tätigkeit im Alltag zu fragen, wie ein KI-System Sie bei dieser Tätigkeit unterstützen kann und welchen Anteil Sie weiterhin manuell erledigen wollen.

11.2 Teamplayer gesucht – Auswahl passender KI-Systeme

Stellenbeschreibung für Chatbots

Bevor der Requirements Engineer ein KI-System für ein Einsatzszenario auswählen kann, muss eine Organisation zuerst den Zugang zu KI-Systemen ermöglichen und deren Verwendung regeln. Die Auswahl passender KI-Systeme ist von zentraler Bedeutung für deren praktischen Nutzen und erfordert selbst ein gewisses Maß an Requirements Engineering. Oft sind die Anforderungen an die KI-Systeme und deren Chatbots nicht klar definiert, was die Auswahl des richtigen KI-Ökosystems erschwert. Ebenso fehlt es häufig an Wissen über die Integrationsmöglichkeiten der KI-Systeme in bestehende Werkzeuge oder an einer fundierten Evaluationsstrategie für die verschiedenen KI-Systeme.

Die Auswahl eines KI-Systems ist ein Projekt mit RE-Anteil!

Wir empfehlen, die Gestaltung des KI-Ökosystems als eigenständiges Projekt zu definieren und die Richtlinien zur Nutzung von KI-Systemen in einer KI-Strategie des Unternehmens oder zumindest der Abteilung festzulegen. Schließlich ist die Einführung eines neuen Werkzeugs eine weitreichende Entscheidung für das Unternehmen und den Entwicklungsprozess. Im Übrigen kann der Requirements Engineer aus der KI-Strategie Regeln für den Einsatz von KI im RE ableiten.

In Abschnitt 11.1 haben wir bereits die Betrachtung der Kriterien zur Auswahl geeigneter KI-Systeme für die jeweiligen Einsatzszenarien motiviert. Diese Kriterien werden aus den Eigenschaften der KI-Systeme und deren Ökosystem abgeleitet.

Da sich die Eigenschaften von KI-Systemen schnell ändern können, empfiehlt es sich, stets einen Überblick über relevante KI-Systeme zu behalten, auch wenn die initiale Auswahl des KI-Systems später aus organisatorischen Gründen (z. B. Lock-in-Effekte) nicht ohne Weiteres geändert werden kann.

Das Netzdiagramm in Abbildung 11.3 gibt eine Übersicht der Kriterien, die Sie bei der Auswahl von KI-Systemen berücksichtigen sollten, und eine beispielhafte Bewertung für verschiedene KI-Systeme. Damit ist es möglich, KI-Systeme bezüglich der Ausprägung aggregierter Merkmale zu vergleichen.

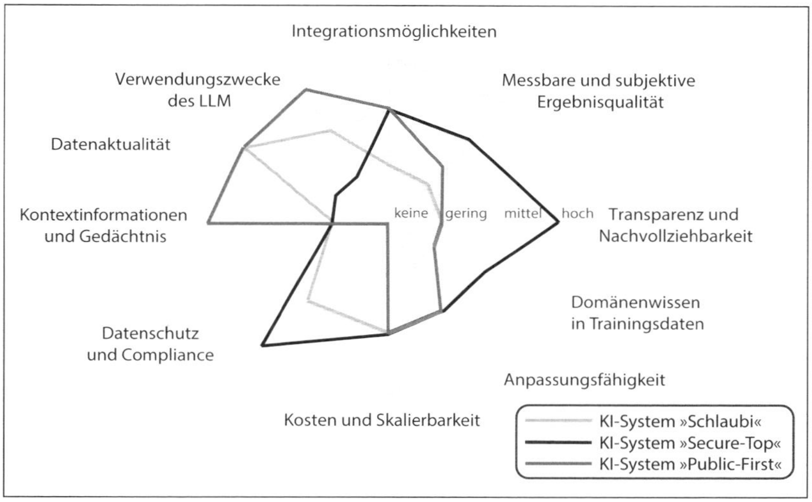

Abb. 11.3 *Auswahlkriterien für KI-Systeme mit beispielhafter Bewertung*

Messbare und subjektive Ergebnisqualität

Ein wichtiger Aspekt bei der Auswahl eines geeigneten KI-Systems ist die Fähigkeit des LLM, qualitativ hochwertige Ergebnisse wie z. B. Texte oder Anforderungen zu erzeugen. Dies bestimmt, wie gut das KI-System die spezifischen Anforderungen in einem Einsatzszenario erfüllt. Die Bewertung umfasst dabei sowohl objektive Parameter durch Benchmarks als auch subjektive Einschätzungen durch erfahrene KI-Anwender. Obwohl es sicherlich Studien zur Performanz von LLMs für das RE geben wird, sollten die Anwender die KI-Systeme in deren konkreten Produktkontext beurteilen.

Domänenwissen in Trainingsdaten

Das Verständnis branchenspezifischer Fachbegriffe ist essenziell, da ein KI-System ohne entsprechendes Domänenwissen relevante Begriffe in einen falschen Zusammenhang setzen und dadurch ungenaue Antworten liefern kann. Dies kann zu Missverständnissen, ineffizienten Entwicklungsprozessen oder unbrauchbaren Ergebnissen führen, die letztlich die Akzeptanz des KI-Systems beeinträchtigen. Organisationen, die in stark regulierten oder spezialisierten Bereichen tätig sind, benötigen daher Modelle, die eine tiefgehende Fachkenntnis mitbringen oder durch gezielte Wissensintegration verbessert werden können.

Anpassungsfähigkeit

Während Closed-Source-Modelle wie ChatGPT[1] von OpenAI oder Claude[2] oft benutzungsfreundlich sind, bieten Open-Source-Modelle wie Llama[3] umfassendere Anpassungsmöglichkeiten, erfordern jedoch tieferes, technisches Know-how. Beispiele dafür sind die Möglichkeiten, Modellparameter wie z. B. Temperatur und Anzahl der Token pro Anfrage anzupassen, Informationsquellen wie Wissensdatenbanken anzubinden und Chatbots für bestimmte Einsatzszenarien zu definieren.

Datenschutz und Compliance

Datenschutz- und Compliance-Anforderungen müssen zwingend berücksichtigt werden, da Unternehmen oft mit sensiblen Daten arbeiten und regulatorische Vorgaben einhalten müssen. Ein KI-System, das diese Anforderungen nicht erfüllt, kann erhebliche rechtliche und sicherheitsbezogene Risiken mit sich bringen. Datenschutzverletzungen können nicht nur finanzielle Strafen nach sich ziehen, sondern auch das Vertrauen von Kunden und Partnern untergraben. Die Auswahl eines KI-Systems mit robusten Datenschutzmechanismen und einer klaren Compliance-Strategie ist daher essenziell für den nachhaltigen Einsatz im Unternehmen.

Kontextinformationen und Gedächtnis

Die Fähigkeit, mehr Kontextinformationen in einem Prompt zu verarbeiten, ist entscheidend, um konsistente und fundierte Ergebnisse zu gewährleisten. Gerade im Requirements Engineering sind Interaktionen mit dem KI-System oft komplex und bestehen aus mehreren Schritten. Ein Modell, das frühere Prompt-Ergebnisse, Interaktionen oder Dokumentinhalte nicht in einen Zusammenhang setzen kann, könnte redundante oder widersprüchliche Antworten liefern, was die Effizienz und Genauigkeit der generierten Ergebnisse erheblich einschränkt.

Integrationsmöglichkeiten

Die nahtlose Integration in eine bestehende Engineering-Toolkette ist notwendig, um die Arbeitsabläufe der Anwender nicht zu unterbrechen und dadurch die Effizienz der Nutzung zu maximieren. Eine unzureichende Integration kann dazu führen, dass wertvolle Unternehmensdaten nicht genutzt werden oder dass Mitarbeiter gezwungen sind, zwischen verschiedenen Plattformen zu wechseln, was die Akzeptanz und Effektivität der KI-Lösung mindert. Integrierte KI-Systeme erleichtern den Zugriff auf relevante Informationen und ermöglichen eine effizientere Nutzung im täglichen Betrieb.

Kosten und Skalierbarkeit

Neben den funktionalen Kriterien spielen auch wirtschaftliche Faktoren eine Rolle. Die Skalierbarkeit eines KI-Systems bestimmt, wie gut es mit steigender Nutzung zurechtkommt, während die Kostenstruktur beeinflusst, ob es langfristig rentabel bleibt. Eine sorgfältige Abwägung, z. B. im Rahmen eines Projekts zur Toolevaluierung, hilft dabei,

1. *https://openai.com/index/chatgpt/*
2. *https://claude.ai*
3. *https://www.llama.com*

ein KI-System auszuwählen, das sowohl technisch als auch wirtschaftlich optimal zu den Bedürfnissen in Ihrer Entwicklung und zu Ihrem Unternehmen passt.

11.3 Konfiguration von KI-gestützten Assistenten

11.3.1 Der Aufwand für die Konfiguration lohnt sich!

Die Konfiguration von KI-Assistenten bietet eine Vielzahl von Vorteilen, die weit über die Automatisierung repetitiver Aufgaben hinausgehen. Durch die Wiederverwendung von Prompts (wie in den bisherigen Kapiteln beschrieben) und definiertem Kontext können KI-Assistenten effizient im Alltag eingesetzt werden, was nicht nur unerfahrenen Anwendern Zeit spart. Durch eine definierte Datenverarbeitung werden Sicherheits- und Compliance-Richtlinien besser unterstützt und Fehler reduziert. Zudem können KI-Assistenten domänen-, unternehmens- und projektspezifisch optimiert werden, um maßgeschneiderte Lösungen anzubieten. Durch den Einsatz von vordefinierten Vorgehensweisen und Prompting Templates können die Akzeptanz und die Qualität der Ergebnisse kontinuierlich verbessert werden. In den folgenden Abschnitten werden wir die wichtigsten Aspekte der Konfiguration von KI-Assistenten beleuchten und zeigen, wie diese effektiv eingesetzt werden können, um die gewünschten Ergebnisse zu erzielen. Gute Gründe für die Erstellung von KI-Assistenten sind:

- Automatisierung repetitiver Aufgaben
- Wiederverwendung von Prompts und Kontext
- Einhaltung von Sicherheits- und Compliance-Richtlinien
- Reduzierung von Fehlern durch präzise Datenverarbeitung
- Domänen-, unternehmens-, projektspezifische Optimierungen
- Verbesserung der Akzeptanz durch Good Practice
- Verbesserung der Ergebnisse

11.3.2 Architektur von KI-Assistenten – Konfiguration ohne Feintuning

Wie in Kapitel 4 beschrieben, sind dem Prompt Engineering aufgrund der Funktionsweise von KI-Systemen natürliche Grenzen gesetzt. Weitere Verbesserungsmöglichkeiten bestehen darin, Chatbots zunächst ohne Feintuning durch gezielte Konfiguration besser an spezifische Anforderungen anzupassen. Dazu gehören die präzise Steuerung des Verhaltens durch Prompts zum Interaktionsmuster, die Nutzung von Modellparametern [IBM 2023] sowie die Möglichkeit, externe Wissensquellen mittels RAG einzubinden [Wiesinger et al. 2024]. Durch effektives Prompt Engineering und die geschickte Kombination von regelbasierten sowie KI-gestützten Methoden lassen sich leistungsfähige Chatbots gestalten, ohne dass die zugrunde liegenden LLMs verändert werden müssen. Hierbei spielen Techniken wie Meta-Prompting [White et al. 2023], d. h. die Nutzung des KI-Systems für die Definition von Prompts, spezifische Instruktionen sowie die Integration von unternehmensspezifischen Daten eine zentrale Rolle. In diesem Abschnitt geben wir Requirements Engineers die notwendigen Werkzeuge an die Hand, um bestehende KI-Modelle optimal zu konfigurieren und für ihre Einsatzszenarien nutzbar zu machen, ohne dass dafür tiefgehende KI-Entwicklungskenntnisse erforderlich sind.

Für eine erfolgreiche Konfiguration von KI-Assistenten zur Unterstützung spezifischer Aufgaben im RE ist ein allgemeines Verständnis des Aufbaus solcher Assistenten hilfreich. In Abbildung 11.4 haben wir eine vereinfachte Darstellung der wesentlichen Bestandteile visualisiert.

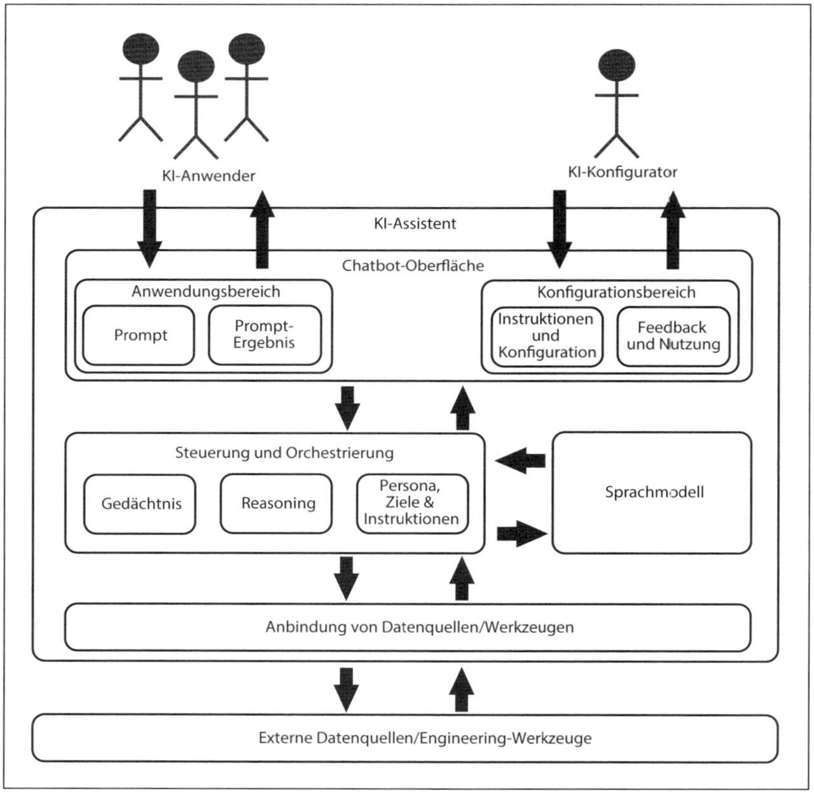

Abb. 11.4
Vereinfachte Architektur von KI-Assistenten (vgl. [Wiesinger et al. 2024])

Getrennte Interaktion und Konfiguration von Chatbots

Im Gegensatz zu einem »normalen« GPT unterscheiden wir innerhalb der Oberfläche des Chatbots zwischen dem Bereich für die Anwendung und dem Bereich zur Konfiguration des Bots. Es ist zu beachten, dass nicht jeder Anwender die Konfiguration des KI-Assistenten übernehmen kann und sollte. Im Anwendungsbereich sind insbesondere Erfahrungen im Prompt Engineering mit den in Kapitel 4 vorgestellten Methoden wichtig. Dagegen benötigen Sie für die Konfiguration ein tieferes Verständnis des Zusammenspiels der einzelnen Bestandteile des Chatbots und müssen ein Gefühl für die Konzeption der Instruktionen entwickeln. Je nach Aufgabenstellung des Bots benötigen Sie außerdem Kenntnisse zur Anbindung externer Datenquellen.

Instruktionen für KI-Assistenten

Mit dem Prompt Engineering sollten Sie inzwischen aufgrund der unterschiedlichen Beispiele in diesem Buch vertraut sein. Daher möchten wir an dieser Stelle näher auf die Konfiguration eingehen. In der Rolle des Konfigurators geben Sie dem KI-Assistenten Instruktionen vor, die die Interaktion des Assistenten während der Nutzung beeinflussen. Die Instruktionen umfassen z. B. den Einstieg in die Interaktion (Gesprächsaufhänger), die Persona sowie Methoden oder Zwischenschritte, die der Assistent durchführen soll, und sie können auch Einschränkungen bezüglich der Ergebnisse enthalten. Beachten Sie bei der Definition der Instruktionen unsere SOPHIST Prompting Guideline aus Abschnitt 4.3, mit deren Hilfe Sie möglichst eindeutige Vorgaben an den KI-Assistenten formulieren können.

Steuerung und Orchestrierung

Die Elemente zur Steuerung und Orchestrierung sind weitere Bestandteile des KI-Assistenten. Diese Bestandteile bestimmen, wann der Assistent externe Daten aufnimmt, interne Folgerungen im verwendeten Sprachmodell erstellt und diese Folgerungen nutzt, um seine nächste Handlung zu initiieren oder eine Entscheidung zu treffen. Im Allgemeinen erfolgt die Orchestrierung zyklisch, bis der KI-Assistent das in den Instruktionen formulierte Ziel erreicht hat. Je nach Oberfläche zur Konfiguration des KI-Assistenten können Sie z. B. Einfluss auf die Gedächtnisfunktion nehmen und darauf, ob der KI-Assistent Kontextinformationen nur für eine Interaktion oder persistent für alle zukünftigen Anfragen vorhält.

Anbindung externer Datenquellen

Trotz ihrer beeindruckenden Text- und Bilderzeugung bleiben Sprachmodelle durch ihre Unfähigkeit, mit externen Datenquellen oder Werkzeugen zu interagieren, eingeschränkt. Mithilfe von KI-Assistenten können Sie diese Beeinträchtigung umgehen, indem Sie Schnittstellen zu den Datenquellen oder Engineering-Werkzeugen als Bestandteil in den KI-Assistenten integrieren. Diese Schnittstellen können verschiedene Formen annehmen, sind aber im Wesentlichen vergleichbar mit gängigen Web-API-Methoden wie z. B. GET, POST, PATCH und DELETE.

Die Möglichkeiten der Schnittstellen werden lediglich durch die API der externen Datenquelle bzw. des angebundenen Engineering-Werkzeugs begrenzt. Bei modernen RM-Tools können Sie in der Regel (fast) alle Funktionen des Werkzeugs über eine REST-API ansteuern und sowohl lesend als auch schreibend auf die Daten zugreifen.

Im Szenario des SHS ist es denkbar, dass die Firma Schlauhaus eine Schnittstelle zum RM-Tool als Bestandteil des KI-Assistenten »Schlaubi« konfiguriert und dadurch das KI-System mit dem RM-Tool verbindet. Somit ersparen sich die Requirements Engineers von Schlauhaus die Roundtrips bestehend aus Export, Überarbeitung und Import der Anforderungen. Um diese Schnittstelle entsprechend abzusichern, wird ein spezieller KI-Nutzer im RM-Tool angelegt, über den der KI-Assistent auf die externe Schnittstelle zu den Livedaten zugreifen kann. Dieser Nutzer kann nahezu uneingeschränkt lesend auf die Daten zugreifen. Dies hat zur Folge, dass das Rechte- und Rollenkonzept der KI-Nutzer im RM-Tool bei der Verwendung von »Schlaubi« außer Kraft gesetzt wird und der Anwender plötzlich durch die Nutzung der API unbeabsichtigt Schreibrechte erhält. Für den schreibenden Zugriff schränkt Schlauhaus die Rechte des KI-Nutzers stark ein, um bestehende Änderungsprozesse nicht aufzuheben und die Nachvollziehbarkeit der Änderungen zu gewährleisten.

11.3.3 Persönlichen KI-Assistenten erstellen

Bevor Sie mit der Konfiguration eines KI-Assistenten beginnen, sollten Sie bereits Erfahrung mit einigen Einsatzszenarien gesammelt haben. Die dabei gewonnenen Erkenntnisse helfen Ihnen, die richtigen Instruktionen zu erstellen, die notwendigen Informationen für die weiteren Konfigurationsmöglichkeiten, wie etwa die Gedächtnisfunktion, im Blick zu behalten und die Ergebnisse des KI-Assistenten in Bezug auf die angestrebte Qualität zu bewerten. In Abbildung 11.5 haben wir den Ablauf der Konfiguration von KI-Assistenten dargestellt.

Anforderungen an KI-Assistenten verstehen

Bevor Sie sich mit der eigentlichen Konfiguration auseinandersetzen, sollten Sie die Anforderungen an den zu erstellenden KI-Assistenten sammeln. Dieser Schritt mag auf den ersten Blick schwergewichtig erscheinen, dient letztlich aber dazu, dass Sie sich selbst über das Ziel des Assistenten im Klaren sind. Nur mit einem klaren Ziel wird es Ihnen gelingen, die richtigen Aufgaben zu identifizieren und darauf aufbauend die richtigen Instruktionen sowie die internen und externen Datenquellen in der Konfiguration zu hinterlegen.

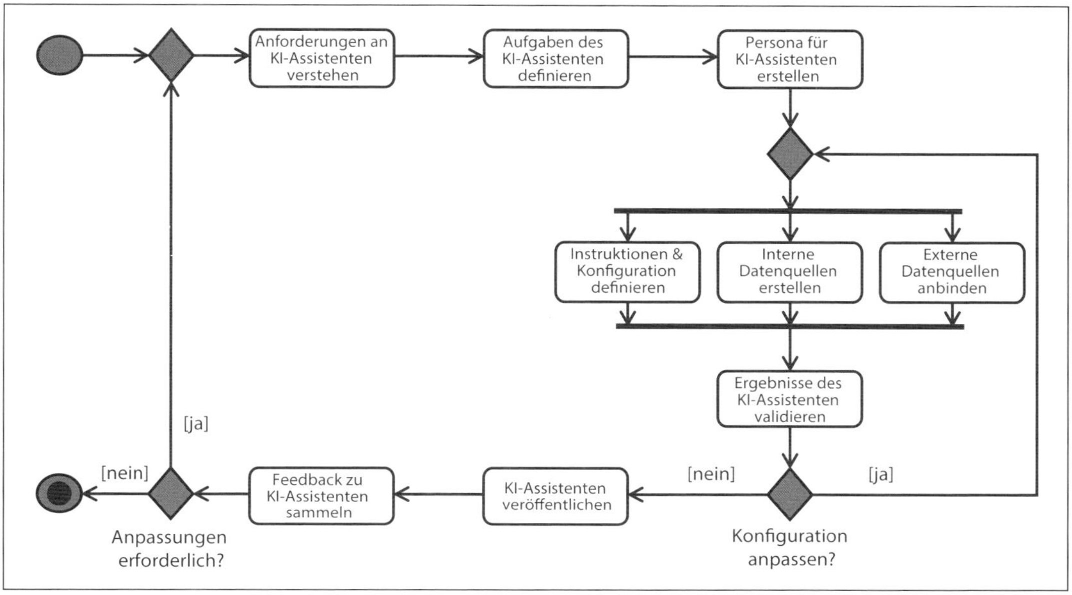

Abb. 11.5 *Ablauf zur Konfiguration von KI-Assistenten*

Überlegen Sie bei der Konfiguration Ihres ersten KI-Assistenten, welche Ihrer bisherigen Einsatzszenarien, Tätigkeiten oder Prompts besonders gute Ergebnisse erzielt haben, und daher nur kleinere Optimierungen und Anpassungen benötigen. Wählen Sie für die ersten Einsatzszenarien solche mit großem Nutzen und geringem Aufwand (siehe Abb. 11.2). Mit zunehmender Erfahrung werden Ihnen die Konfigurationsmöglichkeiten der KI-Systeme vertrauter sein, sodass Sie in aufwendigere Einsatzszenarien mit größerem Nutzenpotenzial investieren können.

Aufgaben für KI-Assistenten definieren

Ausgehend von identifizierten Zielen und Anforderungen an den KI-Assistenten gilt es im zweiten Schritt, dessen Aufgaben zu definieren. Behalten Sie dabei die Größe bzw. den Umfang der Aufgaben im Blick. Orientieren Sie sich am besten an Ihrer eigenen Arbeitsweise und zerteilen Sie umfangreiche Aufgaben in einzelne Teilaufgaben. Es mag verlockend erscheinen, möglichst große Blöcke in die Hände der KI-Assistenten zu legen, bedenken Sie dabei aber, dass dies die Nachvollziehbarkeit der generierten Ergebnisse erschwert und die Identifikation von fehlerhaften Konfigurationen dadurch zunehmend komplizierter wird.

In der Produktentwicklung hat die Firma Schlauhaus sich entschieden, zwei unterschiedliche KI-Assistenten zu erstellen, da die aus den identifizierten Einsatzszenarien abgeleiteten Anforderungen an die KI-Assistenten ausreichend verschieden sind. Ausgehend von den zu Beginn dieses Kapitels skizzierten Einsatzszenarien ergeben sich die folgenden Aufgaben für die beiden KI-Assistenten:

- KI-Assistent 1 »Experte für Gesetze und Normen«
  - Aufgabe 1 »Regulatorische Anforderungsquellen identifizieren«
  - Aufgabe 2 »Anforderungen aus Gesetzen und Normen ableiten«

  Fokus: Optimierung auf Websuche und Filterung von Informationen

- KI-Assistent 2 »Anforderungsexperte«
  - Aufgabe 1 »Aufbereitung und Kategorisierung von Kundenforderungen«
  - Aufgabe 2 »Review von Anforderungen zur Qualitätsverbesserung«

  Fokus: Optimierung auf Anwendung interner Vorgaben

Persona für KI-Assistenten erstellen

Nun da Sie sich über die Ziele Ihres KI-Assistenten im Klaren sind und dessen Aufgaben identifiziert haben, sollten Sie eine Persona als Grundlage für die eigentliche Konfiguration erstellen. Die methodischen Grundlagen zu Personas haben wir Ihnen in Kapitel 6 erläutert. Mithilfe der Persona können Sie die Fähigkeiten des KI-Assistenten strukturiert beschreiben. Als Ausgangspunkt für die Definition der Persona empfehlen wir, bereits existierende Rollenbeschreibungen, z. B. aus Ihrem Entwicklungsprozess, zu nutzen.

Für die beiden zuvor aufgeführten KI-Assistenten verwendet die Firma Schlauhaus die Rollenbeschreibung des Requirements Engineer. Da die Aufgaben dieser Rolle mehr umfassen, als für den »Anforderungsexperten« erforderlich ist, entfernt Schlauhaus die überflüssigen Tätigkeiten. Wie eine solche Persona eines Requirements Engineer aussehen kann, ist ebenfalls in Kapitel 6 beschrieben.

Instruktionen & Konfiguration definieren

Um sich einen Eindruck von den Konfigurationsmöglichkeiten von KI-Assistenten zu verschaffen, empfehlen wir Ihnen, einen Blick in die Online-Inhalte zu diesem Buch auf der Wissensplattform zu werfen.

www.sophist.de/kire/k11-3

Da die Oberflächen zur Konfiguration von KI-Assistenten variieren und sich kontinuierlich weiterentwickeln, beschränken wir uns an dieser Stelle auf die Instruktionen, Gesprächsaufhänger und die Gedächtnisfunktion.

Mithilfe der Instruktionen, die Sie in Ihrem KI-Assistenten hinterlegen, definieren Sie, wie eine Interaktion aus der Sicht der Anwender ablaufen soll und welche Aufgaben der KI-Assistent für Sie erledigen soll. Dazu gehört auch, den Gesprächsaufhänger festzulegen, also wie das KI-System den Anwender zu Beginn der Interaktion begrüßt. Typischerweise sollten Sie für den Einstieg in die Interaktion einen direkten

Bezug zur Aufgabe herstellen, um den Anwendern das Ziel des jeweiligen Assistenten zu vermitteln. Ein möglicher Gesprächsaufhänger für einen KI-Assistenten, der die Qualität einer einzelnen Anforderung beurteilen soll, könnte wie folgt aussehen:

»Hallo, ich bin dein persönlicher KI-Assistent zur Bewertung der Qualität einer einzelnen Anforderung. Ich verwende das REgelwerk der SOPHIST GmbH und gebe dir Hinweise zur Qualitätsverbesserung. Bitte gib die Anforderung ein, deren Qualität ich beurteilen soll.«

Gut gewählte Gesprächsaufhänger wecken keine falschen Erwartungen bei den Anwendern und geben Hinweise zum Ablauf der Interaktion. In unserem Beispiel beschränken wir den Assistenten darauf, einzelne Anforderungen zu bewerten. Dadurch wollen wir ausschließen, dass durch eine falsche Eingabe der Anwender schlechte Ergebnisse erzeugt werden, die zu einer Enttäuschung führen.

Des Weiteren bestimmen Sie über die Instruktionen die Priorisierung der verschiedenen Datenquellen, die Sie in der Konfiguration hinterlegt haben, und können z. B. festlegen, dass Ihr Assistent zunächst auf die intern angegebenen Datenquellen zu RE-Methoden zugreifen soll, bevor externe Quellen im Internet zur Beantwortung der Anfrage des Anwenders genutzt werden. Überlegen Sie sich auch, welche Restriktionen als eine Art »Blacklist« für die Bearbeitung der Aufgaben gelten sollen, und fügen Sie diese ebenfalls als Teil der Instruktionen hinzu.

Ein weiterer Punkt zur Konfiguration ist die Gedächtnisfunktion mit den folgenden Fragestellungen:

- Soll ein Kurzzeit- oder Langzeitgedächtnis in der Konfiguration des KI-Assistenten verankert werden?
- Soll der KI-Assistent sich an vorherige Interaktionen erinnern und diese Informationen mit einbeziehen oder ist dies unerwünscht?
- Soll der KI-Assistent aus den Eingaben der Anwender lernen, um dadurch die Qualität der generierten Ergebnisse zu verbessern?

Die Konfigurationsmöglichkeiten variieren je nach verwendetem KI-System und entwickeln sich kontinuierlich weiter. Daher empfiehlt es sich, die Konfiguration in Ihrer Organisation zu zentralisieren und in die Hände von Experten zu legen, die die Entwicklungen am Markt verfolgen und in Bezug auf den Nutzen in der eigenen Organisation bewerten können.

Unsere Erfahrungen haben gezeigt, dass die Konfiguration grundsätzlich mit verschiedenen Sprachen funktioniert, allerdings haben wir mit Englisch die besten Ergebnisse erzielen können. Zudem haben wir festgestellt, dass speziell bei internen Datenquellen das Format zum Teil große Unterschiede in der Qualität der generierten Ergebnisse ausgemacht hat. Insbesondere bei der Vermischung von Text und visuellen Darstellungen in einer Quelle traten Probleme auf, weshalb wir die verwendeten Datenquellen neu strukturiert haben.

Datenquellen definieren

Wir unterscheiden zwischen internen und externen Datenquellen. Interne Datenquellen werden fest in der Konfiguration des KI-Assistenten hinterlegt. Wollen Sie die internen Datenquellen anpassen, müssen Sie immer in die Konfiguration Ihres Assistenten gehen. Bei externen Datenquellen dagegen hinterlegen Sie lediglich eine Schnittstelle, über die der KI-Assistent auf die externe Datenquelle zugreifen kann. Die Daten selbst sind veränderlich, ohne dass Sie Ihren Assistenten neu konfigurieren müssen. Aber wann sollten Sie interne und wann sollten Sie externe Datenquellen verwenden?

Interne Datenquellen in KI-Assistenten

Interne Datenquellen sind besonders dann sinnvoll, wenn die Daten einer sehr niedrigen Änderungsfrequenz unterliegen. Typische Kandidaten im Rahmen der RE-Tätigkeiten sind spezifische Methoden wie ein Regelwerk zur Verbesserung der Anforderungsqualität (siehe Kap. 7) oder eine Satzschablone (siehe Kap. 8). Stellen Sie außerdem sicher, dass alle Anfragen auf der gleichen Grundlage durchgeführt werden.

Externe Datenquellen in KI-Assistenten

Die Verwendung einer externen Datenquelle ist dann sinnvoll, wenn es Ihnen besonders auf die Aktualität der verwendeten Daten ankommt und Sie den Anwendern des KI-Assistenten ein manuelles Copy & Paste oder aufwendige Roundtrips über standardisierte Austauschformate nicht zumuten möchten. Typische Kandidaten finden Sie in all Ihren Engineering-Werkzeugen, z. B. im RM-Tool oder Modellierungswerkzeug. Denken Sie bei den externen Datenquellen aber nicht nur an Daten innerhalb Ihrer Organisation, sondern berücksichtigen Sie ebenfalls frei zugängliche Quellen im Internet.

Die Firma Schlauhaus konfiguriert den »Experten für Gesetze und Normen« beispielsweise so, dass dieser auf die Gesetzesdatenbank des Bundesministeriums der Justiz im Internet [Bund 2024] zugreifen kann und die gestellten Anfragen mit den aktuell gültigen Gesetzen bearbeitet. Der Assistent extrahiert relevante Passagen und nutzt diese als Ausgangspunkt der Anfrage. Dadurch basieren die Anforderungen und die Lösung stets auf dem neuesten Stand, was das Risiko veralteter oder unvollständiger Informationen reduziert. Zudem sorgt die regelmäßige Evaluierung der extrahierten Anforderungen dafür, dass Fehler oder Unschärfen im Prozess erkannt und behoben werden können.

Ergebnisse des KI-Assistenten validieren

Bevor Sie einen von Ihnen erstellten KI-Assistenten veröffentlichen, sollten Sie sicherstellen, dass die erzeugten Ergebnisse Ihren Qualitätsansprüchen genügen. Dafür benötigen Sie entweder die entsprechende Expertise oder Sie müssen Experten zur Bewertung in die Konfiguration des KI-Assistenten einbeziehen. Diese Expertise benötigen Sie bereits für die Bereitstellung der richtigen Daten, z. B. wenn Ihr KI-Assistent eine spezifische RE-Methode anwenden soll. Betrachten Sie die Konfiguration als iterativen Prozess und stellen Sie sich nach jeder Validierung der KI-generierten Ergebnisse die folgenden Fragen:

- Welche Instruktionen könnten das Ergebnis weiter verbessern?
- Liegen die internen Datenquellen im richtigen Format vor?
- Fehlen weitere Methoden als Datenquelle, sodass der KI-Assistent bessere Ergebnisse erzielt?
- Führen Veränderungen der Konfiguration, z. B. eine andere Einstellung der Gedächtnisfunktion oder des maschinellen Lernens, zu besseren Ergebnissen?

Je nach Beantwortung dieser Fragen sollten Sie weitere Konfigurationsschleifen durchführen und den Schritt zur Validierung der Ergebnisse wiederholen. Ach ja, fragen Sie doch hin und wieder ein KI-System, wie Sie eine Konfiguration weiter verbessern können.

KI-Assistent veröffentlichen und weiterentwickeln

Sind Sie mit den KI-generierten Ergebnissen zufrieden, gilt es, den KI-Assistenten den Anwendern bereitzustellen. Bedenken Sie, dass Ihre Anwender den Umgang mit dem neuen Assistenten erst erlernen müssen. Hier ziehen wir gerne die Analogie zu einem neuen Teammitglied, das auch erst in ein Team integriert werden muss. Je nach Umfang und Aufgabe sollten Sie über Schulungsmaßnahmen, Coachings oder Anleitungen zur Nutzung des Assistenten nachdenken, ähnlich wie dies bei anderen Tools auch der Fall ist.

Nach der Veröffentlichung sollten Sie als Konfigurator die Verwendung des Assistenten überwachen, um aus dem Feedback mögliche Verbesserungen abzuleiten. Das Feedback selbst kann auf unterschiedliche Weise erfolgen. Einerseits bieten aktuelle KI-Systeme verschiedene Möglichkeiten, statistische Auswertungen zu Nutzungszahlen zu erheben [Copilot 2024]. Andererseits sollten Sie den direkten Kontakt mit den Anwendern Ihres KI-Assistenten nicht vernachlässigen und z. B. mithilfe von Befragungen oder der Betrachtung von exemplarischen Chatverläufen direktes Feedback einholen.

Aufgrund der rasanten Entwicklung des Themas KI verzichten wir hier auf eine ausführliche Klickanleitung zur Konfiguration eines KI-Assistenten.

www.sophist.de/kire/k11-3

In den Online-Inhalten zu diesem Buch auf der Wissensplattform finden Sie jedoch ein Video, in dem wir Ihnen anhand eines spezifischen KI-Assistenten einen Einblick in die Konfigurationsoberfläche geben.

Neben der Erstellung einzelner KI-Assistenten besteht die Möglichkeit, ein sogenanntes Multi-Agent-Setup aufzubauen [Weiss 2001]. Die Idee dabei ist, verschiedene Assistenten mit unterschiedlichen Rollen auszustatten und diese direkt miteinander interagieren zu lassen. Durch ein solches Setup können Sie z. B. Teamaufgaben wie die Qualitätssicherung von Anforderungen durch KI-Assistenten (teil-)automatisieren.

11.4 Integration von KI in die Engineering-Toolkette

Die Integration des KI-Systems in die Engineering-Toolkette kann unterschiedlich erfolgen. Die in Abbildung 11.6 dargestellten Ansätze unterscheiden sich hauptsächlich in den Zugriffsmöglichkeiten des KI-Systems auf die Engineering-Daten. Typischerweise steigt der Aufwand dabei proportional zum Umfang der Zugriffsmöglichkeiten. Beim Copy & Paste-Ansatz liegt der Aufwand für die Bereitstellung vollständig beim Anwender des KI-Systems. Beim Roundtrip-Ansatz dagegen nutzen die Anwender bekannte und idealerweise standardisierte Austauschformate der Engineering-Werkzeuge. Die umfangreichste Zugriffsmöglichkeit besteht in der Nutzung von vorhandenen APIs der Engineering-Werkzeuge, auf die die KI-Systeme zugreifen können, um sowohl lesend als auch schreibend mit den Engineering-Daten zu arbeiten.

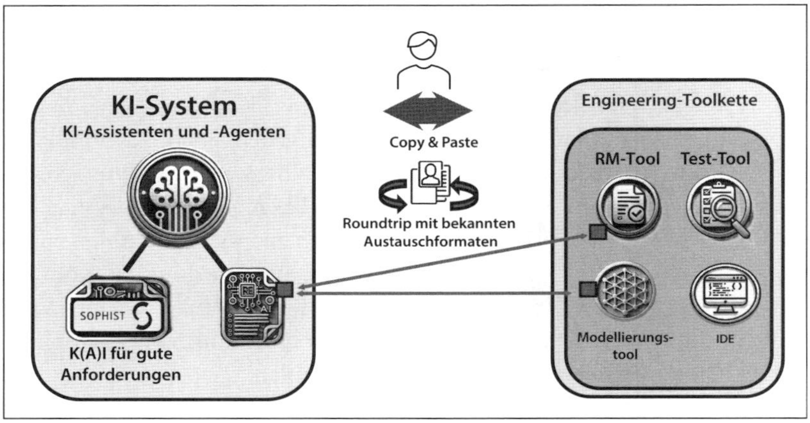

Abb. 11.6
Ansätze zur Integration von KI-Systemen in die Engineering-Toolkette

Integration durch Copy & Paste

Die einfachste Möglichkeit der Integration besteht darin, dem KI-System die Aufgabe zu erläutern und die benötigten Daten aus den Engineering-Werkzeugen für die zu erzeugenden Inhalte manuell bereitzustellen. Nachdem das KI-System die Aufgabe bearbeitet hat und der Anwender die Qualität des Ergebnisses für ausreichend gut beurteilt hat, überträgt er die Ergebnisse zurück in das Engineering-Werkzeug. In beiden Richtungen erfolgt der Datenaustausch per Copy & Paste und ist dadurch aufwendiger, fehleranfällig und weniger gut geeignet für repetitive Aufgaben, die anhand derselben Daten ausgeführt werden sollen. Ein entscheidender Vorteil ist, dass kein Integrationsaufwand notwendig ist und jederzeit die neuesten und für die Aufgabe am besten geeigneten KI-Systeme verwendet werden können. Das Verhältnis von Aufwand und Nutzen ist besonders für explorative Phasen in der Produktentwicklung, aber auch während der Evaluierung eines geeigneten KI-Ökosystems attraktiv.

Bei der Firma Schlauhaus hat alles mit dieser sehr einfachen Integration angefangen, da zuerst evaluiert werden musste, welches KI-System langfristig für die Aufgaben geeignet ist. Streng genommen handelt es sich nicht um eine echte Integration des KI-Systems in die Engineering-Toolkette. Die Integration bzw. die Schnittstelle wird vollständig durch den Anwender bei der Firma Schlauhaus realisiert.

Roundtrip mit standardisierten Austauschformaten

Etwas komplizierter wird es, wenn wir die Daten der Engineering-Werkzeuge direkt durch die KI-Systeme bearbeiten lassen wollen, wobei auch hierfür unterschiedliche Ausbaustufen der Integration denkbar sind. Eine Möglichkeit besteht darin, dass Anwender standardisierte Austauschformate der Werkzeuge wie z. B. XML, ReqIF oder CSV nutzen. Dafür sind die folgenden Schritte notwendig:

1. Daten aus dem Engineering-Werkzeug exportieren
2. Daten dem KI-System als Kontext bereitstellen
3. Aufgabe(n) mit den Daten durchführen
4. Ergebnisse in ein maschinenlesbares Format übertragen
5. Daten in das Engineering-Werkzeug importieren

Nachdem die durch das KI-System zu verarbeitenden Daten aus dem Engineering-Werkzeug exportiert wurden, müssen diese dem KI-System typischerweise per RAG zur Verfügung gestellt werden. Um qualitativ hochwertige Ergebnisse zu erzielen, empfehlen wir, dem KI-System den Aufbau des Austauschformats bzw. die Datenstruktur zu erklären (siehe die SOPHIST Prompting Guideline in Abschnitt 4.3). Sie erhöhen dadurch die Wahrscheinlichkeit, dass die bereitgestellten Daten richtig verarbeitet werden. Nachdem das KI-System Zugriff auf die erforderlichen Daten hat, führen Sie die eigentliche Aufgabe durch. Für den Weg der Ergebnisse zurück in die Engineering-Werkzeuge können Sie entweder den Copy & Paste-Ansatz nutzen oder Sie überführen die KI-generierten Ergebnisse ebenfalls in das zuvor genutzte Austauschformat. Wir empfehlen, das Ergebnis zunächst inhaltlich in einem menschenlesbaren Format zu überprüfen, bevor Sie das Austauschformat durch das KI-System erzeugen lassen (siehe dazu Regel 2 »Ausgabeformat des Ergebnisses definieren« der SOPHIST Prompting Guideline). Übertragen Sie die Inhalte erst nach einer positiven Überprüfung mithilfe des KI-Systems oder eines speziell konfigurierten Chatbots in das Austauschformat. Nach der Erzeugung des Austauschformats lassen sich die Daten zurück in die Engineering-Werkzeuge importieren.

Mit diesem Ansatz der Integration über ein standardisiertes Austauschformat bleiben Sie ebenfalls flexibel in Bezug auf die Wahlfreiheit des KI-Systems. Die Aufwände für die Implementierung bleiben ebenfalls überschaubar (z. B. für die Konfiguration eines Chatbots zur Befüllung des Austauschformats), erfordern allerdings fortgeschrittene Kenntnisse im Prompt Engineering. Informationen dazu, wie ein solcher Prompt bzw. eine solche Interaktion aussehen kann, finden Sie in den Online-Inhalten zu diesem Buch.

www.sophist.de/kire/k11-4

Ein weiterer Vorteil gegenüber dem Copy & Paste-Ansatz besteht darin, dass Sie auch größere Datenmengen verarbeiten lassen können. Ein Nachteil dieser Integrationslösung ist, dass die Daten aktuell sein müssen. Schließlich müssen Sie bei einer Aktualisierung Ihrer Engineering-Daten einen neuen Export erstellen und diesen Ihrem KI-System bereitstellen.

Integration über standardisierte Schnittstellen

Eine weitere Möglichkeit besteht in der direkten Integration des KI-Systems in Ihre Engineering-Toolkette, indem Sie standardisierte Schnittstellen (z. B. REST-APIs) der Tools als externe Datenquellen des KI-Systems definieren. Dadurch kann das verwendete KI-System mit den Livedaten arbeiten und Sie ersparen sich das umständliche Kopieren oder Exportieren der Daten. An dieser Stelle möchten wir Sie darauf hinweisen, dass der lesende Zugriff organisatorisch deutlich weniger Fragen (z. B. Revision und Transparenz) aufwirft als der schreibende Zugriff aus Sicht des KI-Systems. Beachten Sie die Auswirkungen auf die geltenden Änderungsprozesse in Ihren Werkzeugen sowie die potenziellen Nachweise über die Änderungshistorie, falls Sie sich in einem regulierten Umfeld befinden.

In unserem Szenario des SHS möchte die Firma Schlauhaus vorerst den Umgang mit KI-Systemen im Engineering-Prozess verproben, ohne sich auf ein bestimmtes KI-System festzulegen, und beschließt daher, einen Chatbot mit verschiedenen Austauschformaten zu konfigurieren. Die Implementierung einer Standardschnittstelle plant Schlauhaus als einen zukünftigen Schritt, nachdem geklärt ist, ob das favorisierte KI-System die Bedürfnisse des Unternehmens und der Anwender erfüllt. Insgeheim hofft man, dass die integrierten KI-Bestandteile der Engineering-Werkzeuge mittelfristig gute Ergebnisse liefern werden und keine Aufwände in die Implementierung und Betreuung der Schnittstellen durch die IT von Schlauhaus geleistet werden müssen.

Auch die Hersteller von Engineering-Werkzeugen integrieren KI in ihre Produkte. Diese hochintegrierten Systembestandteile können sowohl auf allgemeinen als auch domänenspezifischen LLMs basieren und sehr unterschiedliche Eigenschaften aufweisen. Je nach verwendetem Sprachmodell sind diese bereits auf einige Einsatzszenarien im RE spezifisch justiert oder trainiert. Überprüfen Sie genau die Eigenschaften, z. B. in Bezug auf Datenschutz und verwendete Trainingsdaten, beim jeweiligen Anbieter des Tools bzw. des LLM.

Engineering-Tools mit integrierter KI

Tabelle 11.1 stellt die verschiedenen Ansätze zur Integration und einige für die Auswahl relevante Kriterien gegenüber. Die Liste der Kriterien liefert hier nur einen Indikator und muss in Ihrem Entwicklungsprozess ggf. erweitert und abweichend bewertet werden.

Tab. 11.1 *Vergleich der Integrationsmöglichkeiten von KI in die Engineering-Toolkette*

Kriterium	Copy & Paste	Roundtrip	Standardisierte Schnittstellen	Engineering-Tool
Unterstützung der Nutzer bei Datenübertragung	keine	mittel	hoch	hoch
Implementierungsaufwand	kein	mittel	hoch	kein
Nachvollziehbarkeit der übertragenen Inhalte durch Nutzer	hoch	mittel	mittel	mittel
Flexibilität der Schnittstelle	hoch	hoch	mittel	gering
Fehleranfälligkeit der Übertragung	mittel	hoch	gering	gering
Akzeptanz der Nutzer	mittel	gering	hoch	mittel

11.5 Zwischen Regulierung und Realität – der EU AI Act

Während sich dieses Buch mit dem Einsatz von KI im Requirements Engineering befasst und dabei insbesondere auf die Synergien zwischen etablierten RE-Methoden und innovativen KI-Technologien eingeht, wirft die Entwicklung von KI-Systemen eine zweite, zunehmend relevante Fragestellung auf: Wie verändert sich das Requirements Engineering, wenn KI zu einem Teil eines Produkts oder einer Dienstleistung wird? Sobald KI in ein System integriert wird, verändern sich nicht nur die technischen Anforderungen, sondern auch die Dokumentation, die Prozesse und die regulatorischen Vorgaben. Insbesondere der EU AI Act [EU 2024/1689 2024] definiert umfassende Regeln für KI-Systeme, die sich direkt auf das Requirements Engineering auswirken.

11.5.1 Vertrauen ist gut, Klassifizieren ist Pflicht!

Der EU AI Act verfolgt das Ziel, KI-Systeme sicher, fair und transparent zu gestalten. Dafür wird ein risikobasierter Ansatz verwendet, der je nach Kritikalität des Systems unterschiedlich strenge Vorschriften vorsieht. Organisationen müssen sicherstellen, dass ihre KI-Produkte konform mit diesen Regeln sind, insbesondere wenn sie in der EU auf den Markt gebracht oder genutzt werden sollen.

Klassifizierung von KI-Systemen nach Risiko

Abbildung 11.7 gibt Ihnen einen Überblick über die unterschiedlichen Risikostufen, die damit verbundenen Anforderungen an die Organisation sowie die Grenze zwischen erlaubten und verbotenen KI-Systemen.

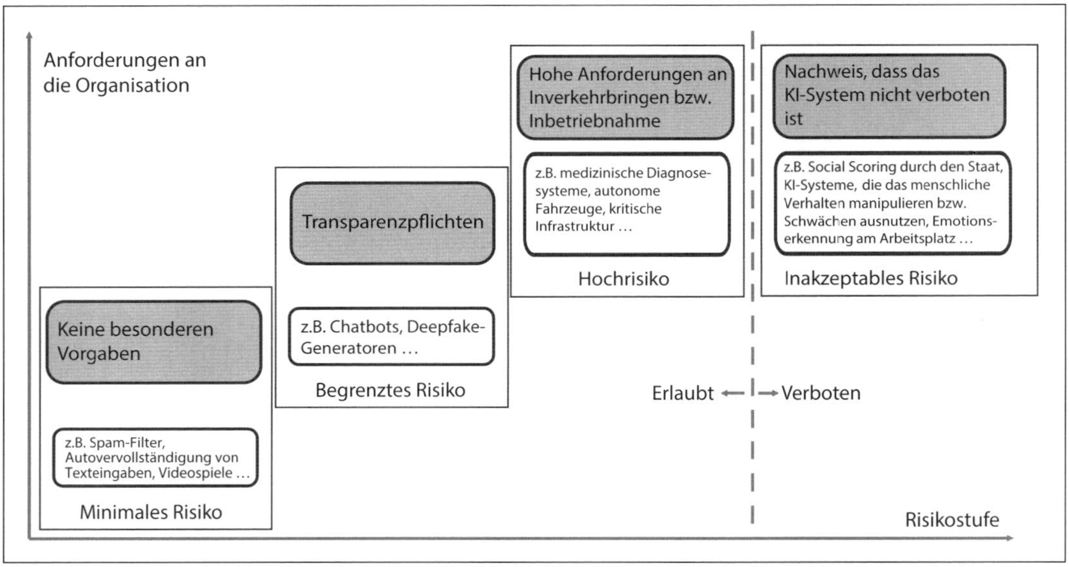

Abb. 11.7 *Risikostufen des EU AI Act [EU 2024/1689 2024]*

Mit zunehmender Risikostufe steigen die Anforderungen an Unternehmen: Während KI-Systeme mit minimalem Risiko weitgehend frei genutzt werden können, sind für Systeme mit begrenztem oder hohem Risiko strenge Transparenz-, Sicherheits- und Konformitätsmaßnahmen erforderlich. Unternehmen müssen zudem nachweisen, dass ihre Systeme nicht unter das Verbot inakzeptabler Risiken fallen.

Dieser risikobasierte Ansatz erinnert an die ASIL-Klassifikation (Automotive Safety Integrity Level) aus der ISO 26262 [ISO 26262 2018], die ebenfalls Gefährdungen nach potenziellen Auswirkungen auf Nutzer bewertet und abgestufte Sicherheitsanforderungen vorsieht. Wie beim EU AI Act steigen auch dort mit wachsendem Risiko die Anforderungen an Transparenz, Überwachung und Dokumentation.

11.5.2 Governance statt Goodwill – Wer trägt die Verantwortung?

Die Einführung von KI-Systemen bringt technologische, organisatorische und regulatorische Herausforderungen mit sich.

Die Firma Schlauhaus plant etwa eine KI-gestützte Gesichtserkennung zur Zutrittskontrolle im Smart-Home-System der Familie König.

Da solche Systeme biometrische Daten nutzen, fallen sie laut EU AI Act in die Hochrisiko-Kategorie und unterliegen strengen Sicherheits- und Datenschutzanforderungen. Die Firma Schlauhaus muss daher Schutzmaßnahmen implementieren, um Manipulationen nicht nur bei der Gesichtserkennung selbst, sondern auch an den für das Training des KI-Systems verwendeten Daten zu verhindern und die Compliance sicherzustellen.

Organisatorische Herausforderungen

Ein zentrales Thema ist die KI-Governance, die die Einhaltung regulatorischer Vorgaben und die langfristige Systemverantwortung umfasst. Unternehmen sollten klare Kontrollmechanismen etablieren, um die Sicherheit und Zuverlässigkeit ihrer KI-Lösungen zu gewährleisten.

Wichtige Aspekte des EU AI Act sind:

- **Verantwortlichkeiten klären:** Wer ist für die Entwicklung, Wartung und Überwachung zuständig?
- **Regelmäßige Audits und Updates:** Es muss sichergestellt sein, dass das KI-System fair und sicher bleibt.
- **Risikomanagement:** Fehlfunktionen sollten frühzeitig erkannt und minimiert werden.
- **Kontinuierliche Verbesserung:** Auf Basis der neuesten Erkenntnisse erfolgt eine iterative Optimierung.

Der KI-Ansprechpartner als Schlüsselrolle

Ein KI-Ansprechpartner kann ein essenzieller Bestandteil der Governance-Struktur sein, indem er sicherstellt, dass technische, regulatorische und nutzerbezogene Anforderungen erfüllt werden.

Nach einigen Wochen der Nutzung bemerkt Familie König, dass das SHS den jüngeren Bruder von Markus König fälschlicherweise als ihn selbst erkennt. Markus befürchtet nun, dass Personen, die ihm ähnlich sehen, unbefugten Zutritt zu seinem Haus erhalten könnten. Ohne eine kompetente Ansprechperson bei Schlauhaus bleiben seine Bedenken womöglich unbeantwortet. Ein KI-Experte als Ansprechpartner könnte:

- Fehler erklären und Tipps zur Minimierung geben,
- Sicherheitsmechanismen erläutern und Compliance sicherstellen,
- Mitarbeiter schulen und den KI-Lebenszyklus überwachen.

Ein strukturierter Governance-Ansatz erhöht nicht nur die technische Zuverlässigkeit, sondern kann auch das Vertrauen der Kunden stärken.

Technische Herausforderungen

Die Einführung und der Betrieb von KI-Systemen stellen Organisationen vor komplexe Herausforderungen. Wesentliche Aspekte sind die Qualität der Trainingsdaten, die Nachvollziehbarkeit von KI-Entscheidungen und der Schutz vor adversariellen Angriffen. Letztere sind gezielte Manipulationen von Eingabedaten, die KI-Modelle bewusst in die Irre führen können – ein kritischer Punkt generativer KI-Systeme [Vassilev et al. 2024].

Adversarielle Angriffe und Schutzmaßnahmen

Typische Angriffsmethoden umfassen [Vassilev et al. 2024]:

- **Blackbox Attacks:** Der Angreifer manipuliert Eingaben ohne Kenntnis der internen Systemstruktur.
- **Whitebox Attacks:** Der Angreifer hat Zugriff auf das Modell und optimiert seine Attacke gezielt.
- **Evasion Attacks:** Gezielte Eingabemanipulation zur Täuschung der KI.
- **Deepfake Attacks:** Eingabemanipulation durch KI-generierte Medien.
- **Data Poisoning (Datenvergiftung):** Manipulation von Trainingsdaten zur Beeinflussung von Modellergebnissen.

Ein möglicher Angreifer des SHS der Familie König könnte eine speziell bedruckte Brille tragen – versehen mit einem sogenannten Adversarial Patch. Dieses Muster ist für das menschliche Auge unauffällig, wurde jedoch so berechnet, dass es das KI-gestützte Gesichtserkennungssystem der Familie König gezielt in die Irre führt: Das SHS erkennt den Angreifer entweder als eine autorisierte Person oder erkennt das Gesicht gar nicht erst [Brown et al. 2017]. So könnten sich unbefugte Personen unbemerkt Zutritt zum Haus verschaffen. Die Firma Schlauhaus muss diese Angriffsmöglichkeiten kennen, analysieren und das SHS gezielt absichern.

Weitere regulatorische Anforderungen und Normen

Der EU AI Act definiert Transparenz-, Datenqualitäts- und Cybersicherheitsanforderungen für Hochrisiko-KI-Systeme. Ergänzend liefert die ISO/IEC 22989 [ISO/IEC 22989 2022] detaillierte technische Leitlinien zur Vertrauenswürdigkeit, Robustheit, Nachvollziehbarkeit und Kontrolle von KI-Systemen. Sie fordert die Implementierung von Maßnahmen zur Fehlererkennung, zur Sicherstellung der Konsistenz der Ergebnisse sowie zur Überprüfung von Bias und Sicherheitslücken.

Zusätzlich ergeben sich aus dem EU AI Act weitere Anforderungen, die Organisationen je nach Risikoeinstufung ihres Systems in ihr Requirements Engineering integrieren müssen:

- **Transparenzpflichten:** Klare Dokumentation der Funktionsweise und Entscheidungsprozesse

- **Datenqualitätsmanagement:** Sicherstellung hochwertiger, Bias-freier und nachvollziehbarer Trainingsdaten
- **Risikomanagementsysteme:** Regelmäßige Überprüfung und Anpassung der KI-Modelle
- **Menschenzentrierte Kontrolle:** Sicherstellung menschlicher Aufsicht über kritische Entscheidungen

11.5.3 Alte Methoden, neue Probleme?

Die Einführung von KI-Technologien stellt bekannte Requirements-Engineering-Praktiken vor neue Herausforderungen: Anforderungen müssen stärker auf Daten, probabilistische Modelle und kontinuierlich lernende Systeme zugeschnitten werden. Besonders bei Hochrisiko-KI-Systemen sind eine sorgfältige Planung und eine laufende Anpassung unerlässlich.

Zentrale Requirements-Engineering-Implikationen

- **Adversarielle Robustheit** als nicht funktionale Anforderung
- **KI-spezifische Qualitätsanforderungen:** Erklärbarkeit und Bias-Reduktion berücksichtigen.
- **Validierung und Testbarkeit:** Es muss sichergestellt sein, dass das System Manipulationen erkennt.
- **Iteratives Requirements Engineering:** Genauso wie KI-Systeme muss sich das Requirements Engineering kontinuierlich an den neuesten Stand der KI-Technologien anpassen.

Balance statt Bürokratie

Die Integration von KI-Systemen stellt Organisationen vor vielschichtige Herausforderungen, die sowohl technische als auch organisatorische und regulatorische Aspekte umfassen. Während der EU AI Act hohe Standards für Erklärbarkeit und Transparenz setzt, bleibt fraglich, ob diese Anforderungen in jedem Hochrisikobereich sinnvoll und umsetzbar sind. In vielen traditionellen Entscheidungsprozessen, bei denen Menschen die Entscheidungen treffen, wird häufig nur unzureichend dokumentiert, welche Gedankenprozesse zur Entscheidung geführt haben. Eine übermäßige Forderung nach Erklärbarkeit könnte hier eine doppelte Standardsetzung bedeuten.

Es wäre zielführender, KI-Systeme durch qualitativ hochwertige, Bias-freie Trainingsdaten und regelmäßige Validierungsprozesse zu optimieren, anstatt sie durch übermäßig komplexe Nachweispflichten zu belasten. Ein ausgewogenes Verhältnis zwischen Regulierung und Innovationsfreiheit bleibt essenziell, um das volle Potenzial von KI-Technologien auszuschöpfen und Unternehmen eine nachhaltige Implementierung intelligenter Systeme zu ermöglichen. Auch wir bei SOPHIST haben uns damit beschäftigt, welche Auswirkungen der EU AI Act auf unsere Organisation haben könnte. Erste Überlegungen dazu – und wie wir uns dem Thema genähert haben – finden Sie in den ergänzenden Online-Inhalten zu diesem Buch auf der Wissensplattform.

www.sophist.de/kire/k11-5

Anhang

A Anhang

A.1 Zugang zu den Online-Inhalten des Buches

Die Wissensplattform »ablefy«

Online-Wissensplattformen wie »ablefy« (*https://ablefy.io/*) bieten die Möglichkeit, mit interaktiven Lernmodulen und Elementen, wie Videos, Simulationen und praktischen Beispielen, zu arbeiten und zu lernen. Mit dynamischen Inhalten können Verständnis und Kenntnisse weiter vertieft werden.

Wir nutzen die Plattform »ablefy« für die zusätzlichen Online-Inhalte zu unserem Buch »KI im Requirements Engineering«, also als Ergänzung und Erweiterung. Bestimmte Themen, die im Buch aufgrund des Umfangs nicht ausführlich behandelt werden können, sind online detaillierter dargestellt. Darüber hinaus finden Sie dort die ungekürzten Versionen der meisten Prompts, Videos der Prompts, Erklärvideos einzelner Autoren zu spezifischen Aspekten, animierte Inhalte, die durch unsere Avatare präsentiert werden, sowie zusätzliche Informationen zu KI im Requirements Engineering. All diese Inhalte werden regelmäßig aktualisiert.

Zunächst müssen Sie jedoch die Hürde der einmaligen Freischaltung Ihres Online-Produkts meistern. Folgen Sie dazu der Schritt-für-Schritt-Anleitung weiter unten.

Zögern Sie bitte nicht, uns eine E-Mail an *KIRE@sophist.de* zu schreiben, wenn Sie damit Probleme haben. Wir helfen gerne weiter und freuen uns auch über Ihr Feedback und Ihre Fragen.

Die Schritt-für-Schritt-Anleitung

So schalten Sie die Online-Inhalte zum Buch auf der Wissensplattform frei.

Schritt 1: Registrieren Sie sich für Ihren persönlichen Zugriff auf die zusätzlichen Online-Inhalte zu diesem Buch auf der Wissensplattform!

Rufen Sie dazu den folgenden Link auf:

www.sophist.de/ki-im-re-buch-online

Und geben Sie dieses Passwort ein:

sophist-goes-ki

Sie kommen auf unsere Buchwebsite mit den Informationen zur Freischaltung der zusätzlichen Online-Inhalte auf der Wissensplattform. Geben Sie dort Ihre E-Mail-Adresse ein.

Schritt 2: Sie erhalten von uns eine E-Mail, in der Sie Ihre E-Mail-Adresse bestätigen müssen. Sollten Sie mit Ihrer angegebenen E-Mail-Adresse bereits bei uns registriert sein, entfällt dieser Schritt.

Schritt 3: Nach der erfolgreichen Bestätigung Ihrer E-Mail-Adresse erhalten Sie von uns eine weitere E-Mail mit dem Link zu unserer Wissensplattform und Ihrem persönlichen Freischaltcode.

Schritt 4: Folgen Sie dem angegebenen Link in unserer E-Mail und verknüpfen Sie die Online-Inhalte dieses Buches mit Ihrer persönlichen E-Mail-Adresse dauerhaft und kostenfrei, indem Sie Ihren persönlichen Freischaltcode nutzen! Beachten Sie die E-Mails, die Sie direkt von der Wissensplattform erhalten.

Hinweis: Sollten Sie für die in diesem Schritt angegebene E-Mail-Adresse noch keinen Account auf der Wissensplattform haben, wird in diesem Schritt ein neuer Account für Sie angelegt. Falls Sie einen bestehenden Account angeben, werden die Online-Inhalte einfach Ihrem bestehenden Account hinzugefügt.

Melden Sie sich nun mit Ihrem persönlichen Account auf der Wissensplattform an und genießen Sie die Online-Inhalte zu diesem Buch!

Abkürzungsverzeichnis

AI	Artificial Intelligence
API	Application Programming Interface
ASIL	Automotive Safety Integrity Level
BI	Business Intelligence
CoT	Chain of Thought
CPRE	Certified Professional for Requirements Engineers
CSV	Comma-Separated Values
DOORS	Dynamic Object Oriented Requirements System
DSGVO	Datenschutz-Grundverordnung
GPT	Generative Pre-trained Transformer
IDE	Integrated Development Environment
IoT	Internet of Things
IREB	International Requirements Engineering Board
KI	Künstliche Intelligenz
KNX	Kommunikationsprotokoll für Smart Home (KNX steht für Konnex)
LLM	Large Language Model
MMP	Minimum Marketable Product
MPG	Medizinproduktegesetz
MVP	Minimum Viable Product
NLP	Natural Language Processing
PMT	Prozesse, Methoden und Tools
RAG	Retrieval-Augmented Generation
RE	Requirements Engineering
ReqIF	Requirements Interchange Format
RM	Requirements Management
SHS	Smart-Home-System
XMI	XML Metadata Interchange
XML	Extensible Markup Language

Promptverzeichnis

Prompt 1.1	*Wichtigkeit von RE in der Produktentwicklung*	*Seite 14*
Prompt 3.1	*Verarbeitung eines Prompts zu einer Antwort*	*Seite 45*
Prompt 3.2	*Ziele für eine Interaktion mit dem KI-System festlegen*	*Seite 48*
Prompt 3.3	*Den Kontext einer Interaktion mit dem KI-System abstimmen*	*Seite 48*
Prompt 3.4	*Prompt zum »Aufwärmen« vor der eigentlichen Tätigkeit*	*Seite 49*
Prompt 3.5	*Prompt zur Prüfung von Ergebnissen des KI-Systems*	*Seite 49*
Prompt 3.6	*Prompt zur Darstellung des Ergebnisses als Tabelle*	*Seite 50*
Prompt 4.1	*Prompt mit klarer Struktur*	*Seite 67*
Prompt 4.2	*Prompt mit Prompting-Template*	*Seite 68*
Prompt 4.3	*Prompt mit definierter Tonalität als Stilvorgabe*	*Seite 68*
Prompt 4.4	*Prompt mit präzisen Begriffen*	*Seite 69*
Prompt 4.5	*Prompt mit Vollverben*	*Seite 69*
Prompt 4.6	*Prompt mit Temperaturangabe für faktenbasierte Ergebnisse*	*Seite 70*
Prompt 4.7	*Prompts mit Temperaturangabe für kreative Ergebnisse*	*Seite 70*
Prompt 4.8	*Prompt mit Quellenangaben für Kontext und Nachvollziehbarkeit*	*Seite 70*
Prompt 4.9	*Prompt mit wiederverwendbaren Referenzen*	*Seite 71*
Prompt 4.10	*Prompt mit involvierter Rolle und Vorgehensweisen*	*Seite 71*
Prompt 4.11	*Prompting Template für einen initialen Prompt*	*Seite 72*
Prompt 4.12	*Prompting Template für einen initialen Prompt am Beispiel*	*Seite 72*
Prompt 4.13	*Prompt zur Erstellung eines Prompting Templates (Meta-Prompting)*	*Seite 72*
Prompt 4.14	*Beispiel für Zero-Shot-Prompting*	*Seite 73*
Prompt 4.15	*Beispiel für One-Shot-Prompting*	*Seite 73*
Prompt 4.16	*Beispiel für Few-Shot-Prompting*	*Seite 73*
Prompt 4.17	*Beispiel für Prompting-Technik Chain of Thought (CoT)*	*Seite 74*

Prompt 5.1	*Unterstützungsmöglichkeiten von KI-Systemen bei der Kontextabgrenzung*	*Seite 82*
Prompt 5.2	*Nachbarsysteme des SHS im technischen Systemkontext identifizieren*	*Seite 86*
Prompt 5.3	*Erstellen eines Glossars*	*Seite 89*
Prompt 5.4	*Vermitteln der Methode zur Erzeugung von Use-Case-Diagrammen*	*Seite 94*
Prompt 5.5	*Antwort mit Systemname und Beschreibung*	*Seite 95*
Prompt 5.6	*Anweisung mit Rückfragen durch KI-System*	*Seite 100*
Prompt 6.1	*Stakeholder-Liste für Smart-Home-System*	*Seite 114*
Prompt 6.2	*Ad-hoc-Persona erstellen*	*Seite 118*
Prompt 6.3	*Liste möglicher Prozesse*	*Seite 120*
Prompt 6.4	*Liste der häufigsten Funktionen bei Konkurrenzsystemen*	*Seite 122*
Prompt 6.5	*Fehlerbaumanalyse mit KI-System*	*Seite 123*
Prompt 6.6	*Gesetze, Normen und Standards für SHS*	*Seite 126*
Prompt 7.1	*Ermittlungstechniken auf Basis von Rahmenbedingungen finden*	*Seite 137*
Prompt 7.2	*Ermittlungsaktivitäten auf Basis von Rahmenbedingungen finden*	*Seite 138*
Prompt 7.3	*Vorbereitung der Analyse und Extraktion von Anforderungen*	*Seite 141*
Prompt 7.4	*Analyse und Kategorisierung von Anforderungen*	*Seite 141*
Prompt 7.5	*Extraktion relevanter Artikel der DSGVO für das SHS*	*Seite 145*
Prompt 7.6	*Gesetze analysieren und kategorisieren*	*Seite 145*
Prompt 7.7	*Ableiten von Anforderungen aus der DSGVO*	*Seite 146*
Prompt 7.8	*Anforderungen aus Geschäftsprozess ableiten*	*Seite 149*
Prompt 7.9	*Interviewleitfaden erstellen*	*Seite 150*
Prompt 7.10	*Ermittlungstechniken vertiefen*	*Seite 151*
Prompt 7.11	*Fachwissen für Interview aufbereiten*	*Seite 151*
Prompt 7.12	*Fragenkatalog für ein Interview erstellen*	*Seite 151*
Prompt 7.13	*Einladungstext formulieren*	*Seite 152*
Prompt 7.14	*Analogien finden*	*Seite 154*
Prompt 7.15	*Six Thinking Hats-Methode erläutern*	*Seite 156*
Prompt 7.16	*Anforderungen vereinzeln und Kommentare separieren*	*Seite 161*
Prompt 7.17	*Substantive präzisieren*	*Seite 163*

Prompt 8.1	*Anforderungen mit Schablone formulieren*	*Seite 173*
Prompt 8.2	*User Story mit Akzeptanzkriterien*	*Seite 176*
Prompt 8.3	*Der Copilot-Chatbot wird gefragt, wie er ein Informationsmodell erarbeiten möchte.*	*Seite 184*
Prompt 8.4	*Dem KI-System wird der Kontext erläutert.*	*Seite 185*
Prompt 8.5	*Verbesserter Prompt zum Erzeugen eines Informationsmodells*	*Seite 187*
Prompt 8.6	*Aufwärmen des KI-Systems vor dem Brainstorming*	*Seite 192*
Prompt 8.7	*Vorgeben der Richtung des Brainstormings*	*Seite 192*
Prompt 8.8	*Konkretisierung der Aufgabenstellung*	*Seite 193*
Prompt 8.9	*Kontextwechsel auf das Erstellen von Anwendungsfällen*	*Seite 193*
Prompt 8.10	*Abstecken der Rahmenbedingungen für ein Anwendungsfall-diagramm*	*Seite 194*
Prompt 8.11	*Vorbereitung des KI-Systems für die tabellarische Darstellung des Anwendungsfalls*	*Seite 196*
Prompt 8.12	*Aufwärmen des KI-Systems zum Thema Aktivitätsdiagramme*	*Online-Wissensplattform*
Prompt 8.13	*Erzeugen einer Interpretation eines Diagramms*	*Online-Wissensplattform*
Prompt 8.14	*Übertragen in eine Spezifikation*	*Online-Wissensplattform*
Prompt 8.15	*Abfragen der möglichen Transitionen*	*Seite 205*
Prompt 9.1	*Plan und Checkliste für die Überprüfung von Anforderungen*	*Seite 214*
Prompt 9.2	*Prüfen, ob Anforderungen vollständig sind*	*Seite 224*
Prompt 9.3	*Prüfen, ob Anforderungen notwendig sind*	*Seite 225*
Prompt 9.4	*Prüfen, ob Anforderungen eindeutig sind*	*Seite 227*
Prompt 9.5	*Bewerten der Testbarkeit*	*Seite 228*
Prompt 9.6	*Prüfen, ob Anforderungen konsistent sind*	*Seite 231*
Prompt 9.7	*Dokumentenstruktur*	*Seite 232*
Prompt 9.8	*Erstellen eines Mock-ups*	*Seite 236*
Prompt 9.9	*HTML-Code erstellen*	*Seite 237*
Prompt 10.1	*Liste von Rollen mit typischen Arbeitsergebnissen erstellen*	*Seite 240*
Prompt 10.2	*Identifikation von typischen Attributen von Anforderungen*	*Seite 246*
Prompt 10.3	*Identifikation von spezifischen Attributen*	*Seite 247*
Prompt 10.4	*Anforderungen klassifizieren*	*Seite 250*
Prompt 10.5	*Anforderungen für ein MMP bewerten*	*Seite 252*
Prompt 10.6	*Anforderungen mit Traceability zur Quelle erzeugen*	*Seite 254*
Prompt 10.7	*Strukturierung von Anforderungen nach STABLE*	*Seite 258*
Prompt 10.8	*Erstellen einer Story Map aus einer Szenariobeschreibung*	*Seite 261*
Prompt 10.9	*Auswirkungsanalyse mit einem KI-System*	*Seite 265*
Prompt 10.10	*Komfortfunktionen der SHS-Klimasteuerung anhand eines Feature Tree erzeugen*	*Seite 270*

Literatur

[AWS 2024] Amazon Web Services, Inc. (Hrsg.): Was ist Prompt Engineering? AI Prompt Engineering erklärt, 2024; *https://aws.amazon.com/de/what-is/prompt-engineering/.*

[Bandler und Grinder 2010] Bandler, R.; Grinder, J.: Kommunikation und Veränderung: Die Struktur der Magie II. 9., neu übersetzte Auflage, Junfermann Verlag, 2010.

[Bandler und Grinder 2011] Bandler, R.; Grinder, J.: Metasprache und Psychotherapie: Die Struktur der Magie I. 12., neu übersetzte Auflage, Junfermann Verlag, 2011.

[Beck et al. 2001] Beck, K.; Beedle, M.; van Bennekum, A.; Cockburn, A.; Cunningham, W.; Fowler, M.; Grenning, J.; Highsmith, J.; Hunt, A.; Jeffries, R.; Kern, J.; Marick, B.; Martin, R. C.; Mellor, S.; Schwaber, K.; Sutherland, J.; Thomas, D.: Manifest für Agile Softwareentwicklung, 2001; *https://agilemanifesto.org/iso/de/manifesto.html.*

[Brown et al. 2017] Brown, T. B.; Mané, D.; Roy, A.; Abadi, M.; Gilmer, J.: Adversarial Patch, Dezember 2017; *https://www.researchgate.net/publication/322113705_Adversarial_Patch.*

[BSI 2024] Bundesamt für Sicherheit in der Informationstechnik (BSI): Transparenz von KI-Systemen, 2024; *https://www.bsi.bund.de/SharedDocs/Downloads/DE/BSI/KI/Whitepaper-Transparenz-KI-Systeme.pdf?__blob=publicationFile&v=3.*

[BSI 2025] Bundesamt für Sicherheit in der Informationstechnik (BSI): Generative KI-Modelle: Chancen und Risiken für Industrie und Behörden, 2025; *https://www.bsi.bund.de/SharedDocs/Downloads/DE/BSI/KI/Generative_KI-Modelle.pdf?__blob=publicationFile&v=7.*

[Bund 2024] Bundesministerium der Justiz (Hrsg.): Gesetze im Internet, 2024; *https://www.gesetze-im-internet.de/.*

[ChatGPT 4o 2025] OpenAI (Hrsg.): ChatGPT: Sprachmodell GPT-4.5, 2025; *https://openai.com/.*

[Cockburn 2000] Cockburn, A.: Writing effective use cases. 1. print. The Crystal collection for software professionals. Addison-Wesley, 2000.

[Cohn 2004] Cohn, M.: User stories applied: For agile software development. Addison-Wesley signature series. Addison-Wesley, 2004.

[Cohn 2010] Cohn, M.: User Stories: Für die agile Software-Entwicklung mit Scrum, XP u. a. 1. Auflage, mitp, 2010.

[Copilot 2024] Microsoft (Hrsg.): Microsoft Copilot: Sprachmodell GPT-4, 2024; *https://copilot.microsoft.com/*.

[Craig 2024] Craig, L.: What is Fine-Tuning in Machine Learning and AI? 2024; *https://www.techtarget.com/searchenterpriseai/definition/fine-tuning*.

[DeBono 2006] Bono, E. de: De Bono's thinking course: Powerful tools to transform your thinking. BBC Active, 2006.

[Diagramly.ai] Diagramly.ai (Hrsg.): Diagramly.ai, 2025; *https://diagramly.ai/*.

[EU 2024/1689 2024] Europäische Union (EU): Verordnung (EU) 2024/1689 über harmonisierte Vorschriften für künstliche Intelligenz (KI-Verordnung). 2024; *https://eur-lex.europa.eu/legal-content/EN/TXT/?uri=CELEX:32024R1689*.

[Friis Dam und Yu Siang 2025] Friis Dam, R.; Yu Siang, T.: Personas – A Simple Introduction, 2025; *https://www.interaction-design.org/literature/article/personas-why-and-how-you-should-use-them*.

[Galileo.AI 2025] Galileo.AI (Hrsg.): Galileo.AI, 2025; *https://www.usegalileo.ai/explore*.

[Gemini 2024] Google Inc. (Hrsg.): Google Gemini: Sprachmodell 2.0 Flash, 2024; *https://gemini.google.com/app*.

[Graphviz] AT&T Labs Research: Graphviz, 2021; *https://graphviz.org/*.

[Gruettner 2024] Gruettner, A. (2024). Begriffe erklärt: Das umfangreiche KI-Glossar. *https://digitalzentrum-berlin.de/ki-glossar*.

[Holdsworth 2023] Holdsworth, J.: Was ist KI-Verzerrung? 2023; *https://www.ibm.com/de-de/think/topics/ai-bias*.

[IBM 2023] IBM (Hrsg.): Was ist Prompt Engineering? 2023; *https://www.ibm.com/de-de/think/topics/prompt-engineering*.

[IBM 2024] IBM (Hrsg.): Was ist ein Transformator-Modell? 2024; *https://www.ibm.com/de-de/think/topics/transformer-model*.

[IBM 2025] IBM (Hrsg.): IBM® Engineering Requirements Management DOORS®, 2025; *https://www.ibm.com/products/requirements-management*.

[IEC 61025 2006] International Electrotechnical Commission (IEC). IEC 61025:2006 Fault tree analysis (FTA) (IEC 61025), 2006; *https://www.vde-verlag.de/iec-normen/213181/iec-61025-2006.html.*

[IREB CPRE E&C Handbuch 2024] Brand, A.; Häußer, D.; Lauenroth, K.; van Leonhoud, H.; Steiger, P.: Certified Professional for Requirements Engineering: Handbuch Requirements Elicitation Practitioner | Specialist, 2024; *https://cockpit.ireb.org/media/pages/downloads/cpre-requirements-elicitation-handbook/7ab5c83245-1733311666/advanced_level_elicitation_handbook_de_v2.1.1.pdf.*

[IREB CPRE FL Lehrplan 2024] Bühne, S.; Glinz, M.; van Loenhoud, H.; Staal, S.: Certified Professional for Requirements Engineering: Foundation Level Lehrplan, 2024; *https://cockpit.ireb.org/media/pages/downloads/cpre-foundation-level-syllabus/3e9929e78c-1733311657/ cpre_foundationlevel_syllabus_de_v.3.2.pdf.*

[IREB CPRE Glossar 2024] Glinz, M.: CPRE Online Glossar, 2024; *https://cpre.ireb.org/de/downloads-and-resources/glossary.*

[IREB CPRE RM Lehrplan 2024] Bühne, S.; Engel, F.; Eselgrimm, S.; Halmans, G.; Herrmann, A.; Houdek, F.; Mäder, P.; Rachmann, A.; Schölzl, T.; Soesanto, A.; Stöckel, F.; Tayeh, M.: Certified Professional for Requirements Engineering: Requirements Management Lehrplan, 2024; *https://cockpit.ireb.org/media/pages/downloads/cpre-requirements-management-syllabus/eca6eec994-1733311670/syllabus-requirements-management-de-v2.1.pdf.*

[ISO 26262 2018] International Organization for Standardization (ISO): ISO 26262: Road Vehicles – Functional Safety (ISO 26262:2018-02), 2018; *https://www.iso.org/standard/68383.html.*

[ISO/IEC 22989 2022] International Organization for Standardization (ISO): ISO/IEC 22989:2022: Information technology – Artificial intelligence – Artificial intelligence concepts and terminology (ISO/IEC 22989:2022), 2022; *https://www.iso.org/standard/74296.html.*

[ISO/IEC 25010 2023] International Organization for Standardization (ISO): ISO/IEC 25010:2023(en): Systems and software engineering – Systems and software Quality Requirements and Evaluation (SQuaRE) – Product quality model (ISO/IEC 25010:2023), 2023; *https://www.iso.org/obp/ui/#iso:std:iso-iec:25010:ed-2:v1:en.*

[ISO/IEC/IEEE 15288 2023] International Organization for Standardization (ISO): ISO/IEC/IEEE International Standard 15288:2023: Systems and software engineering – System life cycle processes (ISO/IEC/IEEE 15288:2023), 2023; *https://ieeexplore.ieee.org/servlet/opac?punumber=10123345.*

[ISO/IEC/IEEE 29148 2018] International Organization for Standardization (ISO): ISO/IEC/IEEE 29148:2018: Systems and software engineering – Life cycle processes – Requirements engineering, 2018; *https://ieeexplore.ieee.org/servlet/opac?punumber=8559684*.

[Jacobsen 1992] Jacobson, I.: Object-oriented software engineering: A use case driven approach. ACM Press and Addison-Wesley Pub., 1992.

[Jeston und Nelis 2008] Jeston, J.; Nelis, J.: Business process management: Practical guidelines to successful implementations. 2. Auflage, Butterworth-Heinemann, 2008.

[Keller et al. 1992] Keller, G.; Nüttgens, M.; Scheer, A.-W.: Semantische Prozeßmodellierung auf der Grundlage »Ereignisgesteuerter Prozeßketten (EPK)«. Veröffentlichungen des Instituts für Wirtschaftsinformatik (IWi), 1992; *https://www.bwl.uni-hamburg.de/harcis/01-zentrum/01-team/chair/markus-nuettgens/publikationen/heft089.pdf*.

[Martineau 2023] Martineau, K.: What is retrieval-augmented generation (RAG)? 2023; *https://research.ibm.com/blog/retrieval-augmented-generation-RAG*.

[Miller et al. 2008] Miller, J. A.; Ferrari, R.; Madhavji, N. H.: Architectural Effects on Requirements Decisions: An Exploratory Study. Proceedings of the Working IEEE/IFIP Conference on Software Architecture: February 18 - 22, 2008, Vancouver, BC, Canada (pp. 231–240). IEEE Computer Society, 2008; *https://doi.org/10.1109/WICSA.2008.31*.

[MyMap.AI] MyMap.AI (Hrsg.): MyMap AI: The Easiest Way to Create Diagrams, 2025; *https://www.mymap.ai/*.

[Nuseibeh 2001] Nuseibeh, B.: Weaving together requirements and architectures. Computer, 34(3), 115–119, 2001; *https://doi.org/10.1109/2.910904*.

[Olsen 2015] Olsen, D.: The lean product playbook: How to innovate with minimum viable products and rapid customer feedback. Wiley, 2015.

[OMG 2014] Object Management Group, Inc. (OMG): Business Process Model and Notation (BPMN™), 2014; *https://www.omg.org/spec/BPMN/2.0.2/PDF*.

[OMG 2015] Object Management Group, Inc. (OMG): XML Metadata Interchange (XMI®), 2015; *https://www.omg.org/spec/XMI/2.5.1/PDF*.

[OMG 2016] Object Management Group, Inc. (OMG): Requirements Interchange Format™ (ReqIF™), 2016; *http://www.omg.org/spec/ReqIF/1.2*.

[OMG 2017] Object Management Group, Inc. (OMG): Unified Modeling Language (OMG UML®), 2017; *https://www.omg.org/spec/UML/2.5.1/PDF*.

[Patton et al. 2014] Patton, J.; Economy, P.; Fowler, M.; Cooper, A.; Cagan, M.: User story mapping: Discover the whole story, build the right product. 1. edition, O'Reilly, 2014.

[PlantUML] PlantUML.com (Hrsg.): PlantUML im Überblick, 2025; *https://plantuml.com/de/*.

[Pohl und Rupp 2021] Pohl, K.; Rupp, C.: Basiswissen Requirements Engineering: Aus- und Weiterbildung nach IREB-Standard zum Certified Professional for Requirements Engineering Foundation Level. 5., überarbeitete und aktualisierte Auflage, dpunkt.verlag, 2021.

[Rausch et al. 2008] Rausch, A.; Broy, M.; Bergner, K.; Höhn, R.; Höppner, S.: Das V-Modell XT: Anwendungen, Werkzeuge, Standards. Springer Lehrbuch. Springer-Verlag, 2008.

[Robertson und Robertson 2013] Robertson, S.; Robertson, J.: Mastering the requirements process: Getting requirements right. 3. edition, Always learning, Addison-Wesley, 2013.

[Rupp et al. 2012] Rupp, C.; Queins, S.; die SOPHISTen: UML 2 glasklar: Praxiswissen für die UML-Modellierung. 4., aktualisierte und erweiterte Auflage, Hanser eLibrary, Hanser Verlag, 2012; *http://www.hanser-elibrary.com/doi/book/10.3139/9783446431973*, *https://doi.org/10.3139/9783446431973*.

[Rupp et al. 2021] Rupp, C.; die SOPHISTen: Requirements-Engineering und -Management: Das Handbuch für Anforderungen in jeder Situation. 7., aktualisierte und erweiterte Auflage, Hanser Verlag, 2021.

[Schoeneberg 2014] Schoeneberg, K.-P. (Hrsg.): Komplexitätsmanagement in Unternehmen: Herausforderungen im Umgang mit Dynamik, Unsicherheit und Komplexität meistern. Springer Gabler, 2014.

[Schwaber und Sutherland 2020] Schwaber, K.; Sutherland, J.: The Scrum Guide: The Definitive Guide to Scrum: The Rules of the Game, 2020; *https://scrumguides.org/docs/scrumguide/v2020/2020-Scrum-Guide-US.pdf#zoom=100*.

[SEBoK 2024] Hutchison, N.; Hoffman, C.; Smith, G.; Dori, D.; Hybertson, D.; Tuddenham, P.; Dagli, C.; Marbach, P.; Katz, T.; McDermott, T.; Calvo-Amodio, J.; Dahmann, J.; Henshaw, M.; Delicado, B.; Sparks, E.; Hefner, R.; Singam, C.; Baldwin, C.; Raz, A.; Endler, D.: Guide to the Systems Engineering Body of Knowlege (SEBoK), 2024; *https://sebokwiki.org/w/images/sebokwiki-farm!w/5/5c/Guide_to_the_Systems_Engineering_Body_of_Knowledge_v2.11.pdf*.

[Siemens 2024] Siemens Product Lifecycle Management Software Inc. (Hrsg.): Polarion® REQUIREMENTS™, 2024; *https://polarion.plm.automation.siemens.com/products/polarion-requirements*.

[Stryker 2025] Stryker, C.: Was ist KI-Analytik? 2025; *https://www.ibm.com/de-de/think/topics/ai-analytics*.

[Taller 2025] Taller, H.: Variant vs Versions: What's the Difference? 2025; *https://www.ptc.com/en/blogs/alm/variant-vs-version*.

[Vassilev et al. 2024] Vassilev, A.; Oprea, A.; Fordyce, A.; Anderson, H.: Adversarial Machine Learning: A Taxonomy and Terminology of Attacks and Mitigations, 2024; *https://nvlpubs.nist.gov/nistpubs/ai/NIST.AI.100-2e2023.pdf*.

[VDA 2023] VDA Working Group 13: Automotive SPICE® Process Reference Model/Process Assessment Model, Version 4.0, 2023; *https://vda-qmc.de/wp-content/uploads/2023/12/Automotive-SPICE-PAM-v40.pdf*.

[Ward und Mellor 1985] Ward, P. T.; Mellor, S. J.: Structured development for real-time systems. Yourdon computing series: Vol. 1, Yourdon Press, 1985.

[Weiss 2001] Weiss, G. (Hrsg.): Multiagent systems: A modern approach to distributed artificial intelligence. 3. print, MIT Press, 2001.

[White et al. 2023] White, J.; Fu, Q.; Hays, S.; Sandborn, M.; Olea, C.; Gilbert, H.; Elnashar, A.; Spencer-Smith, J.; Schmidt, D. C.: A Prompt Pattern Catalog to Enhance Prompt Engineering with ChatGPT, 2023; *https://www.researchgate.net/publication/368716245_A_Prompt_Pattern_Catalog_to_Enhance_Prompt_Engineering_with_ChatGPT*, *https://doi.org/10.48550/arXiv.2302.11382*.

[Wiesinger et al. 2024] Wiesinger, J.; Marlow, P.; Vuskovic, V.: Agents, 2024; *https://ppc.land/content/files/2025/01/Newwhitepaper_Agents2.pdf*.

[Wynne et al. 2017] Wynne, M.; Carter, J.; Hellesøy, A.; Tooke, S. (Hrsg.): The pragmatic programmers. The cucumber book: Behaviour-driven development for testers and developers. 2. edition, The Pragmatic Bookshelf, 2017.

Index

A

Adäquat 216
Ad-hoc-Persona 136
Adversarial Patch 296
Adversarielle Angriffe 296
Agiles Vorgehen 32
AI Agent *siehe* KI-Agent
AI Assistant *siehe* KI-Assistent
AI Ecosystem *siehe* KI-Ökosystem
AI System *siehe* KI-System
Aktivitätsdiagramm
  erzeugen 197
Akzeptanzkriterien 175, 253
Algorithmus-Bias *siehe* KI-Bias
Analogietechnik 154
  KI-gestützte 154
Anforderung
  an das System 34
  an die Produktqualität 34
  an Systemelemente 34
  Attribute von 245
  aus Geschäftsprozessen ableiten 147
  Definition 33
  dokumentieren 167
  Ermittlung von 129, 131
  funktionale 33
  KI-gestützte Definition von
    Attributen 245
  Klassifikation 33, 249
  modellbasiert dokumentieren 178
    Bottom-up-Ansatz 178
    Middle-out-Ansatz 178
    Top-down-Ansatz 178
  natürlichsprachlich
    dokumentieren 171
  Präsentationsform 168
  Produkt~ 33
  Qualitäts~ 33
  Qualitätskriterien 216
  regulatorische 125
  Stakeholder~ 33
  strukturieren 255
  Techniken zum Prüfen 220
  überprüfen 213
  Umgang mit Änderungen 263
  Umgang mit Varianten 267
  Verfeinerung von 35
  verwalten 239
Anforderung an Systemelemente 34
Anforderungsdokument 168
  Konsistenzprüfung 230
  Qualitätskriterien 216, 230
  Redundanzüberprüfung 232
  Struktur 255
Anforderungsermittlung 129, 163
  Erstellen eines Plans 137
  KI-Einsatzszenarien 139
  klassische vs. KI-gestützte 144
  Rahmenbedingungen 131
  Strategie
    mit KI planen 137
  Techniken 133
    artefaktbasierte 134
    Auswahl der 134
    Befragung 134
    Beobachtung 134
    Entwurfs- und Ideenfindung 135
    KI-gestützte 134, 135
    Simulation mithilfe von
      KI-Systemen 135

Anforderungsquelle 106
Bewertung und Gewichtung 109
Dokumente 107
Ereignisse 108
Ermittlung von 105
Identifikation 106
mithilfe eines KI-Systems 110
Priorisierung 109
Prozesse 108
Stakeholder 107
Systeme 108, 121
Anforderungssammlung
Arten von 168
Angemessenheit 216
Anwendungsfall 190
Anwendungsfalldiagramm
erzeugen 190
Apprenticing 134
Arbeitsergebnisse 92
Architektur *siehe* Systemarchitektur
Aufwärmen des KI-Systems 99
Auswirkungsanalyse 264

B

Backlog Item 168
Benutzungsschnittstellen 85

C

Chain of Thought 74, 99, 137
Prompting 73
Chatbot 282, 283
Definition 40
Compliance 143, 295
CoT *siehe* Chain of Thought
Crowd-based RE 133, 135

D

Divide and Conquer-Prinzip 140
Dokument 123
als Anforderungsquelle 107
KI-gestützte Analyse und Verwaltung 124
Dokumentation 167
Einflussfaktoren 169
modellbasierte 168
natürlichsprachliche 168
Dokumentenanalyse 139
Domänenkontext 87

E

Edge AI *siehe* KI-System, dezentrales
Eindeutig 216
Eindeutigkeit 216
Einsatzszenarien
für ein KI-System definieren und verproben 273
Emotionale Intelligenz 59
Endlicher Zustandsautomat 201
Engineering-Werkzeuge mit integrierter KI 293
Ereignisse 123
als Anforderungsquelle 108
EU AI Act 293, 294, 295, 296
EU-Datenschutz-Grundverordnung (DSGVO) 143

F

Fachklassendiagramm 182
Feature Tree 268
Fehlerbaumanalyse 123
Feintuning
Definition 62
von LLMs 62
Few-Shot-Prompting 73
Funktionale Anforderung 33

G

General Artificial Intelligence *siehe* Starke KI
Generative KI *siehe* Generatives KI-System
Generative Pre-trained Transformer 44
Generatives KI-System 41, 65
Funktionsweise 42
Interaktion mit 47
Transformermodelle 66
Geschäftsprozesse 147
Gesetze 125
Gesetzestexte 143
Gherkin-Schema 175
Glossar 87
Erstellen eines 88
Überprüfung 90
GPT *siehe* Generative Pre-trained Transformer

H

Halluzination 59, 71
Hauptaufgaben des Requirements Engineering 36
  Anforderungen dokumentieren 38
  Anforderungen ermitteln 37
  Anforderungen validieren 38
  Anforderungen verwalten 38
Hochrisiko-KI-System 297

I

Informationen
  Strukturierung von 139, 140
Informationsmodell 182
  als Erweiterung des Glossars 88
Informationsschnittstellen 85
Inkrement 26
Interview
  als Teamarbeit mit KI-System 150
  Fragenkatalog 151
  Leitfaden 150
ISO/IEC 22989 296
Iteration 26
Iterative Entwicklung 26

K

KI-Agent 40
KI-Assistent 40, 103
  Architektur 281
  Aufgaben definieren 285
  Datenquelle definieren 288
  Ergebnisse validieren 288
  externe Datenquellen 288
  Instruktionen 283
  interne Datenquellen 288
  Konfiguration 284
  Orchestrierung 283
  persönlicher 284
  Steuerung 283
  veröffentlichen 289
  weiterentwickeln 289
KI-Bias 60
KI-gestützter Assistent
  Konfiguration 281
KI-Governance 295
KI-Governance-Struktur
  KI-Ansprechpartner 295
KI-Interaktion
  Kontextinformationen 99
KI-Ökosystem 97
  Definition 41
KI-Strategie des Unternehmens 274
KI-System 277
  analytisches 41
  Anforderungen nach Risikoeinstufung 296
  Anpassungsfähigkeit 46
  Aufwärmen des 99
  Ausprägungen 39
  Auswahl 277, 278
  autonomes 41
  Definition 40
  dezentrales 42
  Einführung und Betrieb
    technische Herausforderungen 296
  Einsatzszenarien 273
  Feintuning 62
  generatives 41, 65
    Funktionsweise 42
    Interaktion mit 47
    Transformermodelle 66
  geschlossenes 42
  Grenzen 58
  Grundprinzipien der Funktionsweise 45
  Integration in die Engineering-Toolkette 290
    Copy & Paste-Ansatz 290
    Roundtrip-Ansatz 290
  Klassifizierung nach Risiko 294
  Konfiguration 62
  kreativ einsetzen 154
  Kriterien zur Auswahl 273
  Mustererkennung 46
  On-Premises-KI-System 42
  Open-Source-KI-System 42
  Optimierung 277
  Optimierungsmöglichkeiten 61
    Modellparameter 66
  Prompt Engineering 62
  Schutzmaßnahmen vor Angriffen 296
    Angriffsmethoden 296
  Tool-Integration 60
  zentrales 41
Komplexität 242

Komponentenanforderung *siehe* Anforderung an Systemelemente
Konsistent 216
Kontext 77
  der Entwicklung definieren 77
  der produktbezogenen Prozesse 90
  des KI-Ökosystems 97
  Perspektiven und Zusammenhänge 77
  Produkt~ 79
  System~ 79
Kontextabgrenzung 82
Kontextgrenze 81
Kontextinformationen
  Bereitstellung in KI-Assistenten 103
  Bereitstellung von 101
  in einer KI-Interaktion 99
Kreativitätstechniken 154
Kriterien zur Auswahl von KI-Systemen 273
Künstliche Intelligenz
  Begriff 39
  Chatbot 40
  KI-Agent 40
  KI-Assistent 40
  KI-Ökosystem 41
  KI-System 40
  Potenziale von KI 51
  schwache KI 39
  starke KI 39

L

Large Language Model 44
  Feintuning 62
LLM *siehe* Large Language Model

M

Maschinelles Lernen 46
Maschinelles-Lernen-Bias *siehe* KI-Bias
Meta-Prompting 74, 282
Methodenbeschreibung 93
Minimum Marketable Product 24
  Definition 252
Minimum Viable Product
  Definition 252
MMP *siehe* Minimum Marketable Product
Multi-Agent-Setup 290
Mustererkennung
  mit KI 119
MVP *siehe* Minimum Viable Product

N

Nachverfolgbarkeit *siehe* Traceability
Nachvollziehbarkeit *siehe* Transparenz
Narrow Artificial Intelligence *siehe* Schwache KI
Natural Language Processing 43, 45
Neural Network *siehe* Neuronales Netz
Neuronales Netz
  Definition 44
NLP *siehe* Natural Language Processing
Normen 125, 143
Notwendig 216
Notwendigkeit 216
Nutzungsszenarien 108, 114

O

One-Shot-Prompting 73
On-Premises-KI-System 42
Open-Source-KI-System 42

P

Persona 116, 136
  Ad-hoc- 136
  für den KI-Assistenten erstellen 286
  KI-gestützte Erstellung 117
Persona Prompting 74, 136
Produkt
  Definition 31
Produktanforderung 33
Produktgrenze 81
Produktkontext 79, 81
  Abgrenzung des 79
  Begriffe 80
Produktqualität
  Anforderung an 34
Prompt 45, 65, 305
  Definition 43
  Formulieren 66
  Optimieren durch Modellparameter 66
Prompt Chaining 73, 137, 152

Prompt Engineering 37, 62, 65, 281
Chain of Thought 74
Definition 65
Interaktionsmuster 73
Few-Shot-Prompting 73
One-Shot-Prompting 73
Zero-Shot-Prompting 73
Prompting Template 71
Retrieval-Augmented Generation 75
SOPHIST Prompting Guideline 67, 110, 115, 126, 136
Verfolgbarkeit 254
Prompting Template 71
Prompting-Technik 74
Chain of Thought 99
Prototyp 136, 221, 222, 235, 237
evolutionärer 222
Mock-up 222
Wireframes 222
Prozesse 91
als Anforderungsquelle 108
Analyse von 119
Prüfbar 216
Prüfbarkeit 216

Q

Qualitätsanforderung 33
Qualitätskriterien
für Anforderungen 216
für Anforderungsdokumente 216, 230
konkrete 216
Überprüfung der Erfüllung mit einem KI-System 223
Qualitätsverbesserung 217
mit KI 223
Quelle *siehe* Anforderungsquelle

R

RAG *siehe* Retrieval-Augmented Generation
Rahmenbedingungen
für die Anforderungsermittlung 131
fachliche 132
menschliche 131
organisatorische 132
politische 132
Rapid Prototyping
KI-gestütztes 235
Reasoning-Mechanismen 69, 74
Reflexion Prompting 74
Requirements Engineer 30
Requirements Engineering
Anwenden der Prinzipien auf KI-Systeme 55
Definition 29
Hauptaufgaben 36
Nutzen im Zeitalter von KI 53
und Vorgehensmodelle 31
Requirements Management
Definition 239
Herausforderungen 241
Retrieval-Augmented Generation 75, 95, 140
Definition 75
Review 220
Inspektion 221
Stellungnahme 220
Walkthrough 221
Rollen 91

S

Satzschablone 93, 95, 171
Schnittstellen
Benutzungs~ 85
Informations~ 85
physikalische 84
Schwache KI
Definition 39
Sicherheits- und Datenschutz-anforderungen 295
Six Thinking Hats-Methode 156
Smart-Home-System (Beispielszenario) 21
SOPHIST MASTeR-Schablone 171
SOPHIST Prompting Guideline 67, 110, 115, 126, 136
SOPHIST-*RE*gelwerk 158, 160
SOPHIST-Satzschablone 95
Stakeholder
als Anforderungsquelle 107
Bedürfnisse und Ziele 129
Identifikation 111, 112
datenbasierte 114
Kategorisierung 113
Priorisierung 113
Stakeholder-Anforderung 33

Stakeholder-Gruppen 111
Stakeholder-Liste 114
Standards 125, 143
Starke KI
  Definition 39
Syntax 95
SysML 86
System
  als Anforderungsquelle 108, 121
  Anforderung an 34
  Definition 30
  Konkurrenz~ 121
  Nachbar~ 121
  Vorgänger~ 121
Systemanforderung 34
Systemarchitektur 35
Systemelement
  Anforderung an 34
Systemkontext 79
  technischer 84
Systemlandschaften 121

T

Teambuilding für KI-Systeme 273
Traceability 209, 253
  Definition 254
  sicherstellen 208
Transformationsprozesse 158
Transparenz 59

U

User Stories
  mit Akzeptanzkriterien 174

V

Variantenmanagement 268
Verfeinerung von Anforderungen 35
Verifikationskriterium 253
Verständlich 216
Verständlichkeit 216
Vollständig 216
Vollständigkeit 216
Vorgehensmodell 31
  agiles 32
  sequenzielles 32

W

Wissen
  bewusstes 130
  unbewusstes 130
  unterbewusstes 130
Wissensarten 130

Z

Zero-Shot-Prompting 73
Zustandsautomat
  erstellen 201
Zustandsdiagramm 202